社会安全法治论

——突发社会安全事件应急法律机制研究

莫于川　主编

民主行政法论丛

本书系国家社科基金项目（10BFX030）最终成果并获城市治理法制研究经费出版资助

法律出版社
LAW PRESS · CHINA

学习是一种生活态度、生活方式与生活习惯！

——作者题记

本书作者

主　编

莫于川　中国人民大学法学院教授、中国行政法研究所所长，法学博士，中国法学会行政法学研究会副会长

撰稿人

王敬波　中国政法大学法治政府研究院教授、院长，法学博士，中国法学会行政法学研究会秘书长

高文英　中国人民公安大学法学院教授，法学博士，中国警察法学会警察法学基础理论研究会副主任委员，中国法学会行政法学研究会常务理事

田文利　河北工业大学人文与法律学院教授、法伦理研究所所长，法学博士、哲学博士后，河北省法学会行政法学研究会副会长，中国法学会行政法学研究会理事

郭庆珠　天津师范大学法学院教授，法学博士，中国法学会行政法学研究会理事

林鸿潮　中国政法大学法治政府研究院教授、博士研究生导师、应急管理法律与政策研究基地主任，法学博士、博士后，中国应急管理学会理事

禹竹蕊　中共四川省委党校（四川行政学院）党建教研部教授，法学博士，中国法学会行政法学研究会理事

乔亚南　中共广东省委党校（广东行政学院）法学教研部教授，法学博士、博士后，中国法学会行政法学研究会理事

唐　璨　北京师范大学法学院副教授，法学博士，中国法学会行政法学研究会理事

康枫翔　甘肃政法大学法学院副教授，法学博士

陆伟明　西南政法大学行政法学院（监察法学院）副教授，法学博士、博士后，中国法学会行政法学研究会理事

曹海青　中央司法警官学院副教授，法学博士
许莲丽　北京青年政治学院副教授，法学博士
曹　鎏　中国政法大学法治政府研究院副教授、国家监察与反腐败研究中心执行主任，法学博士、博士后，中国法学会行政法学研究会理事
栗燕杰　中国社会科学院法学研究所副研究员，法学博士、博士后
刘东辉　天津师范大学法学院讲师，法学博士
刘继萍　北京联合大学师范学院副教授，教育学博士、法学博士后
雷　振　西南政法大学行政法学院（监察法学院）讲师，法学博士
康良辉　西南政法大学应用法学院副教授，法学博士
曹　飞　国家教育行政学院助理研究员，法学博士
武　帅　中国银行总行投资银行与资产管理部经理，法学硕士
韩春琴　上海市浦东新区人民法院法官助理，法学硕士
蒙　武　四川省成都市新津县司法局干部，法学硕士
舒　颖　《中国人大》杂志社编辑、记者，法学硕士
肖　彤　法国巴黎第二大学公法学博士生
昌永岗　内蒙古大学法学院讲师，法学博士
宗婷婷　中国政法大学法学博士、政治学博士后
金华丽　中国移动云南公司发展战略部项目经理，法学硕士
杨　震　中国人民大学法学院博士研究生
鲍律帆　中国人民大学法学院博士研究生
李思琪　中国人民大学法学院硕士研究生
梁　妍　中国人民大学法学院硕士研究生

协助统稿

杨　震　鲍律帆　李思琪　梁　妍

总　序　如何走向民主行政法

——树立行政法治观念与创新行政法律制度

随着经济体制改革目标的艰难确立和政治体制改革的稳健展开,30 多年来,我国的行政法制发展取得了长足进步。与改革开放以前相比,经过恢复发展、规范发展、全面发展三个发展阶段的行政法制,逐渐发生了以下几个方面的重大变化:第一,法治观念逐步强化。改革开放以来,在反思传统人治观念的基础上,行政法逐步确立起核心的法治观念,20 世纪末期又把"依法治国"确立为基本治国方略,上升为宪法原则。第二,行政法的权力结构从重权力、轻权利向权力和权利并重转变。《行政诉讼法》的颁布,使权力结构的重心开始发生转移,《国家赔偿法》《行政处罚法》《行政复议法》《行政许可法》《行政强制法》的出台促进了这一调整,开始形成权力和权利良性互动的局面。第三,政府职能从全能型政府向有限政府、从管制型政府向服务型政府转变。随着对政府与市场、与社会、与中介组织关系的认识不断深化,政府开始逐步转变职能,将部分职能让渡于社会,发生了行政事务民营化的转变,同时也增加了新职能,如鼓励、支持非公有制经济发展的职能。第四,行政法机制从单纯的制约机制转变为制约和激励兼顾。第五,行政行为方式从纯粹的命令—服从模式发展成为强制与非强制手段并重、优先采取非强制手段的多样化局面。第六,在程序与实体的关系上,从重实体、轻程序,重结果、轻过程,发展到实体和程序并重,结果和过程并重。第七,在对行政的监督上,从单纯的权力监督,发展到权利救济和权力监督并重。这些变化是广泛和深刻的,对行政法制建设具有革命性影响。

我国行政法制获得的新近重要发展和面临的重大现实课题,从总体上反映了行政法文化革新、行政法制转型发展的成果和方向,适应了市场经济、民主政治和精神文明发展的客观要求,体现了行政法制追求民主化、科学化和法治化的趋势,也提出了行政法制更稳健发展的新任务。可以说,这对于完善中国行政法制的具体制度和学科体系,全面实施依法治国方略,促进行政法治目标的实现,从而推动社会经济、政治和文化的稳健发展,使行政法制能获得更快、更健康的发展,具有重大的理论和实践意义。

人们的观念就是人们的眼镜,戴什么眼镜就看到什么世界。具有不同的法制观念,对于客观事物会有不同的认识,也会产生不同的法制实践效果。在推动行政法制改革创新的新形势下、新进程中,应根据变化了的法律价值观,树立与之相适应的现代法治观念,否则难免在行动上发生重大偏差。这是摆在行政公务人员及其他社会人士面前的一个重大课题,主要包括:一是要树立以人为本、保障人权、尊重人格的观念;二是要树立宪法、法律至上,政府权力有限的观念;三是要树立行政民主、公众参与、共同治理的观念;四是要树立建设服务型政府、强化公共服务的观念;五是要树立政府诚信、社会诚信、官民互信的观念;六是要树立接受监督、责任到位、权利救济的观念。

理论指导实践,实践丰富理论。从宪政建设和法治政府建设的角度看,我国已经出现并将继续深刻表现出行政法制在增强民主性方面的如下几个方面的深刻变化(不仅是行政法制和行政法学,其他法律领域和制度也同样发生着相关的深刻变化和影响)。

1. 关于中国行政法基础理论的民主化发展。2004 年修宪时“人权入宪”后,新时期行政法制的民主化趋势日益受到学界关注和研究,行政民主论应当成为 21 世纪中国行政法学的基础理论之一而发挥其应有的指导作用。有关实务研究和理论创新的要点是:其一,从当今世界民主化潮流的角度审视现代行政法的民主性问题,分析民主化潮流对行政法治进程的影响;其二,探讨行政民主的基本概念、演进历程和各国特点,以及行政民主的理论构造、制度安排和制约因素,如协商行政民主、行政服务、应急法治的理念与制度;其三,探讨行政法制的民主走向和行政民主原则的确立,行政民主原则的含义、构成、成本和作用,及其在行政法制诸环节的运用和难题;其四,在前述基础上,探索在民主精神引导下进一步推动行政法制的观念更新与制度创新。

2. 关于中国行政法主体理论与制度的民主化发展。新时期行政法制建设的基本趋势是行政主体的多元化、多样化、社会化。转型发展过程中出现的复杂多样的行政管理组织形态,或者说公权力组织形态,亟须从理论和操作上得到廓清,更多的组织形态(如社会行政主体)将会具备行政被告资格。涉及的理论问题和实务问题非常多,例如,审议会、联席会议、非政府组织的角色和职责等,都涉及公民参与管理的权利能否得到实现。这方面的理论与实务发展,有赖于并有助于廓清公共行政与行政法的关系,也有赖于并有助于行政组织人员法制的发展。

3. 关于中国行政法行为理论与制度的民主化发展。基本趋势是行为方式的多样化、柔软化、简便化、规范化、高效化,行政行为理念将增加现代性,形成并普遍接受广义的行政行为概念。可以预料,除了行政机关制定规则和执行规则等传统行政行为将继续发展外,行政指导、行政合同(契约、协议)、行政规划、行政服务、行政资助(给付)、行政奖励、政府采购、行政和解、公民参与、合作行政、共同治理等柔软、互动的行政方式,将获得更快速、规范化的发展。特别是政府信息公开法制和行政应急法制需要获得更多关注、更大发展。

4. 关于中国行政法监督救济理论与制度的民主化发展。行政法制体系中的监督救济要素和过程,将出现多元化、多样化、系统化、便民化、民主化的发展趋势。出现的创新制度,如更有效果的行政调解制度、规范化的行政怨情处理(行政投诉)制度、人大监督专员制度，更有力的司法审查制度（包括抽象行为司法审查制度），更人性、公平、便民的行政赔偿制度和行政补偿制度。

我国的行政法制建设已经并正在逐渐经历民主化、科学化、法治化和精细化的艰难行程，这是行政法制的民主精神、科学精神、法治精神日益增强、紧密联系、相互影响的交叉复合进程，其与经济、政治、社会和思想文化生活等各个方面以及宪法监督、刑事法治等其他公法领域有着强烈深刻持久的交互影响。不断增强行政管理和行政法制的民主性、科学性和规范性，特别是行政法制的民主化趋势及其制度创新，逐步构建民主行政法，这是一个基本的发展脉络。我们应当正确认知和秉持符合中国国情和普世精神的法律价值观，以现代民主法治发展的眼光，根据行政法治发展的要求，从观念上、体制上、规范上和具体制度及方法技术上进行深入研究与思考，把握发展趋势，作出正确选择，通过深化改革积极推进观念更新和制度创新，深入推进依法行政，加快建设法治政府，努力推动行政法制和行政法学在新时期获得更大的发展，促进行政法治目标的完整实现，促进中国大陆经济与社会的快速、健康、和谐发展。

从依法有效保护行政相对人合法权益的角度出发，对民主行政、行政指导、行政合同、行政规划、行政应急、行政资助、行政奖励、参与行政、合作行政、城市治理、行政和解、行政调解等诸多行政法学新领域、新课题进行探索，有助于深化认识、形成共识、推动革新，获得对行政法制民主化发展趋势及其制度创新规律性的认识，加快法治政府和服务型政府建设的步伐，这是设立“民主行政法论丛”的立意，希望借此扩展视野、培养人才、多出成果、奉献社会。

谨以为序。

莫于川*

* 中国人民大学法学院二级教授、博士研究生导师、法学博士，中国行政法研究所所长、中国法学会行政法学研究会副会长，多个中央国家机关和地方党政机关的法制顾问或咨询专家。

应当依法防范化解突发社会安全事件

——为莫于川教授主编《社会安全法治论》序

2015年5月，我曾应邀为莫于川教授所著《民主行政法要论》一书写序，时隔五年，我再次应邀为本书《社会安全法治论》写序。五年来，于川围绕如何建立科学高效的突发社会安全事件应急法律机制进行系统研究，致力于“民主行政法论丛”的编写，本书已经是该论丛的第四本著作了。五年的时间不算长，于川的奋进和速度使人震撼，这不仅仅表明一个学者的学术志趣和勤奋，这个论丛的主题也体现了一个学者的社会责任感和忧国爱民的担当。

本书共分六章，先后悉心梳理了突发社会安全事件应急的法律理论，这无疑对于突发社会安全事件的相关理论起了奠基作用。书中列举了我国一些突发事件的典型事例的调研报告，全面展示了我国突发社会安全事件应急法制的发展进程，同时，作者对德、法、美、英、日、韩等众多国家有关突发社会安全事件应急法律制度和理论，作了比较研究，这种国内外广泛的调查研究，视野开阔而工程浩繁，显示了著作的厚重和份量，加强了论著的说服力。在充分的调查问卷和事例分析的基础之上，针对如何构建突发社会安全事件应急法制的要素体系和处置突发社会安全事件的难点，提出了法治化的对策思路，并且将新冠肺炎疫情的防控，纳入了本书的视野，这无疑突显了论著的快捷反映和现实意义。

天道酬勤，所向披靡，近年来，于川坚持着力于民主行政、应急行政等领域理论基础与前沿问题的研究，取得诸多富有特色的理论成果，受到学界和实务界的高度重视，为中国特色行政法理论和制度体系的建设作出了突出贡献。于川笃于学术研究，同时着力于社会事务，在中央有关国家机关和地方政府等担任许多兼职，主持课题和立法研究，多次获奖，作为主编，足显本书的亮色，并且参与的撰稿人，也多是中青年学术精英，《社会安全法治论》一书正是于川及其团队潜心研究的集中体现，是国内应急行政领域为数不多的佳作。相信本书的面世，将为学界同仁带来诸多启迪，为实务部门同志带来重要引导。值得关注的是，受新冠疫情影响，《突发事件应对法》修改工作即将开展，本书的出版势必在推动我国应急行政的法治化建设方面作出重要贡献，进而推动中国特色社会主义行政法治的革新和法治国家的建设。

接读书稿，难抑欣喜，我为于川及其团队点赞，为难得的好书点赞，并郑重推荐，期望共享，相信实务界和学界同仁以及广大读者都将举起理论的旗帜，为推进我国的法治建设，推动国家治理现代化，共同作出不懈努力！

应松年*

2020年初夏于北京世纪城

* 中国政法大学终身教授，中国法学会行政法学研究会名誉会长。

目　录

引　言　新型冠状病毒肺炎疫情引出的社会安全法治课题

新型冠状病毒肺炎疫情(以下简称新冠肺炎疫情)暴发后,对我国社会生活和人民健康造成极大冲击,世界上许多国家、地区也面临疫情侵扰且迅猛发展。截至2020年3月4日24时,全国累计报告确诊病例80,409例,累计治愈出院病例52,045例,累计死亡病例3012例,累计追踪到密切接触者669,025人。疫情暴发后,各级政府和有关机构纷纷启动应急机制,社会各界也积极响应政府号召,政民合作共同应对疫情。新冠肺炎疫情的暴发,客观上考验了我国的突发事件应急机制以及整个国家安全体系,引出了社会安全法治的系列课题。

新冠肺炎疫情防控工作推进过程中,各种社会不稳定因素的负面影响也会日益显现,存在突发社会安全事件以及出现次生、衍生、复合性突发事件的巨大风险,必须未雨绸缪地做好防范工作、健全应对机制、增强调控能力、完善保障制度,必须健全突发社会安全事件应急法律机制。对此,应当认真思考以下问题:如何确定突发社会安全事件的类型?如何看到其他种类的突发事件与社会安全事件之间的相互关系?如何健全突发社会安全事件应对的程序机制?如何在应对突发社会安全事件中保障公民的合法权益?如何更大范围地实现突发事件应急的共同参与?如何实现突发事件应急从管控到治理的转变?是否应根据此次事件来反思《突发事件应对法》、《传染病防治法》和《突发公共卫生事件应急条例》等应急法的修改问题?是否制定专门的突发社会安全事件应对法?等等。

我国正处于全面深化改革发展时期,深层次社会矛盾正在逐步显现,社会风险因素明显增多。这种局面已经对我国的社会安全形成严峻挑战。突发社会安全事件是一类发生频率较高、较为特殊的现实社会问题,但目前学界对其研究非常薄弱,立法上也规定得较粗略,亟待通过系统深入的专门研究,促进形成科学高效的突发社会安全事件应急法律机制。本书正是回应社会需求、对我国突发社会事件应急法治体系的系统研究成果,分为引言、基本原理、历史与现状、比较研究、实证研究、要素体系、完善对策、附录8个部分。第一章主要介绍了突发社会安全事件的含义、类型以及有关的法律控制理论;第二章主要介绍了我国突发社会安全事件应急法制的历史进程、制度特点和现状问题;第三章系统梳理了德、法、美、英、加、澳、日、韩8国的应急制度;第四章以调研报告的方式分析了广州市、苏州市、北京市（延庆县）、天津市的应急体制，通过案例研读方式分析了12个具有重大影响的典型突发社会安全事件，以个案剖析方式解析了2020年新冠肺炎疫情的社会安全风险；第五章系统阐述了突发社会安全事件应对的行为规范体系、应急队伍建设、综合保障机制三大要素；第六章针对处置突发社会安全事件的难点，提出了法治化的对策思路；附录提供了定量分析报告、参考信息线索和新冠肺炎疫情防控应对中的多篇公法分析和社会治理法治分析文章。

新冠肺炎疫情防控是全民参与的社会治理工程，全国人民在中国共产党领导下众志成城、奋力阻击，定能赢得这场人民战争的最终胜利。而在疫情防控的社会治理和司法应对中，中国特色的应急法律制度体系须发挥出特殊的调整和保障功能，而且须以应急法治原则为观念基础的现代法治理念为指导，本书将从实证研究角度和理论分析角度为此提供系统深入的参考意见。

第一章　突发社会安全事件应急法治的基本原理

第一节　突发社会安全事件的含义与分类

在我国,有关突发社会安全事件的具体含义及分类,学术界和实务界并未形成通说。本书拟在现有研究文献的基础上进行讨论。有关突发社会安全事件的含义及分类,以下将分别进行厘清,并就其中的分歧作出阐释。

一、突发事件类型及相互关系

要明确突发社会安全事件的概念,首先需要界定"突发事件"。我国《突发事件应对法》第3条明确了突发事件的法律定义:"本法所称突发事件,是指突然发生,造成或者可能造成严重社会危害,需要采取应急处置措施予以应对的自然灾害、事故灾害、公共卫生事件和社会安全事件。"因此,这些突发事件主要具有3个构成要件:一是发生上的突然性,即突发事件是否发生、何时发生、如何发生,难以被准确地预测;二是结果上的社会危害性或社会危险性,[①]即突发事件会对社会财产、社会秩序或社会安全产生消极的、负面的影响;三是程度上的严重性,即这种社会危害性和社会危险性达到了必须采取应急处置措施予以应对的程度。

(一)突发事件的类型

区分突发事件的类型,有助于进一步了解突发事件。从学理上讲,依不同的分类标准,突发事件具有不同的分类方式,因此,突发事件在不同的分类标准下,其类型具有多样性。例如,有学者根据突发事件的性质,将其分为5类:自然灾害类、事故灾难类、突发公共卫生事件类、突发社会安全事件类和经济危机类。[②] 依据我国现行法律,突发事件主要被分为自然灾害、事故灾害、公共卫生事件和社会安全事件4类,前述学者提及的经济

① 从该条表述看,有必要区分社会危害性与社会危险性,社会危害性表明社会危害已经发生,社会危险性则指社会危害有可能发生。

② 参见戚建刚:《突发事件管理中的"分类"、"分级"与"分期"原则——〈中华人民共和国突发事件应对法(草案)的管理学基础〉》,载《江海学刊》2006年第6期。

危机类突发事件则可归类于社会安全事件中。[①]

突发事件类型的明确，为突发事件的分类管理提供了依据，是对突发事件实施有效管理的基础。在突发事件的应急管理中，需要根据不同类型突发事件的性质，制定管理规则，明确分级标准，并进一步推动发展预防和应急准备、监测与预警、应急处置与救援、事后恢复与重建等应对工作。[②] 因此，区分突发事件的类型有利于提高突发事件的管理效能，做好不同机构对不同突发事件的分类负责工作。

（二）不同类型突发事件间的相互关系

尽管突发事件的分类可以突出不同突发事件的特性，便于对不同的突发事件进行区分，但不同类型的突发事件之间并非毫无联系，彼此之间也不必然存在相互分离、相互排斥的关系。相反，由于社会生活的复杂性，在实践中，突发事件并不总是以某一特定类型为表现形式出现或存在的，不同类型的突发事件之间往往彼此交叉，甚至在一些特定的情境中会出现不同类型的突发事件相互转化的情形。例如，2003 年，由于我国对重症急性呼吸综合征（SARS，又称非典型肺炎，以下简称非典）疫情前期处置不力，未能很好地处理疫情，致使一场局部的突发公共卫生事件迅速演变为全国性的灾难。再如，2020 年，新冠肺炎疫情这一突发公共卫生事件也存在引起突发社会安全事件的风险隐患。

所以，在对突发事件进行类型区分之际，认真辨识和妥善处理各类突发事件之间的微妙关系，也是突发事件防控应对措施的决策者和执行者不可忽视的。

二、突发社会安全事件的含义

在我国应急法制的体系中，突发社会安全事件被定义为突发事件的一个子类型，指造成或者可能造成严重社会安全后果的突发事件。

我国《突发事件应对法》第 3 条规定："本法所称突发事件，是指突然发生，造成或者可能造成严重社会危害，需要采取应急处置措施予以应对的自然灾害、事故灾难、公共卫生事件和社会安全事件。"因此，在外延上，突发事件包括自然灾害、事故灾难、公共卫生事件和社会安全事件 4 类。本书所讨论的突发社会安全事件与上述条文的"社会安全事件"在意义上相同。其首先具备突发事件的上述共同构成要件，但其结果要件比较特殊：必须造成或可能造成对社会安全的严重危害。

① 值得提及的是，根据参加了《突发事件应对法》草案研究起草工作的本书主编回忆，由于各类型突发事件之间呈现互系互动、相互交叉、相互转化的复杂关系，所以在《突发事件应对法》草案起草和审议过程中，有这样一种意见：可将次生衍生叠加造成、变化方向难以把控、危害程度特别深重、呈现交叉复合关系的严重危机事件，规定并称为综合突发事件，这样，或有利于及时辨识、科学应对和有效化解此类综合突发事件；但因缺乏高度共识，最终并未增加这样一个种类，该法规定的突发事件还是这里所述 4 类，也因此，宜将它们理解为具有互系互动、有所交叉和相互转化等复杂关系的 4 大类型突发事件。

② 参见汪永清：《〈突发事件应对法〉的几个问题》，载《中国行政管理》2007 年第 12 期。

（一）观点梳理

1. 群体性事件说

在群体性事件说观点下，突发社会安全事件被等同于群体性事件。这种观点认为，突发社会安全事件是指因人民内部矛盾而引发，或因人民内部矛盾处理不当而积累、激发，由部分公众参与，有一定组织和目的，采取围堵领导机关、静坐请愿、阻塞交通、集会、聚众闹事、群体上访等形式，并对政府管理和社会秩序造成影响，甚至使社会在一定范围内陷入一定强度对峙状态的群体性事件。① 这一观点下的"突发社会安全事件"经常被"群体性事件"所代替。但是，"群体性事件"不能完全等同于"突发社会安全事件"。虽然目前从数量上看，群体性事件占突发社会安全事件的很大比例，但突发社会安全事件是多类突发事件的集合，并非群体性事件所能完全涵盖的。

2. 危害社会稳定说

这种观点从行为后果角度界定突发社会安全事件，认为一定规模的社会主体为表达或解决涉及自身利益的社会诉求，在一定的外部因素作用下采取较剧烈的方式，对社会稳定具有一定危害或者有危害可能的行为，均可以称为突发社会安全事件。例如，李飞认为，社会安全事件主要指严重危害社会治安秩序的突发事件。② 该种观点抓住了突发社会安全事件的后果特征，但其不足之处在于：一是仅以后果特征来定义突发社会安全事件，忽略了其他要素；二是将社会安全限缩为社会治安秩序。

（二）相近概念

从系统论的角度讲，社会安全属于国家安全体系的子概念。在这一体系内，与之相近的概念主要有政治安全和经济安全，它们之间呈现互系互动、相互交叉、相互转化等复杂关系，以下试作比较分析。

1. 社会安全

有学者认为，社会安全有广义与狭义之分。广义的社会安全，是指整个社会系统能够保持良性运行并协调发展，而把妨碍社会良性运行与协调发展的因素及其作用控制在最小范围内。狭义的社会安全，主要是相对经济安全和政治安全而言的，是指除经济子系统与政治子系统外其他社会领域的安全。③ 具体而言，狭义的社会安全是指社会公众享有安全和谐的生活和工作环境以及良好的社会秩序，公众的生命财产、身心健康、民主权利和自我发展有安全的保障。它包括社会治安、交通安全、生活安全以及生产安全。本课题研究的"社会安全"系在狭义角度上的探讨。

---

① 参见陈福今、唐铁汉主编：《公共危机管理》，人民出版社、党建读物出版社 2006 年版，第 2 页。

② 参见李飞主编：《〈中华人民共和国突发事件应对法〉释义及实用指南》，中国民主法制出版社 2007 年版，第 62 页。

③ 参见郑杭生、洪大用：《中国转型期的社会安全隐患与对策》，载《中国人民大学学报》2004 年第 2 期。

2. 政治安全

政治安全是指国家主权、领土、政权、政治制度、意识形态等方面免受各种侵袭、干扰、威胁和危害的状态。有学者认为，政治安全在我国表现为：对外保持国家的主权独立、领土完整；对内保持人民民主专政政权和社会主义制度的稳固，马克思主义主流意识形态占据主导地位以及社会稳定。① 社会安全与政治安全是相互影响、相互制约的：没有稳定的政治环境，是谈不上社会安全的；社会安全状况的持续恶化，最终也会导致政治的不安全。两者也可以互相转化，社会安全状况恶化到一定程度就会转化成政治安全问题，政治安全问题解决得好就可以弱化为社会安全问题。但是，社会安全毕竟不同于政治安全，两者无论在主体、行为，还是在后果的严重程度上都有明显差异。

3. 经济安全

一个国家或地区要实现现代化，主要在于两个方面：一是经济要繁荣发展，二是社会要全面进步。这两者相辅相成，互为条件，缺一不可。因此，在国家安全体系中，社会安全与经济安全也是相辅相成、不可分割的：社会安全是经济安全的前提，经济安全为社会安全提供物质基础。相比而言，经济安全更具有根本性、整体性，指一国最根本的经济利益不受危害和威胁。而社会安全的影响范围要更小，一般不影响国家的全局。但是，有的事件虽然看上去是局部范围内的“小”事件，但可能影响国家整体的经济安全。因此，从防微杜渐的意义上讲，应当把这类事件纳入突发社会安全事件的体系中。

（三）规范分析

我国目前的现有法律中并不存在“突发社会安全事件”这一概念，与之含义相近的有“突发事件”“突发公共事件”“社会安全事件”。

“突发事件”的概念来自2007年《突发事件应对法》，该法规定“本法所称突发事件，是指突然发生，造成或者可能造成严重社会危害，需要采取应急处置措施予以应对的自然灾害、事故灾难、公共卫生事件和社会安全事件”。

“突发公共事件”的概念来自2006年《国家突发公共事件总体应急预案》（以下简称《国家总体应急预案》），其中规定，“本预案所称突发公共事件是指突然发生，造成或者可能造成重大人员伤亡、财产损失、生态环境破坏和严重社会危害，危及公共安全的紧急事件”。而且，《国家总体应急预案》对突发公共事件进行了分类，主要分为以下4类：（1）自然灾害，主要包括水旱灾害，气象灾害，地震灾害，地质灾害，海洋灾害，生物灾害和森林草原火灾等；（2）事故灾难，主要包括工矿商贸等企业的各类安全事故，交通运输事故，公共设施和设备事故，环境污染和生态破坏事件等；（3）公共卫生事件，主要包括传染病疫情，群体性不明原因疾病，食品安全和职业危害，动物疫情，以及其他严重影响公众健康和生命安全的事件；（4）社会安全事件，主要包括恐怖袭击事件，经济安全事件和涉

① 参见马振超：《当前维护国家政治安全问题的思考》，载《江南社会学院学报》2009年第3期。

外突发事件等。①

“社会安全事件”的概念则在以上两部法律文件中都被作为分类的一种而被提出，但是都未对其作独立的概念界定。根据《国家总体应急预案》的规定，“社会安全事件”主要包括恐怖袭击事件，经济安全事件及涉外突发事件等。但是，在《突发事件应对法》中，“社会安全事件”被界定为：由各种社会矛盾引发的，形成一定规模的社会影响，危害社会稳定，干扰正常的工作秩序、生产秩序、教学科研秩序和社会秩序的群体性事件。② 该法第50条关于“社会安全事件”的规定，也是将其视为“群体性事件”处理。本课题所研究的“突发社会安全事件”与《突发事件应对法》是在同一意义上使用的。这是因为，“社会安全事件”与“突发事件”、“突发公共事件”并不等同，而是其下位概念，属于突发事件的一个分类，故而其当然地具有突发事件的共通之处。如此，在“社会安全事件”之前增加一个“突发”作为限定也合情合理。换言之，“突发社会安全事件”即“社会安全事件”，二者完全可以等同使用。

综上所述，首先，可以确定突发社会安全事件属于突发事件的一类，故而当然地具有突发事件总体的基本特征，因而充分理解突发事件的特点有助于对突发社会安全事件的把握。学者宋英华将突发事件的特征描述为突发性、复杂性、破坏性、不确定性和多变性、信息的有限性、持续性、可控性和机遇性；③菅强对此归纳为发生的突然性、事件的复杂性、危害的严重性、事件的关联性、处置的紧急性和影响的滞后性。④ 显然，突发社会安全事件也具备这些共性。其次，在掌握突发事件共同特点的基础上，可以将其与同属突发事件的自然灾害、事故灾难、公共卫生事件进行横向对比，进一步厘清突发社会全事件的规范含义。相较其他几类突发事件，突发社会安全事件的特点在于它总是有更多的“人为因素”。⑤ 这种人为因素源于社会资源的稀缺性。换言之，突发社会安全事件的本质是这种社会资源的稀缺性所导致的社会冲突。但是，社会资源的稀缺性并不必然引起突发社会安全事件，其中间有一系列复杂因素和机理。

三、突发社会安全事件的分类

（一）分类标准

目前，对于突发社会安全事件的分类有不同的见解。《国家总体应急预案》规定：社会安全突发事件主要包括恐怖袭击事件、经济安全事件和涉外突发事件。基于此指导性的预案，各地方政府在制定本地应急预案时，都对突发社会安全事件作了类似的进一步分类，但不尽一致。例如，《成都市突发公共事件总体应急预案》规定，突发社会安全事件

---

① 参见《国家突发公共事件总体应急预案》总则1.3。

② 参见汪永清主编：《中华人民共和国突发事件应对法解读》，中国法制出版社2007年版，第114页。

③ 参见宋英华编著：《突发事件应急管理导论》，中国经济出版社2009年版，第6～7页。

④ 参见菅强主编：《中国突发事件报告》，中国时代经济出版社2009年版，第3页。

⑤ 参见战俊红、张晓辉编著：《中国公共安全管理概论》，当代中国出版社2007年版，第140页。

主要包括各类恐怖袭击案件,民族宗教事件,经济安全事件,涉外突发事件和群体性事件等。[①]《陕西省突发公共事件总体应急预案》将群体性事件从社会安全事件中剔除。[②]《江苏省突发公共事件总体应急预案》将经济安全事件单独列为与突发社会安全事件并列的一类突发事件。[③]

学界对突发社会安全事件分类也无统一意见。有学者将突发社会安全事件分为:经济型(包括征地、拆迁失业等引发的)、政治型(如反日、反美游行等引发的)、文化型(如大型庙会、体育活动引发的)和社会治安型(如严重犯罪、恐怖活动等引发的)4类。[④]有学者根据实践总结认为,突发社会安全事件包括恐怖袭击事件、民族宗教事件、经济安全事件、群体性事件以及其他重大刑事案件。[⑤]

对有关突发社会安全事件分类标准的确定较为困难的原因是,虽然突发社会安全事件与自然灾害,事故灾难以及公共卫生事件并列,但是在实践中,上述各类突发公共事件往往是相互交叉和联系的,某类突发公共事件可能和其他类别的事件同时发生,或引发次生事件、构成衍生事件。由于突发社会安全事件特别复杂多样,我国《突发事件应对法》在进行突发事件分级规定时,唯一未作分级规定的就是突发社会安全事件。笔者认为,不妨从多角度进行分析,比较科学的分类应是基于现代、整体、辩证国家安全观,以方便应急处理为原则,根据其诱发原因及涉及的领域等标准来进行的。

(二)建议分类模式

基于不同角度可以对社会安全事件进行多维分类。多维分类的意义在于,突发社会安全事件具有复杂系统性,根据不同角度的分类可以设计出具有复效性的应对制度。

1. 基于事件行为有无暴力,分为暴力型突发社会安全事件和非暴力型突发社会安全事件

暴力型突发社会安全事件的主要特点是行为手段的暴力性。对于暴力型突发社会安全事件发生后公安机关往往会紧急出动警力,根据现场的情况依法采取相应的强制性措施,尽快使社会秩序恢复正常。有学者认为,暴力型突发社会安全事件的表现形式主要为严重暴力刑事案件、黑恶势力犯罪案件、恐怖事件、其他暴力型的突发社会安全

---

① 《成都市突发公共事件总体应急预案》总则1.3将社会安全事件分为恐怖袭击事件、民族宗教事件、经济安全事件、涉外突发事件和群体性事件等。

② 《陕西省突发公共事件总体应急预案》总则1.3将社会安全事件分为恐怖袭击事件、民族宗教事件、经济安全事件、涉外突发事件等。

③ 《江苏省突发公共事件总体应急预案》总则1.3将社会安全事件与经济安全事件并列分类,并将社会安全事件分为恐怖袭击事件、民族宗教事件、涉外突发事件和群体性事件等;将经济安全事件分为金融安全、物价异常波动、因突发事件造成的能源(煤电油)以及生活必需品供应严重短缺事件等。

④ 参见朱力:《当代中国社会问题》,社会科学文献出版社2008年版,第19页。

⑤ 参见姜平:《突发事件应急管理》,国家行政学院出版社2011年版,第4页。

事件。①

虽然非暴力型突发社会安全事件没有对国家、社会或者多数人的生命或财产直接造成重大损坏或破坏,但是往往也会严重影响正常的社会秩序,引起社会恐慌等后果。

这种分类的意义在于,更好地设计有针对性的应急法制、采取有针对性的应急措施。

2. 基于事件参与主体的寡众,分为群体性突发社会安全事件和非群体性突发社会安全事件

群体性突发社会安全事件的参与主体往往众多,采取自发的或者有组织的聚众方式。聚众的方式主要包括:群体上访、静坐、罢工、罢市、罢课、集会、游行示威、阻塞交通、围堵或者冲击重要机关、重点工程或者要害部门、打砸抢烧等。这种事件引发的直接原因大多与群众的切身利益密切相关,是各种社会矛盾和热点问题积聚的突出反映。

非群体性突发社会安全事件是指不具备"群体性"因素的突发社会安全事件。需要指出的是,目前,很多人把群体性事件与突发社会安全事件基本等同,然而,突发社会安全事件的起因和主导力量并不局限于"群体",可能是国际因素和个人因素。如由于国际经济危机和国际恐怖主义所引发的威胁,就不能简单地归于群体性事件。再如,因为个人或者少数人的极端行为对国家、社会或者多数人的生命、财产或者精神造成破坏或损害,较常见的是重大刑事案件,如近些年时有发生的校园安全事件。

这样分类的意义在于,提醒政府和大众,突发社会安全事件不一定要参与人数众多才值得警惕,才值得启动应急机制。

3. 基于事件参与主体的行为动机,分为维权型突发社会安全事件、泄愤型突发社会安全事件和盲从型突发社会安全事件

(1)维权型突发社会安全事件。这是目前我国突发社会安全事件的主要类型。根据有关资料统计,此类事件约占目前全国群体性突发社会安全事件的80%以上。② 有学者指出,这类事件的特点有:其一,主要是利益之争,不是权力之争,经济性大于政治性;其二,规则意识大于权力意识,但随着从个案维权向共同议题转变,权力意识有所加强;其三,具有明显的被动性,目前中国的维权运动,大多因社会弱势地位的工人、农民或市民的合法利益受损而引发,它是一种反应性的抗争行动。③ 这类事件的主要诱因有土地征收、房屋拆迁、工资拖欠等,参与主体将具体的利益诉求作为行动的目标。

(2)泄愤型突发社会安全事件。这类事件没有明确的组织者,找不到磋商对象,绝大多数参与者与最初引发的事件并无直接的利益关系,主要是路见不平或者借题发挥,表达对社会的不满,以发泄为主。参与主体往往是"无直接利益冲突",这是与维权型突发

---

① 参见周定平:《社会安全事件应对研究》,中国人民公安大学出版社2008年版,第22页。

② 参见于建嵘:《中国的社会泄愤事件与管治困境》,载《当代世界与社会主义》2008年第1期。

③ 参见于建嵘:《当前我国群体性事件的主要类型及其基本特征》,载《中国政法大学学报》2009年第6期。

社会安全事件相较而言的一个重要特点。这类事件主要因为偶然事件引起,突发性极强,从意外事件升级到一定规模的冲突过程非常短,如2004年的重庆万州事件。①

(3)盲从型突发社会安全事件。这类事件中参与主体主要是一种盲从行为,俗语道是一种"凑热闹"的心理,与泄愤型突发社会安全事件相似,通常没有组织和策划者。这类事件中参与主体没有具体的利益诉求,也没有借机泄愤报复社会,更多的是一种围观"凑热闹"的心理,将之视为一种难得的"闹事"经历以满足个人的某种心理。这类参与主体往往不会造成很大的实际损害,所以在针对该类突发社会安全事件采取应急措施后,聚众群众能够很快得以疏散。

这一分类的意义在于,对于参与事件的不同主体,应当区别对待,采取不同措施。

4. 基于事件后果的影响程度,分为实际损害类突发社会安全事件、危险类突发社会安全事件和社会恐慌类突发社会安全事件

(1)实际损害类突发社会安全事件。实际损害类突发社会安全事件,是指已经造成现实的人身、财产损失或破坏的一类后果较严重的突发事件。这类事件的发生往往与之前分类中提及的暴力型突发社会安全事件有关联。换言之,采取暴力型行为手段的突发社会安全事件往往会造成实际损害。这一类突发社会安全事件因为后果较严重,给社会或不特定的多数群众造成了直接损害,因而往往会在社会上引起较大不良影响。

(2)危险类突发社会安全事件。危险类社会安全突发事件,是指还未造成实际损害,但已存在切实的危险性的一类事件。这类事件如果可以得到及时的应急控制,就可以最大限度地避免实际损害,尽可能地保护社会大众的人身、财产免于损失或破坏。

(3)社会恐慌类突发社会安全事件。社会恐慌类突发社会事件虽然不会造成实际的损害,但可能引起社会恐慌,造成社会的不安定。例如,投放虚假危险物质并广泛散布谣言的行为,即可能引起某区域的社会恐慌,影响民众的正常生活秩序。这类事件虽然已被我国《刑法》明文规定以投放虚假危险物质罪论处,但是因其在较广泛的社会领域内造成了恐慌,严重影响正常的社会安全秩序,故而也应采取应急措施及时消除影响。

这种分类的意义在于,对这3类事件的应对策略应当有所差异:对第一类,应当采取刚性措施迅速止损并及时恢复秩序;对第二类,应当积极预防危险的发生;对第三类,应当积极辟谣、公开信息。

5. 基于常见事件诱发的原因及发生的领域,分为恐怖袭击事件、涉外突发事件、经济安全事件、重大刑事犯罪活动和群体性事件

此类划分具体可以结合我国《国家总体应急预案》的现有标准加以改进,下文将进一步论述。

(1)恐怖袭击事件。恐怖袭击事件多产生自民族、宗教等矛盾,多直接危害社会安全

① 参见于建嵘:《当前我国群体性事件的主要类型及其基本特征》,载《中国政法大学学报》2009年第6期。

客体中的治安安全。恐怖袭击事件在社会突发安全事件中较特殊,表现为行为与目的的直接一致性,即以袭击为目的施行袭击行为破坏社会安全,这似乎已经脱离了前述对社会安全突发事件的要素定义的羁束。恐怖主义以其性质可以分为:①极端民族主义,如俄罗斯车臣分离主义组织、爱尔兰共和军、"东突"恐怖势力等;②宗教极端主义,如宗教激进主义极端组织和犹太教极端分子等;③邪教组织,如日本奥姆真理教和"法轮功"邪教组织等;④黑社会性质恐怖组织,如意大利黑手党和东南亚毒品犯罪集团等。[①]

(2)涉外突发事件。涉外突发事件多发生于涉外领域,多直接危害社会安全。该类型事件是《国家突发公共事件总体应急预案》所列举的社会安全突发事件类型之一,但目前对此类型的专门研究寥寥无几,甚至对基本概念尚且模糊不清。通过对近几年出现的包含涉外因素的危机分析,可以将涉外突发事件归纳为:涉外政治型、涉外金融型、涉外贸易型、涉外文化型等,能对社会安全造成威胁的涉外因素主要是涉外政治型与涉外文化型,涉外金融与贸易主要是在经济安全领域起到非主要的刺激作用。因涉外政治因素与涉外文化因素所引发的涉外突发事件的主体仍表现为域内主体,即国内民众。最具代表性的类型即对外国某种行为或文化诱导所引发的抗议、游行、示威和抵制等,如北约轰炸前南联盟大使馆引发的对美国使领馆的示威抗议和由中日钓鱼岛领土争议所引发的抵制日货行为等。这些事件背后都有复杂的政治原因和长久积藏的历史背景,将其归入涉外突发事件的原因并不是因为其本身具有多大危害性,而是这些事件产生的负面情绪对社会安定秩序的威胁。诚然,这些事件所表达的积极因素,诸如盲目激烈的爱国情绪和公民意识并不应予以否认,但这类事件过程中民众的情绪和主观心态所具有的激进面是极易失控和被少数怀有不轨政治图谋者煽动和利用的。在这些事件中,常常出现民众大规模聚集、围堵外交机关,堵塞交通,影响正常国际商业贸易经营,歧视和不正当对待外籍公民和出现反外排外舆论等影响社会运行秩序、经贸活动和外交安全等负面影响。这些事件的共同点是表达某种政治上或文化上的诉求:一方面,是公民爱国意识和表达自由的作用;另一方面,可能为少数人提供了扰乱了社会秩序,制造国际矛盾,攻击国家内政外交政策的机会,为域外反华情绪提供了可乘之机。因此,在正确引导民众涉外事件中表达诉求的同时,也要防范负面影响出现。

(3)经济安全事件。经济安全多发生在经济领域,多直接危害社会安全客体中的经济安全,其概念始于20世纪80年代日本政府《国家综合安全报告》中对于国家安全内容的表述,国内学者将经济安全以产业部门进行划分:"第一产业包括国家农业安全、国家能源安全等;第二产业包括国家制造业安全、国家建筑业安全等;第三产业包括贸易、金融业、服务业、信息产业安全等。"[②]随着全球经济一体化进程加快,国际经济波动作为诱

① 参见王逸舟主编:《恐怖主义溯源》,社会科学文献出版社2002年版,第43~74页。

② 参见张晓君等:《国家经济安全法律保障制度研究》,重庆出版社2007年版,第2页。

因所产生的国际经济连锁反应极易对我国经济安全,特别是第三产业安全造成连锁式冲击,而我国产业改革中存在的积痼也在这种刺激下酝酿着引发经济安全突发事件的土壤。经济安全突发事件的客体是经济安全,具体来说,包括货币安全、资源安全、金融安全、产业安全、财政安全和信息安全等。20世纪末国际金融危机过后,一系列经济现象如粮食、石油等重要资源价格飙升,财政政策扩张,股票金融市场重挫,WTO对国内产业的冲击等都可能成为引发破坏国家经济安全的突发事件的诱因,而我国经济体制改革带来的民生问题也成为脆弱的经济安全防御体系的"瓶颈"。金融领域不规范的行业运作和非理性的投资极易引发金融危机;资源短缺及价格上涨加之外部诱因也极易出现商品领域不正常的囤积抢购和市场物价秩序混乱;多渠道的新生消费方式对流通领域也带来了诸多挑战。虽然经济领域的突发事件不像其他类型的突发事件幅度强烈、破坏程度强,但其主要作用于社会心理安全和社会秩序安全层面,对社会稳定和经济发展存在较大的负面作用,也是国家很难以强有力手段在短时间内有效处理的。经济在国家发展中无所不在,某一领域的安全也不是孤立的,对整个社会的正常运转都存在影响。因此,经济安全在整个社会安全体系中的地位十分重要。

(4)重大刑事犯罪活动。刑事案件是否应被纳入社会安全事件的范畴,目前存在一定的争议。这主要是因为,一般的刑事案件都有自己固定的处理模式,能够运用传统的司法和行政手段加以解决;但是,可以发现,现在很多重大刑事犯罪活动造成的社会治安秩序的混乱已经达到政府运用常态行政管理措施不足以维护当地治安秩序的程度。这时,就需要将其纳入突发社会安全事件的范畴,启动突发社会安全事件应急预案,确保社会的安全和稳定。否则,在刑事案件的处理上墨守成规,不仅难以及时侦破案件,还会衍生更多的社会问题,影响社会的安全与稳定。因此,对于重大的突发性的刑事犯罪案件,应当采取相应的应急措施,以防止不良影响的扩大。

《黑龙江省重大刑事案件应急预案》对有关重大的刑事犯罪活动的常见手段进行了列举,包括:利用毒害性、放射性和传染病病原体物质进行大规模犯罪的;利用爆炸手段,攻击党政军机关、传媒中心、城市标志性建筑物、公众聚集场所、城市民生重要基础设施的;袭击党政军领导同志及大规模袭击平民,造成重大影响和危害的;利用爆炸、化学毒剂、劫持等手段,破坏火车、飞机、船只、公共电汽车等公共交通工具,造成严重危害的;对公众饮用的水源或食品故意投放危险物质,危害公共生命安全的;故意决开水库、河流等堤坝,毁坏公私财产,危害公共安全的,造成严重危害的;其他重大刑事犯罪活动。①

(5)群体性事件。群体性事件作为一个种类繁多、发生原因复杂的突发事件类型,在社会生活中群体性事件的成因最复杂、形式最多样、参与人数多、社会影响力大,同时,也是数量最多的突发社会安全事件类型。公安部于2000年4月5日发布了《公安机关处

---

① 参见《黑龙江省重大刑事案件应急预案》。

置群体性治安事件规定》,其中对群体性事件中上升为群体性治安事件的定义和分类作出了规定,其中的类型虽然已经脱离了群体性事件并上升为治安事件或犯罪行为,但我们仍然可以通过其成因对群体性事件的类型进行了解:“第一,人数众多的非法集会、游行、示威。第二,集会、游行、示威和集体上访活动中出现的严重扰乱社会秩序或者危害公共安全的行为。第三,严重影响社会稳定的罢工、罢课、罢市。第四,非法组织和邪教等组织的较大规模聚集活动。第五,聚众围堵、冲击党政机关、司法机关、军事机关、重要警卫目标、广播电台、电视台、通讯枢纽、外国驻华使馆、领馆以及其他要害部位或者单位。第六,聚众堵塞公共交通枢纽、交通干线、破坏公共交通秩序或者非法占据公共场所。”①

群体性事件的突出特点是参与者的数量规模,人数相对较多的社会个体基于不同目的,却采取相对一致的行为模式。从社会静态构成的层面上,个人貌似自行其道的无序行为也存在某种规律或法则,这种规律或法则可以诱使不同的社会个体在某种相同或相似的时空条件下选择类似的行为模式,但这种规律或法则也受到社会个体潜意识的选择。正如现代化学和物理学中被证明的原子所具有的不同“天赋”属性决定其构成的物质形态千差万别。社会个体基于其个人因素诸如家庭出身、受教育背景、从事职业和收入阶层等,也会在行为选择模式上体现出不同;在社会个体行为层面,对于同样的外部刺激会产生不同的认识与反应,而认识和反应相对趋同的个体就体现出行为的“群体性”。社会群体对社会信息的反应具有相对一致性,因此,当出现某一特定的外部作用时,往往由诸多反应一致的个人形成一个反应一致的群体响应。区别于社会个体孤立的行为,社会群体行为更复杂,其表现出的社会影响更突出,而正因社会群体的联结是具象的和可见的,则群体行为在很大程度上也是可预测的。

群体性事件往往是一些社会矛盾的特殊表达形式,表现为群众集体性地上访、罢市、罢工、示威、请愿,甚至械斗等多种形式,往往会造成交通堵塞、扰乱机关正常工作和社会秩序不稳定等负面影响,但其本质还是社会矛盾激化,诉求表达渠道不畅通所引发的民众集体性的诉求表达形式。群体性事件成因复杂,涉及城乡矛盾、劳资矛盾、干群关系、企业体制改革问题、土地拆迁等最具体的社会生活问题,牵涉利益复杂,矛盾隐蔽性强,事发突然,参与人数多,社会影响力大,解决阻力多,甚至可能出现政府与群众利益相对立的对峙局面。

---

① 参见公安部《公安机关处置群体性治安事件规定》(公发〔2000〕5号)第2条。

第二节　突发社会安全事件的发生与法律控制理论

一、国外部分

（一）行为理论

突发社会安全事件的参与者数量往往较多，因此，国外对此类事件的探讨主要围绕突发社会安全事件的子类型——群体性事件——在国外往往被称为“集体行动”（collective action）这一概念展开。

1. 集体行动的含义

集体行动是一个涵盖甚广的概念，可以包容社会运动（social movement）、革命（revolution）等范畴。赵鼎新认为，集体行动是有许多个体参加的、具有很大自发性的制度外政治行为；社会运动就是有许多个体参加的、高度组织化的、寻求或反对特定社会变革的制度外政治行为；革命是有大规模人群参与的、高度组织化的、旨在夺取政权并按照某种意识形态对社会进行根本改造的制度外政治行为。它们的共同点在于都被看作制度外的集体性政治行为，从而与选举等制度内的政治集体行动相区别。①

2. 集体行动的主要理论

一是勒庞的集体行动非理性假说。法国社会学家古斯塔夫·勒庞认为，人群集时的行为本质上不同于人的个体行为。群集时有一种思想上的互相统一，勒庞称为群体精神统一性的心理学定律。这种统一可以表现为不可容忍、不可抵抗的力量或不负责任。群体聚集时还会产生思想的感染，即情绪和观念的感染、暗示，这使群体心理朝某一方向发展，并具有将暗示的观念立即转变为行动的倾向。在感染的作用下，个体会被一时的冲动所主宰，卷入非理性的狂乱中。② 这种理论缺乏实证基础，只是一种假说，虽然能解释一些现象，但其可靠性和普适性值得怀疑。

二是蒂利的社会分化理论。美国历史社会学家蒂利认为，之所以出现大规模针对政府的群体性突发事件，其主要原因是社会分化，特别是政治权力分化。国家在汲取社会资源的同时，不可避免地与社会发生结构性的冲突。以现代民族国家的研究为切入点，蒂利敏锐地注意到以组织和动员为核心的集体行动，与制度化的非抗议政治同样是推动结构变迁的主要动力之一。③

---

① 参见［美］赵鼎新：《社会与政治运动讲义》，社会科学文献出版社2006年版，第2～4页。

② 参见［法］古斯塔夫·勒庞：《乌合之众：大众心理研究》（第2版），戴光年译，新世界出版社2011年版。

③ 参见［美］查尔斯·蒂利：《集体暴力的政治》，谢岳译，上海人民出版社2011年版；［美］查尔斯·蒂利：《社会运动（1768—2004）》，胡位钧译，上海人民出版社2009年版。

三是奥尔森和公共选择学派的"搭便车"理论。奥尔森认为,在一个大的群体中,虽然每一个人都想获取某一公共物品,但每个人都不想因此而行为去付出代价,这就是"搭便车"困境。这种困境似乎预示着大的群体行动难以产生,尤其是成员众多的群体,实则不然。因为社会中存在大量的导致群体行动得以产生的选择性激励,即如果你不参加某一集体行动你就不能得到或将失去东西,这种激励机制主要有 3 种,分别是"小组织原理""组织结构原理""不平等原理"。[①] 理性人对自己行为最理性的选择就是不行为,即所谓"理性的无知"。为了解决这种问题,使公共决策建立在公共选择的基础上,公共选择学派认为必须创设一定的物质条件,建立相应的奖罚机制并与非经济性因素相配合。这类机制除了奥尔森的"选择性激励"外,还应当包括"强制的民主接受""价值约束""最小后悔"。

四是美国社会学家刘易斯·科塞的社会冲突理论。[②] 科塞在其成名作《社会冲突的功能》中认为,社会冲突的根源主要有物质性和非物质性两类,并将冲突划分为群体间冲突和群体内冲突、现实性冲突与非现实性冲突、紧密关系中的冲突、以集体的目标为动机的意识形态下的冲突。他认为,冲突具有正、反两个方面的功能,这取决于冲突的问题及其产生的社会结构。如果冲突的问题涉及双方的核心价值,冲突就具有反功能,反之,则具有正功能。结构松散开放的社会里产生的冲突具有正功能,因为在这样的社会中,敌对的情绪可以相对自由地被表达,从而通过消除产生不满情绪来重新调整社会结构,促进社会的稳定和整合。相反,在僵化封闭的社会结构里产生的冲突则具有破坏性。科塞认为,冲突对群体、社会具有保护功能,起到一种安全阀的作用;毫无联系的个人或群体在面对共同的对手时,可能联合起来形成一个暂时却相对统一协调的联盟,这有利于新群体的建立;冲突扮演了一个激发器的角色,它激发了新规范、规则和制度的建立,从而充当促使敌对双方社会化的代理人。此外,冲突重新肯定了潜伏着的规范,导致竞争对手们对本已潜伏着的规则和规范产生自觉意识,从而强化对社会生活的参与。

上述理论分别从原因、过程、功能等角度揭示了集体行动的内在逻辑,有助于更深刻地理解突发社会安全事件,建构相应机制。

(二)权力行使与控制理论

突发社会安全事件的应对涉及国家权力的运用,这种权力一般由行政分支行使,被称为行政紧急权。行政紧急权在理论上主要涉及如下问题。

一是行政紧急权的必要性和合理性。紧急状态的存在是不可避免的。在任何一个由法律规则控制的社会中,紧急状态的产生要符合一定的法定条件,即紧急事实的存在、危险迫在眉睫、紧急对抗措施之必须、合法程序的确认与合法程序的宣布。正如哈耶克

---

① 参见赵鼎新:《集体行动、搭便车理论与形式社会学方法》,载《社会学研究》2006 年第 1 期。

② 参见[美]刘易斯·科塞:《社会冲突的功能》,孙立平等译,华夏出版社 1989 年版。

在阐述行政紧急权力的必要性和合理性时说道,“自由社会的基本原则主张,政府的强制性权力只能被用于实施普遍正当的行为规则,而不得被用来追求特定的目的”,“但偶尔也会发生这样的情况,即捍卫整体秩序成了压倒一切的共同目的,进而无论是地方性的自发自生秩序还是全国范围内的自发自生秩序都不得不暂时被纳入组织系统之中……我们必须把这类强制进行组织的权力赋予某人,而这类权力在正常情况下则是任何人都不得享有的……一个陷入这种状态的社会要想摆脱劫难,不得不暂时中止它所具有的某些至关重要的职能,即使是那些从长远角度看属于该社会之存续所依凭的极为重要的职能,也必须暂时中止。因此,行政紧急权力对于一个社会来说,是合理的,也是必要的”。①

二是行政紧急权的法律控制。行政紧急权的运用即意味着对公民权利的限制,因此,必须通过法律对其消极方面进行约束,使行政紧急权的运作能够步入法制轨道。首先,行政紧急权不应具有所谓的“超宪性”,必须具有宪法法律上的依据。有学者将对行政紧急权力的规范方式总结为四种:实体性规范、程序性规范、救济性规范以及排除性规范。② 立法部门不应以单一法律的形式,笼统地给予行政部门“一揽子”紧急权力,而应逐次逐项地进行有效的控制。其次,行政权的内部自我控制。行政应急权内部控制的对象是行政应急行为,实现的途径以分权为基础,可分为层级化控制和专门化控制。最后,对行政紧急权的外部控制。这可以分为立法控制和司法控制,立法控制是“事先监督模式”,司法控制是“事后监督模式”。对行政紧急权的行使未能实现有效法律控制,也是其他类型突发事件次生、衍生、伴生突发社会安全事件的成因之一。

（三）人权保障理论

《公民权利和政治权利国际公约》《欧洲人权公约》《美洲人权公约》都规定了国家应承担的紧急状态下的人权保障义务。具体来说,国际人权法上对紧急状态下的人权保障主要有以下几个方面。一是比例原则。《公民权利和政治权利国际公约》要求缔约国对人权的“克减的程度以紧急情势所严格需要者为限”。1984 年在意大利希拉库萨召开的“关于《公民权利和政治权利国际公约》限制和克减条款研讨会”上所通过的“希拉库萨原则”曾对如何掌握比例原则提出了一些有参考价值的建议。该原则指出,克减措施的严重性、时间和地域范围是衡量紧急状态措施是否合乎比例原则的 3 个因素。二是与其他国际法义务相一致原则。紧急措施若与该国承担的其他国际法义务相冲突,克减措施仍是不能允许的。一般认为,上述“国际法”一词的含义是指那些与保护这三大人权公约中所列举的人权有关的国际法,这些国际法规范被公认为国际强行法。三是非歧视原

① 参见郭殊:《论行政紧急权力的宪政基础及其规制——从“巴黎骚乱事件”说起》,载《现代法学》2006 年第 4 期。

② 同上。

则。此即克减措施不得包含纯粹基于种族、肤色、性别、语言、宗教或社会出身的理由的歧视。同时,只要不是单纯出于歧视目的,即使是在克服危机的过程中采取一些带有歧视性质的措施,也是人权公约所允许的。四是非克减原则,这涉及不可克减的人权问题。五是国际监督机制,主要包括个人申诉程序、国家间指控程序、报告程序。①

二、国内部分

(一)发生原因

当前,由于对突发社会安全事件的概念与范围界定并未达成统一的观点,故而国内对突发社会安全事件发生原因的研究也并不集中。总体而言,当前学者对群体性事件的发生原因分析较丰富,因为群体性事件是突发社会安全事件的高发类型。以下对几种具有代表性的说法进行了归纳。

第一,大部分国内学者在论及突发社会安全事件的成因时,都笼统地将其概括为多方面矛盾和因素交织的结果,一般会论及政治因素、经济因素、社会因素和心理因素等。这类原因分析的长处是具有宏观性和整体性,不足的是过于庞杂。

第二,在对群体性事件进行发生原因分析时,有学者从两个层面入手——直接原因和深层原因。直接原因包括国企改革、征地拆迁、基层选举和管理等各种具体而明确的利益性矛盾;深层原因包括经济发展程度不够、改革措施不到位、政策未落实、社会保障机制尚未建立、地方出台政策不周执行不力等。② 这类深层次原因的归类和分析依赖于事件的发生与累积,而解决这类问题的关键步骤——预防,在这类原因分析中却未充分发挥作用。

第三,有学者认为,突发社会安全事件归根结底是社会矛盾的外在表现形式,其具体可以从本源性因素、非传统安全因素以及控制社会矛盾与问题的社会机制三个方面来研究。首先,从全球化和社会转型的二维视角来看,突发社会安全事件的本源性因素集中表现为社会资源分配不公、贫富差距过大、社会结构与经济发展不协调以及价值观念多元化、社会上的紧张心理等方面;其次,在现代性的全球化背景下,非传统安全因素也不时激发突发社会安全事件的产生,具体表现为意识形态领域的动荡、网络对信息安全的威胁、恐怖主义等;最后,是监管手段滞后,利益表达机制不畅、社会保障机制不健全和社会心理疏导机制不健全等问题。③ 该观点按照事件的发生到控制及事后处理的逻辑顺序进行了原因分类和剖析,对突发社会安全事件的控制理论具有重要参考价值。

---

① 参见郭春明、郭兴之:《紧急状态下人权保障的比较研究——国内法和国际人权法的视角》,载《比较法研究》2004 年第 2 期。

② 参见中国行政管理学会课题组:《我国转型期群体性突发事件主要特点、原因及政府对策研究》,载《中国行政管理》2002 年第 5 期。

③ 参见周定平:《社会安全事件的本质分析——兼论当前我国社会安全事件的引发因素》,载《湖南省社会主义学院学报》2008 年第 2 期。

（二）法律控制理论

突发社会安全事件直接指向的是社会安全，具有一定的公共性；并且，在应对和处置的过程中往往需要调动和整合全社会的人力、物力、信息等公共资源与力量，因此，突发社会安全事件一旦发生，就需要运用公权力采取有效措施进行应急处置。

1. 行政应急权

我国2004年《宪法修正案》将"戒严"修改为"紧急状态"。以此为背景，我国在2004年曾将《紧急状态法》列入国家立法计划。但是，2006年《突发事件应对法》被列入立法计划，《紧急状态法》被搁置，"主要原因是立法资源的配置必须着眼于当前最急迫的社会需求"。[①] 随后，我国于2007年出台了《突发事件应对法》。学界的研究重点也从行政紧急权转移到了行政应急权上。但事实上，《突发事件应对法》不仅规范了行政应急权，在附则第69条也对行政紧急权的行使进行了特别授权。[②] 行政应急权是以行政机关为主导的，应对介于紧急状态和平时行政秩序之间的突发事件，克服和消除事件发生造成的普遍性社会危害的权力。它区别于紧急状态的法律特征，即保持正常的宪法秩序和平时管理秩序的暂时中止。在此状态下，宪法秩序依旧在维持，行政机关仍然以基本的宪法原则作为行为的指导，但也需突破常态的管理原则，遵循突发情形下的特殊原则。

2. 行政应急的基本原则

综观我国学者对行政应急的论述，可以归纳出如下行政应急的基本原则。

（1）法治原则。在突发社会安全事件发生后，行政机关需要及时判断，采取措施，以便及时恢复社会秩序。在这一过程中，行政机关更多的是依据自由裁量来行使权力，因此，必须处理好应急措施的合法性与合理性之间的关系。法治原则是行政应急权力行使必须遵守的首要原则。

法治原则的基本内涵包括法律保留、法律优先和权责统一。[③] 一方面，突发社会安全事件的应急法律规范应当由有权机关按照宪法和有关法律授予的权限进行制定，确认法定的主体、法定的权限以及法定的程序规范，有效防止行政机关"过度"的措施危害公民

---

① 参见于安：《制定〈突发事件应对法〉的理论框架》，载《法学杂志》2006年第4期。

② 《突发事件应对法》第69条第1款规定："发生特别重大突发事件，对人民生命财产安全、国家安全、公共安全、环境安全或者社会秩序构成重大威胁，采取本法和其他法律、法规、规章规定的应急处置措施不能消除或者有效控制、减轻其严重社会危害，需要进入紧急状态的，由全国人民代表大会常务委员会或者国务院依照宪法和其他法律规定的权限和程序决定。"该条第2款规定："紧急状态期间采取的非常措施，依照有关法律规定执行或者由全国人民代表大会常务委员会另行规定。"由此可见，该法就紧急状态法治作了特别授权、程序授权乃至笼统授权，并非某些学者所说该法"不调整紧急状态"。仔细辨识、深入理解、准确运用此处为何区别表述"应急处置措施"与"非常措施"，或可有助于依法应对危机。

③ 参见韩大元、莫于川主编：《应急法制论——突发事件应对机制的法律问题研究》，法律出版社2005年版，第239页。

合法权益;另一方面,有关机关应严格按照实体和程序规范采取应急措施。根据属地原则,各级人民政府在处理应对突发社会安全事件时,应当始终坚持法治原则,严格遵守有关法律、法规、规章及规范性文件的要求采取措施,并做好事后的善后工作,坚持依法行政。

(2)应急性原则。由于突发社会安全事件具有突发性和公共性的特点,行政机关在处理和应对的过程中,为了及时迅速地控制危机的发展,需要采取超越平常规则的措施,且在程序的选择上也会相对灵活。因此,应急性原则是行政应急权力行使需要遵守的特殊原则。

为保障社会安全和重大公共利益,维护正常的经济、社会和法律秩序,行政机关在面临突发社会安全事件时采取的应急性措施,既包括法律法规明确授权的行为,也包括先予实施没有法律授权的应急性措施之后请求追认,甚至会对国家民主决策制度和公民基本权利存在暂时克减的情况。① 因此,依据应急性原则,行政应急权的行使在程序规范上没有一般的程序规范严格,相对灵活简易,符合其紧急突发的背景要求,但是危机消失后,行政应急权也无行使的空间,且归根结底,应急权力的行使始终应该在宪法和相关法律法规的框架内运行。

(3)比例原则。从整体上看,法治原则和应急性原则为突发社会安全事件的应急法治提供了合法基础,但在突发社会安全事件应急期间,行政机关在采取应急措施时会将重心向公共安全利益倾斜,公民权利必然受到克减。因此,依据法治原则和人权保障的要求,行政机关在采取措施时应遵守比例原则,将对公民权利的侵害控制在最小的范围内。比例原则的内涵具体包括妥当性、必要性和法益相称性原则。其中,妥当性原则要求国家措施必须适合于增进或实现所追求的目标之目的;必要性原则是指对所追求的目的和所采取的手段之间的相当比例进行判断,保证所要采取的手段在诸种可供选择的手段中是最温和的、侵害最小的;法益相称性原则即要求公权力干预的严厉程度与理由的成分程度之间要成比例,即人民的特别牺牲比起公权力由此获得的利益来讲是人民可以忍受的程度。② 在突发社会安全事件的应对过程中,首先,应急行为要以公共安全和公共利益为优先目的;其次,应当保证应急措施既能有效控制事态和危机的发展,又要确保其成本和对公民权利造成的损害控制在最小范围内;最后,应当妥当衡量公私利益的得失,在积极应对和保障社会安全秩序的同时,有效防止公权力对公民权利的无谓侵害以及确保公权力事后补偿措施的有效落实。总之,比例原则要求应急行政行为不能仅满足于合法性的要求,还应当有一个合理的限度。

---

① 参见韩大元、莫于川主编:《应急法制论——突发事件应对机制的法律问题研究》,法律出版社 2005 年版,第 240 页。

② 参见余凌云:《行政法讲义》,清华大学出版社 2010 年版,第 81 ~ 84 页。

（4）信息公开原则。“信息公开原则就是说在社会安全事件应对过程中，承担应急职能的应对主体需要做出各种决定和命令，基于不公布则无效力的法律原理，应对主体应当将此类决定和命令完全公开，只有经过公布并为公众所知晓的应急决定和命令才能对外发生法律上的效力，并得到人们的遵守和服从。”①在突发社会安全事件的控制应对过程中，信息的及时公开能够有效遏制谣言的传播，避免恐慌蔓延，有利于公众参与其中，提高应对危机的效率。在突发社会安全事件应对过程中，信息公开的内容应该注意侧重以下几个方面：第一，事件的发生原因及发展态势，包括原因的初步调查、伤亡人数、最新动态等；第二，应急处置工作的相关信息，包括应对主体、采取的措施及效果、事后的恢复重建及补偿工作等；第三，出台官方的总结报告。

（5）公众参与原则。在突发社会安全事件应对处理的过程中，行政机关毫无疑问是主导型的力量，但是权力的广度和深度毕竟是有限的，而危机事件的涉及面却广而复杂，因此，积极调动公众的参与热情，具有重要意义。近年来，参与式行政的理念已然成为潮流。“所谓参与式行政，是指行政机关在行使国家权力，从事国家事务和社会公共事务管理的过程中，广泛吸收公众参与行政决策、行政计划、行政立法、行政执行、行政裁决、行政指导、行政契约、行政服务、行政给付等行政过程，充分尊重公众的自主性、自立性和创造性，承认公众在行政管理过程中的主体性，明确公众参与行政的权利和行政机关的责任和义务，共同创造互动、协调、协商、对话、合作的新型行政法律制度，形成政民合作、政企合作、政社合作的 PPP 机制。其核心就是通过将公众和各类社会成员纳入行政过程形成 PPP 机制，促进行政的民主化、理性化、科学化和规范化，提升行政活动的公开、公平、公正和效率。”②

在应急处理过程中，社会公众不应是消极无为、冷眼旁观的观众，而应成为积极的行动者，发挥有力的作用。在突发社会安全事件的应急处置过程中，公众参与的意义主要表现在两个方面：一是作为应急处理的受众，了解突发社会安全事件的相应法律法规和控制机制，学会基本的自救措施，为公权力的应急处置开辟“绿色通道”；二是作为应急处理的主体，以志愿者等形式积极参与、全力支持公权力所采取的各种应急处理措施。此外，在应急处理过程中，其他社会团体或非政府组织，也扮演着重要角色，在此暂且将其笼统地归于公众。

应急处理是一个复杂的系统，行政机关在应对时除应当遵守以上基本原则外，还应注意处理好以下几个方面的问题。第一，在危机发生之前，应当本着“以预防为主、预防与应急相结合”的原则做好预警工作，及时发现问题，有效排除危机。第二，在具体的应

① 贺红梅、周定平：《论突发事件应对的信息公开原则》，载《政学法刊》2009 年第 2 期。

② 莫于川：《公众参与潮流和参与式行政法制模式——从中国行政法民主化发展趋势的视角分析》，载《国家检察官学院学报》2011 年第 4 期。

对过程中,应当处理好应急处理机关与其他行政机关之间以及上下级之间的分工配合。一般地,以属地管理为原则,当危机事态扩大时,中央与其他地方予以援助。第三,危机应对结束后,行政机关应做好后续工作,包括心理疏导、行政补偿、恢复重建等。

第二章 突发社会安全事件应急法治的历史与现状

第一节 我国突发社会安全事件的历史、现状与发展趋势

一、国内突发社会安全事件的历史

随着人类社会的发展,风险社会不可避免地来临。人类社会所面临的风险有因纯自然力造成的,也有因人类自身活动而造成的。当下,各类风险集聚使突发事件的发生成为一种常态,人们对突发事件的重视程度也日渐加大。我国 2007 年 11 月 1 日起施行的《突发事件应对法》第 3 条第 1 款明确将社会安全事件纳入突发事件的范畴,自此,我国对突发社会安全事件的处置被正式纳入法治轨道。

实际上,突发社会安全事件自古有之。例如,北宋熙宁四年,东明县在试行免役法过程中,因执行官员欺软怕硬,搞权钱交易,在确认群众"免役权"时严重不公,于是群众结伙向知县告状,可县长贾蕃拒不接受呈诉,导致事态升级。群众聚集到开封府上访,因开封府也不受理,群众后涌入王安石私宅,直接向宰相申诉。再如,清朝乾隆四十五年五月初,云南省保山县县长李伟烈不顾民众再三"恳请缓征"和"借贷社仓存谷"的诉求,不仅封锁社仓不许借贷,还下令要查访民间储粮,由此引发"乡民聚众闹衙",冲突高潮时,官民之间产生严重肢体冲突,伤者无数。① 由于突发社会安全事件是特殊和突出的社会问题的现实反映,其类型多样、涉及范围广泛、情况较复杂、往往难以应对,一旦处置不力就会加剧社会动荡,甚至波及政权的稳定,因此,各朝各代历来都很重视突发社会安全事件的应对。但囿于认识的不足,各朝代对突发社会安全事件的定义、外延、内涵、性质和种类缺乏科学的认知,也没有进行系统的归纳和统计,缺乏统一可采的官方数据。加之中国古代历来提倡刑威不可测,为了维护皇家威严,官方并不会对外宣传已经发生的突发社会安全事件,所以能查阅到的不过是一些零散的事件记载。这样的情况一直持续到中华人民共和国成立以后。

---

① 参见李志刚:《古代是怎么处理"突发事件"的》,载《时代青年(悦读)》2011 年第 10 期。

中华人民共和国成立之初,囿于历史因素,学界和实务界对突发社会安全事件也缺乏全面的认知,最初沿用"闹事"之说,将群众闹事定性为人民内部矛盾。① 其实,在"文化大革命"时期,我国的突发社会安全事件可以说是一个高发时期。但由于那一时期的特殊性,政府对这类事件的认知和处置都存在严重偏差,很多非法"闹事"行为所引起的突发社会安全事件不但没有引起重视,反而听之任之,广大群众的生命安全和财产安全受到了极大的威胁和侵害。党的十一届三中全会之后,随着拨乱反正工作的深入,我国加快了法制建设。1987 年《治安管理处罚条例》正式实施,群体性扰乱社会秩序的行为被纳入了违法行为的范畴。20 世纪 80 年代开始,我国逐步进入社会转型期,各种社会矛盾凸现。公安部在 1988 年 11 月 2 日发布的《关于处置各种突发事件的几点意见》(公安部〔1988〕107 号)中正式提出了"突发事件"的概念,这是我国官方文件首次使用这一概念。

中国学界真正开始关注突发社会安全事件是在最近 20 年。② 但鉴于种种原因,目前,官方并没有正式公开全国性的突发社会安全事件的统计数据。根据 2005 年《社会蓝皮书》公开披露出来的有限的、零散的数据来看,借以表达社会不满的群体性事件,"由 1994 年的 1 万起增加到 2003 年的 6 万起,增长 5 倍;规模不断地扩大,参与集体行为事件的人数年均增长 12%,由 73 万多人,增加到 307 万多人;其中百人以上的由 1400 起增加到 7000 多起"。③ 另据《瞭望》新闻周刊披露,"1993 年我国发生社会群体性事件 0.87 万起,2005 年上升为 8.7 万起,2006 年超过 9 万起,并一直保持上升势头"。④ 有学者将收集到的政府公开资料进行综合分析后发现,"1994 年以来,全国非法群体性事件数量呈现出总体上不断增多,增长速度呈现出总体上先慢后快的变化特点。1995 ~ 1996 年增长速度在 10% 左右,但 1997 年后迅速加快,1997 ~ 2004 年的年均增长速度高达 25.5%,超出 1994 ~ 2004 年增长 22.2% 的平均速度,其中有的年份增长速度更高达 40% 以上。

---

① 参见曾海若:《群体性事件:从政治概念到法律概念》,载《中国人民公安大学学报》(社会科学版)2010 年第 6 期。

② 有学者通过文献检索统计的方式得到一组数据,认为"群体性事件进入中国社会公共视野的时间点应该提前到 1997 年。其中的佐证之一,是中国期刊网'中国学术期刊网络出版总库'的查询结果。输入'群体性事件'按题名检索(查询时间为 2010 年 11 月 15 日晚 22 点整),共搜寻到 417 篇文献。除去不相关的 19 篇之外,其余 398 篇中,1996 年 1 篇,1997 年 1 篇,1998 年 0 篇,1999 年 2 篇,2000 年 4 篇,2001 年 10 篇,2002 年 5 篇,2003 年 12 篇,2004 年 10 篇,2005 年 15 篇,2006 年 33 篇,2007 年 36 篇,2008 年 42 篇,2009 年 112 篇,2010 年 115 篇。因此,把 1997 年说成是起点,也有一定的道理"。参见周忠伟:《2008—2009 年中国群体性事件分析》,载《中国人民公安大学学报》(社会科学版)2010 年第 3 期;刘能:《当代中国的群体性事件:形象地位变迁和分类框架再构》,载《江苏行政学院学报》2011 年第 2 期。

③ 汝信、陆学艺、李培林主编:《2005 年:中国社会形势分析与预测》,社会科学文献出版社 2004 年版,第 235 页。另可参见敝涛:《治理群体性事件与加强基层政府应对能力建设》,载《中国行政管理》2009 年第 6 期。

④ 赵鹏等:《"典型群体性事件"的警号》,载《瞭望》2008 年第 36 期。

以 1994 年为基点(100)计算指数,1994～2004 年,全国非法群体性事件的数量指数从 100 上升到 740,增加了 6.4 倍;全国群体性事件人员规模指数从 100 上升到 515,增加了 4.2 倍。这些数据充分反映了我国非法群体性事件的快速增长态势”。①

上述可查的数据主要是针对群体性事件的,无法全面展现国内突发社会安全事件的历史情况。鉴于我国没有发布权威数据,目前难以客观真实地对我国突发社会安全事件的历史情况进行述评,但通过这些数据可以了解大致情况。

二、国内突发社会安全事件的现状

中国经历了 40 余年的改革开放后,政治、经济、文化以及社会生活的各方面都发生了重大变革和深度调整。随着社会利益与结构的大调整,每个人都面临在社会结构中重新定位的问题。传统的单一价值体系被打破,多元价值观纷纷呈现。科技进步带给人们物质财富的同时,也因环境污染、能源短缺而给人类带来新的危机。资源配置、利益分配,都成了诱发突发社会安全事件的导火索。具体而言,目前我国的突发社会安全事件呈现如下特征。

(一)发生频率增大

作为一个发展中国家,我国近几十年处于经济高速、较高速增长期。改革的持续深入、经济的发展,都给我国带来了利益和结构的深度调整。当下,随着利益之争,各类社会深层次矛盾日渐凸显,成为突发社会安全事件爆发的诱因。同时,一些基层组织软弱涣散,基层领导法治观念、政策观念、服务观念不强,缺乏大局意识,处置突发情况的综合水平低下;加之国内外环境复杂,渗透境内的敌对势力用各种方式对群众进行煽动,都使近些年来突发社会安全事件的突发性有所提高。如 2008 年贵州瓮安事件、2009 年新疆“7・5”事件、2011 年广州增城事件、2011 年广东乌坎事件、2011 年日本福岛核电站核泄漏引发中国多地出现的“抢盐风波”、2012 年国内反日示威游行并引发打砸事件、2012 年河南光山校园安全事件、2012 年四川什邡事件、2012 年广州尼日利亚籍男子死亡引发的骚乱事件、各地出租车罢运事件,都发人深省。

(二)非利益主体积极介入、突发性增强

以往的突发社会安全事件中,参与者多为利益相关者,与事件的导火索本身有着千丝万缕的联系,涉及切身利益,所以才会参与其中。但目前国内的突发社会安全事件有一个显著特征,就是非利益主体的积极介入。以 2008 年的贵州瓮安事件为代表的很多事件,都是与事情本身毫无关系的普通群众在其中起到了推波助澜的作用,甚至发展到最后,这些群众直接参与其中,借机宣泄自己的不满。换言之,目前的突发社会安全事件中,由于有了非利益主体的积极介入,部分参与者的诉求目标已经从“利益表达”发展为

① 胡联合、胡鞍钢、王磊:《影响社会稳定的社会矛盾变化态势的实证分析》,载《社会科学战线》2006 年第 4 期。

“不满宣泄”。①

如果说,以前的突发社会安全事件虽然对于处置者、管理者来讲,具有一定的突发性,但实际上对于当事人来说,事件真正爆发并不是突然性的,往往会经历策划、准备和爆发的过程。甚至某些社会安全事件的酝酿、积累过程相当漫长、反反复复,经历了一个从量变到质变的过程。因此,过去很多突发社会安全事件的突发性不强,如果能在事件萌芽之初,发现端倪,尽早处置协调,完全可以有效预防、掌控。但随着社会矛盾的日趋尖锐,目前国内突发社会安全事件的突发性也大大增强。进入网络化、自媒体时代,很多时候,哪怕仅是一起普通的执法事件,由于部分围观群众的泄愤心态、仇权心态会使事件立即被无限放大,顷刻间激化矛盾,爆发成为社会安全事件。究其原因,还是因为利益结构调整引发的各类社会矛盾没有得到及时有效地疏导解决,贫富差距过大,普通民众和社会底层群体面对以权谋私和非法手段致富的现象,心理失衡,容易放大问题,借助某一事件宣泄心中的不满,诱发社会安全事件。如四川泸州 2012 年“10 · 17”事件,就是一个典例。② 警方正常执法,当事人意外发病身亡,围观群众情绪激动,部分不明真相的群众突然毫无征兆地开始袭击民警,最终酿成此次事件。应该看到,非利益主体的积极介入使社会安全事件的突发性大大增强,使事件的爆发带有更大的随机性,往往出人意料、超出人们的心理惯性,无形中加大了突发社会安全事件预防和处置的难度。

(三)种类繁多、类型化难度较大

我国当下,社会分化加剧,社会流动增大,这些都使社会日趋复杂多元,社会深层次矛盾日益凸显,关联性、聚合性和敏感性不断增强。加之在人口增长过快、资源短缺、经济快速增长的背后,公共服务存在严重不足,民主参与刚刚起步,监督严重缺位,治安形势严峻,人民日益增长的各种合法需求得不到满足。有的地方一心谋求经济发展,忽视、损害群众利益,“发展”偏离了科学的轨道,甚至以高昂的资源、环境和群众利益为代价。干部队伍中混入了不少害群之马,其恶劣的腐败行径导致干群关系极度恶化。加之境外敌对势力、民族分裂势力、邪教组织以及恐怖集团利用我国社会变革、经济发展中出现的某些问题或某些失误大做文章、制造混乱,煽动人民群众的对立情绪,从而使形形色色的

---

① 参见王赐江:《群体性事件类型化及发展趋向》,载《长江论坛》2010 年第 4 期。

② 2012 年 10 月 17 日 17 时 20 分左右,泸州市“110”指挥中心发出指令,龙马潭区红星路发生交通拥堵,要求附近交警及时赶赴现场疏堵,泸州市交警支队三大队 2 名辅警立即赶赴现场。在现场维护时,发现一辆车牌为川 E36430 的白色大货车违反临时停车规定。2 名辅警随即喊话要求该货车驶离,但该货车司机拒不配合,辱骂执勤辅警,双方发生抓扯。其间,司机突然不适,并呼叫“车上有药”,辅警上车寻药未果后,当地群众在车内找出药品给司机服下,此后司机不适加重,辅警随即呼叫指挥中心通知“120”救护车赶赴现场施救,货车司机经现场抢救无效死亡。在处置、施救过程中,现场逐渐聚集较多群众,最多时围观群众千余人。部分情绪激动人员袭击前来处置事件的警察,事件中,有 7 辆警车被推翻,其中 5 辆警车被点燃,2 辆被烧毁。参见四川在线:《四川泸州群体事件 7 辆警车被点燃警方带离 20 人》,载腾讯网:http://news.qq.com/a/20121018/000706.htm,2020 年 2 月 2 日最后访问。

突发社会安全事件层出不穷。这些年国内发生的突发社会安全事件既有因经济利益引发的，也有因宗教、民族问题引发的，数量多、规模大，种类繁多。2006 年 1 月 8 日，国务院发布的《国家突发公共事件总体应急预案》指出，社会安全事件主要包括恐怖袭击事件、经济安全事件和涉外突发事件等，不少人认为这就是社会安全事件的基本分类。实际上，从学理上看，新形势下社会矛盾呈现形式多变、内容多变的特点，诱发社会安全事件的原因有历史的，也有现实的；有客观的，也有主观的，多种原因交织，纷繁复杂。从社会安全事件中行为人的要求上看，往往是多数人的合理要求与少数人的无理要求相互交织。从具体行为来看，往往又是多数人的过激行为与少数人的违法行为相互混杂。这些都使不同性质的社会安全事件无法完全独立，有时会相互交叉，甚至在性质上会伴随着矛盾的转化，突如其来地发生相互转化。虽然一起突发社会安全事件的成因是明确可辨的，但其诱因却是灵活多变的、非线性的。[①] 这就使突发社会安全事件的形成、发展和演变很难有一个特定的模式来供人们研究和应对。要想逻辑周延地对各种突发社会安全事件进行类型化，具有相当大的难度。

(四)影响范围扩大、危害性增强

突发社会安全事件具有很强的社会性，即公共性。突发社会安全事件通常会引起社会公众的高度关注，并可能对公众利益产生较大的负面影响。由于社会安全事件的主体一般人数较多，所以一旦爆发，其影响往往会超越事件发生地，向外辐射。如果矛盾得不到妥善解决，还可能导致更大范围的社会动荡，引发更大的社会问题。

随着信息技术的发展，我国也已进入网络时代，社会公众利用网络采集、加工和扩散信息的能力在不断增强。网络传播的惊人速度使任何突发社会安全事件在爆发后，都会立即大白于天下，人人皆知。这在一定程度上使突发社会安全事件的影响范围扩大，影响社会的稳定和团结。一些歪曲事实的负面报道更是会影响政府公信力，破坏政府和人民群众的关系。一旦事件涉及民族问题或宗教问题，就很可能被某些别有用心的人或组织放大、渲染、利用，上升为影响恶劣的政治事件。同时，随着社会科技的不断进步，各种新型的、不同形式的突发社会安全事件频频爆发，由于没有历史经验可以借鉴，导致危害性大大增强，财产损失和人员伤亡也进一步扩大。

最令人痛心的是，近年来，在我国发生的突发社会安全事件越来越呈现暴力化的倾向。虽然总体上说，当下我国的突发社会安全事件绝大部分属于人民内部矛盾范畴，参与者所提出的要求大多数是正当的、合理的。但是，也有个别人认为“会哭的孩子有奶

① 所谓的线性常态是指以一个合理原因为起点，按照社会发展所引发的矛盾加剧程度上升的曲线趋势累加而达到社会正常秩序所承载容忍的极限继而爆发为社会冲突，甚至革命形态。但突发社会安全事件往往不是按照线性常态平静发展的，而是以某些意外因素的介入急速加剧、突然爆发或突然消失。这些因素可能诱发正在潜藏的社会矛盾，加强或削弱其强度，也可能改变社会矛盾的属性。

吃”,就是要闹得厉害才能引起政府重视,才能得到更好的解决,所以鼓动其他参与者采取过激行为。在个别人的煽动下,目前很多事件的参与者都通过各种极端的,甚至是违法的方式来对政府施加压力或是发泄心中的不满情绪。有学者在总结我国2009年群体性事件的特点时说,“暴烈程度显著上升,暴力化倾向越来越明显,这是2009年群体事件最鲜明的特点……”①令人担忧的是,由于非利益主体的积极介入,目前频发的突发社会安全事件,参与者往往没有明确的利益诉求,其行为一开始就偏离了法律和政策的轨道,直接表现为以党政机关和到现场维持秩序的警察为明确攻击对象,堵塞交通、围攻执法者或党政机关,甚至打砸抢烧或在大型商场、车站、电影院和居民住宅区等人员密集的公共场所实施爆炸行为,破坏性、危害性大大增强。这也提醒政府和有关部门,今后在处置突发社会安全事件时,工作重点应放在如何有效控制人员伤亡的同时尽量减少财产损失,将损失和危害降至最低。

（五）部分事件具有高度的政治敏锐性

虽然当下我国的突发社会安全事件绝大部分属于人民内部矛盾范畴,但是,必须看到随着国际形势的日趋复杂,有相当一部分突发社会安全事件并不是因为人民内部矛盾激化而爆发的,而是由境内外少数别有用心的人蓄意制造的恐怖袭击、涉外的突发社会安全事件。这类事件具有高度的政治敏锐性,一旦处置欠妥,就可能产生国际矛盾、严重影响我们国家的国际形象。另外,单纯的民族问题和宗教问题虽然也属于人民内部矛盾,但被某些个人和组织刻意放大、渲染和利用,往往也会发生质的转变,上升为政治事件。有关部门在处置类似事件时,一定要妥善处置、安抚公众、严格控制局面,防止事态扩大升级乃至大爆发。

（六）在某些区域、行业反复爆发

改革是一场深刻的利益调整。在某些区域或某些行业,因为历史原因,新旧利益格局之间的矛盾非常集中,容易引起共鸣和连锁反应。矛盾长时间得不到妥善解决,相对来讲,突发社会安全事件就会频频发生。例如,我国经济体制改革带来的民生问题就成为脆弱的经济安全防御体系的“瓶颈”。经济领域的突发社会安全事件在现阶段层出不穷。这类事件虽然不像其他类型的突发社会安全事件那样具有很强程度的破坏性,但对社会稳定和经济发展却存在较大的负面影响。

当然,有时,或许只是单纯的模仿心理,也会使同类社会安全事件在同一领域反复爆发。如砍杀幼童这类校园安全事件,很多作案者其实就是受前例的影响,所以选择模仿作案,致使悲剧反复重演。

① 单光鼐:《尽快开启越来越逼近的制度出口——2009年群体事件全解析》,载《南方周末》2010年2月4日,第F31版。

三、国内突发社会安全事件的发展趋势

根据我国社会变革的实际情况来看，国内突发社会安全事件的发展趋势有以下几点。

（一）事件数量仍将保持上升趋势

任何时代、任何国家的改革都不可能一蹴而就。客观上看，我国尚处改革攻坚阶段，价值冲突导致利益冲突从而引发了各种社会矛盾凸显，影响社会稳定的因素在短期内还不会消失，突发社会安全事件相对多发、活跃。根据专家对我国社会矛盾的特点和经济形势发展的分析，预计今后这方面的事件在量上有继续上升的趋势。①

（二）事件涉及领域广泛化和参与主体多元化

从面上来看，近年来，我国发生的突发社会安全事件涉及企业、厂矿、机关、学校等各行各业。从点上看，全国绝大多数的省、区、市、县和乡镇，都发生过突发社会安全事件。随着利益格局的进一步调整，今后各领域、各行业、各区域都存在出现突发社会安全事件的可能，参与主体也将日趋多元化。社会困难群体、下岗工人、退休人员、部分教师、企业经营者，因为种种原因参与了各种突发社会安全事件，提出自己的利益诉求，表达自己的观点和看法。

（三）部分有预谋事件的组织化程度继续加强

前文已述，尽管对于管理者来讲，突发社会安全事件都有一定的突发性，但有预谋的社会安全事件却都有一个酝酿、爆发的过程。在其酝酿的过程中，往往有人在幕后煽动和策划。由于网络资讯的快捷便利，可以为同类事件提供参考和借鉴，因此，今后有预谋事件的组织化程度将继续加强，尤其是那些跨地区、跨行业的大规模的突发社会事件，其组织色彩会更浓厚。在前期的酝酿过程中，相应组织成员会有分工、有合作地进行系列准备工作。

（四）技术型突发社会安全事件增多

未来社会，高新科学技术进一步发展，人类对新型科学技术的掌握尚需要一个过程，不可避免地会出现对科学技术的运用失当、失误，这将导致诸如生物技术差错、实验动物失控、化学物品泄漏、核材料泄漏、大气污染等技术型突发社会事件。一旦被恐怖主义者、民族分裂主义者或是极端主义者掌握了新型科技手段，并利用以从事破坏社会安全的活动，就会对社会造成巨大危害和破坏。

（五）对抗性逐步减弱，逐渐回归理性

除极端的民族分裂活动、颠覆政权活动、恐怖活动所导致的突发社会安全事件外，国内绝大部分社会安全事件属于人民内部矛盾的范畴。虽然目前的突发社会安全事件大多对抗性较强，参与者通常会采取过激行为，但是，随着我国民主法制的发展，随着执政

① 参见石平主编：《地方公共危机应对管理研究》，西南师范大学出版社 2010 年版，第 128 页。

党反腐倡廉的深入开展,随着新的核心价值观的确立,随着社会福利、公共服务的提升,随着国民整体素质的提高,社会大众将逐步回归理性。经过相应的大规模爆发期后,在很长的一个时期里,社会安全事件的对抗性将逐步减弱,参与者将学会选择理性、平和的方式来表达自己的利益诉求,群体对抗性暴力行为有可能阶段性减少。

第二节 我国突发社会安全事件应急法治的历史、特点与问题

一、历史背景及介绍

追溯我国突发社会安全事件应急法律制定的历史,最早可回溯到1954年《宪法》中的"戒严制度"。1954年《宪法》第31条规定:"全国人民代表大会常务委员会决定全国或部分地区的戒严。"1975年《宪法》取消了1954年《宪法》关于戒严制度的规定,但在实践中,却采取了戒严措施。如1976年4月5日下午7时许,民兵1万人、公安干警3000人、卫戍部队5个营分别在天安门广场四周的有关地点集结待命。夜晚,在天安门广场实行了戒严。1982年《宪法》恢复了戒严制度,且比1954年《宪法》的规定有了进一步的发展。1982年《宪法》第67条规定,全国人民代表大会常务委员会决定全国或个别省、自治区、直辖市的戒严。第80条规定,中华人民共和国主席根据全国人民代表大会常务委员会的决定发布戒严令。第89条规定,国务院决定省、自治区、直辖市的范围内部分地区的戒严。1982年《宪法》颁布以后,依据1982年《宪法》第89条的规定,1989年国务院先后两次发布了戒严令:一次是为了制止个别分裂主义分子在拉萨策动的骚乱,于3月8日发布了对拉萨市的戒严令;另一次是5月20日为了制止动乱局面,对北京市部分地区实施的戒严令。1996年我国颁布了《戒严法》,该法第2条规定:"在发生严重危及国家的统一、安全或者社会公共安全的动乱、暴乱或者严重骚乱,不采取非常措施不足以维护社会秩序、保护人民的生命和财产安全的紧急状态时,国家可以决定实行戒严。"2004年我国《宪法修正案》将1982年《宪法》第89条国务院职权中的"戒严"修改为"紧急状态"。紧急状态包括"戒严",但又不限于"戒严",适用范围更宽,便于应对各种紧急状态。

21世纪初,我国相继发生了长江流域特大水灾、非典危机、松花江流域特大水体污染、南方特大雪灾、拉萨"3·14"事件、汶川大地震、新疆"7·5"事件等众多的紧急事件。在这些紧急事件,尤其是非典危机的冲击下,以《国家突发公共事件总体应急预案》《突发事件应对法》等为代表的新的法律规范性文件大量产生,发展速度很快。以应急预案

为例，其制定工作始于2003年年末，至2010年其总量就高达240多万件。①

应急预案体系的建立是我国应急法制的基础。2006年和2007年，国务院先后发布《国务院关于全面加强应急管理工作的意见》和《国务院办公厅关于加强基层应急管理工作的意见》，要求所有街道、社区、乡镇、村庄和各类企事业单位都要编制应急预案。在国务院的大力推动下，应急预案的形成速度惊人：2004年，国务院组织制定了106件国家级应急预案；2005年，各单位又制定了971件国家部门预案、158件中央企业预案和23,000件地方预案；2006年年底，应急预案总数达135万件；2010年，总数高达240多万件。覆盖全国的、"横向到边、纵向到底"的应急预案体系基本形成。

在应急预案体系迅速形成的同时，国务院还构建了一个"应急管理法律法规体系"。这一构建任务由《国务院关于全面加强应急管理工作的意见》（国发〔2006〕24号）提出，其构建方式是将表面上似乎不相干的法律法规——例如，《防震减灾法》《军队参加抢险救灾条例》《传染病防治法》《价格法》等，根据其规范对象，分别被纳入"自然灾害类""事故灾难类""公共卫生事件类""社会安全事件类"四个规范体系中。

2007年8月30日通过的《突发事件应对法》，是我国第一部应对突发事件的综合性基本法律，是我国第一部调整预防与应急准备、监测与预警、应急处置与救援、事后恢复与重建等应急管理行为的重要法律，它是我国突发事件应急法律规范体系中的一部龙头性法律。

综上所述，我国的应急法制已经初具规模，但还没有针对突发社会安全事件的专门立法。与突发社会安全事件关系最为紧密的法律文件主要有以下三部。

1.《宪法》

《宪法》是我国的根本大法，其中有两条与行政应急权直接相关：一是第67条第18项、第19项和第20项，二是第89条第16项。

2.《突发事件应对法》

这部被学者们称为"行政应急的基本法"中有许多关于"突发性社会安全事件行政应急"条款，其重点集中在对突发性社会安全事件的预防控制方面。

3.《戒严法》

该法第2条规定："在发生严重危及国家的统一、安全或者社会公共安全的动乱、暴乱或者严重骚乱，不采取非常措施不足以维护社会秩序、保护人民的生命和财产安全的紧急状态时，国家可以决定实行戒严。"

二、制度建构的特点

通过历史回溯和现状考察，我国突发社会安全事件应急法制已经逐步建立起来。从法律体系层面来看，它表现为全方位、多层级、宽领域的应急法律规范体系的形成；从价

① 参见闪淳昌：《构建和谐社会中的中国应急管理》，载《行政管理改革》2010年第8期。

值追求层面来看,它表现为从单纯追求社会秩序到更强调保护生命财产安全这一核心价值;从法治原则层面来看,它表现为对应急法治原则的逐步形成和发展;从组织保障层面来看,它表现为对应急指挥协调机构的重视和保障。

1. 全方位、多层级、宽领域的应急法律规范体系

在2003年非典事件后,我国突发社会安全事件应急立法得到越来越多的重视。目前,我国突发社会安全事件应急法律规范体系已经初步形成,它以《突发事件应对法》作为"龙头法",与《戒严法》《人民警察武装法》《行政强制法》《网络安全法》等多方位和多领域单行法,以及地方性法规、规章和其他规范性文件,呈现全方位、多层级、宽领域的特点。

2. 更强调生命财产安全的核心价值追求

在我国法治社会建设的起步阶段,由于缺少突发社会安全事件立法,法治思维水平普遍不高。在处理"聚众闹事""群体事件"等比较棘手的社会安全事件时,执法者往往强调维护社会稳定的秩序价值。随着应急法制建设的推进,突发事件应急的各级法律规范均明确将保护人民生命财产安全作为立法目标。

3. 应急法治原则的逐步确立

《突发事件应对法》明确规定了行政机关在应对突发社会安全事件时的职权和职责,规范了行政机关行使这项权力的程序和边界。随着应急法律规范的逐渐完善,通过法律制度预防、处理突发社会安全事件的应急法治思维不断被接受,应急法治原则正在逐步确立。在经历2020年新冠肺炎疫情后,在修订《突发事件应对法》《政府信息公开条例》或制定《行政法总则》《紧急状态法》《应急管理法》时,应当且可能在法规文本总则中更明确地规定应急法治原则。①

4. 突出应急指挥协调机构的作用

突发社会安全事件具有影响范围大、传播速度快等特征,应对、处理突发社会安全事件往往需要多个部门、社会各界的合力。因此,在处理突发事件的千钧一发之际,需要统一的指挥、协调机构,制订应对规划,分配协调部门职责,调配应急物资。《突发事件应对法》明确规定了中央和地方各级突发事件应急指挥机构的成立条件,并赋予其统一指挥、协调的职权职责,充分发挥其组织、协调、指挥突发事件应对工作的作用。

三、当下存在的问题

具体来说,针对突发社会安全事件的应急法治存在以下不足。

1. 立法体系不健全

尽管我国针对突发社会安全事件的立法较多,但体系不够健全。《突发事件应对法》本质上是一部综合性基本法,但许多立法内容较原则和抽象,程序规范较少,可操作性不

① 参见莫于川:《治疫防疫:秉持应急法治原则》,载《检察日报》2020年2月13日,第3版。

强,与社会安全事件直接相关的内容也不多。突发社会安全事件的应急法制还处于体系不健全、内容不明确、手段不丰富的状态。

2. 核心概念不明确

《宪法》《戒严法》《国防法》,甚至人们寄希望很大的《突发事件应对法》都没有对突发性社会安全事件进行界定。在上述法律中,对于发生严重的突发社会安全事件时,有的使用的是"紧急状态",有的使用的是"应急状态",而究竟二者有何区别和联系却未有提及。而在国家的总体预案以及各地预案中,也并不能清楚地看出突发性社会安全事件究竟是什么以及包含哪些范围,因为所有预案的一个共同特点是都采用了列举式来概括突发性社会安全事件,但却无法详尽。此外,在不同地区的应急预案中,各地对突发性社会安全事件的范围及其应急措施更是出入很大,也许各地的实际情况有所不同,但这确实误导了很多人,甚至在一些媒体报道中有些人把事故灾难也看作突发性社会安全事件。

3. 可操作性不强

《突发事件应对法》仅仅提到了自然灾害、事故灾难和公共卫生事件的预警级别,而未能划分突发性社会安全事件的预警级别。而在《国家突发公共事件总体应急预案》中对突发性社会安全事件的等级划分也不够明确。由于这些内容的不确定性,不利于实践中的具体操作。

4. 手段不丰富

《突发事件应对法》中对未发生的突发性社会安全事件的应急措施仅仅是"报告",且不说没有一些必要的预防措施,甚至连"预警信息的发布"也没有。而对于已经发生的突发性社会安全事件,其措施的规定也基本只限于对群体性暴力和冲突事件的控制,而未能考虑到且不能实现对恐怖袭击、经济安全事件和涉外突发社会安全事件等突发性社会安全事件的控制。

5. 权利保障不得力

人权保护原则是目前理论界和实务界所共同认可的行政应急原则之一,这一原则要求依法增加公民公共负担和依法克减公民权利,尊重和保护人格尊严等基本人权,那么它也必然要求在相关行政应急立法中根据不同情形相应地增加公民义务和克减公民权利。但是,我国当前关于突发性社会安全事件的立法却都未能做到这一点,有的甚至都没有提及,而即使提及也只是将其作为一种抽象性的原则规定,这是非常不利于切实保护人权的。

6. 应急程序过于简单

虽然行政应急法的一个显著特点是决定和执行程序简化,但这并不是不要程序,依法行政的一个重要要求就是程序法定,因此,应对突发性社会安全事件也要有并遵守相应的应急程序,至少应确立正当程序原则对行政应急行为的规制效力。但是,在我国相关突发性社会安全事件应急立法中,这一点却被明显忽视了。

第三章　突发社会安全事件应急法治的比较研究

突发社会安全事件的防控化解是一个世界性难题，处于不同发展阶段、具有不同法制传统的国家和地区，其具体成因、面临压力、所持看法、应对措施和经验教训也各不相同。“他山之石，可以攻玉”。限于时间、人手等条件，笔者谨选择了两大法系若干代表性国家作简要考察，冀能从其有关应急管理体系和应急法制的特点中，分析提出一些可资借鉴之处。

第一节　德国的理论和制度

一、理论基础

德国行政应急理论受到施密特影响较大，以下以施密特为中心展开讨论。从施密特的整个思想体系来看，“非常状态”概念占据重要地位。① 他认为，“法理学中的非常状态类似于神学中的奇迹”。②

施密特的紧急状态理论并非一成不变，可分为如下阶段。③

第一，委托专政阶段。在1921年的《论专政：从现代主权思想的肇始到无产阶级斗争》中，施密特根据专政制度在古代和近代的不同形态，将其划分为“委托专政”和“主权专政”两大类型，并赞同委托专政模式。委托专政模式下，专政权力来自委托，专政者与主权者是分开的，他无权废除现存的宪政秩序，更无权取代委托权力机构，甚至也不能创制或修改法律。主权专政出现于法国大革命和无产阶级专政革命时期，专政者本身就是主权者，拥有制定新宪法的权力；主权专政者超越了委托权力机构，有权改变委托之前的状态、创造一种新的政治秩序；主权专政就存在于这种创造新秩序的过渡期间，专政期间

---

①　参见林来梵、郑琪：《有神论的政治宪法学——对施密特的解读之一》，载《同济大学学报》（社会科学版）2006年第2期；吴庚：《政法理论与法学方法》，中国人民大学出版社2007年版，第154页。

②　［德］施密特：《政治的神学》，载刘小枫编：《政治的概念》，上海人民出版社2003年版，第31页。

③　参见李卫海：《探求危机因应之道——施米特紧急状态理论生成与演进的脉络分析》，载《理论探索》2005年第6期。

结束后，主权者要遵守新的法律秩序。委托专政的法理基础是宪法权，主权专政的法理基础是制宪权。

第二，从委托专政向主权专政的转向阶段。在1922年《政治神学》中，施密特认为，紧急状态下，权力不能被确实地予以限制，不能使其与事先规定的法律相一致，是一种不受限制的权威，可以中止现存的全部法律秩序。更重要的是，主权独裁者的权力是要积极改变现存的法律秩序，或全部，或部分地转化成别的什么东西。也就是说，规则要屈从于紧急状态，这样，就将二者的关系倒置过来，这与委托专政模式是完全相反的。在1923年的《代议制民主的危机》中，施密特进一步承认，这些极端的权力，即使在常态下也可以行使——常态和紧急状态就被彻底混合了。一项紧急状态的具体细节不可能得到预见，也不能描绘出其在哪一种情形下会发生。宪法的指导就是何种主体能在这种情势下采取决断和行动。如果谁能控制这种决断，且这种决断不受到像在自由宪法下那种情形的制衡和牵制，那么很明显谁就是主权者。他决断是否存在极端的紧急状态，也决断如何去消除它。主权独裁者享有不受限制的权力，可以修正、废除现在规范和制定一项新的替代性规范。主权和附加其上的权力是不可分割的。不受限制的、至上的主权权力只服从主权独裁者的个人决断，在任何时候都是运作的。没有任何外在的、客观的限制加附于这种权力的运作上。

第三，向委托专政回归阶段。施密特1931年的著名论著《宪法的守护者》标志着其紧急状态理论的成熟与定型。施密特认为，任何宪法的存续都需要一支中立的力量，在国家的政治团结面临崩溃的情况下，在偏见的和敌对势力试图控制国家的情况下，其能存续人民这种团结的意志。根据施密特的观点，在当时德国社会和政治背景下，只有帝国总统有独立和中立的立场，才有资格成为真正的宪法守护者。在规范论层面上，总统也体现出一种全民的合法性形式，而不是一种代议的合法性，这构成了《魏玛宪法》民主内容的核心。然而，总统并不能被当作国家的主权者，而只能是宪法的守护者，作为整体的国民才是主权者。总统与政府的各种力量是处于同一层面上的，其永久性功能就是政府各派势力的调解者，仅在很偶然的情况下，且基于必要，他才扮演较积极的作用。据此，施密特又重新回到了早期有关总统仅是委托式的独裁者立场上。

二、制度概况

（一）立法

1. 历史回顾

第一，1851年《围困状态法》。1851年普鲁士模仿法国公布了《围困状态法》。该法规定，当普鲁士国土遭到外敌的威胁、占领或内部有动乱时，国王可以宣布进入围困状态；围困状态宣布后，一切行政权力集中到最高军事司令的手中。该法还列举式地规定了军官有权限制的公民基本权利类型。此外，该法特别规定在围困状态期间，军人与平民的案件一概由军事法庭审理，实行一审终结；围困状态解除后，军事法庭立即撤销，即决案件不再审判，审理中的案件移送普通法院。① 这是一种军事统治体制，仅限于应对战争和内乱，军事统治色彩浓厚，且强制力度大。②

第二，1919年《魏玛宪法》第48条。1919年《魏玛宪法》第48条第2项规定："当德意志帝国内公共安宁与秩序遭受重大扰乱或危害时，为恢复公共安宁及秩序起见，帝国总统得取必要之措施，必要时更得使用兵力。为达此目的，容许其使宪法第114条（人身自由）、第115条（住所不可侵犯）、第117条（秘密通讯）、第118条（意见表达自由）、第123条（集会自由）、第124条（结社自由）和第153条（财产权）规定的基本权利全部或部分暂时失效。"这是以概括立法的方式规定了总统的紧急处置权制度，使用了相当多的不确定法律概念。第48条第5项规定，"细节由帝国法律规定之"，但由于立法一直没有实现，致使宪法原本规定的授权法体制归于流产。③ 在《魏玛宪法》的这一规定下，既无法检验紧急状态是否真正发生，又无法得知紧急状态的具体类型，也无法确定对不同的紧急状态可以使用何种紧急措施，因此，极易导致权力的滥用而形成独裁专制——正如德国历史发展所证明的那样。④

2.《德意志联邦共和国基本法》中的应急法律规范

1949年《德意志联邦共和国基本法》（以下简称《德国基本法》）中没有规定一项广泛的紧急状态规范。至1968年5月30日，西德众议员通过了《有关紧急权力的十七条补充法》（所谓紧急状态宪法），修改了《德国基本法》，注入了新的紧急状态立法的核心内容，从而使德国的应急法制发生了决定性的改变。⑤

《德国基本法》具体规定了紧急状态的三种"基本型式"，⑥即战争状态、战争状态前的临战状态（又称防御状态）（前二者又总称为外部紧急状态）、⑦内部紧急状态（内部叛乱、动乱等，以及自然灾难和特别严重的不幸事件）。⑧ 其中的"内部紧急状态"与我国的

---

① 参见孟涛：《紧急权力法及其理论的演变》，载《法学研究》2012年第1期。

② 参见戚建刚：《两大法系国家紧急权力体制之演进》，载《法学家》2004年第6期。

③ 同上。

④ 参见杨小敏：《国家紧急权宪法条款设计之若干核心问题探讨——以德国法为经验》，载《当代法学》2005年第5期。

⑤ 参见[德]康拉德·黑塞：《联邦德国宪法纲要》，李辉译，商务印书馆2007年版；顾林生、刘静坤：《国外紧急状态立法的经验》，载《法学》2004年第8期；戚建刚：《两大法系国家紧急权力体制之演进》，载《法学家》2004年第6期。

⑥ 陈新民：《法治国公法学原理与实践》（上），中国政法大学出版社2007年版，第222页。依此，其他依其性质属于紧急状态但并非基本法所认定的紧急状态的状态包括局部危机状态（基本法第80a条第1款）及盟约状态（基本法第80a条第3款）。

⑦ 参见杨小敏：《国家紧急权宪法条款设计之若干核心问题探讨——以德国法为经验》，载《当代法学》2005年第5期。

⑧ 自然灾难和特别严重的不幸事件又可合称"民事紧急状态"。参见凌学武：《联邦制下的德国应急管理体系特点》，载《福州党校学报》2009年第5期。

"突发事件"有交叉之处。

《德国基本法》也特别规定了战争状态及防御状态的确证及公布程序。根据其第115a条第1款、第3款,战争状态的发生原则上需要联邦议会与联邦参议员的确证,确证的条件:在联邦议会投票时需要获得投票总数2/3以上的同意票,而且这一数目至少必须超过联邦议会全体成员的多数,并且,需要由联邦总统来宣布公告。如果联邦议会不能履行职责,则这一任务移转至联合委员会。根据第53a条第1款,该委员会2/3的成员是由联邦议会中按照党团实力的强弱的比例关系所选出的联邦议会议员,另外1/3则是在联邦参议院中按照每州派出一名代表的原则选出。另根据该法第115a条第2款、第4款,如果联邦议会无法履行职能,则可以视为战争状态之发生已经得到确证;入侵开始的时间,即为公告进入紧急状态的时间。根据《德国基本法》第80a条第1款,防御状态的确证须有联邦议会成员2/3的多数同意。对于内部紧急状态,"基本法并未规定应该……确证与公告为紧急状态"。①

根据《德国基本法》第73条第1款,联邦政府主要负责战争状态下的民事保护,而和平时期各种灾难救助都属于州政府的职责。② 对不同类型的紧急状态下各个层面上国家机关间权力关系及公民基本权利行使的变化,基本法也作了明确规定。根据《德国基本法》第115b条、第87a条第3项及第115f条第1项,在战争状态下,总统拥有军事力量的命令与指挥权、使用武装力量保护平民目标、维护交通秩序以及将联邦边防军派驻到联邦内任何一个地区的权限。在这种情况下,联邦国家秩序、联邦立法程序等也会发生改变,一系列基本权也可以受到超出常规宪法状态所允许的更大程度的限制。③ 而一旦防御状态的确证得以通过,则依《德国基本法》第12a条第5款、第6款及第87a条第3款,可以适用履行服役义务的规则、放弃或者改换工作职位的禁止,以及出动联邦国防军以保护民用目标与管制交通的规则等。在面对"自然灾害或特别严重的不幸事件"时,据《德国基本法》第35条第2款第2句及第3款第1句,"为抵御自然灾害或特别严重的不幸事件,一州可要求他州警察部队、其他行政机构以及联邦边防部队和武装部队给予人员和设备援助。如自然灾害或事故危及地域超过一个州的范围时,凡属有效抗灾必需的,联邦政府可指令州政府向他州提供警力支援并动用联邦边防部队和武装部队援助警察部队"。应对内部叛乱、动乱等主要是州的义务,④据《德国基本法》第91条第1款、第2款,"为抵御有关危及联邦或州的生存或自由民主的基本秩序的紧迫危险,一州可要求他州警察部队以及其他行政机关和联邦边防部队的人员和设备予以协助。面临危险的

① 参见[德]康拉德·黑塞:《联邦德国宪法纲要》,李辉译,商务印书馆2007年版,第567页。
② 参见凌学武:《联邦制下的德国应急管理体系特点》,载《福州党校学报》2009年第5期。
③ 参见[德]康拉德·黑塞:《联邦德国宪法纲要》,李辉译,商务印书馆2007年版,第556~559页。
④ 同上书,第568页。

州自己未对此作以准备,或不能排除此种危险的,联邦政府可对该州警察和他州警察部队发布指令并投入使用联邦边防部队。危险排除后,有关指令应在联邦参议院的要求下随时予以撤销。危险蔓延到一州领域以外的,为有效排除危险,联邦政府可向各州政府发布指令;第1句和第2句不受影响"。此外,据《德国基本法》第35条第2款:"一州发生特别重大事件后,如该州警力没有联邦边防部队设备和人员支援不能完成或很难完成维护或恢复公共安全或公共秩序任务的,该州可要求予以支援。"有学者认为,这一规范可以适用于非内部紧急状态的"对于保护公共安全与秩序来说特别重要的案件"。①

紧急权力的行使同样应当受到监督,《德国基本法》中规定了司法监督及立法监督两种。据《德国基本法》第115g条,联邦宪法法院和其法官在宪法上的地位以及他们对宪法任务的履行在战争状态下应得到保持。只有在联邦宪法法院也认为,为保证法院履行职能有必要修改时,联邦宪法法院法方可由联合委员会通过法律进行修改。此项法律颁布前,联邦宪法法院可采取必要措施以保证法院的运行能力。同时,在战争状态期间,联邦议会不得被解散,其有权对防御状态进行保障和审查,有权取消建立在已经有效适用的法规命令基础上的各项紧急措施,也有权决议宣告停止紧急状态。

3. 相关法律

(1)联邦层面

在联邦层面,德国没有单行的应急法律。根据《德国基本法》第73条第1款,联邦政府主要负责战争状态下的民事保护,16个州政府负责和平时期的灾难救助工作。因此,德国的民事保护体系原本主要针对战争状态,是基于冷战时期德国处于随时可能爆发战争状态的考虑。②

由于东德与西德统一后、战争的威胁大大减少,再加上2001年美国"9·11"事件与2002年德国"易北河洪灾"的经验教训,德国联邦政府与各州政府意识到,当面临全国性的灾害发生时,应加强联邦政府与各州政府在灾害救助方面的合作与协调。民事保护法律体系的重点慢慢发生变化,转向协助非战争状态下的灾难救援。2002年12月,德国联邦政府与各州政府合作对全国的民防和灾难防护进行了深入评估,发现联邦和各州在协调方面存在问题。为进一步加强灾难救助工作,联邦政府各州内政部长和参议员常设会议通过了《民事保护新战略》(相当于我国的国家总体应急预案),要求联邦政府与各州政府在应对危机时更好地进行协调,负责处理突发的全国性的重大灾害和紧急情况。该法规也为联邦政府在发生重大灾害的情况下积极介入各州的应急救援提供法律依据。③

---

① 参见[德]康拉德·黑塞:《联邦德国宪法纲要》,李辉译,商务印书馆2007年版,第568页。

② 参见陈丽:《德国应急管理的体制、特点及启示》,载《西藏发展论坛》2010年第1期;国务院办公厅应急管理赴德国培训团:《德国应急管理纵览》,载《中国行政管理》2005年第9期。

③ 同上。

1997年修订颁布的德国《民事保护法》进一步体现了德国应急管理的基本理念——民众的自我保护是重要的基础。该法案第1条就指出,“官方的措施补充平民的自我保护”。[①] 2009年4月,联邦议会对该法进行进一步修订,其中,第16条新增了联邦对州的灾难救援进行协调与支持等内容。[②]

德国联邦议会还出台了一系列的单行法律,包括《联邦保障法》《食品预防法》《电信保障法》《能源保障法》《交通保障法》《铁路保障法》《灾难救助法》等。依据这些单行法律,联邦政府在交通、食品、邮政、通信以及其他经济领域的关键基础设施负有保障供给的义务。由此,在和平时期或在应对跨州灾难时,联邦政府可以在预防过程中对各州的灾难救援提供间接支持。[③] 相应地,地方也有一系列的单行法规定应急机制,如果突发事件升级,地方可享有本地区和联邦相关法律的双重保护。[④] 此外,联邦政府还出台了一些预防立法,如《食品预防法》《电信预防法》《能源预防法》等。[⑤]

(2)州层面

和平时期应对各种日常危险和灾难的相关法律法规的立法任务,主要由州议会承担。各州都有完备的关于民事保护和灾难救援的法律法规,如黑森州的相关立法有《黑森州救护法》《黑森州公共秩序和安全法》《黑森州消防法》等,巴伐利亚州的《巴伐利亚州灾难防护法》等。[⑥]

根据灾情的严重程度和波及的范围,州相关法律在两个层面上得到执行。如《火灾保护法》《救援法》《警察法》《危险防疫法》等部分应急管理法规,都在县、市和乡镇地区层面实施。如果灾情升级,超出了县、非县辖市、乡镇的应急救援能力,则应遵守各州的有关法律。如按照《灾难保护法》,当灾害超出了县政府的救援能力时,则州政府会自动接管救灾工作,在全州范围内调动救援力量。联邦政府根据州政府的请求,按照《德国基本法》,可动用联邦技术救援署(THW)和联邦军队对州政府进行灾难援助。[⑦]

由此可以看出,目前,德国已形成了以《德国基本法》为基础、以单行法律为支撑的应急法制框架。[⑧]

---

① 参见陈丽:《德国应急管理的体制、特点及启示》,载《西藏发展论坛》2010年第1期;国务院办公厅应急管理赴德国培训团:《德国应急管理纵览》,载《中国行政管理》2005年第9期。

② 参见凌学武:《联邦制下的德国应急管理体系特点》,载《福州党校学报》2009年第5期。

③ 同上。

④ 参见侯晓蕾:《行政应急权研究》,法律出版社2012年版,第72页。

⑤ 参见陈丽:《德国应急管理的体制、特点及启示》,载《西藏发展论坛》2010年第1期。

⑥ 同上。

⑦ 参见凌学武:《联邦制下的德国应急管理体系特点》,载《福州党校学报》2009年第5期。

⑧ 参见侯晓蕾:《行政应急权研究》,法律出版社2012年版,第73页。

（二）体制

德国实行以州为主、属地管理的应急管理体制，联邦政府主要负责信息的采集、整理和发布，并在技术、财政等方面支持各州开展应急管理工作，各州充分发挥属地主体的作用。当然，由于德国是联邦制，各州均有相对独立的立法权和行政权，也导致联邦政府缺乏统一的指挥，中央和地方存在协调上的困难。[①] 突发事件发生后，德国根据灾害的类型或级别，一般灾害由县、非县辖市、乡镇来应急，超过县政府应急能力时由州政府自动接管，超出州应急能力时，须向联邦政府申请，由联邦政府来进行直接管理。[②]

在联邦层面，内务部是最高的应急决策主体，下设联邦民事保护和灾难救助局（德文简称 BBK，德文全称 Bundesamt für Bevölkerungs-schutz und Katastrophenhilfe，英文全称 Federal Office of Civil Protection and Disaster Assistance）以及联邦技术援助局（德文简称 THW，德文全称 Technischen Hilfswerk，英文全称 Federal Agency for Technical Relief）来支持各州开展灾难救助工作，由 BBK 统筹负责。州的行政应急决策主体是最高行政长官，[③]通常由内政部统筹负责。依次，不同类型突发事件应急管理的成本分摊和责任分担原则得以明确。[④]

1. 联邦层面

在德国联邦层面，全国性的安全防御工作包括情报、警察、军队和民事四大支柱，通过经常性地开展全面危害分析和风险评估，德国在联邦层面有效加强了机构之间的横向协调。[⑤] BBK 于 2004 年 5 月设立，是联邦层面上负责民事保护、优先统筹所有相关任务及信息的机构，协调联邦政府各部门以及与各州政府之间的合作，主要负责自然灾害、事故灾难、传染病疫情等重大灾害的综合协调管理。[⑥] THW 于 1950 年建立。[⑦] 在目前体制下，BBK 侧重应急管理的行政层面决策与危机信息沟通，为行政管理和信息协调机构；而 THW 则侧重危机的现场技术救援方面，为技术援助机构。两类机构之间分工明确，协同配合。[⑧]

“强化对突发公共事件应急管理的统一指挥、综合协调，是当代世界各国提高政府应对危机能力的一般做法和流行趋势。”[⑨]我国也可借鉴德国这一做法，在中央政府层面设

---

① 参见国务院办公厅应急管理赴德国培训团：《德国应急管理纵览》，载《中国行政管理》2005 年第 9 期。

② 参见凌学武：《联邦制下的德国应急管理体系特点》，载《福州党校学报》2009 年第 5 期。

③ 参见侯晓蕾：《行政应急权研究》，法律出版社 2012 年版，第 74～75 页。

④ 参见国务院办公厅应急管理赴德国培训团：《德国应急管理纵览》，载《中国行政管理》2005 年第 9 期。

⑤ 参见本刊编辑部、钟开斌：《应急管理：跟德国学什么》，载《决策》2009 年第 9 期。

⑥ 参见陈丽：《德国应急管理的体制、特点及启示》，载《西藏发展论坛》2010 年第 1 期。

⑦ 参见凌学武：《联邦制下的德国应急管理体系特点》，载《福州党校学报》2009 年第 5 期；本刊编辑部、钟开斌：《应急管理：跟德国学什么》，载《决策》2009 年第 9 期。

⑧ 同上。

⑨ 高小平：《综合化：政府应急管理体制改革的方向》，载《行政论坛》2007 年第 2 期。

有具有统一指挥和协调职能的专门机构,处理应急事务。

(1)联邦民事保护和灾难救助局

BBK负责处理与联邦政府有关的公民保护事务,支援联邦政府各部及各联邦州政府的危机管理,是联邦政府与各州政府的灾情信息中心,并为政府、社会组织及公民提供专业的咨询服务。[①] 其"主要任务在于处理潜在的危害和更多范围内的危机,具体的职能有4个方面:一是处理联邦政府有关民事保护和全国性的安全防御任务。如军事安全防御、新闻安全防御、民事安全防御、警政安全防御、非国家安全防御(PPP)、全面性的危害及风险分析。二是支援联邦政府及各联邦州的危机管理工作。如民事保护的培训、危机管理学院的培训计划的设定、意外防治及民事保护、民事保护培训的基本事项、课程安排等。三是联邦政府与各州的共同通报及现况中心。如危害的申报、重要基础设施的保护方案。四是为行政机关、组织及人民提供专业的咨询服务。如警告民众、德国意外防治咨询系统、意外发生时的社会心理学专业辅导以及民事保护基本事项、风险管理、意外防治等。"[②]

BBK总部设在波恩,2008年共有公务员292人,2008年财政预算是1.104亿欧元。除了署长办公室外,该署下设四个处。第一处主要负责应急管理的相关基本事务,为联邦政府及各州政府提供灾情信息,对公民发布预警、预报,制定德国危机事件预防信息系统,并对危机受害人群进行心理干预;第二处主要负责危机事件预防及其保护关键基础设施、负责危机信息、新闻的发布及公关工作,为公民提供危机事务的法律保护工作以及志愿者管理等;第三处主要负责危机事件中公民健康保护,特别是生化、辐射和核污染的保护,还负责对专业信息机构、文物进行保护;第四处是危机管理、应急规划及民事保护学院。该学院主要负责培训在民事保护与灾难救援方面的理论及从事应急管理的领导与培训人员,并对民事保护与灾难救援领域进行调查、研究,进行项目规划、执行及评估。[③]

BBK组建了"共同报告和形势中心",开发了"德国紧急预防信息系统",成为德国危机管理的两大武器。2002年《民事保护新战略》要求更好地协调联邦和各州现有的救援力量,尤其是消防队伍和救援组织,特别是应该建立新的协调工具,并加强信息系统的协调。因此,BBK有针对性地设计了上述两项"武器"。"共同报告和形势中心"成立于2002年10月1日,是危机管理的核心,负责优化跨州和跨组织的信息和资源管理,加强联邦各部门之间、联邦与各州之间以及德国与各国际组织间在灾害预防领域的协调和

① 参见凌学武:《联邦制下的德国应急管理体系特点》,载《福州党校学报》2009年第5期。

② 何颖:《中德应急管理体制比较》,载《攀登》2010年第1期。

③ 参见凌学武:《联邦制下的德国应急管理体系特点》,载《福州党校学报》2009年第5期。

合作。①

(2)联邦技术援助局

THW 是受联邦政府委托专门对灾害进行救助的机构,总部设在波恩的兰克斯多夫,2009 年财政预算为 1.76 亿欧元。其主要职责是组织、教育、培训公民参与紧急救援工作,强化公民的紧急救援意识,普及和提高救援知识和技能;为公民保护工作提供技术援助;应政府要求进行地方及全国性危机预防;代表德国联邦政府进行国际危机救援。THW 作为德国政府出资组建的应急志愿者机构,有助于保证志愿者有序参与应急救援。德国法律规定,只有合格的非政府组织才可以与政府救援机构合作参与应急救援,所有参与应急救援的非政府组织都得接受德国消防部门的统一指挥,这些非政府组织须按德国相关标准组建相同的战术指挥部。在大的突发事件中,参与应急管理的非政府组织须派出代表参加政府的行政指挥部。这是一种低成本的组建专业志愿者应急救援队伍的办法。THW 在全国有 8 个跨州间协会,有 66 个跨县市间区域办公室,有 668 个地方技术救援小组,还有 1 个物流中心以及 2 所培训学校。全署共有 800 名专职公务员,另有 80,000 名志愿者。其工作人员 98.9% 是义务性的志愿者,他们基本都有自己的工作。668 个地区部门基本能保证每个居民在 30 公里范围内能有 THW 的地区机构。THW 志愿者利用业余时间参加学习,必须经过基础、专业和特殊三级培训,共 75 个单元,每个单元 45 分钟,然后通过考核才能担任。②

THW 采用标准化模块系统进行运作。标准化模块有四个层次。第一个层次是地方模块,在每个地方技术救援小组实行标准化技术救援装备调配,由中央财政负责出资购买,这是 THW 的基础模块。以绍恩多夫(Schorndorf)地区为例,绍恩多夫协会是德国 668 家县市级协会之一,负责 8 个乡镇的救援工作,人员共有 52 名,其中,男性 48 名,女性 4 名。该协会每年的经费大约 3.4 万欧元,包含服装(每套约 600 欧元)、日常行政开支等,但不包括购买车辆的等方面的费用;协会所在地占地面积 2500 平方米左右。第二个层次是地区模块(地方技术救援小组)负责一般性的小规模救援,主要针对特殊任务而建立,如防洪、搜救、供电、废墟清理,可在全德国 66 个跨县市区域办公室间进行调配。跨县市区域办公室负责应对水害防治、搜索营救、电力供应和残骸清除等任务。第三个层次是跨州模块(跨州协会),负责应对特殊行动,如国际任务、桥梁建设、水供应与处理等,所有技术救援力量可在 8 个跨州间协会层面进行调配。第四个层次就是 THW 总部在全德国范围内进行救援力量的调配。此外,THW 还建立了快速反应搜救队、快速反应

① 参见顾桂兰:《国外应急管理注重完善机制健全法律》,载《中国减灾》2010 年第 15 期。

② 参见董泽宇:《德国应急救援体系及其启示》,载《中国应急管理》2011 年第 11 期;凌学武:《联邦制下的德国应急管理体系特点》,载《福州党校学报》2009 年第 5 期;宋劲松:《欧洲国家志愿者参与应急管理的经验研究》,载《四川行政学院学报》2011 年第 1 期。

供水队、快速反应空运队等多支技术救援分队,以及国家培训学校——分别位于布莱梅的豪雅(Hoya,技术培训)和斯图加特的诺伊豪森(Neuhausen,领导能力培训)。(见表3-1)①

表3-1 THW组织构架②

机构层级	机构数量	固定工作人员(公务员)
联邦总部	1个	110人
州级协会	8个	170人
培训学校	2所	80人
地方协会	66个	480人
物流中心	1个	14人
乡镇协会	668个	无固定工作人员(仅志愿者)

(3)其他

在联邦层面上,除上述专业应急管理机构外,参与危机救援的组织机构还包括联邦政府其他各部委、联邦军队、联邦警察以及联邦刑侦局等。③

2.州层面

由于德国实行以州为主、属地管理的应急管理体制,因此,各州政府是应急管理的主体。突发事件发生后,以州最高行政长官或内政部长为核心的应急指挥小组紧急启动,有关部门以及专家参与决策指挥,统一调动政府以及全社会的力量,通常由州内政部统筹负责。④ 在这一层面,参与危机救援的组织机构包括州政府各部委、州警察、州刑侦局、消防队。此外,还有州政府下辖的各专区政府、县、非县辖市以及各乡镇危机救援力量。⑤

(三)机制

1.力量动员

德国主要的应急机构包括消防队、警察局、刑侦局、技术救援协会、事故医院等相关部门以及各种志愿者救援组织(如红十字会,教会机构,德国沙玛丽工作协会,水上救援

---

① 参见董泽宇:《德国应急救援体系及其启示》,载《中国应急管理》2011年第11期;凌学武:《联邦制下的德国应急管理体系特点》,载《福州党校学报》2009年第5期;宋劲松:《欧洲国家志愿者参与应急管理的经验研究》,载《四川行政学院学报》2011年第1期。

② 参见宋劲松:《欧洲国家志愿者参与应急管理的经验研究》,载《四川行政学院学报》2011年第1期。

③ 参见凌学武:《联邦制下的德国应急管理体系特点》,载《福州党校学报》2009年第5期。

④ 参见陈丽:《德国应急管理的体制、特点及启示》,载《西藏发展论坛》2010年第1期;本刊编辑部、钟开斌:《应急管理:跟德国学什么》,载《决策》2009年第9期。

⑤ 参见凌学武:《联邦制下的德国应急管理体系特点》,载《福州党校学报》2009年第5期。

协会以及工会组织等)。[①] 其中,以消防等专业力量为骨干、社会组织为侧翼,以志愿者队伍为支撑,各种应急力量协同配合。[②]

消防队是德国专业化应急救援的中坚力量。国家无统一的消防行政管理机构,也没有统一的消防法律、法规,消防工作均由各自治州独立管理。[③] 从 20 世纪 50 年代以来,德国消防队的职责范围不断扩大。过去主要职责为防火、救火,现在还承担救灾现场紧急救援重任,担当灾害现场指挥角色,广泛开展宣传和培训灾害救援知识以及在其他紧急情况下提供援助,但不受军队或警察的调遣,也没有义务参与平息政治骚乱与罢工运动。德国消防队主要有职业消防队、志愿消防队和企业消防队三种类型。在德国,超过 10 万人的城市就算是大城市,必须至少建立一支职业化消防队。职业化消防队由直接从事灭火和特殊技术救援的政府官员和其他从事职业消防的职员与工人组成。没有职业消防队的小城镇,一般建有志愿消防队。志愿消防队的队员都是兼职的,平时都从事自己的工作。一旦发生火灾,他们都自愿地、无偿地在城镇消防队或本地消防联合会从事消防救援工作。一些具有火灾、爆炸危险的企业按照政府的要求,针对本企业的特殊性,由私人组建的保护工商及其企业的消防组织。企业消防队可以是职业消防队,也可以是义务消防队。在紧急情况下,也接受政府调遣。德国消防队不仅种类多,而且分布密集,布局合理。[④] 仅"北莱茵州就有 26 个消防支队、83 个大队和 396 个基层消防队,1.2 万名职业消防队员、8.3 万名消防志愿者,另有 103 个企业消防队和 5500 名队员,是德国救援力量分布较为密集的区域"。[⑤]

社会组织包括德国汽车俱乐部(Allgemeiner Deuther Automobil Club, ADAC)等。ADAC 是一个大型企业协会,有近 3000 万名的会员,早期主要承担会员出现车祸后的救援工作,尤其是在高速公路上的救援。近年来,ADAC 与政府签订了合同,参与德国全境的直升机救援活动。作为一种全社会的公益组织,ADAC 参与救护运输,不是从单纯的经济效益出发,而是将其作为一种慈善事业。他们每年拿出 3000 多万欧元用于救援工作,救助民众、回报社会。

此外,参与救援的还包括事故医院。德国共有 35 家大型公立事故医院,主要任务是派驻医生参与消防中心和技术救援协会的现场急救工作,并承担伤病员的急救和治疗康复。35 家事故医院都设有直升机的停机坪。[⑥]

---

① 参见陈丽:《德国应急管理的体制、特点及启示》,载《西藏发展论坛》2010 年第 1 期。

② 同上。

③ 参见北京市市政市容委赴德国城市运行管理与保障培训团:《德国城市运行管理经验》,载《城市管理与科技》2010 年第 3 期。

④ 参见凌学武:《联邦制下的德国应急管理体系特点》,载《福州党校学报》2009 年第 5 期。

⑤ 参见韬业:《德国的灾害防治机制》,载《中国减灾》2008 年第 12 期。

⑥ 参见陈丽:《德国应急管理的体制、特点及启示》,载《西藏发展论坛》2010 年第 1 期。

德国的灾难救助是建立在志愿者体系上的，志愿者在应急管理中发挥主力军作用。德国志愿者人数超过170万人，超过了德国人口的2%，超过德国劳动能力人口的50%左右。德国的技术救援和心理干预等灾难救助几乎是依靠志愿者体系来完成的。德国政府主要通过立法、人员培训、设备支出以及公民文化的培育来保障和发展志愿者体系。如德国《兵役法》规定，6年的志愿者工作可以免除9个月的兵役服务。相关法律规定，上班期间，雇主有义务让志愿者提供社会服务并付给工资，雇主事后可从联邦财政部门获得为志愿者支付的工资补偿等。同时，联邦政府还对志愿者提供设备和人员培训，以保障志愿者的应急救援能力。各类志愿者队伍所需工作经费绝大部分由政府投入，同时，也接受慈善捐赠作为补充。如北莱茵州志愿者队伍教育培训和参加救援的费用，联邦和州政府各负担1/3，其余1/3来自救援组织接收的捐赠。志愿者平时都有自己的工作，在发生险情时只要接到通知，两小时内就可迅速赶到集中地集结出发，成为应急救援体系中的主力军。目前，德国每个救援工作小组均有后备力量，每个地区都有后备人员。[①]

我国学者大多数认为德国对社会力量的强调值得借鉴，[②]但也有学者认为，德国应急处置依赖志愿者体系这一现状的形成是“由于德国是第二次世界大战战败国，正规国防军发展一直受到限制”。[③] 志愿者体系的作用应当考虑突发社会安全事件应急这一特定领域的特殊性。

此外，据《德国基本法》，各州抢险力量不足时，可向国家内政部提出申请，经总统批准后调联邦国防军参加抢险救灾。

2. 常规性群体性活动管理

德国《集会游行法》规定，户外集会游行应于举办前48小时向主管机关报备。其主管机关一般是警察机关；但若要到联邦议会或联邦宪法法院集会游行时，其主管机关为内政部。联邦宪法法院1985年规定的“互相合作义务”要求警方和集会游行负责人双方必须在会前及早接触，在交换资料、建立信任和合作的基础上，共同研讨确保集会游行和平进行的措施。[④]

3. 预案制度

在德国，从联邦到州以及各级机构和企业都编制了应急预案。在联邦层面，2002年12月6日通过的《民事保护新战略》，明确由联邦和各州共同担负消除严重危险的责任。各州也结合各自情况制定了州级灾难救助预案，还针对具体事件制定了专项预案。企业

---

① 参见陈丽：《德国应急管理的体制、特点及启示》，载《西藏发展论坛》2010年第1期。

② 参见宋劲松：《欧洲国家志愿者参与应急管理的经验研究》，载《四川行政学院学报》2011年第1期。

③ 李明：《国外应急体制经验和教训》，载巴忠倓主编：《社会管理创新与国家安全：第十届中国国家安全论坛论文集》，时事出版社2012年版，第191页。

④ 参见李娅、张梅玲：《群体性事件处置机制的国外模式》，载《党政论坛》2010年第10期。

也结合自身特点制定了预防火灾、恶性事故等方面的应急预案。大型活动以及高校、商场、影院等公共场所也都有应对突发事件的预案。这样,就形成了覆盖面广、数量多的应急预案体系。同时,德国对应急预案实行严格的管理,应急预案要报上级有关部门审批同意后,方可实施。同时,对应急预案实行动态管理,在每次演练和应急处置过程中,都有专家跟踪考察,根据相应情况组织修改和完善。①

4. 预警制度

及时准确地收集、分析和发布相关应急信息是政府科学决策和早期预警的前提。德国把增强国家民族的危机意识作为危机管理的一项重要内容,政府利用一套依托卫星的危机预防信息系统向人们集中提供各种公民保护以及危急情况下自我保护的知识。例如,通过宣传手册、互联网、展览以及听众热线,重点介绍如何应对危机事件等。②

集中提供各种公民保护德国的卫星预警系统于2001 年10 月15 日建立,政府发出的预警通过卫星可以在几秒钟内通过公立和私人的电台传遍全国。与此同时,政府也通过互联网、移动电话等方式向民众发出预警报告。目前,德国正致力于在危机管理中利用现代科学技术研发风险图,对人、动物、自然生活基础、生活必需设备设施、文化财产等进行详细的风险分析。在现代化的风险图上,可以清楚地看到风险分布的大小、高低和地区分布,对危机预防与控制的作用十分重大。③

德国利用计算机系统、数据库系统、地理信息系统、卫星定位系统、遥感系统和视频系统建立起了信息共享、反应灵敏的现代化应急信息系统。如德国灾害预防信息系统,是一个开放的互联网平台,目前有2200 多个链接,主要包括两方面:一是德国危机预防信息系统(deNIS),集中了互联网上所有可以找到的危机预防措施信息,集中向公众提供各种危机情况下如何采取防护措施的信息,面对全社会开放;二是德国危机预防信息系统(deNIS2),主要是建立民事保护和灾难防护领域的内部信息网络,以支持非同寻常的危险和损失发生时迅速的信息分析,帮助决策者有效开展危机管理,大大减轻了决策层的风险评估和资源管理工作。④

5. 危机管理培训制度

德国非常重视危机管理培训,其基本观点是,危机的特点决定了危机管理很难积累经验,唯有通过培训和演练才能建立和平与危机应对和管理的组织指挥才能、技术救援能力和组织协调能力。⑤

德国的应急管理教育培训是很有特色的,包括专业培训、志愿者培训和社会教育3

① 参见国务院办公厅应急管理赴德国培训团:《德国应急管理纵览》,载《中国行政管理》2005 年第9 期。

② 参见陈丽:《德国应急管理的体制、特点及启示》,载《西藏发展论坛》2010 年第1 期。

③ 同上。

④ 参见本刊编辑部、钟开斌:《应急管理:跟德国学什么》,载《决策》2009 年第9 期。

⑤ 参见陈丽:《德国应急管理的体制、特点及启示》,载《西藏发展论坛》2010 年第1 期。

部分。管理人员培训主要由BBK下属的危机管理、应急规划和民事保护学院（德文简称AKNZ，德文全称Akademie für Krisenmanagement，Notfallplanung und Zivilschutz，英文全称the BBK's Academy for Crisis Management，Emergency Planning and Civil Protection）负责；志愿者培训主要由THW所属的2所技术救援培训学院负责；公民教育由政府部门与学校、社会组织、企业及个人进行。①

志愿者培训和社会教育是德国应急管理培训最大的特色。志愿者的义务工作是德国救助体系的支柱和基础。据统计，德国参加志愿者工作的人数占全国总人口的5%～10%，有130万名现役志愿消防队员，其中，包括5大志愿者组织的50万名义务工作者以及联邦技术救援局的7.6万名志愿工作者。②

德国也开展了广泛的公民教育和培训。在明确政府职责的基础上，德国强调公民自身能力的培养。政府部门与救援组织合作，对公众开展自我保护知识的培训，如向公民发放《突发事件预防手册》等。尤其是，德国非常重视青少年的志愿者培训，通过学校教育和家庭教育，让青少年从小就养成"奉献社会、承担责任"的观念。③

专业培训主要突出跨地域、跨部门的联合救灾能力。参与专业培训的学员来源多元，既包括联邦和州，又包括军队、警察、内政、消防等不同地域和部门的人员。在德国，负责这部分培训的主要有两个学院：一是AKNZ，二是THW。AKNZ是一个专门性的应急管理培训学院，也是德国政府进行应急管理培训的主要渠道。AKNZ的主要任务是加强联邦、州、县市、乡镇四个层面的应急协同能力，以及提高各级应急指挥领导者、管理人员和专业技术人员的决策、执行等能力；加强联邦与州的危机管理职能；向联邦政府各部委提供专业咨询；为国内外应急领导人才交流与培训提供支持。该学院的职能任务与我国拟建的国家应急管理人员培训基地的任务十分相似。THW主要对在应急过程中负有技术救助职能的人员进行培训，培训灾害现场应急指挥人员与专业救援人员，侧重危机管理中具体执行能力的培训，其培训对象主要是各级技术救援指挥中心消防部门的领导和技术救援中心的领导。此外，该学院还负责在周末（节假日）对志愿者进行培训和演练。④

6. 应急指挥机制

德国应急救援组织虽然很多，但任务明确，能快速合成整体作战单元，扁平化、专业

---

① 参见国家行政学院课题组等：《英国、德国、瑞典应急管理教育培训的主要做法及启示》，载《中国浦东干部学院学报》2009年第3期。

② 参见凌学武、庄汉武：《德国应急管理培训的特点及对我国的启示》，载《行政与法》2010年第2期。

③ 参见本刊编辑部、钟开斌：《应急管理：跟德国学什么》，载《决策》2009年第9期；凌学武、庄汉武：《德国应急管理培训的特点及对我国的启示》，载《行政与法》2010年第2期。

④ 参见国家行政学院课题组等：《英国、德国、瑞典应急管理教育培训的主要做法及启示》，载《中国浦东干部学院学报》2009年第3期。

化的指挥机制使其具有较强的第一现场处置能力。①

德国应急指挥部通常分为两个指挥部,即行政指挥部与战术指挥部。当遇到重特大突发事件时,由事发地的最高行政长官(一般是以大城市市长或县长为核心)领导协调与组织应急救援工作,同时成立行政指挥部与战术指挥部。行政指挥部也称危机指挥部,是行政层面的指挥部,通常由副市长或副县长担任总指挥,成员包括常设成员、相关成员、协调小组以及公关与媒体发言人。常设成员包括消防、灾难保护、卫生、社会、环境和公关等内部成员,以及警察、军队、能源供给等外部成员,通常由各部门或单位的负责人担任。相关成员包括议会所有厅局、办事机构等内部成员,以及机关、乡镇、第三方专业人员等外部成员,如公共交通、企业等。协调小组负责协调内部事务,沟通两个指挥部,通报灾情信息,保障通信联络,接听市民热线,与外界沟通,关注媒体,起草汇编文件等工作,兼具服务和交叉职能。突发事件发生后,各成员迅速汇集到指挥部,集体了解灾情,研究处置对策。行政指挥部的具体构成取决于突发事件的性质与规模,办公地点一般设在后方定点指挥场所。其一般在后方负责应急救援的行政决策与沟通协调。战术指挥部也称领导指挥部或技术救援指挥部,是战术层面的指挥部,由专业救援机构与志愿者组织组成,在前方负责现场救援的具体实施。其通常由消防局长担任总指挥。在全德国范围内,战术指挥部都是统一的标准化构成,在应对普通突发事件的时候,战术指挥部由内部人力资源、灾情、救援和后勤物流 4 个小组构成,还可以根据灾情需要,增加媒体工作和信息沟通两个小组。此外,战术指挥部还设有外部顾问和联络员。战术指挥部办公地点一般设在救援现场或者救援现场附近的流动车辆或者固定地点上,或者后方定点指挥场所。②

两者分工明确,衔接紧密,既可以避免行政长官到现场承担超出自己能力的工作,又能够使战术指挥官专心致力于救援,提高救援效率。这既是实践经验的总结,也是各州法律的规定。只有在个别地区,仅设一个指挥部,即共同指挥部,它融合了行政指挥部与战术指挥部的全部职能。③

德国特别注重对现场指挥人员的专业培训。因为,指挥员必须具备相应的专业培训并取得相应的资质才能担任指挥官。当涉及跨区域联合作业时,则由更高专业资质的指挥官任现场指挥。发生较大范围灾难事故时,州议会也可以任命现场总指挥,但被任命的人必须训练有素、有相应专业资质,即便州长到现场,也不能取而代之。④

在应急救援的整个过程中,一般都是按照 6 个环节进行危机决策:一是确认事实(对

① 参见何颖:《中德应急管理体制比较》,载《攀登》2010 年第 1 期。

② 参见董泽宇:《德国应急救援体系及其启示》,载《中国应急管理》2011 年第 11 期。

③ 同上。

④ 参见何颖:《中德应急管理体制比较》,载《攀登》2010 年第 1 期。

场景的分析）；二是列出决策选项（不同解决方案的建议）；三是进行风险分析（据现有标准衡量优缺点）；四是从各种选项中实施最优化决策（选择最佳决策方案）；五是确保执行（要考虑执行的主体、内容、时间、方式、地点与合作方）；六是对决策的实施结果进行检验评估（效用检查）。①

突发事件发生后，消防队（“112”）或警察局（“110”）的接警中心首先接到报告，并立即在规定的时限组织应急队伍赶赴现场处置，同时根据接报信息情况，要求相关社会救援组织派出志愿者在规定时间内赶到现场参加救援。消防队负责现场指挥和协调，第一现场所在区域的消防队负责人作为临时现场指挥。这种扁平化、专业化的直接指挥体系，有利于减少环节，提高应急反应速度，增强了第一现场的处置效能。当突发事件超过一定的标准时，成立由市长或市内政部长牵头的救灾领导小组。在特别情况下，该领导小组可以协调联邦国防军参加救援工作。②

每个作战单元都有指挥车、救援车和保障车，各类装备齐全。当事件达到一定级别时，现场指挥人员会逐级向市（县）、州请求支援，以市（县）州政府或内政部最高行政长官为核心、有关部门及专家参加决策的应急指挥小组迅速启动，甚至在联邦层面成立协调小组，以统一调动政府及全社会力量。③

德国在接报、处警过程中非常重视细节的规范化和标准化，确保在紧急情况下有章可循。④

7. 信息公开机制

德国警方采取的是“主动型”媒体公共关系工作方针，即通过紧跟勤务进度的专业化的媒体服务，争取发布对外口径的主动，从而发挥对舆论的导向作用。在处置大型活动时，德国警方会根据实际情况设置固定的警务信息发布站或流动的新闻车，主动将警务活动置于媒体的视线中，从而有效避免了媒体报道的失真。⑤

8. 善后机制

德国在善后处理中非常重视心理干预。如联邦建立了对海外事故或恐怖袭击的灾害牺牲者、家属进行帮助和事后救助的协调机构（NOAH），进行专门的危机心理护理。此外，早在2002年年初，危机心理预防就成为民事保护的重要任务，BBK下属的突发事件社会心理学辅导办公室负责灾害中心理压力及其克服的研究、对救援人员心理干预方法的研究及验证、救援当中的卫生健康研究、不同救援类型和不同文化背景下最有效的

---

① 参见凌学武：《联邦制下的德国应急管理体系特点》，载《福州党校学报》2009年第5期。

② 参见何颖：《中德应急管理体制比较》，载《攀登》2010年第1期；国务院办公厅应急管理赴德国培训团：《德国应急管理纵览》，载《中国行政管理》2005年第9期。

③ 参见何颖：《中德应急管理体制比较》，载《攀登》2010年第1期。

④ 参见国务院办公厅应急管理赴德国培训团：《德国应急管理纵览》，载《中国行政管理》2005年第9期。

⑤ 参见任腾飞：《中外群体性事件处置比较研究》，载《云南警官学院学报》2009年第4期。

心理干预等。AKNZ负责心理干预与治疗方面的培训，具体内容涉及什么是心理干预、个人或组织在灾害中怎样进行压力管理、在救援中后期或长期的心理治疗、救援人员在大型救援后长期的心理问题、生化核情况下的心理治疗及干预等。心理干预的对象广泛而明确，不仅包括我们一般认为的幸存者和家属，还包括亲属、目击者、耳证者以及经常被我们忽略的救援人员等。①

三、地方实践

在德国，联邦主持立法，各州负责执行绝大多数联邦法律。若州以下尚有地方政府，②则其中大部分的联邦法律之执行被州政府委代给所在地方政府；且除执行地方议会本身通过的规章外，地方政府还执行绝大部分本州议会所通过的法律。因此，可以说，在行政事务上，地方政府是各级政府法律和规章的执行中心。③ 当然，应当看到，这一制度在很大程度上渊源于德国地方自治的悠久历史。④

（一）柏林

公共安全与秩序厅是柏林市危机管理的主管机构，负责全市危机事件的预防和处置工作。现有职员31,200名，经费约13.7亿欧元，目前具体的物力、人力和投资安排情况如下：警方人员数为27,000名，年度经费为1,176,649,300欧元；消防队人数为4200名，年度经费为190,900,600欧元。这些警察和消防队员承担着柏林市绝大部分的危机应急任务，在柏林市的危机应急机制中占有不可替代的作用。其内设四处：一处主要负责有关柏林警方和消防队的资源、机构和技术方面的事务；二处主要负责有关公共安全和秩序的法律事务以及对监狱的监控和事态中心的管理；三处主要负责柏林警方和消防队的教育和继续教育以及考试和工作计划；四处主要负责火警及自然灾害预防、救援、民防和消防队监管，在整个柏林市政府应急机制中也处于核心位置。⑤

柏林市的非常态危机事件主要包括以下几种情况：飞机失事、群众集会、危及生命的扰乱、有害物质的扩散、爆炸、交通设施的干扰或瘫痪、光射危险、流行病危险、特别恶劣的天气情况、其他重大意外情况等。非常态危机事件的处理主要由柏林消防队、志愿消防队成员和突击部队负责。另外，以下部门在非常态危机应急处置中也有相关责任：私人救援组织，警察，柏林市受监督的公共法人。并且，如有需要，还可以要求以下机构给予一定的援助：联邦部队和机构，如联邦国防军或联邦科技援助机构；其他州的军队和机

---

① 参见陈丽：《德国应急管理的体制、特点及启示》，载《西藏发展论坛》2010年第1期。

② “柏林和汉堡作为城市州不再被细分为乡镇。”参见陈承新：《德国行政区划与层级的现状与启示》，载《政治学研究》2011年第1期。

③ 参见张千帆：《西方宪政体系》（下册：欧洲宪法），中国政法大学出版社2000年版，第197页。

④ 参见胡康大：《欧盟主要国家中央与地方的关系》，中国社会科学出版社2000年版，第216页以下。

⑤ 参见赵成根：《国外大城市危机管理模式研究》，北京大学出版社2006年版，第276～278页。

构，如其他州的专区、县及自然人和法人。[1]

柏林每年都要举办数十场大规模的群众性活动，有些活动的参加人数甚至过百万，但并未发生过严重的公共安全事故。探究原因，扎实的防范措施与有序的严格管理是根本原因。在每次大型活动被批准前（重要活动则提前至筹划阶段），承担灾害预防工作的消防部门均会与警察、建筑监理等相关部门根据法律规定的职责，共同对活动中可能出现的风险进行评估，并制定出详细的风险控制、预警、应急和救援预案。具体的措施，如救护车和急救站的数量等，事先就要视参加活动的人数、活动的性质及其危险程度作出安排。活动举办地的场地特点（如每年在勃兰登堡门前举行的新年庆祝活动）以及届时的天气状况等因素也是制定预案时需要考虑的重要因素。预案中对如何实施人员监控、各类人员的职责、防范突发事件的应对措施、紧急疏散的出口和线路、救护工作等均有十分详细而明确的规定。当然，良好的方案只有真正落到实处才能发挥出其应有的作用。德国在这方面的一个重要经验是，在每次大型活动的现场成立一个由所有与安全有关部门及活动组织者代表组成的协调中心。一旦有突发事件发生，各方就能够迅速交换信息，就需要采取的措施进行协调，从而确保救援工作有序进行。为最大限度地减少人员伤亡，准备直接参与大型活动现场救援工作的人员都必须是技能与经验兼备的专家。他们不仅经过专门的救急培训、配备必要的装备，而且需要十分熟悉现场环境，具有丰富的实践经验。如果有意外发生，他们能够镇定、有序地引导在场群众迅速、有效地疏散。施米西克表示，由于责任重大，他们总是挑选那些经验丰富的人员承担现场救援任务。[2]

有数据显示，德国柏林警察每年平均处置2250起游行示威。在这里，警方通过优化资源配置，实现了大型活动处置的专业化，并构建一支擅长处置大型活动的专门行动队伍——警备队。警备队的队伍结构年轻、装备精良、战术专业、大型勤务经验丰富，没有固定日常警务任务及指标的负担，上勤精力也较为集中。柏林警察在处置特殊大型活动和重大突发性事件时，一般成立三级指挥系统。第一级指挥系统为前线指挥系统，在现场设立指挥部，由一线指挥员直接决定勤务的具体战术和策略，提出解决问题方案。第二级指挥系统为警方高级指挥员组成的指挥系统，一般设在案发地的属地分局或市局的警情中心，一般不对前线指挥部在具体战术上作过多干涉和指示（因为前线人员都是处理问题的专家），而是在勤务方针和原则上作出指示，对前线提供的解决方案进行审核和决策，对政治高层提供咨询。第三级指挥系统为高层指挥系统，一般设在市局警情分析中心或内政安全部门的联合指挥中心，由警方的高层领导和政府首脑及部门领导组成，主要对案（事）件从高层政治方面作出决策和考虑，一般不插手警方具体的操作过程。值

① 参见赵成根：《国外大城市危机管理模式研究》，北京大学出版社2006年版，第279页。

② 参见新华社：《国外如何预防突发事件》，载陕西传媒网：http://www.sxdaily.com.cn/data/gjxw/01/20040305_8724992_6.htm，2020年3月23日最后访问。

得一提的是，柏林警方为防止警员滥施暴力，在作出驱散决定时，如果现场警力与示威群众对峙太久，则抽调另一未直接对峙的警力实施。这样，警察便不会因报复心理而采取过激行动，避免招致舆论批评或引起公愤。①

（二）法兰克福市

法兰克福警察局处置骚乱事件采取3种策略。（1）对非法聚集的群众采取镇吓行动：一种方式是利用机械工具，如喷水、喷化学药品或施放瓦斯弹，使示威群众无法停留，避免警察与群众对峙；另一种方式是由特种警察利用人群的空隙持警棍把示威群众打退。（2）对破坏秩序者强行驱散：此阶段不再区分一般居民与暴民而对全体示威者以催泪弹驱散；如仍有拒不离去的，再由镇暴警察队持警棍将其打走。在此过程中，要注意对破坏者加以拍照，并派便衣人员掺入群众中，加以监视取证。（3）对暴民、反社会行为者的镇压：通过各种传播途径，将示威游行者的违法行为加以扩大宣传，促使一般民众与示威游行者隔离，然后，利用优势警力占领示威者所固守的据点，再以此据点对示威群众喷射化学药品、催泪弹，最后以特种镇暴警力持警棍打散群众。②

（三）科隆市

科隆市属北威州，为非县属市，科隆市居民100万人，外国人约占18%，每天上下班来往人员21万人，每年游客约200万人。科隆市潜在的灾难主要有：严重的化工企业事故；严重的运输事故；莱茵河上的运油船、火车油罐车、汽车油罐车事故；能源或水供给以及通信线路功能故障；大型伤亡事件；人及动物传染病；袭击事件；风暴与冰雹；洪水和地震。

科隆消防局对公民保护事务实行“一肩挑”责任，主要有：救火，技术救援，应急医疗服务和公民保护。

科隆市公民保护专业与志愿者组织有：消防（市级的），德国红十字会，圣约翰救护机构，工人撒玛利亚联盟，马尔特救护机构，联邦技术救援署，德国水上救援组织。

科隆市的应急力量如下：

专业消防员847名

　其中180名随时待命

　志愿消防员680名

　企业消防员1063名

　应急医疗服务372名

最多配备9名医生接听应急电话

39辆配备护理人员的救护车

---

① 参见任腾飞：《中外群体性事件处置比较研究》，载《云南警官学院学报》2009年第4期。

② 参见范明：《中外“群体性事件”问题比较研究》，载《中国人民公安大学学报》2003年第1期。

55 辆非应急救护车

救护组织提供的医疗服务 525 名

联邦技术救援署 372 名

合计 3859 名①

(四)黑森州

黑森州灾情中心设在“黑森州危机中心”,于 2005 年 5 月成立。该危机中心起初是因担心恐怖袭击而设立,后来逐渐发展成为综合性应急救援信息平台与指挥中心。据黑森州内政部长介绍,该危机中心建成 5 年多来,从未真正有机会用于处置突发事件,只是平时经常举行指挥部演练和培训。灾情中心在 200 公里外的一个消防学校建立了备用基地。灾情中心设有信息接报室、灾情室、指令传达室等多个机构。信息接报室也是值班室,有 7 个信息接收与发布处室,可以通过天线接收、BOS 无线电、传真、电子邮件、30 部预设电话、视频会议、电话会议、卫星电话、网络等科技手段,全面收集各类灾情信息。灾情室是指令传达室的支持性单位,负责汇总与制作数码灾情图表等资料,可以通过软件平台和超大智能触摸显示屏显示灾情。指令传达室也是救援管理室,由消防、灾难保护、警察、相关部门的代表及新闻发言人组成,负责危机指挥部的信息沟通、指令传达、方案执行等方面的工作。此外,灾情中心还设有若干个半开放的独立工作间,仅能容纳一人使用。灾情中心建有网络服务器警报系统,负责向指挥部成员快速报警。网络服务器预存有每个职能部门 3 位人员的数据。当发生洪水、核意外、飓风、森林火灾、危险品事故、瘟疫、恐怖袭击等灾害时,灾情中心依据内政部指令启动预警,按照事先准备好的稿件模板编辑警报信息,通过预留电话号码,8 分钟内就可以将警报传递给所有指定的危机指挥部成员。②

(五)亚琛地区

亚琛地区位于德国西部,与比利时、荷兰接壤,是北莱茵—威斯特法伦州的一个特殊形式的地方共同体。辖区内有 10 个县属市,50 多万名居民,面积约 700 平方公里,首府设在亚琛市。亚琛地区应急救援体系完善,设备先进齐全。全区共有 16 个应急救援服务站、2 个调度中心、9 所具备应急救援能力的医院以及专职消防员 515 人、志愿者消防员 2162 人。平均每 12,500 人约有 1 辆应急车,每 500 人约有 1 辆消防车。亚琛接警调度中心共有 4 个值守调度工作台,标准配置是 1 个综合语音调度系统、4 块电子显示屏和广播系统,平时有两人负责 24 小时值守,其余两人机动。一旦遇到突发事件,亚琛地区 90% 以上的应急响应都能够在 10 分钟内启动。第一响应均为专职力量,共有 26 辆应急车。如果灾情较大,则出动第二响应,即志愿者力量,共有 16 辆应急车。如果碰到大量

① 参见宋劲松:《欧洲国家志愿者参与应急管理的经验研究》,载《四川行政学院学报》2011 年第 1 期。

② 参见董泽宇:《德国应急救援体系及其启示》,载《中国应急管理》2011 年第 11 期。

伤亡和灾害救援,则有8家志愿者救援组织作为第三响应力量加入。[①]

四、德国应急制度简评

德国在其基本法的层面上,确认了国家紧急权力不是超越宪法的或者宪法外的权力,其不具有所谓的"超宪性",而必须在宪法和宪政的制度框架内运行,受到宪法的规范和宪政的规制。[②]

具体来说,德国现行的紧急状态制度是在对《魏玛宪法》规定的紧急命令制度进行反思的基础上建立的。[③] 正是在深刻反思《魏玛宪法》紧急权条款的基础上,德国现行紧急状态立法在要件规范、主体规范和保障规范方面,分别实现了从概括条款到列举条款、从独任制到合议制、从监督能力欠缺到监督能力维持的转变,[④]因而被称为"第二次世界大战后以宪法形式规定紧急状态制度的楷模"。[⑤] 这一点值得借鉴和参考。

根据《德国基本法》第30条,德意志共和国实行联邦制,联邦政府与州政府之间实行分权。因此,据基本法及相关法律,在紧急状态下,德国实行以州为主、属地管理的应急管理体制,特殊情况下联邦的介入亦有明确的规范基础。在这种体制下,整个国家的应急管理重心实现了下移,州成为应急管理的核心力量,具有相应的权力和责任,负责州内应急管理的统一规划、协调和指挥。突发事件发生后,州紧急启动以最高行政长官或内政部长为核心的应急指挥领导小组,联邦国防军和联邦警察等联邦力量只有在灾害超出州和地方的能力范围并经由州和地方提出申请后才能介入应急管理工作,为受灾的州和地方提供必要的援助。[⑥] 此外,以州为主的属地管理体制,在扩大州和地方权力的同时,也强化了州和地方的责任。由于联邦、州、地方之间的应急管理权力和责任得到明确规定,上下级之间职责不清、工作推诿扯皮的情况就大大减少了。[⑦]

此外,正如上文所述,德国在突发社会安全事件应急处置中的具体制度亦有值得借鉴之处。如为了便于紧急权力有序、依法的行使,协调机构的建制以及危机应对力量社会化的制度很有必要。

---

① 参见董泽宇:《德国应急救援体系及其启示》,载《中国应急管理》2011年第11期。

② 参见郭殊:《论行政紧急权力的宪政基础及其规制——从"巴黎骚乱事件"说起》,载《现代法学》2006年第4期。

③ 参见郭春明:《紧急状态法律制度研究》,中国检察出版社2004年版,第56页。

④ 参见杨小敏:《国家紧急权宪法条款设计之若干核心问题探讨——以德国法为经验》,载《当代法学》2005年第5期。

⑤ 戚建刚:《两大法系国家紧急权力体制之演进》,载《法学家》2004年第6期。

⑥ 参见本刊编辑部、钟开斌:《应急管理:跟德国学什么》,载《决策》2009年第9期。

⑦ 同上。

第二节 法国的理论和制度

一、基本理念与制度

(一)法国应急制度研究理念

法国的应急制度有其发展和演进的历史背景,它同样经历了一个漫长的发展演变过程,直到第二次世界大战以后才开始以应对主要风险为目标,以加强法制建设为龙头,不断转变应急理念,调整政府职能,完善政策措施,到21世纪初,基本形成了符合其国情的应急管理体系。

法国新的公共安全应急理念主要在于建立新的城市公共政策。第二次世界大战后,法国的公共安全呈现多样化和复杂化的特点,原有的公共安全政策已不能适应国家的发展,因此,国家在进行宏观调控的管理同时,指定相应的标准和内政外交政策保障国家的公共安全。它的公共安全研究主要在公共安全政策的制定和分析以及如何调整城市的功能以保证公共安全。法国的公共安全工作从总统开始,分层分级管理。1995年至2000年,法国出台了多部涉及公共安全的法律法规,警察部门是公共安全防范的主管部门。①

(二)应急预案——精简灵活

法国早期的应急预案是在没有法律基础的情况下自发成长起来的,1987年为法律所认可。2004年后,根据《国民安全现代化法》的规定,法国开始了第三代应急预案的制定工作,逐渐形成了新的应急预案体系。

1.数量精简,一案多用。按照实用性和针对性的原则,对1987年以来相继制定但从未付诸实施的应急预案进行集中清理,按照突发事件种类对预案进行适度整合,规定在防卫区、省、市镇三级分别只有一个应急预案。其中,在防卫区省统称“救援组织方案”,在市镇称为“市镇保护预案”。虽然应急预案的数量高度精简,但是各级预案的内容十分丰富,一般包括关于救援组织、资源安排的通用条款和应对各类风险的特殊条款。这样,既便于各方面掌握和应用,又能有针对性地用于应对具体的突发事件。

2.程序完善,动态开放。应急预案的制定以风险评估为前提,以公众参与为基础。预案制定前,所有公私生产运营单位必须向国家专员公署通报本机构存在的风险状况和防护措施,预案草案提交给民众和运营单位广泛征求意见。国家专员及市镇长必须根据本区域内风险隐患、应急演练、处置经验等方面的变化情况,及时修订预案。此外,《国民

① 参见朱正威、张莹:《发达国家公共安全理念述论》,载《深圳大学学报》(人文社会科学版)2006年第1期。

安全现代化法》还硬性规定,所有的救援方案必须在5年内进行全面修订或重新起草。

(三)应急法制——阶段完善

法国缺乏统一的公共安全应急法或者危机管理法。① 其有关应急法律机制的规定散见于各类相关法律中,而且在更多的情况下以"戒严制度"或者"紧急状态制度"来表述。法国的应急制度历史发展主要分为以下三个阶段。

1. 应急制度确立阶段:该阶段以1955年《紧急状态法》为标志,建立了紧急状态制度。法国的紧急状态制度包括狭义的紧急状态制度和戒严制度。法国的戒严制度和狭义紧急状态制度的适用范围不同:戒严主要适用于对外战争、内战、武装叛乱等发生武装冲突的紧急情况;而紧急状态的适用范围比戒严宽,除适用于武装冲突的情急情况外,更侧重针对公共秩序遭到严重破坏恐怖事件以及水灾、地震、爆炸等重大自然灾害、公共灾难性事件。② "戒严"一词在法域中的含义是"围困状态",1789年制定的《禁止聚众的戒严法》是世界上第一部成文的戒严法。1849年的《法兰西第二共和国宪法》明确规定:"应制定一部法律,规定何种情况下宣告戒严及采取此种措施的形式和后果。"根据该项宪法的规定,法国随后颁布了《戒严法》,并为大陆法系国家所效仿。20世纪50年代,法国社会动荡不安。为了维护公告秩序,1955年4月3日颁布了《紧急状态法》,对紧急状态的宣布作了规范。该法第1条规定:"在公共秩序遭到严重损害的十分危急的情况下,或当发生其性质和严重性都具有社会灾难性质的事件时,可以在本土、阿尔及利亚或海外省的全部或部分地区宣布紧急状态。"这些法律制度虽专为应对社会问题而设,但首次赋予了政府应对非军事威胁采取强制措施的紧急行政权力,为政府应急权力合法性提供了法律依据。

2. 应急救援完善阶段:该阶段以1987年《国民安全组织法》为标志,健全了民事安全救援体系。由于第二次世界大战结束后长期无战事,法国政府开始逐渐重视非军事威胁的应对。自第二次世界大战后组建的用于战时平民保护的预备役队伍,其功能逐步转为处置自然及人为灾难。1987年7月,《国民安全组织法》及配套政令颁布实施,在明确既有救援力量民用功能的基础上,着重对强化救援队伍建设作出安排,并规定了突发事件救援组织程序,应对处置非军事灾难的救援体系逐步完善。

3. 应急体系形成阶段:该阶段以2004年《国民安全现代化法》为标志,形成了现代应急管理体系。20世纪90年代以来,法国发生了加德河洪水泛滥、AZF工厂爆炸、高温酷暑等一系列重大突发事件,法国开始全面审视现代社会公共危机的种类、发生发展机理,重新定位国民安全保护的理念、工作内容,并于2004年8月颁布实施了《国民安全现代

① 参见韩大元、莫于川:《应急法治论——突发事件应对机制的法律问题研究》,法律出版社2005年版,第223页。

② 参见郭春明:《紧急状态法律机制研究》,中国检察出版社2004年版,第54~55页。

化法》,标志着法国由单纯强调"救援组织"进入"全面应急管理"新阶段。《国民安全现代化法》出台后,法国确立了通过预防风险、抵御各类灾害为民众提供人身、财产和环境保护的应急管理工作宗旨,明确了公民义务和政府责任相结合的危机应对原则,相应调整了应急管理体制机制和救援体系,围绕风险评估、监测预警、预案制定等加大工作力度,应急管理体系日趋成熟。

(四)应急体制——高度集权

法国政府的应急管理职能,主要由中央政府、内政部及各有关专业部门到省级国家专员的单线垂直体系集中行使。这种权力高度集中的模式,与法国中央集权的政治传统和行政管理体制相适应。

1. 中央政府统一领导。中央政府是应急管理工作的最高领导机构,总理府设有国防部总秘书处(General Secretariat of the Ministry of Defense,法文 SGDN),是协助总理指挥突发事件应对工作的常设机构,编制 400 人左右,主要负责制定重要专项预案、编制应急规划、研究拟订相关政策、汇总分析应急信息、综合协调相关部门及总理府值班等工作,发挥辅助决策、协助指挥作用(英、日、俄、德等国家也设有类似机构)。当风险预警达到最高级别或发生需要国家组织处置的严重突发事件后,中央政府将临时设立部际委员会,统一领导应对工作。总理担任部际委员会主任,主持召开会议,研究制定应对政策措施。部际委员会成员来自各有关部门和军方,下设危机处理中心,一般设在内政部,负责具体协调事务。如在甲型 H1N1 流感应对工作中,随着感染人群的扩大,2009 年 6 月,法国政府提高了预警级别,成立了由总理直接领导、各有关部门组成的重大疫情应对部际委员会,在内政部设立危机处理中心,负责综合协调工作。这标志着,由卫生部围绕疾病预防开展的常态工作,转入由中央政府领导的严重突发事件应对工作。截至 11 月初,法国已下达 4800 万人份甲型 H1N1 流感疫苗生产计划,并于 11 月 12 日开始在全国 1000 多个站点陆续开始接种疫苗。

2. 强力部门综合管理。法国内政部的一项重要职能是应急综合管理,该职能主要由维护社会秩序的警察系统和负责应对其他自然、人为灾难的民防总局(Direction de la Défense et de la Sécurité Civiles,DDSC)行使。随着法国政府对应急管理工作的逐步重视,民防总局的职能不断加强,目前主要包括三个方面。一是组织救援,DDSC 设有专门的国家行动中心,并拥有直属救援力量,必要时,DDSC 可以根据地方乃至其他国家的支援请求,直接派出救援力量。二是风险管理,主要负责分析掌握各类风险隐患和应急资源状况,向民众普及相关知识并建立预警制度。三是指导协调,负责指导各类救援力量建设,草拟和执行民事安全预算等;中央政府成立部际委员会后,承担其办事职能。2011 年,DDSC 与其他机构合并为民事安全与危机管理总局(法文简称 DDSC,法文全称 Direction de la Défense et de la Sécurité Civiles,英文全称 Directorate of Defence and Civil Security)。该机构于 2018 年、2020 年 1 月又作了一定调整。总体来看,由于应急管理职能的不断强化,法国内政部在各类突发事件应对工作中发挥了重要作用。

3. 专业部门各司其职。在中央层面,除内政部负责应急管理综合职能外,工业部、生态部、卫生部、交通部等专业部门负责本行业领域突发事件风险防范工作,多设有本部门危机处理中心,其职责主要是统计分析风险分布状况,制定和落实安全防范措施,指导处置一般突发事件,为重大突发事件处置工作提供资源和技术支持。以核事故应急为例,法国核电工业及相关产业较为发达,核安全管理由国家核能安全局(法文简称 ASN,法文全称 Autorité de Sûreté Nucléaire,英文全称 Nuclear Safety Authority)负责。该机构主要在制定法规、审批执照、监督运行、技术支持以及配合国家组织的核事故应急处置和救援行动方面开展工作。ASN 在本部门设有危机处理中心,在全国有 11 个派出机构,分 11 个区对核安全实施监督,形成了较完备的核安全管理体制。

4. 国家专员集中指挥。法国国土面积 55 万平方公里(大体相当于我国四川省的区域面积),行政区划分为 24 个大区、100 个省。国家专员是中央政府向大区、省两级地方派出的国家代表,负责对地方行政与财政事务进行监督,设置专员公署,独立于本级政府,是法国在地方分权的同时加强中央集权的重要举措。但在突发事件应对响应层级方面,法国并没有与其行政管理体制层级完全对应,而是在大区之上,又将全国领土分为 10 个防卫区(其中 7 个在本土、3 个在海外),作为民事安全管理的区域性实体。大区不具有应急管理职能,国家向防卫区、省派出专员,专门负责本区域的国民安全工作,指挥协调大规模突发事件处置。这种体制在集中区域资源、应对跨行政区域的突发事件中发挥了重要作用。中央各部门采取紧急措施的指令统一下达给国家专员,国家专员直接对中央政府负责,有权协调地方政府采取各项紧急措施,地方政府是国家专员公署的配合者。市镇是法国的基层行政单位,市镇长是本级政府的行政首长,在应急管理方面,主要负责在国家法律框架下制定安全防护措施和组织常规救助,直接对省级专员负责。同时,根据各地风险分布的实际情况,省级专员公署在部分市镇派出办事机构,实行延伸管理。目前,法国各省专员公署在 350 个市镇派出了办事机构(法国共有 36,783 个市镇)。以我们考察的罗纳河口省为例,专员公署根据洪水、工业事故、森林火灾方面风险集中度较高的情况,分别在阿尔勒、伊斯特尔、艾克斯三市设置了办事机构。

(五)应急机制——灵敏响应

法国应对突发事件的运行机制主要包括信息报告、先期处置、逐级响应等环节。

1. 信息网络广泛覆盖。为直接、全面掌握和综合分析全国各地突发事件情况,内政部在全国设置了 5000 多个信息点,主要分布在各地的消防中心、警察和宪兵等单位以及国家生态、卫生、工业等部门的分支机构。各地信息点对获知的突发事件和潜在风险,事无大小一律直接通过专门网络直接报送内政部。内政部在民防总局设有负责信息接收、分析、上报的信息处理中心,从而形成了从内政部到各地信息点的突发事件信息网络直报体系。

2. 先期处置反应快速。法国在政府与社会之间建立了单一明确的危机信息传递渠道,即"18"火警电话。分布在各地的消防队伍是具备多种救援能力的综合性应急力量。民众在面临或发现危机时,直接向消防中心报警,消防中心接警后立即出动并向省级专员公署报告。各类公私运营单位在政府的指导和监督下,备有救援方案和应急力量,并按照规定指定专人负责与省级专员公署联系;发生突发事件后,可立即自行组织处置,同时向省级专员公署或其派驻机构报告。

3. 分级响应辅助干预。当突发事件达到一定规模或超出一定地域范围后,上级将介入事件应对工作。其程序是,消防中心直接向省级专员请求支援,市镇政府不直接指挥处置工作,主要为省级专员提供资源支持;省级专员需要上级介入时,直接由防卫区启动响应。省、防卫区、内政部接到支援请求或认为有必要进行干预时,首先立足于动员协调资源力量对当地的救援行动进行支援,指挥权仍在下级单位。只有事态发展到了一定规模、上级层面认为必要时,才启动本级应急预案,直接指挥应对工作。这种辅助性原则下的逐级响应机制、协调职能与指挥职能分离的运行模式,符合法国领土面积小、大规模突发事件较少的实际,有利于指挥中心前置、提高救援效率。

二、应急制度实施效果

以浪漫著称的法国人,对待安全问题却显得极为谨慎,平日祥和、浪漫的生活气氛与法国安全体系的高度谨慎形成鲜明对比,这意味着法国在应对突发公共安全事件上实行"外松内紧"的策略。尽管如此,近年出现的法国"黄背心"运动,也从一个侧面暴露出法国社会失却稳定的某些弊端,这也说明作为发达国家的法国,其突发社会安全事件防控机制和法制仍有很大的深入反思和完善空间。①

首先,法国历来重视对社会运行状态进行预测,从不因暂时的太平而麻痹。随着各种灾害的频繁发生、社会复杂性程度的提高,各种变量对社会秩序影响的复杂性也在增加。法国有关部门定期运用统计资料、书序模型和计算机模拟等对各种社会和灾害变量进行预警性分析。这些分析对政府适时调整社会政策、实施有针对性的社会控制手段,及时缓解和防范危机因素的作用很大。

其次,法国适时调整国家警戒级别,提醒民众可能存在的自然灾害或社会不稳定因素。法国实行的安全警戒系统用 4 种颜色代表不同的警戒级别,从低到高分别是黄色、橙色、红色和深红色。政府首脑有权随时宣布或者调整国家所处于的警戒级别。

---

① 法国"黄背心"运动,也称为法国巴黎"黄背心"运动、"黄背心"事件,始于 2018 年 11 月 17 日的法国首都巴黎,是巴黎 50 年来最大的骚乱,起因为抗议政府加征燃油税。首日逾 28 万人参与,此后运动高涨且迁延年余。即便到了 2019 年 11 月 16 日,仍发生数万名示威者在法国多个地方举行示威游行活动,部分地区出现严重冲突和暴力事件,法国警方仅在当日就拘捕 254 人。"黄背心"事件,重创法国经济,造成社会撕裂。参见《法国巴黎"黄背心"运动》,载百度百科:https://baike.baidu.com/item/法国巴黎"黄背心"运动/23189528?fromtitle=法国黄背心,2020 年 3 月 5 日最后访问。

突发事件的最大特点是突然性和不可预测性。为此,法国还经常进行应对各类突发危机的演习,以测试政府部门的紧急救援和协调作战能力,同时,进一步提高专业人员和公众的应对水平。

法国在宪法中也给政府的行政紧急权利作出明确的界定,以保障政府在紧急状态下充分、有效行使行政紧急权利,同时,又保障公民基本权利。此外,法国《紧急状态法》规定,内阁部长会议有权宣布紧急状态,内政部长有权命令关闭紧急区域的剧场、酒店和公共场所,并规定军事法庭有权受理有关案件。①

三、法国应急制度简评

(一)加强诸如军队、消防队伍等应急力量储备

法国有一支行动迅速的专门从事民事安全救助的武装部队,其主要任务是快速应对国内外的救援请求,这是构成法国应急力量的主要群体,具体包括国家直属救援队、警察、宪兵和消防员队伍。国家直属救援队 2500 人(其中,1500 人编制在军队,但受命于内政部),分布在全国及海外各基地,并有 4 个大型救援装备物资储备基地。国家直属救援队在具备较强的地面搜索、救助能力的同时,空中救援力量也不断加强,目前拥有 33 架直升机,用于勘察、指挥、灭火、运输、救护等任务,其执行任务时间、地区不受民航相关法规限制。消防员队伍有 24 万人,分布在全国 10, 240 个救援中心,全国各地消防中心按照功能多元化的任务需求,配备了 15, 000 台救援车辆和各类救援船艇、大型机械等,能够承担火灾、危化品泄漏、交通事故等处置和水上、高空救援等工作,是应急救援的主体。

在我国,虽然消防队伍是一支既有的重要应急力量,但是其主要在火灾抢险的突发事件中表现出较强优势。我国急需依托消防队伍或者军队,通过适度整合,建立一支综合的、专业的应急队伍。

(二)充分保障公民的知情权

突发事件发生后,一方面,公众对信息的要求变得尤为迫切,满足公民的知情权是政府和媒体的义务;另一方面,及时公开信息,让公众知晓事件真相,也是政府化解危机、处置事件的最佳选择。

重大自然灾害或者公共危急事件发生后,法国政府及时向公众公布信息、通报情况,以满足公众的信息需求和知情权;成立由政府、企业、居民、协会代表等各方力量组成的咨询协商委员会,负责与公民及社会的沟通,帮助有关方面规避风险。在法国省长手下有一个新闻专员,通过新闻媒体,省长可以实现与中央各部委及民众的交流,尽可能做到中央各部委、省、市发布信息的一致性、真实性。在应急事件发生及处理的过程中,特别注意对谣言、传言的管理。非典期间,法国卫生部和卫生监测研究所每天必须通过新闻公告、新闻发布会和政府网站及时对外公布非典发病情况、控制手段、科学研究进展等所

---

① 参见杨骏:《法国人应对突发事件不浪漫》,载《人民安保》2004 年 3 月 3 日,第 4 版。

有情况，以避免引起公众的恐慌。①

公民知情权的保障已成为依法行政中的重要内容，也是世界各国的一致追求。在应急状态下，政府应及时对外提供权威信息，以避免媒体根据一些不可靠的信息来源进行报道，向公众传达错误的信息，引起误解、恐慌，妨碍应急工作，甚至危及公民安全。

（三）强化应急体制，从整体上提升应急能力

在法国公共安全应急法制体系中，我们不应忽略其应急行政指挥、协调及策略机构的特点。

首先，中央集中部署，并由中央在地方的代表集中享有治安紧急权力，使人、财、物在危机状态下能够高效地运用。

其次，充分发挥部际委员会的协调作用，使与紧急事件有关的部门能够协同配合，提高效率。

最后，专业咨询机构的智囊作用也不可忽视。在各部下面设立的专业咨询机构在公共安全方面为政府决策和行动提供咨询，这能保证政府决策和行动的科学性、合理性。②

总之，法国目前较成功的应急管理体制与其有效的紧急行政指挥、协调及策略机构是分不开的。从近年来我国发生的一系列重特大突发事件来看，事件复杂性、危害衍生性特点明显，往往需要跨区域、多部门协同应对。在很多时候，我们不缺乏资源，而是缺乏对资源的有效整合。因此，进一步加强各级政府应急管理办事机构的职能建设，强化其综合协调、运转中枢作用，是有效整合各类应急资源、统筹预防和处置、提升应急管理能力的关键环节和迫切问题。

（四）树立全民参与的应急理念

法国的民间救助力量十分强大，如红十字协会、天主教救援会、全国保护国民联合会、全国海上救援协会以及法国洞穴救援会等社团组织，约有几十万名成员。这些民间组织的运行费用不依赖政府拨款，主要与企业建立各种形式的合作关系，如与出租车公司签订合同，通过车辆救援或者提供安全救助知识培训收取一定费用等。民间组织在开展预防、培训和常规救护工作时优势比较明显，其主要因为稳定的组织可将长年积累的救助经验在民间代代传递；吸收志愿者加入，将防护意识与技术广泛深入传播，使防护安全有稳固的社会基础；各民间组织贴近基层，反应速度快，灵活度高，在先期处置中发挥重要作用，有效弥补了国家救援力量的不足。

此外，法国注重发挥专家队伍在突发事件处置中的辅助决策作用。如内政部部际危机处理中心专职聘用了 15 名相关领域顶级专家，平时参与风险分析、防范；遇有突发事

① 参见刘文俭、井敏：《法国应急管理的特点与启示》，载《行政论坛》2011 年第 3 期。

② 参见韩大元、莫于川：《应急法治论——突发事件应对机制的法律问题研究》，法律出版社 2005 年版，第 222 页。

件时，相关专家必须在 15 分钟内赶到危机处理中心（实行 A、B 角制度，节假日 2 小时必须赶到），从事件性质、危害程度、救援思路和组织安排等各方面提出决策参考意见。

其次，也是最不能忽视的一点，法国在应急管理工作中实行政府责任与社会参与相结合。突出强调危机应对的全民共担原则，是法国应急管理工作的重要政策导向。法国《国民安全现代化法》对突发事件应对中社会公众的义务作出了明确规定。一是社会成员是国民安全工作的第一参与者，按照政府指引采取日常安全防护措施、及时向救援机构通报险情、在第一时刻参加必要的救援，是每一位公民义不容辞的责任。二是各类生产经营单位必须为危机应对提供保障，市政、基础设施、电力、通信、运输等运营单位有义务在危机时刻保障民众基本生活需要，保障措施的具体标准由政令加以规定并被写入各项公用事业运营合同。上述公用事业或管网服务单位必须与省救援机构建立稳定联系，并接受指导监督。三是各类传媒和具有信息发布手段的单位有配合发布风险预警的义务，公私媒体在对突发事件进行报道时一律接受政府的指导和约束。

法国全民参与的应急理念是我国应该借鉴的，值得学习的。虽然我国近些年来在较大规模的突发事件应对中，社会力量的参与积极性正在逐步提高，志愿者也具有一定的规模；但是，我国仍应该努力提高基层应急队伍的社会化程度，研究制定吸引志愿者参加的政策措施，解决其装备、培训等问题，提高队伍素质和现场处置能力。在各类突发事件应对工作中，各级政府应从灾情信息、任务分配、行动组织等方面，统筹政府力量和红十字会等民间力量，加强规范、引导和管理，为应急志愿服务提供舞台和载体。

第三节 美国的理论和制度

经过漫长的历史发展，美国突发事件的应急管理法制目前已经形成了相对完备的结构体系。无论在基础理论研究方面，抑或是法律规制体系、组织架构、运行机制，乃至技术手段、社会动员等方面，都值得研究和参考。

鉴于美国的应急法制并未就“突发社会安全事件”作出特别分类，而是在处理各种自然、人为与技术突发事件的过程中，不断地调整应急管理的理念和法制，故对美国突发社会安全事件应急法制的介绍，杂糅在对美国整体应急法制的介绍中。

一、理论基础

在美国，国家对突发公共危机的干预与管理首先必须建立在宪政层面的法律基础之上。突发社会安全事件发生后，行政机关的应急处理过程主要涉及行政权力的分配与限制以及对公民权利的保障等方面。美国宪法在其简要而精练的文本中对权力的分配与制约以及公民权利的保障作了基本规定。此外，各州政府关于突发社会安全事件的应急法律法规以及预案也不得与美国宪法中的基本精神相违背。

（一）权力基础

在美国突发事件的权力配置中，国会与总统的权力分配颇具特色。

首先，《美国宪法》第1条第8款第11项规定了国会享有宣战权，同时，第15项明确指出国会可以“制定召集民兵的条例，以便执行联邦法律，镇压叛乱和击退侵略”，且第9款第2项也规定了“不得中止人身保护令所保障的特权，唯在叛乱或受到侵犯的情况下，出于公共安全的必要时不在此限”。

其次，美国总统的权力在《美国宪法》第2条第3款中也有详细描述。其中，第2款第1项对其军事统率权进行了明示——“总统为合众国陆海军的总司令，并在各州民团奉召为合众国执行任务的担任统帅”。与此同时，第3款第1项规定：“总统应经常向国会报告联邦的情况，并向国会提出他认为必要和适当的措施，供其考虑。”并且，在其他各种紧急状态的制定法中，总统也被赋予了不同程度的权力。因此，总统在紧急事态中拥有广泛的行政裁量权。

最后，国会与总统都享有宣布紧急状态的权力，并且，一方面，国会可以通过一些制定法将其某些宪法权力授予总统；另一方面，也能通过制定法来加强对总统权力行使的监督，充分体现美国权力制约方面的传统与特色。例如，美国国会于1976年制定了《国家紧急状态法》。该法在授予总统于必要时宣布紧急状态的权力的同时，也对总统在宣布国家进入紧急状态后的权力作了限制。同时，该法也体现了国会对总统权力的监督与制约——该法规定：“总统每6个月向国会详细汇报他应付紧急事态的计划，并随后向国会递交一份报告以供审查。”此外，国会还保留了通过两院多数票表决终止紧急状态的选择权。①

（二）公民权利的限制及限度

在美国，对公民宪法基本权利的限制主要出现在三种情况中：一是出于公共安全的保护而中止人身保护令；二是戒严状态下对人和财产的严格控制；三是紧急事态下国会对总统的授权。

首先，出于公共安全的保护而中止人身保护令。《美国宪法》于第1条第9款规定：“不得中止人身保护令所保障的特权，唯在叛乱或受到侵犯的情况下，出于公共安全的必要时不在此限。”此即如果要中止公民的人身保护令、对公民的基本权利作出限制，必须以内乱、外患或即刻发生的危险为前提，以出于公共安全的需要为条件。当紧急事态的情形与条件消失时，限制也必须被终止。任意超出情势急需或超过期限的限制都不被认为是为保护公共安全所必需的。

其次，戒严状态下对人和财产的严格控制。美国没有成文的戒严法，因此，为了防止

① 参见韩大元、莫于川：《应急法制论——突发事件应对机制的法律问题研究》，法律出版社2005年版，第106～108页。

戒严权的滥用,美国联邦最高法院通过一系列的案例对戒严法令的颁布作了明确的限制。第一,戒严的动机只能是为了维持公共安全和保护个人权益。第二,戒严法令颁布的前提条件是联邦或某个州的全部或部分地区出现了战争、内乱或严重的自然灾害等非常情况;通常,法律不足以保证公共安全和保护个人权益,联邦或州动用了警察等治安力量仍无法控制局势,而只能动用军队实施戒严措施,颁布戒严法令。① 在国家宣布戒严后,公民的人身和财产权利便被置于戒严规则和军事法院的控制下,不受普通法院的程序规制。在司法实践中,法院有权在戒严令颁布时及解除后对其加以审查。

最后,紧急事态下国会对总统的授权。在美国,国会对总统授权而限制公民宪法基本权利的情况主要出现在两次世界大战期间。"授权范围不仅包括征用食品和燃料、固定价格、宣布某些出口为非法及限制与敌国和其盟友的贸易等方面,还包括审查与别国的通讯、管制在本国的敌国人之行为、征用工业产品、调整或取消为生产战争物资而订立的合同以及限定物品配给等方面。"②与此同时,法院有权行使其正常的审查权,审查总统在使用这些授权时是否超出其法律及宪法赋予的权限。③

如今,在美国,除在宪法层面对"紧急权"等的研究外,还存在行政法学范围内对行政应急权的研究,但这种理论研究始终围绕公共行政的管理理论。"美国公共行政理论的发展始终存在两条主线,即管理主义与宪政主义。管理主义的实质是追求公共行政过程中的效能、效率以及经济的价值。宪政主义则强调要重视公共行政中的宪政价值,要重视民主、公平、正义等价值。"④而宪政主义的公共行政理论逐渐占据主流,最后仍旧回归至权力结构与权力配置的研究。

二、立法概况

突发事件应急法制是整体法律体系中调整特殊社会关系的一个分支,而社会安全事件应急法律制度则是这个体系下的一个子系统。然而,"美国的应急法制并未特别规范出'社会安全'事件的概念,而是采用自然灾害与人为灾难做区分"。⑤ 故而,下文将从宏观与微观两个方面来梳理美国应急法制中适用于突发社会安全事件的部分:前者包括应对突发事件的宏观基本法等;后者包括明确规定适用于人为性灾难的应急法制和应急预案等。

"1950 年《灾害救助和紧急援助法》是美国第一个与应对突发事件有关的法律",⑥

① 参见安健:《美国戒严制度的法律特点》,载《法学杂志》1992 年第 6 期。

② 韩大元、莫于川:《应急法制论——突发事件应对机制的法律问题研究》,法律出版社 2005 年版,第 109 页。

③ 同上书,第 108 ~ 109 页。

④ 侯晓蕾:《行政应急权研究》,法律出版社 2012 年版,第 57 页。

⑤ 郭太生:《美国公共安全危机事件应急管理研究》,载《中国公安大学学报》2003 年第 6 期。

⑥ 韩大元、莫于川:《应急法制论——突发事件应对机制的法律问题研究》,法律出版社 2005 年版,第 104 页。

适用于除地震外的其他突发性自然灾害。"《灾害救助与紧急援助法》因其由罗伯特·斯坦福提议制定,故也称为罗伯特·斯坦福法案。"①1970 年,美国对《灾害救助和紧急援助法》进行了全面修改,随后,该法中的大多数条文被 1974 年《灾害救助和紧急援助法》废除。至此,1974 年《灾害救助和紧急援助法》成为一部综合性的救济与援助法,适用于除地震外的任一类型的紧急事件的救援。

为了更好地贯彻执行《灾害救助和紧急援助法》,1992 年,联邦政府发布了《联邦响应预案》(Federal Response Plan,FRP),其主要内容包括相关政策的描述、预案编制原则的理解、应急操作的方式以及各联邦机构的职责等。

2001 年震惊世界的"9·11"事件发生后,美国加紧了对突发社会安全事件中恐怖袭击类型的立法工作。

2001 年 10 月 26 日,在"9·11"事件发生后的第 45 天,布什总统签署了由国会参众两院通过的《反恐怖法》(又称《爱国者法》)。该法案赋予了执法官员更大的调查权力,但也引起了广泛的争议,诸多人士认为美国公民的权利受到了该法的威胁。

接着,美国于 2002 年 11 月 25 日颁布了具有重要意义的《国土安全法》——该法设立了国土安全部,并重构了联邦政府有关行政部门,加强其行政职权,以便更好地应对恐怖主义的威胁。此外,美国还制定了《使用军事力量授权法》、《空中运输安全和体系动员法》、《航空运输安全法》、《提高边境安全和完善入境签证法》、《公共卫生安全和生物恐怖威胁防止和应急法》和《恐怖主义风险保险法》等相关法律。

"2004 年 3 月 1 日,美国国土安全部颁布了《全国突发事件管理系统》(National Incident Management System,NIMS)。该文件为全国提供了一个统一的模板,使得联邦、州、地方和部族政府以及私人企业和非政府组织一起工作,对国内发生的无论何种原因、规模或复杂性的突发事件,包括灾难性的恐怖主义活动,实施快速高效的准备、预防、应对和从中恢复。"②在此基础上,美国联邦政府综合了各联邦机构预防、应对突发事件的立法与措施,和商务部、国防部等 27 个部门及机构签署了《国家应急反应计划》(National Response Plan,NRP)。至此,美国联邦政府通过全国突发事件管理系统,为各州和地方政府应对恐怖袭击、灾难事故和其他突发事件提供必要的支持与指导。2005 年,美国对《国家应急反应计划》作了修订,进一步完善了美国联邦应急法律体系。

2008 年,美国联邦政府颁布了《全国应急框架》(National Response Framework,NRF),以取代 2005 年的《国家应急反应计划》。2008 年的《全国应急框架》由核心文件、紧急状况支援功能部分、支援部分、突发事件部分和合作伙伴指南组成,专门为政府执行

---

① 任进:《突发公共事件应急机制:美国的经验及其启示》,载《国家行政学院学报》2004 年第 2 期。

② 夏保成:《美国突发事件管理系统对我国公共安全管理体制建设的启示》,载《河南理工大学学报》(社会科学版)2008 年第 2 期。

部门、私营机构、非政府组织领导人和应急管理从业人员制定,成为美国应对各种突发事件的行动指南。①

2011 年以来,《全国应急框架》又受到新型政府应急管理战略与政策反思的影响——2011 年,奥巴马总统发布《第 8 号总统政府令》,“该令强调了应急准备工作的重要性,指出应急准备要全面覆盖预防、减除、保护、响应、恢复 5 个领域”。② 2012 年,美国联邦政府颁布了 5 个框架和 5 个跨部门行动预案,具体包括《全国预防框架》《全国保护框架》《全国减除框架》《全国响应框架》《全国恢复框架》。对于每个框架,联邦政府都制定了相应的跨部门行动预案,以实现各部门高效联动机制的落实。

至此,从宪法、综合性法律、各种单行法到直接规范运作机制的应急预案和计划等,美国的应急管理法制已十分完备,较能适应美国当前突发事件应急管理的现实需求。

三、应急体制与机制

1979 年,卡特总统发布了对应急管理体制建设具有开创性意义的行政命令——12127 号行政令。该命令的颁布,实现了原本分散的各部门之间的整合与重组。1979 年 4 月,联邦应急管理局(Federal Emergency Management Agency,FEMA)正式成立,“该机构在职能上也从过去的自然灾害防御扩展到包括应对自然灾害、公共安全和战争在内的综合防灾”。③ 自此,美国的现代应急管理机制正式建立起来。

2001 年,“9 · 11”事件发生后,布什政府吸取此次恐怖袭击事件的教训,积极整合了相应的 22 个安全机构,加入新设立的国土安全部。同时,原来的联邦应急管理局也更名为“应急预防响应局”,但仍常用联邦应急管理局(署)的名称。“该局主要职责也扩充为通过应急准备、紧急事件预防、应急响应和灾后恢复等全过程的应急管理,领导和支持国家应对各种灾难,保护各种设施,减少人员伤亡和财产损失。”④

当前,美国已拥有比较健全的应急体制,除从地方到州再到联邦的各级政府机构的应急体制外,还包括志愿者组织、私人机构、国际资源以及完备的危机通信等丰富的资源。

(一)应急反应体制

1. 政府组织的反应体制

“美国政府的应急管理体制由三个层次组成:联邦政府层、州政府层以及地方政府层。”⑤

---

① 参见翁垒:《美国突发事件应急反应概况及启示》,载《交通建设与管理》2010 年第 Z1 期。

② 李雪峰:《美国国家应急预案体系建构及其启示》,载《中国应急管理》2012 年第 7 期。

③ 黎昕、王晓雯:《国外突发事件应急管理模式的比较与启示——以美、日、俄三国为例》,载《福建行政学院学报》2010 年第 5 期。

④ 陈成文、蒋勇、黄娟:《应急管理:国外模式及其启示》,载《甘肃社会科学》2010 年第 5 期。

⑤ 陶世祥:《突发事件应急管理的国际经验与借鉴》,载《改革》2011 年第 4 期。

在联邦政府层面上,美国是以总统为核心,国家安全委员会为决策中枢,国土安全部为综合协调机构进行应急反应与协调。其中,国土安全部也是美国最高的应急管理机构。当前,国土安全部既负责自然灾害的管理,也负责包括恐怖袭击在内的人为灾难事故的管理,“具体工作包括:整理及分析中央情报局、联邦调查局等部门搜集的情报资料,以便及早发现安全威胁;保卫重要基础建设(如核设施、铁路、公路、海港等),统筹并领导美国在预防和应对核武器、生化武器攻击工作、统筹美国联邦应急救援工作等”。[①] 国土安全部下设联邦应急管理署,是突发事件应对管理的专职机构,也是国土安全部中最大的部门之一。联邦应急管理署的主要职责是,通过紧急事件预防、应急准备、应急响应和灾后恢复重建等全过程的应急管理,领导国家应对各种灾难,保护各种设施,减少人员伤亡和财产损失。联邦应急管理署在旧金山、芝加哥等10个城市设立了办公室,协助各地解决突发事件问题。联邦其他政府部门和机构也负有支持国家应急反应活动的主要责任,其相互之间在应对危机时的协同关系也都有明确规定。各管理部门按照《国家应急框架》的规定,切实履行职责,并实现相互之间的协调与配合。

在地方层面,各个州设有独立的应急管理机构,是突发社会安全事件发生后本区域的指挥中心,专门负责辖区内突发事件的处置。州一级处置突发社会事件的机构一般称为“紧急事件管理办公室”,下设总部、紧急事件处置中心和若干个分部。其主要职能是作为联邦政府和地方政府的联络协调机构,处置州紧急事件和指导地方紧急事件的处置工作,落实联邦政府的有关政策性规定,将联邦可利用的资源进行及时与合理的分配。

与此同时,地方政府也设有专门的应急反应机构。根据属地管理原则,该机构是各种公共安全危机事件,包括突发社会安全事件的第一反应者,负责提供最初的反应与管理,并负责保障公民的生命和财产安全,直到州和联邦政府的应急资源可被利用。地方应急管理机构主要负责处理市辖区范围内的突发事件、制定市一级的应急管理政策与规划,监督和指导地方应急机构工作的开展,并在遇到重大灾害时及时向州政府,甚至联邦政府提出援助申请。

由于美国独特的联邦制政体,突发事件的政府应对机制也采用分层响应的原则,即突发事件发生后,由发生区域的地方政府先行响应与处置,需要帮助及支援时,再自下而上地请求应急响应。

2. 非政府组织的反应与参与

突发事件,尤其是危及公共安全的突发社会安全事件,一般具有规模大、危险性强、后果严重、影响深远等特征。在应对方面,美国除具备完善的政府应对机制外,还有大量的非政府组织力量参与其中,包括红十字会、教会、志愿者组织,甚至是普通的社会民众,从而形成了完备的非政府组织的反应与参与机制。

---

① 游志斌、魏晓欣:《美国应急管理体系的特点及启示》,载《中国应急管理》2011年第12期。

以美国红十字会为例,1905 年,国会特许其协助民众应对灾难,1970 年及 1974 年《斯坦福法案》均对其职责进行了确认,并在联邦紧急事务管理局出版的法规以及 1982 年 FEMA 与美国红十字会签署的互助备忘录中也如此规定。因此,红十字会在救灾中的角色属于法定的、无权放弃的。但是,红十字会不因服务而接受政府的基金补助,完全依靠自愿捐献,此外,红十字会也不取代地方政府的义务与委托,红十字会负责提供紧急整合以及整合政府与民间机构进行个别照顾。① 此外,联邦应急管理署建立了志愿者队伍,并设立了应急定点医院。突发事件发生后,联邦应急管理署及其在 10 个城市设立的办公室可以根据需要调动志愿者或启用定点医院。②

在美国,非政府组织对突发事件的反应与应对主要包括两个方面。一是事前的应急准备与预防。例如,2010 年 6 月 3 日,美国洛杉矶警察局推出了名为“我看护”的新型反恐预警系统,主要参与主体即普通民众。它通过宣传手册、公共服务信息和社团会议等,向普通民众宣传反恐知识。作为新一代的社区反恐监视系统,属于应急准备的工作体系,由普通民众向警方提供线索与潜在的危险信息。③ 二是参与灾后重建与恢复工作。以奥尔良灾后恢复联盟为例,该机构成立于 2005 年 11 月,其成员包括来自各教区长期恢复委员会、宗教组织、灾害响应机构、社会与人类服务机构、政府联络办公室及倡议团体的代表等。当前,该联盟已经与联邦应急管理署的地区办公室、州及地方政府建立了定期工作机制,积极参与灾后重建与恢复工作,配合政府为灾民提供服务,重点救助那些受灾却不符合政府救助条件的灾民。

综上所述,美国突发事件的应对体制是以政府为主导,并积极广泛地调动各方社会力量参与其中的高效体制。

(二)应急反应的支撑系统

1. 教育系统

“美国的应急教育最早可以追溯到 1950 年联合国难民事务高级专员公署(The UK Refugee Agency)的创建,是一种始于难民教育,以灾难发生时的教育援助和灾后的教育重建为中心,对危机中的青少年为实施重点的教育领域。”④

美国十分重视应急管理的教育与培训工作,联邦政府每年都会为此投入大量的资金。当前,美国的应急教育与培训系统主要由 3 个部分组成:一是国家应急管理学院,由美国联邦应急管理署主管,主要负责全国跨部门、跨地区的综合性应急教育培训;二是由

---

① 参见韩大元、莫于川:《应急法制论——突发事件应对机制的法律问题研究》,法律出版社 2005 年版,第 117 页。

② 参见翁垒:《美国突发事件应急反应概况及启示》,载《交通建设与管理》2010 年第 Z1 期。

③ 参见《美国洛杉矶警察局推出新型反恐预警系统》,载新华网:http://news.xinhuanet.com/world/2010-06/04/c_12181959.htm,2020 年 3 月 23 日最后访问。

④ 林涛、林毓铭:《美国应急教育的借鉴与启示》,载《中国应急管理》2012 年第 2 期。

各级政府的相关部门设立的有关医疗急救、消防等专业的培训学院，主要负责培训应急救援队伍的人员；三是在高校设立的应急管理培训中心以及相关专业的设置，主要负责应急教育的人才培养、科学研究与合作培训。“截至 2012 年 2 月，美国 FEMA 最新数据显示，美国高校设置应急管理（Emergency Management）专业的共有 257 所，设置国土安全和防御恐怖相关专业 131 所，设置公共卫生及医疗专业的有 31 所，设置国际减灾与人道主义救援专业的有 16 所，以及其他相关专业的有 30 所。”①

此外，美国政府本着全民化、素质化的应急教育理念，将之作为一种力量与信念融合于美国的民族精神与社会形态中。美国曾出版大量普及性读物，内容大多涉及一些应急保护的基本方法，浅显易懂。此外，在纽约等国际性大城市，政府还制作了大量不同语种的宣传资料，以供国际人士学习之用。②

2. 演练系统

在美国，应急演练是预防与准备工作的重要环节之一，也是训练、评估、检验、改进应急管理能力的核心手段和应急准备的重要内容。

美国的应急演练系统也实行分级负责制。联邦层面的应急演练由国土安全部统筹，其部门内的国内应急预备办公室负责主导，具体工作由联邦应急管理署的国内应急各指挥部负责；州和地方政府负责当地的应急演练，由州政府指定的演练协调专员进行监督与评估等工作。

美国的应急演练根据不同的标准会有不同的分类，其中以国土安全演练与评估项目（Homeland Security Exercised Evalu Program，HSEEP）、国家应急演练项目（National Exercise Program，NEP）为代表。主要可以分为讨论型演练与实操型演练：前者侧重于战略与策略的问题，后者着重于与应急响应有关的战术问题。

在演练中，《美国应急准备指引》（National Prepareness Guidelines，NPG）、《全国应急响应计划》（National Response Plan，NRP）和 HSEEP 的演练规则是各演练机构的主要政策指引与依据。其中，演练核心文件 HSEEP 由四卷构成：第一卷是《HSEEP 概况和应急演练项目管理》，主要提供应急演练项目的构建和运行方法，内容涵盖演练规划和评估过程等；第二卷是《演练规划和实施》，提出了适用于任何类型演练的演练设计、推进和实施演练过程的规范性纲要等；第三卷是《演练评估和优化规划》，主要负责提供演练评估、记录和优化方法等；第四卷是《演练文件模板》，主要提供各类演练文件的编写格式和参考文本。遵守政策文件的要求，是各演练有效进行的前提与基本要求。③

① 庞宇：《美国高校应急管理教育培训现状及启示》，载《中国应急管理》2012 年第 10 期。

② 参见陶世祥：《突发事件应急管理的国际经验与借鉴》，载《改革》2011 年第 4 期。

③ 参见洪凯、陈绮桦：《美国应急演练体系的发展与启示》，载《中国应急管理》2011 年第 9 期。

3. 专业系统

在美国,应急管理的核心理念是“专业应急”,即应急管理中各个角色必须具备相应的专业能力,而政府的领导层主要进行决策、策略以及设计全局的重大决策。

一方面,美国在政府机关内部积极组建各方面的专家库,为领导层的决策提供专业意见,同时,也为政策的制定与更新出谋划策。譬如,美国国土安全局每年都会组织专家评价组对全国的应急预案进行调查与评价。此外,近年来,随着科技的不断进步,突发社会安全事件的发生也越发复杂,网络也不时成为事件发生与演变的重要推动器。故而,2012 年,美国联邦政府提出拟建立网络安全专家储备库,以应对严重的网络攻击。

另一方面,美国调动社会力量,组建专业的应急队伍,包括应急管理队 IMT(Incident Management Team)和应急救援队(如消防队、城市搜救队和医疗队等)。美国的应急管理队要求具有全面而综合的应急能力,可以妥善处置各类突发事件。这些应急队伍根据突发事件的复杂性被分成了五个级别,并具备不同的应急能力。政府对应急管理队的各职位、各级别都设定了相应的培训要求以及考核和资格认定机制。

4. 信息系统

在突发事件的应对处置上,美国以应急信息共享化和透明化为原则,建立了一套清晰的信息管理系统。

首先,美国政府要求十分注重各种媒体在应急管理中的作用。联邦政府要求各级政府不得对媒体封锁信息,并设立专门针对记者的现场信息发布点,以实现信息的透明化,消除公众不必要的恐慌与猜疑。

其次,美国制定了统一的应急反应信息、通信联络、物资调度的术语与文件格式,一切按标准化的规定运行。并且,政府各部门共用一个信息平台,以达到信息共享互通的目的。此外,有关单位与成员均可以进入美国应急处理中心的信息系统;与此同时,应急处理中心也可以进入一些国家的信息系统,如国家地理信息系统、城市资源信息系统等,以便及时获得所需要信息,更好地为应急处理工作服务。①

最后,除了上述应急反应的信息系统,美国吸取了“9·11”事件中情报不能共享的教训,设立了专门的情报机构,以加强情报的收集、分析和处置工作。情报机构隶属于国土安全部,由相关机构派专家进行合署办公,机密级情报专家集中在警察署办公,一般情报专家在统一应急反应中心办公。

四、美国应急制度简评

美国幅员辽阔,人口众多,各类突发事件形势复杂,但凭借先进的科学技术、雄厚的物质基础,以及较完善的应急管理体系,其应急管理水平在不断地完善与成熟过程中,始

① 参见张维平:《美国、加拿大、意大利应急管理现状和对中国的启示》,载《中国公共安全》(综合版)2006 年第 11 期。

终处于世界领先地位。美国完备的应急法制、体制、机制与系统为其庞大的应急管理体系发挥了基础而具有决定性意义的作用。

“政府能否在应急状态下做到依法办事,有效地进行应急管理,不滥用权力,不破坏法治,这是对一个政府的治国能力和法治水平的最大考验。”①而在突发状态下,政府应急管理的核心即权力的合理配置及如何有效规范其自由裁量权与公民基本权利保障之间的关系。一方面,美国是三权分立的国家,其在权力的分配与制约方面颇具特色。在突发事件的应对上也不例外,具体涉及国会与总统的权力分配、行政首长在突发状态下的特权及国会的监督、联邦与州、地方的分权、部门之间的分权与协调等。另一方面,在突发事件的应对处理上,美国政府始终在法律授权的前提下开展相应工作,这其中不仅依靠着美国完备的应急法制的建设,更有赖于行政机关工作人员的法治意识与相关的程序规制和权力监督体系。值得一提的是,美国善于根据形势的需要及时更新预案体系,并且,每年国土安全部都会组织进行全国预案体系的审查。2011 年美国框架与预案的分离,标志着制度层面的规范与事务层面的行动方案的分离。这为美国今后突发事件的应对完善奠定了坚实的基础。

作为一个联邦制、多种族的国家,如何有效处置突发社会安全事件,协调各方利益,对于展现政府的决策力及树立政府的良好形象是十分重要的。美国在突发社会安全事件应对中的应急处理机制和相关的支撑系统非常值得借鉴。第一,在事件的预防方面,关于应急教育、应急宣传等措施规定,我国虽然在法律法规中都有涉及,但缺乏具体而成体系的规定。目前,我国高等教育中依旧没有对应急管理人才的专项培养。第二,在信息系统方面,我国虽然颁布了《政府信息公开条例》等法规,各类法律文件中也明确规定了信息公开的基本原则要求,但在具体落实中行政机关经常以涉及国家秘密等非具体型理由予以拒绝。随着社会的发展与进步,公民的素质也在不断提高,政府机关有时似乎低估了我国公民的心理承受力,在如今民主意识浓厚的氛围中,切实履行信息公开的义务对我国行政机关良好形象的树立无疑是一个良好的契机。第三,全方位调动和整合各方的资源、知识和能力,实现各方力量的协调统一是突发事件应对的重要方面。近年来,在各类突发事件中,我国公民志愿者也积极参与其中,在该过程中行政机关也不时予以行政指导。但公民的参与较多处于自发组织的阶段,如何进行有效的管理与规范应该是我国行政机关可以提升的一个方面。

美国的应急管理水平也非尽善尽美。其一,从前述对美国应急管理体系的介绍中可以看出,美国突发事件的应急管理体系是建立在多元主义的行政体制中的,因此,官僚机构相对冗杂、部门之间的应急管理职能较为松散,职责并不十分清晰且分类比较混乱,呈现碎片化的现象;其二,在突发社会安全事件的具体应对中,美国联邦政府的社会动员能

① 傅思明主编:《突发事件应对法与政府危机管理》,知识产权出版社 2008 年版,第 24 页。

力虽然很强,但是地方政府在这方面却显得相对较弱;其三,“9·11”事件后,美国的应急管理重心偏于恐怖主义危险方面,而忽视了其他方面的威胁。譬如,对于近年来在校园、商场、剧场等人员密集场所发生的枪击案,则疏于防范、应对无力,甚至表现得无可奈何、无所作为。

综上所述,我们在借鉴美国在突发社会安全事件应对领域的经验之际,也应结合国情和实际加以借鉴,不可照搬。

第四节　英联邦国家的理论和制度

英国、加拿大和澳大利亚都没有针对突发社会安全事件的专门立法。即使对突发事件有分类,其具体划分也与我国不完全相同。因此,对其应急法制的比较研究,主要从宏观的应急法制和适用突发社会安全事件的相关立法与制度入手。

一、英国

(一)理论基础

在突发社会事件的应急处置过程中,权力的分配与监督一直是题中之意,而其中,自由裁量与法治的冲突也是需要解决的问题之一。突发事件应对过程中的权力主要即指行政紧急权力。

所谓行政紧急权力,英国思想家约翰·洛克亦将之称为“行政特权”,他认为“在某种场合,法律应该让位于执行权。因为事件常能发生许多偶然的事情,遇到这些场合,严格地呆板地执行法律反而有害”。[①] 事实上,洛克的自由主义宪法理论为突发社会安全事件应急处置过程中的国家、主权、政府与公民之间的关系,以及紧急权力的设置与限制等问题奠定了理论基础——洛克在其《政府论》中以公民的自然权利为核心分别阐述了自然状态与战争状态,并强调了政府在其中的积极作用,可惜洛克当时的观点并不为主流观点所接受。

英国是典型的法治国家。其近代的法治理念,实质是源于戴雪在《英宪精义》中的阐述,其主要内容包括三个方面:第一,法律至上,即人民非依法定程序,并由普通法院证明其违法,否则不能遭受财产或人身方面的不利处罚;第二,法律面前人人平等,即每个英国人无论地位或阶级,都在普通法律之下,均受到普通法律的管辖;第三,英国宪法是英国各法院长期以来判决个案累积的结果,即英国宪法是法院保障人权的结果而非人权保障的来源。[②]

---

① 傅思明主编:《突发事件应对法与政府危机管理》,知识产权出版社 2008 年版,第 56 页。

② 参见[英]戴雪:《英宪精义》,雷宾南译,中国法制出版社 2001 年版,第 4 页。

后来,随着法治含义的发展,英国法学家威廉·韦德从依法行政的角度指出法治的4层含义。第一层含义是指任何时间都必须依法而行。这要求政府进行的任何行为都必须有法律授权,即有议会立法的授权,否则即为侵权。第二层含义是指政府必须根据公认的、限制自由裁量权的一整套规则和原则办事。第三层含义是指对政府行为是否合法的争议应当由完全独立于行政之外的法官裁决。第四层含义是指法律必须平等地对待政府和公民,政府在普通法律上不享有不必要的特权和豁免权。[①] 英国的法治传统促使英国在2004年《英国突发事件法》中单列一章专门用于应急权力的规定,从行使条件、范围到程序等都比较详细,使行政机关在应对突发事件之际有法可依、有规可循、有理可讲。

(二)立法概况

1920年《应急权力法案》(Emergency Powers Act)是英国最早的与突发事件应对有关的法律。该法授予政府在发生动乱的时候宣布"危机状态"的权力。1948年,英国颁布《民防法》(The Civil Defense Act),该法被视为英国突发事件应对法律的基础。

随着社会的发展与变迁,英国《民防法》逐渐不能适应和满足形势变化的需要。2001年,英国政府发布了《国内突发事件应急计划》。该计划的重点是突发事件出现后的应急处置。其主要内容包括:在日常工作中,对可能的突发事件进行风险评估;制定相应的预防措施;进行应急处置的规划、培训及演练;在应对和处置突发事件过程中,强调各相关部门之间的合作、协调和垂直部门的沟通;突发事件处置结束后,尽快使社会从政治、经济、文化,及公众从心理、生理和生活的非常状态中迅速恢复到正常状态;及时总结应急处置过程中的经验教训。

2004年1月7日,英国下议院通过了《民事紧急状态法案》(Civil Contingencies Bill),[②]该法案要求政府应该把应急管理与常态管理结合起来,并明确规定了地方政府和中央政府对紧急状态进行风险辨识与评估、制订应急计划、组织应急处置和恢复重建等方面的职责,促使英国的应急管理实现了从注重事后应对向重视事前预防的转变。当前,风险监测、评估、登记以及以此为基础制定业务持续性计划、编制应急预案并开展相应的教育、培训、演练工作,已成为各地区各部门应急管理的中心任务。

根据《民事紧急状态法案》要求,英国随后又修改和重新制定了一批有关应急管理的法律规范——陆续出台了《2005年国内紧急状态法案执行规章草案》《2006年反恐法案》等,以此作为基本应急法案的补充。此外,英国政府还出台了《中央政府应对紧急状态安排:操作框架》(CONOPS)。其规定了英国中央政府及其部门的应急行为规范,进一

① 参见侯晓蕾:《行政应急权研究》,法律出版社2012年版,第50页。

② 也有学者将该法案翻译为《国内紧急状态法案》。参见顾林生、刘静坤:《英国紧急权立法解析及借鉴》,载《北京政法职业学院学报》2004年第1期。

步明确了中央与地方政府战略层的具体职责的划分与界定。并且,根据英国法律规定,各级政府及部分应组织制订各自的紧急应变计划,具体明确不同紧急情况下的职责分工、应对措施与程序等。

(三)应急反应机制

在英国,发生突发安全事件后,一般由所在地的地方政府负责处置。直接参与处置的一般有警察、消防、医护等管理部门,其他部门及非政府组织予以协助和支持。一般的,英国应急管理体制大致可以分为 4 个层次:国家(National)、大区(Regions)、地方(county)以及郡下管辖的市镇(Town/Parish)。

1. 国家

首相是国家应急管理的最高行政首长,相关机构包括内阁紧急应变小组(Cabinet Office Briefing Rooms,COBR)、国民紧急事务委员会(Civil Contingencies Committee,CCC)、国民紧急事务秘书处(Civil Contingencies Secretariat,CCS)和各政府部门的应急管理机构。其中,COBR 是政府危机处理最高机构,但它不是一个常设机构。作为中央政府应急管理协调和决策机制,其通常只有在面临非常重大的危机或紧急事态且需要跨部门协同应对时,才以召开紧急会议的方式启动。如 2005 年 7 月的伦敦地铁爆炸事件以及 2006 年 8 月的伦敦机场爆炸未遂事件,COBR 都召开了紧急会议。

CCC 由各部大臣和其他官员组成,向 COBR 提供咨询意见,并负责监督中央政府部门在紧急情况下的工作应对情况;CCS 下设评估部、行动部、政策部和紧急事务规划学院,负责处理应急管理的日常工作和在紧急情况下协调跨部门、跨机构的应急行动,为 COBR、CCC 提供各项支持。

2010 年,英国应急管理体制进行了改革。2010 年 5 月,英国卡梅伦内阁建立了国家安全委员会,①将应急管理中枢机构——内阁国民紧急事务秘书处,纳入"大国家安全"管理框架。

根据规定,英国中央政府主要负责全国风险管理宏观政策的制定以及跨部门、跨机构的综合协调。当前,中央政府应对的紧急情况根据严重和影响的程度主要分为 3 级:一是超出地方处置范围和能力但不需要跨部门协调的重大突发公共事件,由相关中央部门为主导,负责协调上下级关系,引导事件处理;二是产生大范围影响并需要中央协调处置的突发公共事件,启动 COBR 紧急会议机制,协调军队、情报机构等相关部门进行处置;三是产生大范围蔓延性、灾难性的突发公共事件,也是启动 COBR 紧急会议,但此时

① 国家安全委员会设有专门的办事机构——国家安全秘书处。国家安全秘书处下设 5 个部门,分别是外交和国防政策工作组、国家安全项目和战略工作组、安全和情报办公室、网络安全办公室、内阁国民紧急事务秘书处。

的 COBR 是在首相或副首相的领导下进行,以决定全国范围内的应对措施。①

2. 大区

在英国,大区并不是一级政府。譬如,苏格兰、威尔士和北爱尔兰虽然名义上属于国家级,但其实质上是大区。英格兰就分为 9 个大区,伦敦是其中之一。大区级的应急管理机构主要是中央政府大区办公室下属的大区抗灾组(Regional Resilience Teams),主要负责应急过程中中央与各地方政府的协调沟通和响应。

3. 地方

地方一级主要负责处置的是一般性和影响当地但未波及全国等突发事件,并且,后一类事件的处置情况要向中央政府报告。地方具体是通过地方复原力论坛(Regional Resilience Forum,RRF)开展工作。地方复原力论坛是英国《民事紧急状态法》所规定的最主要的跨部门合作机制,其职责是负责本政府级区域内跨地域、跨部门的风险评估和应急规划工作,并在发生突发事件时为地方的应急抢险救援工作提供必要的支持。该论坛不完全以行政地域为界,而是从资源整合的角度搭建各地区应急管理部门和人员相互协作的平台。根据要求,各地必须建立地方复原力论坛,并且,每半年至少要召开一次会议。

此外,由于历史原因,英国地方政府与地方警察局、消防局、医疗救护等部门互不隶属,相互之间独立性很强。为了解决长时期内命令程序、处置方式不同和通信不畅、缺乏协作配合等问题,英国建立了"金、银、铜"三级应急指挥机制。"金"层级官员要解决"做什么"的问题,重点考虑事件发生的原因、可能对政治、经济、社会等方面产生的影响、需要采取的措施和手段,以及这些措施和手段是否符合法律规定、是否会造成新的人员伤亡、是否会对环境和饮用水等产生影响、与媒体的关系等。"银"层级官员主要解决"如何做"的问题,根据"金"层级下达的目标和计划,对任务进行分配,迅速地向"铜"层级下达执行命令,并可根据不同阶段的处置任务和特点,任命相关部门人员分阶段牵头负责。"铜"层级官员在现场负责具体实施应急处置任务,决定正确的处置和救援方式,直接管理应急资源的使用。②

应急事件发生时,在地方层面设置战略指挥小组和策略指挥小组,分别由各部门金级和银级官员组成,负责有关决策与协调工作。在应急论坛及应急处置执行机制中,通常 90% 是由地方警察局长主导。应急后恢复工作则是由政府主导的灾害恢复小组领导。

4. 市镇

地方下管辖的市镇主要是负责按照所属郡议会的要求来进行预案编制及应急管理工作。

---

① 参见李雪峰:《英国应急管理的特征与启示》,载《行政管理改革》2010 年第 3 期。

② 同上。

（四）应急反应的支撑系统

1. 信息公开系统

英国政府认为，在突发事件发生时，越早发布消息，越能阻止谣言和猜测的产生与扩散。因此，英国政府在应对突发社会安全事件时，十分重视信息公开系统的实效性。

英国政府与各电台及电视公司都有协议，若遭遇严重突发事件，政府有权中断节目，广播有关通告，为公众提供有关事件的情况与进展，并提供相关安全与应急指导。因此，根据英国政府的规定，在突发事件发生后有关部门应与媒体进行有效的合作。政府部门有义务及时、准确地向媒体提供信息。①

此外，英国政府对如何举行新闻发布会的各种细节也作了有关的指导建议。例如，新闻发布场所应当拥有什么样的通讯设备以方便电视、广播、文字等不同媒体记者；发布会上必须安排几位有关部门高层人物出席以增加可信度；绝不能由毫无决策权的小人物对着讲稿照本宣科；参加发布会的专业人员如医师等最好穿上专业服装以加强其形象和权威性；所有参与发布会的人员必须口径一致，不能提供互相矛盾的信息；在同一事件中主要的新闻发言人最好是同一人，以便建立可信度和一致性；要定期发表最新情况，对过去发表的不准确信息要立即纠正；等等。② 在英国，政府从一开始便掌握了信息传播的主动权，其信息公开系统已经成为应急计划的一个组成部分。同时，媒体也为英国政府对突发事件的处理与应对赢得了时间与民众的信任。

2. 教育与管理培训系统

英国以紧急事务规划学院为基础，系统强化了对有关人员的应急管理培训。当前，英国应急管理培训系统主要由 3 部分组成：一是隶属于 CCS 的紧急事务规划学院（EPC），主要培训如何协同应对突发公共事件，并未从全国制定应急管理培训标准；二是政府部门设立的专业培训学院，主要培训本系统内如何应对突发公共事件；三是私立培训机构。

此外，英国政府在日常生活中经常通过教育、培训和情景训练等形式对普通民众进行应急管理知识的传播与普及。英国内政部曾向每户英国居民家中寄送《紧急事故指南》，这一手册中包含了很多应急事故处理的重要原则与建议，如“确保已拨打电话 999”“先检查有没有受伤——记着在尝试帮助别人之前，首先要帮助自己”“设法保持冷静，先想清楚再行动，并设法安慰其他人”，等等。

3. 志愿服务系统

民间力量的参与是提高突发社会安全事件应对效率的重要制度之一。具体包括志愿者、非政府组织以及个人等，前两者的参与更具体系化与规模化，值得倡导。并且，英

① 参见徐剑眉：《英国政府与媒体在突发事件中的协作》，载《中国记者》2004 年第 10 期。

② 同上。

国的应急志愿服务系统，在突发事件的应对中实际发挥了非常重要的作用。①

英国主要的应急志愿服务组织包括英国红十字会、皇家英国妇女志愿者协会、圣约翰急救编队、皇家国民救生艇协会、国际营救队和英国医生紧急救护协会等。这些应急志愿组织均被编入“地方政府突发事件应急计划”中，由各地政府的“突发事件计划官”负责掌握当地的志愿者资源并在应急过程中指挥协调。

当地区性公共危机发生时，一般由当地应急论坛（RRF）联合地区应急小组（RRT）协调当地政府和应急志愿组织来应对公共危机。当有大范围的公共危机发生时，一般由CCS确定应急级别及响应方案；随后，CCS联系各应急志愿组织。在应急志愿组织内，设有多个应急小组，由组长负责电话联系组内志愿者。

当危机爆发后，应急小组首先对危机进行简单的评估，如果认定风险比较大，如需要登山救援等，则不召集应急志愿者。随后，确定相关需求指标，如地域、专业、人数等，并分派给各个应急志愿组织。应急志愿者在现场的工作主要是救援和疏散群众，其他的危险及专业工作一般由消防、警方等专业人员负责。对于应急志愿者，一般事先由应急志愿组织对其进行投保，以此来保障其在参加应急项目受伤后的权益。危机发生过后，一般应急志愿组织就可以参与到灾区民众心理疏导、灾后经济重建等相关工作中去。②

（五）英国应急制度简评

作为典型的“法治国家”和“议会至上”的国家，英国在突发社会安全事件的应对过程中的突出特点便是在法律中详细而明确地规定了应急权力及议会的监督审查权。2004年《英国突发事件法》中第二章全部都是有关应急权力的规定，从权力主体、权力范围、权力行使的条件到程序等，全面而细致。另外，该法第26条、第27条也赋予了议会对应急规章的审查权。在保障应急过程中权力行使效率的同时，有效对其进行监督与规制。我国的人民代表大会制度在某种程度上与英国的议会制度有相似之处，因而英国在这方面的权力设置与规制的经验值得我国在今后的完善发展过程中进行借鉴。

此外，英国应急过程中的另一个突出特点体现在管理体制上。英国并没有在常态的政府管理体制外单独设立专门的应急机构，而是通过明确各部门的职责与分工，实现突发事件发生后的联合办公，并主要以临时机构的形式来运作。英国各部门职能明确，并保证在常态和应急状态下都能做到职能分工明确。并且，英国十分注重职能部门之间的

---

① 2005年7月7日，伦敦突遭连环爆炸袭击，英国红十字会立即在全市派出急救志愿者和救护车，并开设国际追踪和信息服务，受过训练的红十字会志愿者和大量青年志愿者火速赶到各个需要人手的地点，提供心理支持和其他救援。爆炸后，社区安全基金参与负责伦敦各社区安全，伦敦市市长和英国红十字会联手设立了伦敦爆炸救济慈善基金为受害者及其家庭募捐，家庭援助中心在市中心开始全天候运行，社会工作者、救世军、皇家志愿服务等诸多非政府机构也纷纷向受害者的亲人和朋友提供情感支持和其他支援。

② 参见廖恳、黄晓伟、王锐：《英国应急志愿服务的经验及对我国的启示》，载《行政管理改革》2012年第2期。

协调与配合。例如,COBR 这一协调和决策机构的设立,同时强化了应对重大突发公共事件的协调和指挥职能。再如,CCS 的设立也是英国加强应急管理的一项重要举措,既促进了应急管理与常态管理的有机结合,又提高了中央政府应对重大危机的效率。因而,英国应急管理体制的上述特点,有效避免了机构冗杂、职责交叉、权力争势等资源浪费的现象,也在一定程度上克服了因沟通不够、协调不力等原因导致反应迟缓、效率低下等问题。

然而,在突发社会安全事件的应对上,英国也存在一定的弱点与弊端。近年来,英国群体性事件频发:从 2009 年 G20 伦敦峰会召开前夕的群众游行,到 2010 年年底伦敦数起学生抗议学费上涨的游行,再到 2011 年 8 月震惊世界的伦敦骚乱,英国政府的应对效率颇受质疑,警察的执法力度也饱受诟病。

在英国,对于群体性事件,一般由警察出面维持社会秩序。但由于英国人权的保护以及相关立法的限制,英国警察的执法力度受到一定的限制。伦敦骚乱后,英国警察监察局公布的调查报告表示:"当骚乱参与者使用投掷物和汽油弹时,为了阻止暴力,避免严重后果,警方可以考虑使用塑料子弹和高压水枪。"这种对警察权力的谨慎态度是值得我国学习的,但是其在特殊情形下的执法力度确实需要英国进一步思考与改善。此外,对大规模游行示威等群体性事件,英国警方也一直在严格奉行事后追究制度。

二、加拿大

加拿大从 20 世纪 60 ~ 70 年代开始着手应急管理机构的建立,目前,其已形成一套完善且行之有效的应急法制与体制。

(一)制度背景

加拿大是在英、美、法等几个主要西方大国相互斗争与妥协的夹缝中产生的,它是通过协商、谈判,走渐进、和平的道路而逐步取得自身独立的。因而,保守主义被认为是加拿大法律文化的思想基础。保守主义的色彩在行政法领域体现得淋漓尽致。加拿大人偏好命令与法律,对官方权威高度推崇,因而行政机关的行政裁量权较大。与此同时,司法审查制度在加拿大也并不具备绝对的权威,甚至常常被所谓的排除性条款排斥适用。不难看出,加拿大虽受英国影响较大,也有法国政治文化的一些影响,但其自身特色依旧明显,加之实行联邦体制,因而其设置的突发事件的应对体系也颇具本国特色。

并且,加拿大在历史上曾长期处于英国的殖民统治下,且至今加拿大依旧是英联邦成员国之一,因此,加拿大的宪法及其政治实践制度深受英国的影响。在政治制度上,加拿大如今实行议会与君主立宪制相结合的制度,并以权力集中为基础;在国家结构上,虽然加拿大是联邦体制,但其联邦政府的权力大于地方政府,属于隶属关系,而不是美国式的平行关系,然而在实际发展中,地方分权的趋势渐趋明显。这也为突发社会安全事件应对体制的形成与发展奠定了基础。

（二）立法概况

1985年，加拿大议会制定了《加拿大危机准备法》，该法于1988年4月27日通过并生效。1990年，加拿大议会通过的《加拿大应急管理法》正式生效。该法将危机分为四种类型：公共财产紧急事件、公共秩序紧急事件、国际紧急事件和战争紧急事件。其中，"公共秩序紧急事件"从字面意义上看与我国突发社会安全事件相类似，但实质上它是指所引发的危机危及加拿大的安全且十分严重，甚至成为一个国家的危机，属于我国突发社会安全事件中最严重的一种类型，如恐怖袭击等。

在联邦范围内，《联邦政府紧急事件法案》和《联邦政府紧急救援手册》对应急管理事务作出了明确规定；此外，各级政府也根据实际情况，制定了各自的减灾管理法，以此来保证应急减灾工作的正常开展。①

此后，加拿大推动制定新的《应急管理法》（Emergency Management Act）。"新法律草案更加强调加拿大各级政府间应急管理活动的协调和整合，推动对各级政府制定的应急管理计划进行标准化管理等。"②

（三）应急响应机制

加拿大的应急事务管理体制分为联邦，省和市镇（社区）三级，实行分级管理。

《联邦政府紧急事件法案》把紧急事件分为四类：一为公共安全事件，指危及公众安全的严重自然灾害或大型意外事故；二为公共秩序事件，指严重威胁国家或地区正常秩序的人为事件；三为国际事件；四为战争事件。由于加拿大的资源主要掌握在各省手里，所以前两类事件一般由各省、市负责处理，必要时，由联邦政府予以协助；后两类事件由联邦政府负责处理，各省予以配合与支持。

1988年，加拿大成立了公共安全和应急局，并于2003年升级为公共安全和应急部（Public Safety and Emergency Preparedness Canada，PSEPC）。其职责主要是协调所有的联邦部门来处理加拿大的国家安全、处理和预防自然灾害、恐怖袭击等突发性事件。该部部长对议会负责，下辖安全情报局、监狱机构、皇家警察部队等部门。

加拿大的各省都设有专门的应急管理部门，除承担应急计划、协调、培训等职责外，也是危机和灾害应对的最早反应。"加拿大每个省和地区都有相应的紧急措施组织（Emergency Measures Organization，EMO），这一机构用来应对本辖区任何大规模的紧急事件（主要措施包括预防、准备、反应和恢复等四个方面），并按照需要为市镇或社区的应急队伍提供协助和支持。"③省和市镇两级管理机构的设置要因地制宜，单独或合并也应

① 参见张维评：《美国、加拿大、意大利应急管理现状和对中国的启示》，载《中国公共安全》（综合版）2006年第11期。

② 民政部应急管理平台项目考察团：《美国、加拿大应急管理工作及其启示》，载《中国民政》2008年第6期。

③ 姚国章：《典型国家突发公共事件应急管理体系及其借鉴》，载《南京审计学院学报》2006年第2期。

视具体情形而定。省和市镇(社区)一般设有一个由政府官员和专家组成的事件评估小组,负责对紧急事件的危害程度作出评估,然后提出是按预定计划处置,还是报上一级政府或是宣布本地区进入紧急状态的实施建议。进入紧急状态后,对于短期事件,要制订24小时、48小时处置计划;对于延续时间较长的紧急事件,要拟定更长时间的计划。

加拿大在市政府设立一个危机运营中心(Emergence Operation Center,ECO),该机构负责现场的应对与协调工作。

加拿大应急管理体制的特点之一就是重视地方部门的作用。因此,根据加拿大政府的要求,任何紧急事件首先应由当地政府的有关部门进行处置,包括医院、消防、警察机关和市政当局等。如果需要协助,可向省或者地区的紧急措施组织请求协助。如果紧急事件不断升级,甚至超出了省或地区的资源和能力,有关部门可向加拿大联邦政府寻求援助。从各省或地区到加拿大政府的请求一般通过"关键基础设施保护和紧急事件准备办公室(OCIPEP)"进行协调。"从省或地方请求的提出,到国家层面做出反应,以及资源的调集和专家的到位,往往只需要几分钟就可完成。"①

"此外,加拿大通过让联邦和省或地区政府的利益相关者参加政府间会议来实现各级政府间的联系,并成立了应急管理咨询委员会,研究应急预备问题。"②并且,为了确保公民权利在危机期间免受不适当的克减,为了保证危机管理的权力不被滥用,加拿大议会对政府的危机管理也有比较严格的监督机制。

(四)其他配套机制

1. 预防机制

各级政府从实际出发,针对本地区可能发生的各种灾害,都制订了本地区紧急事件应急方案和实施计划,为紧急事件的处置做了较充分的准备。政府部门、企事业单位及居民都能按照法律、法规所规定的权利和义务来规范自己的行为。

2. 教育机制

政府通过多种渠道进行广泛而充分的宣传,以强化民众的应急救灾意识。加拿大政府在每年3月的第一周举行紧急预案周活动,这些活动包括散发自助手册、建立信息亭和进行信息交流等,目的是增强公众对紧急预案的关注。

政府减灾管理部门或非政府社会团体也经常组织相关的公众教育宣传活动,从内容到形式都比较贴近生活,贴近实际。

家庭、学校以及社会公共组织也经常对幼儿和青少年开展形式多样的逃生救护教育与相关知识的普及。

---

① 古力:《国外应急管理的做法》,载《安全与健康》2010年第1期。

② 李珂:《构建中国应急管理中政府间协调与合作机制:基于加拿大的经验分析》,载《科技风》2010年第22期。

3. 参与机制

动员和吸收非政府组织参与应急管理，是加拿大危机管理的一个重要特点。非政府组织协助政府做了大量减灾管理工作，发挥了不可替代的作用。如加拿大灾害损失减轻协会是一个不以营利为目的的社会公共组织，使命是开展各类预防灾害发生、减轻灾害损失的学术研究和工程建设，并向广大公众和单位提供咨询和教育。

为了让公众了解、支持和积极参与，加拿大政府每年5月举行一次由省、地区政府、自治市、非政府组织、志愿者以及教师等人共同参与宣传的“紧急事件准备宣传周”，大张旗鼓地向公众传播应急知识和信息，以提升公众参与应急管理的能力；并且，加拿大政府强调各个家庭也有义务在危机发生后的72小时内做好自救工作，同时，应注意受灾人员之间的互援。

4. 培训机制

加拿大是发达国家中最早开展应急训练课程的国家之一。其应急管理培训的基本框架如下：联邦和地方政府共同承担责任，但是各有侧重点，根据不同的需求和能力层次确定培训重点，不重复相互之间的培训与学习内容，实现分工互补的目标。

加拿大应急管理培训的战略目标为：各级政府、民间机构和大学共同参与其中，不断加强跨区域、跨专业领域的合作；在各级政府和应急团体中增强相关人员的应急知识储备与能力建设；根据各级应急管理部门的政策导向进行相应的战略调整和培训行动的调整。

加拿大应急管理学院，“作为加拿大应急准备计划的组成部分，在联邦政府公关安全部的领导下，为联邦雇员提供跨学科、跨区域的应急培训服务，成为协调与全国各省和地方政府的合作关系、为全国各地公共安全和应急处置提供智力支持和学习资源的一个重要机构”。[①] 加拿大应急管理学院本着实用性、实践性和可操作性的价值基础，一般是通过室内课堂的桌面演练和室外灾难现场的救援模拟进行相关的培训工作。

综上所述，目前加拿大已经形成了以家庭和企业单位自救为核心，以市、镇、省和联邦政府为后援的完善的应急管理体制。

（五）加拿大应急制度简评

在应对管理法制方面，加拿大从政府与人民之间、国会与行政机关之间的关系入手，在保证行政机关行使危机应对权力的同时，严格规范权力的行使，使其符合法治的基本要求。

在管理体系上，加拿大从预防、准备、应对到恢复形成了一个完整的体系，并有效协调联邦与地方的关系。在形成全国突发事件应对管理体系的同时，明确联邦与地方政府的权力和职责分配，并且，从联邦到地方都设立了专门的机构进行管理。但是，加拿大政

① 马庆钰：《基于实操的加拿大应急培训》，载《中国应急管理》2011年第10期。

府也同样面临机构之间的协调与配合,以及应急效率的问题。

三、澳大利亚

在应对危机的过程中,澳大利亚逐渐制定了相应的危机法律,并形成了自联邦到地方的各级专门的危机管理与应对机构。

(一)制度背景

澳大利亚原是英国的殖民地,澳大利亚联邦于1901年成立后,澳大利亚各领域的法制建设迅速发展,并富有自身特色。在政体上,澳大利亚模仿英国确立了君主立宪制度,但其进行了本土化改造,使联邦政府总理和其内阁实际拥有大多数国家权力。澳大利亚联邦宪法也兼具英国与美国的特征,在沿袭英国宪法制度的传统的同时,澳大利亚也具有美国宪法的诸多特点,如设立参众两院;运用分权原则和司法审查等。在行政法领域,英国行政法可以说是澳大利亚行政法的源头,但是,20世纪70年代后,澳大利亚进行了一系列行政法的改革,其本土化色彩愈来愈浓,被称为澳大利亚"新行政法"。但是,其在大致框架与基本原则方面,仍然深受英国的影响,如议会至上和法治原则、责任制政府、代议制民主等几大原则,都是以英国为模式而确立的。近现代的突发社会应急法制体系是以现行澳大利亚的宪政体制为基础而建立起来的,其中不乏英国传统色彩,但是,也仍旧颇具澳大利亚本国特色。

(二)立法体制

就立法而言,澳大利亚的危机立法主要包括:1986年《危机管理法》(Emergency Management Act 1986,主要适用于维多利亚州),该法规定了政府机构处理突发事件的权力来源、内容、行使权力的程序、对公民权利的限制和救济、议会的监督权等;以及1998年《危机服务基金法》(Emergency Services Funding Act,主要适用于首都地区)。2003年,为保障《危机管理法》的实施,澳大利亚制定实施了《危机管理条例》(Emergency Management Act 2003)。2003年,澳大利亚议会通过了《灾难管理法》(Disaster Management Act 2003),该法从法律上界定了灾害的概念——"灾害"是指由于某事件的影响而导致的严重破坏,要求州和其他机构高度反应、协调合作,帮助社区从破坏中恢复。对于灾害可分为四种类型:一是自然灾害,包括飓风、地震、水灾、暴风雨/雪等;二是人为因素,包括爆炸、火灾或化学物品泄漏和恐怖袭击;三是生物因素,包括昆虫传染、瘟疫或流行病;四是基础设施故障、空难、车祸等。

各州(市)也相应制定了独立的法规、条例等。如新南威尔士州于1989年出台了《新南威尔士州紧急事件与援救管理法》;昆士兰州于2003年出台了《昆士兰州灾难管理条例》。

(三)应急体制

澳大利亚的全国应急管理体系是由三个层级组成的各司其职的全面应急管理网络。

1. 联邦一级

在联邦一级,澳大利亚应急管理局(Australian Emergency Management,EMA)是核心的危机应对机构。澳大利亚应急管理局成立于1993年1月1日,它的使命是减少灾害和突发公共事件对澳大利亚及其区域内的影响。其下辖四个小组:计划与运作小组、开发小组、知识管理与商务小组以及教育与培训小组。

澳大利亚应急管理局是总检察署的直属机构,直接对联邦总检察长负责,主要负责全国性的紧急事件管理,并在联邦政府层面负责对灾难应急的协调。它还根据危机事态的发展以及受灾地区的请求,协调联邦政府给予发生重大灾害的州和地区以实物帮助;向联邦机关、州、地区、产业和国际社会提供关于应急事务的咨询;作为国际开发组织在澳大利亚代表机构,协助对大洋洲地区有关国家的应急管理。总体来说,澳大利亚应急管理局的核心功能包括危机发生时期和日常的应急管理两个方面。

2. 州和地区政府层面

澳大利亚分为6个州和2个地区。6个州和2个地区则为保护生命、财产和环境安全承担主要责任,通过立法、建立委员会机构以及提升警务、消防、救护、应急服务、健康福利机构等各方面的能力来保护生命、财产和环境安全。

以首都地区为例,地方的危机管理机构主要是由行政长官和危机管理委员会构成的。①

(1)行政长官

根据澳大利亚首都地区《危机管理法》,在行政管理过程中,行政部门主要是实行首长负责制。其主要职责包括:"①行政长官对危机管理负责;②在不限制第1款一般性的情况下,行政长官应该通过下列行为为危机做准备:(a)进行教育程序和遭遇袭击可能性分析;(b)建立、监视草案、通讯和网络的持续有效性;(c)以一种容易接近的方式保持和其他管辖部门、组织的危机管理的正式记录;(d)协助与组织相关的预备计划开封;(e)合作分享有关危机管理的公共信息。"②

(2)危机管理委员会

危机管理委员会的工作方式主要是召开会议。主席应当不时地召开危机管理委员会会议,在危机管理委员会会议上,6名成员或者半数成员(无论哪一种更多均可)都达成有效的法定人数,危机管理委员会应当决定有关危机管理委员会会议应当遵循的程序。

事实上,每一个州和地区都有自己一套应对危机事件的计划、安排和组织。联邦政府协助州和地区加强自己的应对能力,而且,如果需要的话可以提供额外的资源。如果

① 参见韩大元、莫于川:《应急法制论》,法律出版社2005年版,第181~182页。

② 澳大利亚《危机管理法》第6条。

危机情况出现,联邦政府、州政府和地区政府、危机政府机构、地方政府、自愿性组织和社区将一起努力应对危机,挽救生命和财产,协助社区恢复正常的生活。所有的危机服务设施诸如警察、救火设备、救护车以及政府的一些服务设施都要经过特别的训练和装备,由此组成的小队将会应付各种各样的危机事件,并为公民提供支持和医药卫生方面的照顾。

3. 社区

"社区,作为应急管理的门户,对于拥有700个社区的澳大利亚而言,其重要性不言而喻。它们虽然不直接控制灾害响应机构,但必须在灾难预防、缓解以及为救灾计划进行协调等方面承担责任。因而社区层面作为澳大利亚政府应急管理体系的门槛,发挥着基础性的作用。"①

社区虽然不直接控制灾害响应机构,但必须在灾难预防、缓解以及为救灾计划进行协调等方面承担责任。在应急资金管理方面,在国家"自然灾害消除安排"(NDRA)的框架下,联邦政府为各州和地区提供资金援助,旨在减轻用于救灾和恢复重建的资金负担。不过,联邦政府的救灾和重建资金只是在灾害发生后按实际情况进行发放。这一框架有效地保证了州和地区用于救灾和重建的开支可以按比例得到联邦政府的补偿。联邦政府还直接向受灾的个人提供资金援助,社会安全部负责向符合条件的申请者进行补助发放,并负责提供信息和咨询服务等,让公众直接得到联邦政府的救助。②

(四)其他配套机制

1. 应急信息管理体制

统一高效的应急指挥平台是澳大利亚应急管理的一大特色。澳大利亚电信公司除主管全国部分通信业务的受理和服务外,还受政府委托管理全国统一的应急救助系统接入号"000"。这一线路由专门的接线员来负责信息的收发和中转。这样,就能高效地实现成本的集约化和信息的整合化。高度整合的信息共享机制是澳大利亚应急管理体制的又一创举。

澳大利亚将市一级的应急管理系统和信息部门实行全面整合,任何一个应急部门都共享一个信息平台,所有的信息可以随时调用,实现了对突发公共事件的实时响应和调度指挥。

"澳大利亚政府在面对各种潜在的威胁时,总是能认真做好安全评估,运用科技手段准确地识别和探究可能存在的危险。"③

---

① 陈成文、蒋勇、黄娟:《应急管理:国外模式及其启示》,载《甘肃社会科学》2010年第5期。

② 参见姚国章:《典型国家突发公共事件应急管理体系及其借鉴》,载《南京审计学院学报》2006年第2期。

③ 陈成文、蒋勇、黄娟:《应急管理:国外模式及其启示》,载《甘肃社会科学》2010年第5期。

2. 参与体制

澳大利亚政府各类应急管理组织中专职人员非常少,在应急救援中充当主力军的,更多是社会公众、志愿者,并且是训练有素的志愿者。另外,澳大利亚政府也动员非政府组织参与应急救援。

强大的参与系统背后是澳大利亚各级政府在对突发事件的宣传和教育方面的大量投入:一方面,确保其公民在遇到危险时具备保护自己生命和财产的基本能力;另一方面,也换来了高素质、高觉悟的公民参与团队。澳大利亚设立了全国应急管理学院,培养危机管理的专业人才;并不断向普通民众宣传危机防范知识,如定期向居民邮寄有关应对危机的宣传资料。

(五)澳大利亚应急制度简评

无论是法律体系,抑或是整个的管理体系,澳大利亚都已形成了比较完备、切实可行的应急体系。

在法制层面上,从社区到政府、从地方到中央,澳大利亚的应急立法相对比较完善。并且,值得一提的是,澳大利亚的突发应急法制都明确规定了公民权利受损后的救济体系——公民权利在受到不当行为的侵害时,可以向有关机关寻求赔偿,在赔偿请求难以得到满足时,可以向法院、裁判所提起诉讼、寻求司法救济。但是,法制层面也存在些许问题,譬如,在联邦层面上却始终缺少一部统筹性的法律文件。并且,在以后的立法文件中,统一存在的问题是原则性条款较少。虽然我们一直强调立法文件的可操作性,但是某些原则条款还是必不可少的。

在整体的突发事件应急体系中,澳大利亚针对不同突发事件的特点分别规定了不同的应对措施,并设立了专门的应急机构,但是,其效率问题仍有待商榷。

第五节 日本的理论与制度

日本是单一制国家,但实行特殊的地方自治制度,既是大陆法系国家,又深受美国法的影响,既走向民主主义,又保留天皇制度,其政治和法律制度非常特殊。20 世纪 70 年代以来,日本公共安全管理理念才从应对以自然灾害为中心的“单一防灾体系”,转向多灾种(环境污染、化学灾害等)的“综合防灾管理体系”。“20 世纪 90 年代以后,日本的内阁确定了公共安全的管理内容包括:自然灾害、事故灾害和事件安全 3 个范畴的综合公共安全管理。”①日本大体上将突发社会公共安全事件分为两类:一类是严重影响国民人身财产安全的灾害;另一类是严重威胁国民人身财产安全,同时,破坏社会治安秩序的暴

① 朱正威、张莹:《发达国家公共安全理念述论》,载《深圳大学学报》(人文社会科学版)2006 年第 1 期。

力活动。

一、法律制度体系

(一)宪法

日本关于应对处置突发社会公共安全事件的立法工作起步较早,以法律形式赋予了政府处理此类事件的权力,这种权力在法理上被称为国家紧急权。

1. 历史上《大日本帝国宪法》[①]下的国家紧急权

20世纪,在战败前日本的《大日本帝国宪法》中,规定的遇有紧急事态时的非常措施有:第一,紧急敕令制定权(第8条);[②]第二,戒严宣告大权(第14条);[③]第三,非常大权(第31条);[④]第四,紧急财政措施权(第70条)。[⑤]

这一时期,各单独部门法律对应对社会公共安全事件几乎没有专门规定。

2. 现行日本宪法中的国家紧急权[⑥]

一般认为,在现行日本宪法中并没有关于国家紧急权的规定。但是,在其他法律中有关于紧急权的规定,如《警察法》中的"紧急事态"(第71条、第74条);《灾害对策基本法》[⑦]

---

① 《大日本帝国憲法》,1889年(明治22年)2月11日公布,1890年(明治23年)11月29日起实施。

② 《大日本帝国憲法》第八條:大皇ハ公共ノ安全ヲ保持シ又ハ其ノ災厄ヲ避クル爲緊急ノ必要ニ由リ帝國議會閉會ノ場合ニ於テ法律ニ代ルヘキ勅令ヲ發ス。此ノ勅令ハ次ノ會期ニ於テ帝國議會ニ提出スヘシ若議會ニ於テ承諾セサルトキハ政府ハ將來ニ向テ其ノ效力ヲ失フコトヲ公布スヘシ。【译文】第8条:天皇为保持公共之安全或免遭灾厄,因紧急之必要,于帝国议会闭会期间,可依据法律发布敕令。此敕令当于下次会期时向帝国会议提出,若未能获得议会认可,则政府当于将来宣布其失效。

③ 《大日本帝国憲法》第十四條:天皇ハ戒嚴ヲ宣告ス。戒嚴ノ要件及効力ハ法律ヲ以テ之ヲ定ム。【译文】第14条:戒严由天皇宣布。戒严之要件及效力当依据法律确定。

④ 《大日本帝国憲法》第三十一條:本章ニ掲ケタル條規ハ戰時又ハ國家事變ノ場合ニ於テ天皇大權ノ施行ヲ妨クルコトナシ。【译文】第31条:本章所规定之条规,于战时或国家紧急事态时,不得妨碍天皇大权之行使。

⑤ 《大日本帝国憲法》第七十條:公共ノ安全ヲ保持スル爲緊急ノ需用アル場合ニ於テ内外ノ情形ニ因リ政府ハ帝國議會ヲ召集スルコト能ハサルトキハ勅令ニ依リ財政上必要ノ處分ヲ爲スコトヲ得。前項ノ場合ニ於テハ次ノ會期ニ於テ帝國議會ニ提出シ其ノ承諾ヲ求ムルヲ要ス。【译文】第70条:为保持公共之安全,因紧急之需要,依据内外情势,当政府无法召集帝国议会时,可依据敕令为财政上必要之处分。前项之情形当于下次会期时向帝国议会提出并获得其认可。

⑥ 《日本国憲法》,1946年(昭和21年)11月3日公布,1947年(昭和22年)5月3日起实施。

⑦ 《災害対策基本法》,1961年11月15日公布。

中的“灾害紧急事态”(第105条、第106条);[①]《自卫队法》中的“防卫出动”(第76条)和“治安出动”(第78条、第81条)。

(二)基本法律

日本可以称得上是全球较早制定灾害管理及应急管理基本法的国家。其第一部防灾法是1880年《备荒储蓄法》。这部法律之后又推出了一系列的防灾救灾及灾害管理方面的法律法规。1961年,日本政府又颁布了作为灾害防治基本法的《灾害对策基本法》,至此,日本的灾害防治法律体系已基本建成。[②]《灾害对策基本法》共分10章117条,是日本建构整体防灾法律体系的基本依据。可以说,日本的灾害应对法律体系以《灾害对策基本法》为中心,对各种类型的灾害均有处置措施。

总体而言,日本应对措施的基本法律包括:《灾害对策基本法》《国土综合开发法》[③]《大规模地震对策特别措施法》[④]《原子力灾害对策特别措施法》[⑤]《关于东南海、南海地震防灾对策推进的特别措施法》《关于海洋污染及海上灾害防止法》等。

(三)其他相关法律规范

预防灾害的相关法律有:《消防法》[⑥]《水防法》[⑦]《警察官职务执行法》[⑧]《灾害救

---

① 《災害対策基本法》第百五条:非常災害が発生し、かつ、当該災害が国の経済及び公共の福祉に重大な影響を及ぼすべき異常かつ激甚なものである場合において、当該災害に係る災害応急対策を推進するため特別の必要があると認めるときは、内閣総理大臣は、閣議にかけて、関係地域の全部又は一部について災害緊急事態の布告を発することができる。2 前項の布告には、その区域、布告を必要とする事態の概要及び布告の効力を発する日時を明示しなければならない。第百六条:内閣総理大臣は、前条の規定により災害緊急事態の布告を発したときは、これを発した日から二十日以内に国会に付議して、その布告を発したことについて承認を求めなければならない。ただし、国会が閉会中の場合又は衆議院が解散されている場合は、その後最初に召集される国会において、すみやかに、その承認を求めなければならない。2 内閣総理大臣は、前項の場合において不承認の議決があつたとき、国会が災害緊急事態の布告の廃止を議決したとき、又は当該布告の必要がなくなつたときは、すみやかに、当該布告を廃止しなければならない。【译文】第105条:当发生突然灾害且该灾害是对国家经济和公共福祉造成重大影响的异常、严重灾害时,为推进与该灾害有关的灾害紧急对策而认为特别必要时,内阁总理大臣可通过内阁会议就有关地区全部或其中一部分,宣布灾害紧急状态。第2款:前项布告中,必须明示有关地区、需要发布布告的事态概要以及布告生效的日期。【译文】第106条:内阁总理大臣依据前条规定而发出灾害紧急状态的布告后,自发布之日起二十日以内将布告提交国会,必须得到国会对发布布告的认可。但是,当国会处于闭会期或众议院被解散时,必须在之后召开的第一次国会上迅速得到其认可。第2款:内阁总理大臣在前项情形下出现不被认可的决议时,国会做出废止灾害紧急状态布告的决议时,或该布告不再必要时,必须迅速废止该布告。

② 参见陈成文、蒋勇、黄娟:《应急管理:国外模式及其启示》,载《甘肃社会科学》2010年第5期。

③ 《国土総合開発法》,1950年5月26日公布。

④ 《大規模地震対策特別措置法》,1978年6月15日公布。

⑤ 《原子力災害対策特別措置法》,1999年12月17日公布。

⑥ 《消防法》,1948年7月24日公布。

⑦ 《水防法》,1949年6月4日公布。

⑧ 《警察官職務執行法》,1948年7月12日公布。

助法》[1]《感染症法》[2]《水难救护法》[3]《气象业务法》[4]《道路法》[5]《航空法》[6]《电波法》[7]《广播法》[8]《电气通信事业法》[9]《铁道事业法》[10]《日本邮政公社法》[11]等。

关于灾后重建、复兴和财政金融措施的相关法律有:《公共土木设施灾害恢复事业费国库负担法》[12]《为自然灾害中受害农林渔业者提供资金融通的暂定措施法》[13]《地方交付税法》[14]《受灾者生活重建支援法》[15],以及应对严重灾害特别财政援助的相关法律、关于农林水产业设施灾害恢复事业费国库补助暂定措施的法律、关于地震保险的相关法律和关于支付灾害慰问金的相关法律等。

关于防灾、减灾组织的法律有:《消防组织法》[16]《海上保安厅法》[17]《警察法》《自卫队法》《日本红十字会法》[18]《水害预防组织法》[19]等。

(四)应对突发暴力活动的法律体系

日本针对严重威胁国民人身、生命和财产安全的暴力活动的应对处置的相关立法活动,可以“9·11”事件为界划分为两个阶段。

1.“9·11”事件发生之前的应对突发暴力活动的立法

日本战败后直至美国遭受“9·11”恐怖袭击的这一阶段,日本关于应对突发社会暴力事件的立法如下:1952 年制定的《破坏活动防止法》,[20]该法的制定旨在打击从事暴力主义破坏活动的团体,1972 年制定的《使用燃烧瓶处罚法》;[21]由于日本国内曾于 1995 年

---

① 《災害救助法》,1947 年 10 月 18 日公布。
② 《感染症法》,1999 年 4 月 1 日公布。
③ 《水難救護法》,1899 年(明治 32 年)3 月 29 日公布,2012 年 5 月 8 日最终修订。
④ 《気象業務法》,1952 年 6 月 2 日公布。
⑤ 《道路法》,1952 年 6 月 10 日公布。
⑥ 《航空法》,1952 年 7 月 15 日公布。
⑦ 《電波法》,1950 年 6 月 1 日起实施。
⑧ 《放送法》,1952 年 5 月 2 日公布。
⑨ 《電気通信事業法》,1984 年 2 月 25 日公布。
⑩ 《鉄道事業法》,1986 年 12 月 4 日公布。
⑪ 《日本郵政公社法》,2003 年 4 月 1 日起实施。
⑫ 《公共土木施設災害復旧事業費国庫負担法》,1951 年 3 月 31 日公布,1999 年 12 月 22 日修订。
⑬ 《天災による被害農林漁業者等に対する資金の融通に関する暫定措置法》,1955 年 8 月 5 日公布。
⑭ 《地方交付税法》,1950 年 5 月 30 日公布。
⑮ 《被災者生活再建支援法》,1998 年 5 月 22 日公布,2011 年 8 月 30 日修订。
⑯ 《消防組織法》,1947 年 12 月 23 日公布。
⑰ 《海上保安庁法》,1948 年 4 月 27 日公布。
⑱ 《日本赤十字社法》,1952 年 8 月 14 日公布。
⑲ 《水害予防組合法》,1908 年 4 月 13 日公布,2011 年 8 月 30 日最终修订。
⑳ 《破壊活動防止法》,1952 年 7 月 21 日公布。
㉑ 《火炎びんの使用等の処罰に関する法律》,1972 年 4 月 24 日公布。

发生过使用化学物质的地铁沙林毒气事件,所以同年通过了《沙林毒气人身伤害防止法》①等。

2. 美国"9·11"事件发生以来的日本应对突发暴力活动的立法

(1)有关国际条约的缔结和国内法的调整

美国"9·11"事件发生以前,日本就已经加入了旨在防止恐怖主义的十项条约,"9·11"事件发生后日本又加入了《防止恐怖分子使用炸弹国际条约》②和《防止为恐怖主义提供资金国际条约》。③ 为了完成加入国际条约后应当履行的法律义务,日本对国内法律也作出了调整,于2001年11月通过了《防止恐怖分子使用炸弹国际条约缔约后有关法律整备法》,④于2002年6月制定了《为威胁公众犯罪行为提供资金处罚法》。⑤

(2)恐怖袭击对策特别措施法

当造成重大人员伤亡和财产损失的"9·11"恐怖袭击在美国发生后,全世界都陷入了一种紧张气氛中,在此背景下,日本迅速通过了《恐怖对策特别措施法》。⑥ 该法的立法目的是使日本积极参与国际社会的统一行动,旨在防止并根除国际恐怖主义。

(3)《武力攻击事态处置法》

《武力攻击事态处置法》⑦于2003年获得通过,其立法目的在于当发生依靠武力攻击等手段对国民造成大规模杀伤时,或有发生此类事件的迫切危险时,国家应当采取紧急应对措施。这部法律的一个特征是,它将应对武力攻击事态的义务不仅置于国家层面,也置于国民的协助方面,要求国家以及地方政府和指定的公共机关寻找国民的协助,相互配合以抵御武力攻击。

(4)《国民保护法》

过去,日本的防卫法律大多以"国家的防卫"为核心,而2004年通过的《国民保护法》⑧则强调"国民的安全"。该法的立法目的为发生武力攻击等突发社会安全事件后,

---

① 《サリン等による人身被害の防止に関する法律》,1995年4月21日公布。

② 《テロリストによる爆弾使用の防止に関する国際条約》,日本于1998年4月17日签署,2001年12月16日对日生效。

③ 《テロリズムに対する資金供与の防止に関する国際条約》,2002年5月17日日本国会认可,2002年7月11日对日生效。

④ 《テロリストによる爆弾使用の防止に関する国際条約の締結に伴う関係法律の整備に関する法律》,2001年11月16日公布。

⑤ 《公衆等脅迫目的の犯罪行為のための資金の提供等の処罰に関する法律》,2002年6月12日公布。

⑥ 《平成十三年九月十一日のアメリカ合衆国において発生したテロリストによる攻撃等に対応して行われる国際連合憲章の目的達成のための諸外国の活動に対して我が国が実施する措置及び関連する国際連合決議等に基づく人道的措置に関する特別措置法》,2001年11月2日公布,2007年11月1日失效。

⑦ 《武力攻撃事態等における我が国の平和と独立並びに国及び国民の安全の確保に関する法律》,2003年6月13日公布。

⑧ 《武力攻撃事態等における国民の保護のための措置に関する法律》,2004年6月18日公布。

能够切实、迅速地对国民采取保护措施。

(5)修订《出入境管理、难民认定法》

为了对恐怖袭击防患于未然,日本于2006年修订了《出入境管理、难民认定法》,① 该法律强化了对外国人的出入境管理规定。

3. 针对突发暴力活动的其他应对措施

(1)对美国的反恐军事行动进行协助

出于“强力支持同盟国美国”的立场,日本提供如下具体协助措施:第一,以后方支援活动为目的,为派遣自卫队而采取必要措施;第二,强化美军设施以及重要设施警备的必要措施;第三,为收集情报而派遣自卫队舰艇;第四,强化与出入境管理有关的情报交换等国际协助;第五,为有关国家提供人道、经济援助;第六,为难民提供援助;第七,采取避免经济系统混乱的措施。②

(2)针对国内恐怖袭击等紧急事态的应对措施

当发生恐怖袭击等紧急事态时,担任维持公共安全与秩序任务的警察被要求采取最初的应对措施。

第一,《警察法》③中对紧急事态的应对(第71条及第74条)④。要件与程序:当发生大规模灾害或骚乱等紧急事态时,若首相认为为维持治安非常必要,则可基于国家公安委员会的建议,宣告明文记载的适用地区、事态概况以及生效时间的紧急事态。紧急事态必须自发布之日起20日内提交国会审议得到承认,若未能得到承认,则首先必须迅速废止所发布的紧急事态。法律效力:当宣布紧急事态后,警察的指挥命令系统将会变更。

---

① 《出入国管理及び難民認定法》,1951年公布。

② 《テロ対策特別措置法に基づく基本計画を閣議決定》,2001年11月16日内阁会议决定。

③ 战后日本有新旧两部《警察法》。旧《警察法》于1947年(昭和22年)12月17日公布,1948年(昭和23年)3月6日起实施。新《警察法》于1954年(昭和29年)6月8日公布,同年7月1日起实施。

④ 《警察法》第七十一条:内閣総理大臣は、大規模な災害又は騒乱その他の緊急事態に際して、治安の維持のため特に必要があると認めるときは、国家公安委員会の勧告に基き、全国又は一部の区域について緊急事態の布告を発することができる。第七十四条:内閣総理大臣は、第七十一条の規定により、緊急事態の布告を発した場合には、これを発した日から二十日以内に国会に付議して、その承認を求めなければならない。但し、国会が閉会中の場合又は衆議院が解散されている場合には、その後最初に召集される国会においてすみやかにその承認を求めなければならない。2 内閣総理大臣は、前項の場合において不承認の議決があつたとき、国会が緊急事態の布告の廃止を議決したとき、又は当該布告の必要がなくなつたときは、すみやかに当該布告を廃止しなければならない。【译文】第71条:内阁总理大臣可在发生大规模灾害或骚乱及其他紧急事态为维持治安而特别必要时,基于国家公安委员会的建议,就全国或部分地区宣告进入紧急状态。【译文】第74条:内阁总理大臣依据第71条之规定而宣布紧急状态后,必须于发布之日起20日以内提交国会审议,必须得到其认可。但是,当国会处于闭会期或众议院被解散时,必须在之后召开的第一次国会上迅速得到其认可。第2款:内阁总理大臣在前项情形下出现不被认可的决议时,国会作出废止灾害紧急状态布告的决议时,或该布告不再必要时,必须迅速废止该布告。

首先,首相将指挥监督警察厅长官;其次,警察厅长官以及管区警察局长对宣告区域的警视总监或警察本部长进行指挥与命令。

第二,《海上保安厅法》中规定的强制措施(对可疑船只的应对)。关于针对可疑船只的应对,作为警察机构的海上保安厅负责初次处置,当海上保安厅无法处置或难以处置时,自卫队将基于海上警备行动(《自卫队法》第82条)①进行处置。

第三,《自卫队法》②中对紧急事态的应对。在《自卫队法》中紧急事态已经被类型化了,自卫队可以根据各种类型的相应要件来采取措施。例如,当依靠警察力量无法维持治安时,首相可以命令自卫队进行"命令治安出动"(第78条);③当必须面对维持治安方面的重大事态时,都道府县的知事和首相可以请求自卫队进行"请求治安出动"(第81条)。④

二、行政组织设置

日本在内阁府中设置负责防灾的政策统括官和防灾担当大臣,在总务省中设立消防厅以应对处理突发灾害。这里的灾害是指对国民的人身、生命以及财产造成危害,而且难以通过通常的行政活动应对的突发事件。根据造成灾害的原因不同,可以将灾害分为自然灾害和人为灾害。一般而言,自然灾害包括暴风、暴雨、暴雪、洪水、巨浪、地震、海啸、火山爆发、泥石流等;而人为灾害则包括火灾、崩塌、爆炸、核事故、生物事故、化学事故、环境污染事故以及能源、通信、金融、传染病危机等。

(一)消防厅等政府部门

在日本,主管防灾事务的行政机关是总务省的消防厅,其下设有紧急消防救援队,消防队伍在日本被公认为"应急救援的主力军";而各省也专门设有承担与本省主管事务相关的防灾工作的部门机构。为了确保各省之间在防灾工作方面的协同合作,内阁府中设置有负责防灾的政策统括官,由其负责与防灾相关的基本政策的企划与制定。此外,还

---

① 《自衛隊法》第八十二条:防衛大臣は、海上における人命若しくは財産の保護又は治安の維持のため特別の必要がある場合には、内閣総理大臣の承認を得て、自衛隊の部隊に海上において必要な行動をとることを命ずることができる。【译文】第82条:防卫大臣在海上人身或财产需要得到保护或需要维持治安时,在得到内阁总理大臣的认可后,可命令自卫队部队在海上采取必要行动。

② 《自衛隊法》,1954年6月9日公布。

③ 《自衛隊法》第七十八条:内閣総理大臣は、間接侵略その他の緊急事態に際して、一般の警察力をもつては、治安を維持することができないと認められる場合には、自衛隊の全部又は一部の出動を命ずることができる。【译文】第78条:内阁总理大臣在间接侵略及其他紧急状态发生情形下,在认为普通警察的力量无法维持治安时,可以命令全部或部分自卫队出动。

④ 《自衛隊法》第八十一条:都道府県知事は、治安維持上重大な事態につきやむを得ない必要があると認める場合には、当該都道府県の都道府県公安委員会と協議の上、内閣総理大臣に対し、部隊等の出動を要請することができる。【译文】第81条:都道府县的知事,在治安维持方面发生重大事态的情形下,在与该都道府县之都道府县公安委员会达成协议后,可向内阁总理大臣提出部队等出动的申请。

设置有防灾担当大臣，其主要负责中央防灾会议上的政策提案和各省厅之间的联络协调。此外，在内阁总理大臣官邸的危机管理中心内部，设有内阁情报收集中心，该中心主要负责应对大规模灾害和重大事故等紧急事态，为首相官邸负责人提供国内外有关信息。当有灾害发生时，负责各省厅综合协调的是内阁官房中设立的危机管理官。

（二）日本防灾会议

日本的“防灾会议”是承担综合性联络协调应急全局任务的决策体系，其主要任务为：灾害应对计划的拟订、审查及推动各项灾害应对措施。

日本国家层面的防灾组织是以内阁总理大臣为核心的中央防灾会议。中央防灾会议的主要职责是，负责防灾计划的制订、实施、综合协调以及防灾基本计划的制订与实施。

日本地方层面的防灾组织是以知事为核心的都道府县防灾会议和以市町村长为核心的市町村地区防灾会议，这些组织负责地区性防灾计划的制订与实施。此外，日本地方层面还设有地区防灾会议的协议会，其设立主旨是使都道府县或市町村在必要时可以相互协作、共同制订地区防灾计划。

（三）日本的灾害对策本部

当灾害发生时，实际应对处理灾害的是身处灾害第一线的市町村灾害对策本部，相应地，在对市町村具有管辖权的都道府县也设置有灾害对策本部。当发生重大灾害时，经国会许可政府可以设立非常灾害对策本部；当发生非常灾害且该灾害对国家经济和公共福祉造成重大影响时，为采取针对该灾害的紧急措施，经内阁会议许可，首相可以通过内阁会议宣布灾害紧急事态。此时，首相可以设置紧急灾害对策本部，下令控制供给不足的生活必需品，决定物价或工作对价的最高额度等。但是，这些临时性组织机构的设立都必须履行严格程序。

第六节 韩国的理论和制度

依现行法律，韩国对突发事件的应对并没有采取分门别类的单一应对方式，而是按照突发事件的政府应对过程，即减缓、准备、响应和恢复四个阶段，统一进行应急管理。我国法律上的“突发事件”可以和韩国法律上的“灾难”“安全管理”相对应，[①]而“突发社会安全事件”在韩国法律和应急管理中并没有对应的称谓，因此，关于韩国突发社会安全

① 参见唐中明、刘书平：《国外突发公共事件应急管理的经验及其借鉴》，载《学理论》2010年第33期。

事件的应急法制只能从韩国现行法律，尤其是《灾难和安全管理基本法》中予以提炼。①

韩国的突发事件分为4种类型。一是政治型，主要包括战争、武装冲突、政变、恐怖主义、颠覆性活动、劫机；经济社会发展过程中出现与积累的矛盾使韩国将政治型突发事件列入应急管理的议程；一些严重刑事案件反映出韩国社会问题的突出（如2008年2月，韩国国宝“崇礼门”因蔡某纵火而发生火灾，木制架构整体塌落。纵火的直接动因是土地开发补偿不到位）；自“9·11”事件后，反恐成为应急管理的一项重要任务。二是经济—技术型，主要包括建筑垮塌、严重环境污染。三是社会型，主要包括骚乱、疾病、暴力性罢工（如2008年4月，韩国政府为推动韩美自由贸易协定，向美国开放牛肉市场，引起社会公众的大规模示威游行）。四是自然型。在20世纪90年代前，韩国应急管理只重视自然灾害的应对，忽视对技术、人为灾难的预防与处置。②

一、理论基础

（一）及时性原则

快速应对处理突发社会安全事件是韩国《灾难和安全管理基本法》的重要原则，该原则贯穿于该基本法中。该法第2条指出，当突发事件发生时，国家及地方自治团体的最基本义务是将损失减少到最低的程度，为了达到这个目的，必然要讲求处理的效率问题；同时，该法第3条规定了“紧急救助”“紧急救助机关”“紧急救助支援机关”；该法第18条规定，任何人在发现突发社会安全事件时，应该“立即”向行政长官申告；该法第36条第1款规定，对灾难事态的宣布问题上，当中央本部长认为“情况非常紧急没有时间经过中央委员会的审议”时，可径直宣布灾难事态；第40条规定，接到躲避命令的人员“必须立即”服从；第42条规定，地方行政长官和地方统制团长判定“危急”时，可对该区域的人员“强制迁移或强制躲避”等待，无不体现了立法者要求在突发社会安全事件发生时，对处理的时间要求，以便尽快恢复正常状态。

（二）尊重公民基本人权原则

公民基本人权的保障是《韩国宪法》的基本原则，即使是在应急状态下，公民的基本人权也不容侵犯，国家也有保护的宪法义务。《韩国宪法》第10条规定：所有国民拥有人的尊严和价值，并享有追求幸福的权利。国家担负确认、保障个人拥有的不可侵犯基本人权的义务。因此，《灾难和安全管理基本法》第1条就开宗明义地指出，该法的立法目的在于保护国民的人身和财产安全。同时，综观该法对安全管理状态下的管理体制的高效率的要求，也说明在发生突发事件时，及时有效地反应和处理突发事件，以保障其国民

① 本书引用的有关韩国《灾难和安全管理基本法》的中文法律条文，参见何赞国：《〈韩国灾难和安全管理法〉的历史沿革及现行规定》，载《行政法学研究》2008年第1期。

② 参见王宏伟：《韩国应急管理的转型与发展》，载《北京航空航天大学学报》（社会科学版）2012年第2期。

的生命财产安全是韩国应急管理中的一个基本理念。

(三)权力制衡原则

韩国立法权由国会行使,行政权由以总统为核心的政府行使,司法权由法院行使,采取了权力分立原则。国家权力分散于各个国家机关,相互牵制,达到平衡。这可以使国民的自由和权利得到有效保护,尤其是在突发事件引发的政府应急甚至紧急管理过程中,国家权力必然带有极强的扩张性,对权力的制衡显得尤其重要。《韩国宪法》规定了在非常情况下总统与国会的关系。

首先,《韩国宪法》第76条规定,在有必要采取紧急措施且时间紧迫的情况下,总统可随即发布具有法律效力的命令,该命令具有法律效力,可修改或者废止国会之前制定的法律,这无疑给总统以巨大的权力。而在赋权的同时要求总统发布命令时应"不迟延地"报告国会并取得其承认,否则,该命令从此失效,而总统也应对上述事由不迟延地公布。

其次,依据《韩国宪法》第77条的规定,在非常事态下总统可宣布戒严,并同时限制国民的政治自由以及对法院的权限规定特殊措施。由于在这样的戒严状态下,国家的宪政体制可能发生变化,因此,过半数国会在籍议员要求解除戒严时,总统应予解除。

二、应急法律制度

(一)立法

1.宪法

《韩国宪法》第76条主要规定了紧急情况下总统的紧急措施权及国会对权力的制约。(1)限于因内患、外患、天灾、地变或重大的财政、经济危机,为国家的安全保障或维持平安的秩序而有必要采取紧急措施且没有多余的时间可等待国会召开时,总统可作出最低所需的财政、经济处分或就此发布具有法律效力的命令。(2)限于因有关国家安危的重大交战状态,为保卫国家而需要采取紧急措施且召开国会不可能时,总统可发布具有法律效力的命令。(3)总统发布第一项和第二项规定的处分或命令时,应不迟延地向国会报告并取得其承认。(4)未能取得第三项规定的承认时,该处分或命令从此失效。此时,因该命令而修订或废止的法律从该命令未获承认时开始自然恢复效力。(5)总统应将第三项和第四项事由不迟延地公布。

《韩国宪法》第77条规定了非常事态下戒严的条件和程序:(1)因战时、事变或相当于此的国家非常事态,有必要使用兵力应付军事上的必要或维持公共秩序时,总统可宣布戒严;(2)戒严包括非常戒严和警备戒严;(3)宣布非常戒严时,可按法律规定就令状制度,言论、出版、集会、结社自由,政府或法院的权限作出特殊措施;(4)宣布戒严时,总统应不迟延地向国会通告;(5)国会以在籍议员过半数赞成要求解除戒严时,总统应解除。

《韩国宪法》第89条规定了总统的紧急命令、紧急财政经济处分及命令或戒严和解除要经国务会议审议。

《韩国宪法》第91条规定了总统在国家安全保障方面的权力：(1)关于国家安全保障相关对外政策、军事政策及国内政策的树立，为在国务会议审议前答复总统的咨询，设立国家安全保障会议；(2)国家安全保障会议由总统主持；(3)国家安全保障会议的组织、职务范围及其他必要事项由法律来规定。

2. 法律

1975年《民防基本法》，调整民防事务，主要应对战争。

1995年《应急管理法》及相关法律——《森林法》《生命救助法》《航空法》等，主要应对人为与技术灾害。

2004年韩国颁布了《应急与安全管理基本法》，该法确立国家和地方自治团体的灾难与安全管理体系，规定灾难的预防、防备、应对、恢复等与灾难及安全管理相关的事项，是韩国应急管理的基本法律。该法分别于2006年2月21日、2007年1月26日、2007年5月11日和2007年8月3日进行了4次修订；为了更好地实施该法，2007年9月6日，经第20247号总统令，颁布了《应急与安全管理基本法实施令》；2007年7月26日，行政自治部[1]又颁布了《应急与安全管理基本法实施细则》。三者共同构成了韩国处理灾难及突发事件的法律规范依据。[2]

3. 总统令和相关部级规定

涉及《应急与安全管理基本法》的相关规定还包括：(1)《灾难救助与恢复费用分担基准规定》(2007年9月14日)；(2)《中央灾难安全管理政策室组织规定》(2005年10月27日)以及其他总统令和相关部级规定。

根据《应急与安全管理基本法》第3条，灾难的范畴包括：(1)台风、洪水等自然灾害；(2)火灾、坍塌、爆炸、交通事故、生化放射性事故、环境污染等事故；(3)造成国家能源、通信、交通、金融、医疗、下水道等国家基础设施瘫痪的事故以及传染病的扩散。其中的灾难管理是指，灾难预防、准备、应对和恢复的活动；安全管理是指确保设施、物质等以及人的生命、身体、财产所需的所有活动。

《应急与安全管理基本法》将应对自然灾害与人为灾害统一起来，涵盖灾难预防、防备、应对、恢复等与灾难及安全管理相关的事项，标志着韩国应急管理开始迈向综合性。

(二)应急体制

自建国到2004年，韩国政府共颁布了70多部与应急管理相关的法律、法规。然而，

---

① 行政自治部是韩国一个中央政府部门，该部门的部分职能在2008年2月，与中央人事委员会、国家非常企划委员会合并成立行政安全部，其主要负责韩国安全管理政策、非常准备制度、民防制度、灾难管理制度等的制定与执行，是韩国突发事件管理的主要中央国家机关。

② 参见何赞国：《〈韩国灾难和安全管理法〉的历史沿革及现行规定》，载《行政法学研究》2008年第1期。

在 1995 年之前,韩国对民防与自然灾害管理高度重视,其对灾害的应对也是以灾种为导向;而人为与技术灾难的防范与处置却遭到忽视,相关规定散见于《建筑法》及《消防法》等法律法规。为了对人为及技术灾害进行有效管理,韩国政府于 1995 年颁布了《应急管理法》。不过,这部法律主要是整合了《建筑法》及《消防法》的相关内容,属于相对有限的整合。韩国应急管理体制在 1995 年也进行了改革,但依然存在明显缺陷,即应急体系按照灾害的类型建立,而不是按照响应功能来建立。2003 年 2 月 28 日的大邱地铁纵火案和 9 月的台风"鸣蝉"自然灾害两大事件推动了韩国应急管理走向全面整合。韩国于 2004 年颁布了《应急与安全管理基本法》并历经 4 次修订。该法第 8 条规定:制定其他与灾难及安全管理相关的法律或者修订本法时,应与该法的目的和基本理念相符合。可见,《应急与安全管理基本法》将应对自然灾害与人为灾害统一起来,涵盖应急管理的各种活动,标志着韩国应急管理进入全面整合时期。这部法律的一个特点是对各类突发事件进行多灾种综合应对。可以说,这部法律是韩国应急管理的"母法"。①

依据上述基本法,突发社会安全事件的管理由行政机关全权负责,最高负责人为国务院总理,总统一般不参与应急管理,而国会和司法机关对突发事件的管理更是没有规定。由此可见,韩国突发社会安全事件管理是典型的行政主导体制。

1. 消防防灾厅体系

2004 年 6 月 1 日,韩国中央政府在行政自治部中成立了消防防灾厅。② 消防防灾厅设立前,原有的灾难管理部门是多元的、分散的,包括中央各部署、各地方政府和有关公共机关,业务比较分散。自消防防灾厅成立后,其便成为韩国危机管理的专门机构,专门应对突发事件,保护国民的生命和财产安全。

消防防灾厅的职责范围远不止消防工作,还包括突发事件的预防预警和管理工作,所以被视为突发事件防控应对管理的主责机构、牵头部门。在国家层面的消防防灾厅、市道层面的消防本部和市郡区层面的消防署,各自负责相应辖区的消防防灾工作。③ 市郡区消防署所属的派出所和救护救急队深入各社区和重要场所,形成了一个覆盖面非常广泛、结构严密的突发事件应对网络。以消防防灾机构为主体,从中央到地方,深入基层

① 参见王宏伟:《韩国应急管理的转型与发展》,载《北京航空航天大学学报》(社会科学版)2012 年第 2 期。

② 当时消防防灾厅隶属于行政自治部,后随着 2008 年政府部门改革,行政自治部被权限更大的行政安全部取而代之,消防防灾厅也随之隶属于行政安全部。在下文中,为保持与法律规定的一致性,依然沿用"行政自治部"的说法。

③ 此处涉及韩国的行政区划。韩国实行地方自治,把全国划分为一个特别市、6 个广域市、8 个道及 1 个特别自治道,以上为一级行政区即广域自治团体。广域自治团体以下为二级行政区即基础自治团体,特别市下划分为区;广域市下划分为区、郡;道下划分为市、郡;特别自治道下划分为市,全国共有 73 个自治市、86 个郡、69 个自治区。

的三级灾难和安全管理体系的构建,为灾害突发事件的预防、反应和恢复以及政令的下达和执行、信息的上报与反馈提供了一个非常便捷、有效的渠道。①

2. 中央和地方安全管理委员会

各级安全管理委员会,是韩国突发事件应急政策制定中枢。

中央安全管理委员会(以下简称中央委员会)是韩国应急管理的最高层级和核心的决策机构。根据《应急与安全管理基本法》第9条的规定,该委员会的委员长由国务院总理担任,委员则由总统令规定的中央行政机关或者其他相关机关的负责人组成,其职责是审议、统筹、调整安全管理相关重要政策,协调安全管理的相关部处关系以及其他必要事项。该委员会下设调整委员会、分管委员会。其中,中央委员会和调整委员会各设1名由消防防灾厅或行政自治部第二次官任职的干事委员。

《应急与安全管理基本法》第10条则具体规定了中央委员会的职权,包括以下内容。(1)审议、统筹、调整安全管理相关的重要政策;审议国家安全管理基本计划案和执行计划案;之A,协商、调整中央行政机关履行的灾难和安全管理业务;之B,审议第25条规定的国家基础设施指定事项;审议决定是否建议宣布灾难事态或者特别灾难地区,以及第36条第1款但书规定的灾难事态宣布的事后承认;依据其他法律的规定,处理属于中央委员会管辖的事项;审议委员长提交的其他议案。上述事项如与国家安全保障有关,须与国家安全保障负责人协商。(2)可就其所管辖的事项,请求灾难管理责任机关的负责人或者其他相关人员提供相关的材料、陈述意见以及请求协助其他必要事项。② 收到请求的人无特别理由,不得拒绝。

与中央对应,韩国在地方也设立了相应的地方安全管理委员会和地方灾难安全对策本部。根据《应急与安全管理基本法》第11条,在特别市、广域市、道、市、郡、区行政首长下设置由行政首长担任委员长的地方委员会。地方委员会的职能、权限与中央委员会相对应,只是地域范围不同。③ 同时,行政自治部长官或消防防灾厅长可对地方委员会的安全管理业务,进行支援或指导。④

3. 中央和地方灾难安全对策本部

中央灾难安全对策本部(以下简称中央对策本部)设立在行政自治部下,是韩国应急

① 参见强恩芳:《韩国灾难管理体系及其对我国的启示》,载《行政与法》2010年第11期。

② 灾难管理责任机关,依据《应急与安全管理基本法》第3条第5款,是指行使灾难管理业务的下列机关:中央行政机关和地方自治团体;地方行政机关、公共机关、公共团体(包括公共机关和公共团体的支部等地方组织)以及管理作为灾难管理对象的重要设施的管理机关等,由总统令确定的机关。

③ 参见韩国《应急与安全管理基本法》第11条。

④ 参见韩国《应急与安全管理基本法》第13条,同时,从本条似乎可以看出,行政自治部和消防防灾厅之间有一定的工作分工。作为领导机关的行政自治部在该基本法中只负责应对导致国家基础设施瘫痪的事故和传染病的扩散;而消防防灾厅则负责自然灾害和其他人为灾难。

体系中的关键执行机构,是具体应急工作的统筹部门。根据《应急与安全管理基本法》第14条,中央对策本部的本部长(以下简称中央本部长)由行政自治部长官担任,该部的职责是统筹、调整总统令确定下的大规模灾难的预防、防备、应对、恢复等相关事项,并采取必要措施。此时,在主管部处的负责人下设立中央事故处置本部(以下简称处置本部)。

由于该部是应急管理中的具体应对部门,讲求应急的效率,故而中央本部长的权限是较大的。根据《应急与安全管理基本法》第15条,中央本部长为了有效地处理灾难,(1)可向相关灾难管理责任机关的负责人提出请求采取行政及财政上的措施或者派遣所属职员等必要支援事项。收到请求的相关灾难管理责任机关的负责人无特别事由,不得拒绝。(2)在灾难处理的必要范围内,可指挥地方本部长。(3)可组成中央处置支援团,认定必要时将中央处置支援团派往现场。(4)同时应该履行下列任务:分析国内外的灾难事例和处理灾难的体系;按照灾难的类型制定处理方案;按照灾难的类型建构专家的数据库和正常联络体制;按照灾难的类型掌握物质的支援和构建相关数据库;按照灾难的类型调查事故,开发人力和装备。

《应急与安全管理基本法》第16条也规定了与中央对策本部相对应的地方对策本部,其地方本部长由行政首长担任。同时,也为了有效地处理突发事件,地方本部长的权限也与中央本部长相对应。

4. 中央和地方紧急救助统制团

中央紧急救助统制团(以下简称中央统制团)设立在消防防灾厅下,团长由消防防灾厅长担任,其职责在于统筹、调整紧急救助的相关事项,厘清紧急救助机关和紧急救助支援机关履行的紧急救助活动的任务分担和指挥统制。同时,设立由团长任委员长的运营委员会。同样地,市、道的消防本部下设市、道紧急救助统制团,市、郡、区的消防署下设市、郡、区紧急救助统制团,团长由相应消防防灾部门长官担任。中央和地方统制团主要负责紧急救助活动。①

(三)应急机制

1. 安全管理计划

韩国突发事件的应急管理机制具备完整的安全管理计划体系,分为国家安全管理计划、具体执行计划、市道安全管理计划和市郡区安全管理计划四级体系。各计划的制订都有其具体的程序,以保障计划的约束力和实效性,同时,法律明文规定将各计划的制订责任落实到相关机构的负责人。国家安全管理计划的制订,首先由总理订立国家安全管理计划的指导方针,相关中央行政机关负责人据此制订职责范围内的安全管理基本计划并将其上报总理,总理汇总后制订出国家安全管理计划,经中央委员会审议确定后下达相关中央机关负责人,再由后者以职权范围下达相应的灾难管理责任机关;具体的执行

---

① 参见韩国《应急与安全管理基本法》第49条、第50条。

计划由相关中央机关负责人制订后报请总理批准,同时,应与行政自治部协商,灾难管理责任机关负责人再据此制订细分执行计划;市道安全管理计划则在行政自治部长官和消防防灾厅长下由市道知事制订;市郡区安全管理计划则在市道知事下由市郡区行政长官制订。①

2. 信息管理机制

韩国重视对民众的危机培训教育,通过有组织的宣传教育,增强国民的危机意识。在灾害信息发布方面,韩国《信息公开法》及相关法案都有相关规定。中央对策本部负责全国范围内的灾害信息和灾害警报的发布工作。②

对于突发社会安全事件的任何信息,国民应该向相关行政机关申告,接到申告后,相关机关负责人向所辖紧急救助机关的负责人通报,③后者向所在地行政长官通报并研究应对方案。同时,为了收集、传播与突发社会安全事件相关的信息,迅速处理,消防防灾厅体系和地方行政长官应设立综合情况室,行政自治部长官在职权范围内设立国家基础体制保护状况室。灾难管理责任机关也可设立状况室以协助上述两种状况室,并保持信息畅通和信息共享。④

同时,对于突发社会安全事件的状况,法律也规定了极其详细的报告程序,总体来说,都是相关行政机关负责人或地方行政长官向消防防灾厅长报告,即所有关于突发社会安全事件的状况信息最终汇总于消防防灾厅长。⑤

3. 预防机制

为了保护国家基础设施,相关中央行政机关负责人在其所管领域的基础设施中,认定需要连续管理的设施,应按照一定的基准在中央委员会审议后指定,对该支队,中央本部长应建立相应的数据库以便制定相关政策。⑥

在突发社会事件的预防方面,消防防灾厅长和相关灾难管理责任机关负责人具有较大的主动性。为了防止突发事件的发生,相关灾难管理责任机关负责人在职权范围内可采取一定的预防措施、特定管理对象设施的管理措施。消防防灾厅长或行政自治部长进行突发社会安全事件管理体系的评价并报告中央委员会,组织突发社会安全事件预防的教育和宣传工作。消防防灾厅长和相关灾难管理责任机关负责人在特定设施或区域内,

---

① 参见韩国《应急与安全管理基本法》第22~25条。

② 参见刘艳、刘新:《试析韩国危机管理机制及其对中国的启示》,载《中国人民公安大学学报》(社会科学版)2005年第2期;顾桂兰:《国外应急管理注重完善机制健全法律》,载《安全与健康》2010年第9期。

③ 紧急救助机关,依据《应急与安全管理基本法》第3条第7款,是指消防防灾厅、消防本部及消防署。但是,海洋灾难发生时指的是海洋警察厅、地方海洋警察厅及海洋警察署。

④ 参见韩国《应急与安全管理基本法》第18~19条。

⑤ 具体的报告程序,参见《应急与安全管理基本法》第20~21条。

⑥ 参见韩国《应急与安全管理基本法》第25条之二、第25条之三。

存有突发社会安全事件发生危险等紧急事由时,可实施紧急安全检查,对于检查结果中突发社会安全事件发生存在高风险时,可对该所有者、管理者或占有者采取安全措施,以避免突发社会安全事件的发生。①

4. 应急处置机制

(1)灾难事态的宣布与解除

灾难事态宣布的最终决定权由中央委员会享有,但由国务院总理和中央本部长在不同的情况下根据相应的程序予以宣布。一般情况下,具体说来,在突发社会安全事件发生或存在发生风险时,可能造成生命财产的重大影响或伤害时,中央本部长认为有必要时,经中央委员会审议后,在灾难事态宣布对象领域涉及3个以上市道时向国务总理提出宣布建议,在灾难事态宣布对象领域涉及2个以下市道时由中央本部长宣布。在灾难事态宣布的同时也可采取一定的措施以应对。但若情况紧急,则可不经中央委员会审议而径直宣布,但在宣布后,须立即取得中央委员会的承认,否则宣布应及时解除。灾难事态解除的最终决定权也由中央委员会享有,由中央本部长具体实施。②

对于将会给国家的安宁和正常的社会秩序带来重大影响的突发社会安全事件,为了对其有效处理,该基本法还对特别灾难区的宣布与恢复作了特别的规定。根据有关基本法,中央本部长认定需要采取必要措施时,经由中央委员会审议,可向总统建议将特定地区宣布为特别灾难地区。在特别严重的突发社会安全事件发生后,中央本部长连同相关灾难管理责任机关组成联合调查团。该联合调查团可实施特别严重的突发社会安全事件受害状况的相关调查,并建立恢复计划。③

(2)应急处置措施

各级统制团团长和地方行政长官认为有必要,依据相关法令或者安全管理计划,可对突发社会安全事件采取一定的预防和减损措施。④

(3)预报和警告

中央本部长和地方本部长有权实施有关预报或者警告,必要时,可实施一定措施,如优先使用电气通信设施,对广播电视行业迅速发布必要信息等。⑤

(4)其他措施

这主要包括动员命令、躲避命令、设定危险区域、强制躲避措施、通行限制等各种为了应对突发社会安全事件所采取的必要应急措施。⑥

---

① 参见韩国《应急与安全管理基本法》第26~34条。

② 参见韩国《应急与安全管理基本法》第36条。

③ 参见韩国《应急与安全管理基本法》第59条、第61条之二。

④ 具体措施参见韩国《应急与安全管理基本法》第37条。

⑤ 参见韩国《应急与安全管理基本法》第38条。

⑥ 参见韩国《应急与安全管理基本法》第39~48条。

5. 救助机制与现场指挥机制

突发社会安全事件的紧急救助主要由中央和地方统制团进行。需要时，地方统制团长可请求紧急救助支援机关的负责人采取派遣其紧急救助支援人员到现场等措施支援紧急救助活动，收到请求的机关负责人无特别事由不得拒绝。①

有效地处理突发社会安全事件，现场指挥是必不可少的环节。市、郡、区统制团长担任灾难现场的紧急救助指挥活动。而对治安活动关联事项须与管辖警察官署负责人协商。该现场指挥活动包括但不限于突发社会安全事件发生现场的幸存者的搜索、救助；紧急救助机关和紧急救助支援机关的人力和装备的配置和应用；防止后续突发社会安全事件的紧急措施；交通管制等必要措施。市、道统制团长也可不受前述规定约束直接进行现场指挥，甚至突发社会安全事件存在重大损害危险时，中央统制团长在必要时也可直接进行现场指挥而不受上述规定约束。为了有效指挥现场处理工作，各统制团长可现场设立指挥所。②

各统制团长在救助活动结束后，应对紧急救助支援机关的救助活动作出综合评价；对于该评价结果，市、郡、区统制团长须向市、道统制团长和市长、郡守、区厅长报告或通报；市、道统制团长须向消防防灾厅长报告或通报。③

6. 资金保障及补偿机制

韩国政府非常重视突发社会安全事件的预防和应对等危机管理工作，将相关的预防和管理费用列入中央政府财政预算和地方政府财政预算，从而为国家的危机管理工作提供充足的资金保证。④《应急与安全管理基本法》也规定了费用的负担问题。⑤

同时，该法第 65 条规定：突发社会安全事件发生时，参与紧急救助活动和应急对策、恢复等的志愿者，紧急救助活动的民间紧急救助机关的紧急救助支援人员在从事突发事件应急措施或者紧急救助中负伤时，向其进行治疗；或者死亡（包括因伤而死亡的情形）、身体残疾时，向其遗属或者身体残疾的本人提供补偿金。参加突发社会安全事件的应急措施、恢复和紧急救助等的志愿者的装备等，因与应急措施、恢复和紧急救助有关联而发生故障或者破损时，可向志愿者补偿修理费用。

7. 社会参与机制

在现代风险社会里，对突发社会安全事件的管理强调一种综合性应急管理，这种管

---

① 参见韩国《应急与安全管理基本法》第 51 条。同时，依据该法第 3 条第 8 款，紧急救助支援机关是指具备紧急救助所需的人力、设施和装备，由总统令确定的机关或者团体。

② 参见韩国《应急与安全管理基本法》第 52 条。

③ 参见韩国《应急与安全管理基本法》第 53 条。

④ 参见刘艳、刘新：《试析韩国危机管理机制及其对中国的启示》，载《中国人民公安大学学报》（社会科学版）2005 年第 2 期。

⑤ 参见韩国《应急与安全管理基本法》第 62 ~ 63 条。

理要求政府能够调动全社会的人力、物力和财力，构成一个应急管理的网络，实现全民共同参与，即实现应急管理的"全参与"。相对而言，这是韩国应急管理的一个"短板"。近年来，灾害志愿活动在韩国开始出现蓬勃发展的势头，特别是以社区为基础的组织在突发社会安全事件的应急管理中发挥了重要作用。但是，韩国缺少专业化程度高的应急志愿组织。为增强应对突发社会安全事件的能力，韩国成立了由公共部门、企业和学术界共同参与的灾害防御协会。①

三、对我国的借鉴意义

（一）应急立法

借鉴韩国的灾难管理法律体系，我国可以从以下 4 个方面对应急立法加以改进。一是修订《突发事件应对法》，使其更具可操作性；制定若干配套的实施细则并协调和规范与其他各单项法律法规的关系。二是以《宪法》为根据制定《紧急状态法》，对《突发事件应对法》中未能系统调整的紧急状态进行规范，对中央政府、各级地方政府、社会团体、武装力量、人民群众等在紧急事态发生前、发生中和发生后的预防、准备、应对和恢复等阶段所应该担负的责任以法律形式确定下来，作为《突发事件应对法》的强力补充。三是修改和完善法律体系。四是明确相关单位和个人在灾难管理过程中的责任，加大对违法责任人的惩处力度。②

（二）应急体制

建立一个强有力的突发事件应对专门机构，统一制定和执行突发事件管理相关政策。韩国在 2004 年隶属于行政自治部的消防防灾厅设立前也是分事件类型单独应对突发事件，但这显然不适合现代社会的复杂趋势。在消防防灾厅设立后，该厅整合了一系列相关部处的突发事件应对功能，更是在 2008 年成立了全新的行政安全部，对突发事件的应对卓有成效。

鉴于我国机构设置的法律规定和实践，目前看来，可以不为突发社会安全事件设立专门机构，但是设立一个突发事件（含突发社会安全事件）的专门应对机构则是可能的。由于国务院办公厅是内设的办事机构，主要承担行政系统内部的管理职能，因此不宜设在办公厅下。整合现有的各种突发事件应对综合指挥部而新成立一个协调委员会即突发事件应对委员会也是可以的，其具体工作由应急管理部、民政部、公安部等部委承担，同时仿效国务院学位委员会，可通过法律或者行政法规的形式赋予突发事件应对委员会以独立的行政主体地位。有关部委下设突发社会安全事件应对处或者部委将职责落实于某个现实处室，负责统筹全国的突发社会安全事件应对工作，制定相关政策。

---

① 参见王宏伟：《韩国应急管理的转型与发展》，载《北京航空航天大学学报》（社会科学版）2012 年第 2 期。

② 参见强恩芳：《韩国灾难管理体系及其对我国的启示》，载《行政与法》2010 年第 11 期。

（三）应急机制

1. 危机预警与预防机制

突发社会安全事件具有极大的突然性和不确定性，加强对该类事件的危机预警与预防，对政府的危机管理显得尤为重要。实行危机风险管理，加强对事件的全风险的预测评估，制订全面切实可行的危机预防计划和相关政策。

2. 信息管理机制

韩国通过有组织的宣传教育、多层次的信息发布平台构建起了较完善的信息管理机制。政府的危机管理，无论是危机的预防、准备，还是危机的处理与救治，都必须建立在准确、全面、适时的信息基础上。政府封锁信息不但会为流言的传播创造条件，还会使外界对政府失去信任，政府的权威性无疑将会受损。[①] 对此，我国在对突发社会安全事件信息管理方面可以采取以下措施：一是强化主管部门信息收集和公开方面的责任规定；二是利用现代技术保障通信设施和信息的上下相互沟通渠道的畅通。

当然，韩国《应急与安全管理基本法》也存在一些不足，比如，该法过度强调了总统和总理为首的行政机关在突发社会安全事件应对中的地位和权力，对国会和司法机关的相应权力乃至国民的基本权利在应急状态下的保障问题未作规定，这可能导致行政机关在应急状态下权力的极度扩张，不但会侵蚀国会和司法机关的权力，还会损及国民基本权利。但总体而言，该法建立了相对完善的突发社会安全事件的应对体制机制，为有效地处理突发社会安全事件提供了法制基础。

---

① 参见刘艳、刘新：《试析韩国危机管理机制及其对中国的启示》，载《中国人民公安大学学报》（社会科学版）2005 年第 2 期。

第四章　突发社会安全事件应急法治的实证研究

第一节　调研报告——以广州市、苏州市、北京市、天津市为研究样本

一、广州市调研报告

2012 年 7 月 10 日、11 日两天，课题组对广州市突发社会安全事件应急法律机制的运行情况进行了实地调研。笔者主要通过座谈会来了解情况，同时也发放了一些问卷，旨在尽可能全面地获取信息。下面笔者将以此次调研所获信息为基础，从广州市的社会环境，广州市突发社会安全事件应急法律机制的主要特点、创新之处和主要问题等视角展开讨论，进而在审视这些现象的基础上揭示内在转变。

（一）社会环境

任何法律制度的产生、发展和风貌都不可能脱离它所处的社会环境，不同制度的异质性源于社会环境的异质性。这是从人类经验中不难发现的现象。在理论上，亚当·斯密通过“看不见的手”不仅表达了市场经济的秩序原理，而且暗示了正式制度总是会受到来自社会环境的结构性限制。在这次调研中笔者也深刻感受到这一点。如果说广州市的突发社会安全事件应急法律机制与其他地区有什么区别的话，那么其与广州市的社会环境——经济状况、人口结构、地理位置、社会文化等——不无关系。此外，正如孟德斯鸠所说：“在每一个国家里，这些因素中如果有一个起了强烈的作用，则其他因素的作用便在同一程度上被削弱。”①我们的分析并不致力于完整罗列各种社会环境的因素，而是致力于发现哪些或者哪一个“起了强烈作用”的因素。因此，我们对讨论哪些社会环境因素是有选择的。尽管选择尽可能参考了调研和文献阅读中获得的经验，但也无须讳言其中可能存在的主观色彩和先入之见。

1. 经济状况

从研究突发社会安全事件的视角来看，广州市的经济状况有以下两个值得注意的

---

① ［法］孟德斯鸠：《论法的精神》（上册），张雁深译，商务印书馆 1961 年版，第 305 页。

方面。

一是总量巨大。广州市是中国的南大门、国际大都市,综合经济实力居我国大陆地区大城市前列。这对于突发社会安全事件的处置的意义是,广州市的各级行政机关在处置突发社会安全事件时有丰富的财政资源,回旋余地大,不必动辄采取强制手段。尽管采用财政手段存在是否正当的疑问——用公共资源去满足个别人或少数人的利益;但至少就效果而言还是不错的,而且事实上对某些突发社会安全事件而言也是必要的(例如,因政府赔偿、补偿或资助而引发的突发社会案件)。相较而言,财政收入少的城市则难以做到这一点,或者说难以将这种做法持续下去。总之,运用财政手段(行政赔偿、行政补偿、行政资助)处置突发社会安全事件在广州市具有强大的现实基础。

二是市场经济较成熟,经济自由度较高。这既与广州市外向型经济模式有关——世界市场催生了在原有体制内部无法产生的大量规则,也与广州的人文地理环境有关——它处于开放前沿,受到港澳及国外市场经济的影响更多、更直接。其直接后果是社会分工的发展、利益的分化、①个人生活的自主化和政府对普通公民的控制减轻。最终,其在宏观上导向社会的结构性变化,这种变化可以用迪尔凯姆(Durkheim,又译“涂尔干”)两种社会结构的理想类型加以概括:从机械团结到有机团结。机械团结的基础是低度的社会分工和社会成员的同质性,而有机团结则源于高度分工以及社会成员之间的异质性。②迪尔凯姆的研究发现,在机械团结的社会中,社会团结(类似于我们通常所说的“社会秩序”)所受的威胁来自违反强有力的集体意识(类似于我们通常所说的“共识”)的越轨行为;在有机团结的社会中,传统的集体意识和共同信仰渐趋消退,③不断增长的异质性和个性(个人主义)减弱了社会成员之间的联系,对社会团结形成了威胁。从这一分析出发,笔者认为,要维护社会团结,必须承认并尊重个人利益和在此基础上形成的群体利益的正当性,在此基础上发展出迥异于以往的集体意识,以便实现新一轮的社会整合。

以此为基点,可以推论的是,我们还应选择更合理的法律机制对突发社会安全事件进行规制,或者说要将法律的功能定位予以合理化。我们以前处理突发社会安全事件的思路和制度主要还是权威主义的、政府独断的和惩罚性的,这可能没有充分尊重个体和群体的利益,因而有害于集体意识的形成与社会整合。迪尔凯姆的研究指出,机械团结的社会的法律制度以约束性制裁(repressive sanctions)为主,盛行的主要是刑法,对罪犯

---

① 这里所说的利益分化包括但并不限于经济利益的分化,这是因为利益本身是极为多样的。将利益简单地等同于经济利益将无法解释现实中各种非经济利益(如文化利益、环境利益、政治利益等)的冲突,如“撑粤语事件”。用布尔迪厄的概念来表示则是经济资本、文化资本、社会资本、政治资本。

② 这两类社会团结基本特征的对比,参见[美]D. P. 约翰逊:《社会学理论》,南开大学社会学系译,国际文化出版公司1988年版,第234页。

③ 在西方,对这一现象的著名表述是尼采所说的“上帝死了”,在我国则表现为信仰危机和道德危机。迪尔凯姆称之为“失范”。

的惩罚并不考虑是否反映社会的受损害程度,也不考虑对罪犯是否合适,而主要考虑罪犯行为对集体情感(在政府的角度也可以理解为"意识形态")的侵害程度。[①] 用马克斯·韦伯的话来讲,这是情感行动、传统行动和价值合理行动,合理化程度较低。而在有机团结的社会中,法律制度则以复原性制裁(restitutive sanction)及与之对应的合作法或复原法(包括民法、商法、诉讼法、行政法和宪法等)为主,法律的功能不是为了赎罪,而只是为了将事物恢复原状。[②] 这可以被归入马克斯·韦伯所说的目的合理的行动,合理化程度较高。因此,随着社会从机械团结走向有机团结,原有的权威主义的、独断的、惩罚性的社会管理方式和应急法律机制日益地不合时宜,将其合理化的方向应当是以复原(恢复性的正义)作为应急法制的功能定位。也就是说,如果惩罚超出复原所必需的限度,那么这种惩罚就是不必要的。

2. 人口结构

省籍冲突(指本地人与外地人的冲突)正在成为广州市的一个多发的突发社会安全事件类型,如"撑粤语事件""增城事件""沙溪事件"等。尽管有文化的原因,但户籍制度的不公正及由此导致的制度性歧视是这类冲突的根源。广州市既非大部分内地城市那样主要由本地人口组成,也非深圳市那样主要由移民组成,而是一个有着大量流动人口、外地人与本地人交错杂居的城市。本地人与外地人之间不但有利益纠葛,而且这种利益冲突还带有城里人和农村人、体制内和体制外(社会保障)的色彩。由于我国的社会保障(社会保险、医疗保险、教育)、劳动就业、社会管理等体制均与户籍挂钩,没有本地户籍就无法平等地享有,甚至根本不可能享有本地人的各种户籍利益。这为外来人口真正地融入广州市,成为真正的"广州人"带来了极高的身份壁垒。外地人只有在同乡会这样的非正式组织中才能找到归属感。

从代际的角度看,第一代到广州市打工的外地人自从青年时期起就来到广东省,他们与原乡还有或多或少的联系,因而还有回到原乡的愿望和可能,那么他们的第二代就截然不同。第二代外地人既不太愿意,也不太可能回到原乡,而广州市的这些公共政策又不能为他们提供一个平等而合理的成长和发展空间。因此,他们的焦虑感是最强的,他们将成为省籍冲突的社会基础。从近年来突发社会安全事件的形势来看,现行公共政策的危机已经到了临界点,户籍等公共政策的变革作为治本之策势在必行。

从抗争的能力来看,新生的农民工抗争能力和主动抗争的行为取向更强,抗争方式也迥异于老一代农民工。清华大学社会学系与中国青少年发展基金会于2012年7月12日联合发布的调查报告《困境与行动:新生代农民工与"农民工生产体制"的碰撞》指出,"教育经历是塑造新生代农民工社会群体特征和抗争行动的重要动力,学校教育经历为

---

① 参见周晓虹:《西方社会学历史与体系:经典贡献》,上海人民出版社2002年版,第251页。

② 同上书,第252页。

新生代农民工都市生活方式的养成奠定了基础，再造了他们的社会关系网络，形塑了他们的身份认同、发展定位、工作期望和利益诉求，甚至还潜在地提升了农民工抗争行动的动员能力”。“新生代农民工不再像老一代农民工那样在自身利益受损时才进行‘被动维权’，而是更为主动地采取行动，向企业提出加薪、重组企业工会、落实工资集体协商制等利益诉求，迫使政府和部分政府对其行动采取实质性回应。”“在诉求目标、斗争策略、动员手法、与社会各界互动方式等方面，新生代农民工已显示出与老一代农民工不同的新特点。”①

人口的数量特征也值得注意。广州市是一个人口众多的特大型城市，这对突发社会安全事件的影响体现如下。其一，它增加了突发社会安全事件的发生概率。城市是现代文明的渊薮，它本身就是各类社会冲突发生的主要场所。对于广州市这种特大型城市来说，人口数量的巨大和地理空间的逼仄使突发社会安全事件的发生概率要高于中、小城市。② 其二，它增加了突发社会安全事件的不可预测性和不可控性。由于人口高度集中、信息沟通和交通设施的便利，公共议题更容易扩散，群体的聚集更便捷，事件规模更容易扩大。这无疑增加了政府预测事件发生和控制事件走向的难度。尽管广州市有关部门在突发社会安全事件的预测(信息收集和预判)上下了很大功夫，也取得了不小的进步，但仍有为数不少的突发社会安全事件没有被事先预测到。而同样值得注意的是，尽管有诸多突发社会安全事件没有被预测到，但仍然被有效地处置了。有学者将社会冲突分为参与者与当事人之间有直接利益联系的经济型直接冲突，以及参与者与当事人无直接利益联系的社会型间接冲突。前者指利益受损群体与利益获益群体之间的直接冲突；后者多以治安事件为导火索，指大量无直接利益关系的人主动参与到他人的维权行动中，由“旁观者”变成“参与者”，斗争矛头由事件的当事人转移到处理事件的政府机构。两者在目标的明确性、可控制性、组织性、后果的严重性等方面都具有重大差异。③ 从这一角度可见，预测的有效范围只可能是前者。由此，初步结论是，预测比控制更难。尽管预测有很大的效用，但并不总是能够奏效，更重要的是，持之以恒地构建一个公正的社会以及在应急状态下有效地处置争议(预防和处置)。

3. 地理位置

地理位置对广州市突发社会安全事件的意义主要有3点。

首先，广州市是广东省的省会，是全省各类社会矛盾的焦点。有一部分突发社会安全事件的诱因来自广东省的其他地区，但却爆发在广州市。比较常见的类型，一是以广

---

① 刘虹桥：《报告称新生代农民工抗争行动频发 呼吁落实“工业公民”身份》，载财新网：http://china.caixin.com/2012-07-14/100411024.html，2020年3月23日最后访问。

② 尽管缺乏准确的数字，但从访谈中我们显然感受到了这一事实以及相关部门的焦虑。

③ 参见朱力：《中国社会风险解析——群体性事件的社会冲突性质》，载《学海》2009年第1期。

东省委省政府为诉求对象的事件,这可以说是省会城市的共同现象。二是总部在广州市的大企业的经济纠纷引发的突发社会安全事件,如劳资纠纷、破产纠纷等。近年来,发展总部经济成为广州市政府的一个战略选择,但这可能会增加此类事件的发生概率。

其次,广州市与外部环境关联度高。它在地理上对外毗邻港澳,对内辐射华南腹地,是粤港澳大湾区最重要的城市之一,其经济、文化均具有外向型特征。这又有两方面意义:一方面,外部因素(如国际经济的衰退、外国人非法居留等)可能成为突发社会安全事件的诱因;另一方面,发生在广州市的突发社会安全事件可能产生意想不到的国际影响,近年来发生的一些事件可为佐证。在这种形势下,政府不得不认真分析事件原因的复杂性,不能不注意事件处置的影响。表现在应急法律机制上,广州市的政府机关在采取强制性的处置措施时往往行事谨慎,注意运用行政指导、行政给付(补偿、赔偿、资助)等柔性手段。

最后,与内地相比,广州市是改革开放的前沿地带,社会矛盾的发展周期要先于内地,激烈程度要高于内地。究其原因,一是广州市改革开放先于内地,由此引起的社会矛盾也率先积累、率先爆发;二是各类资源的稀缺程度高于内地,围绕资源(如土地)形成的矛盾也比内地更激烈。广州市的突发社会安全事件的问题、特点、趋势,也将逐步在内地显现。从这个意义上说,广州市具有标杆意义和先例价值。

4. 社会文化

"文化包括信仰、传统、价值与信仰;它还通过把个体和群体联系于机构化的等级而调节着各种各样的实践。"①这里所说的社会文化既包括价值观、行为准则、生活态度这类非物质形式,也包括各种体现这些非物质文化意义的物质表现形式。

(1)舆论监督的相对发达

首先应当注意到的是,广州市的舆论监督在全国可能是最有力度的。本地政府对于媒体的监督有较高的容忍度,广州市有《南方周末》《南方都市报》等知名媒体,广州市民对公共事务也有较高的参与热情,这样在总体上就形成了一个较宽松的舆论环境。而舆论环境的宽松又有利于预防突发社会安全事件的发生和推动突发社会安全事件的解决。这是广州市处理突发社会安全事件的优势。

(2)社会控制机制的变迁

作为商业文化最为发达的地区之一,人们在生活方式和价值取向日益趋向个人主义。个人主义是与集体主义相对应的概念,它的本质是个体意识的觉醒,人们更多地从自身的角度思考问题。贝克在《风险社会》一书中指出,"个体主义文化中心化并不意味着社会结构力量的权力弱化,而是意味着当代大规模社会变迁迫使个体具有反思性"。②

---

① [美]斯沃茨:《文化与权力:布尔迪厄的社会学》,陶东风译,上海译文出版社2006年版,第1页。

② 李培林:《社会冲突与阶级意识:当代中国社会矛盾研究》,载《社会》2005年第1期。

在个人主义文化下，人们维护自己权利和利益的意识增强了不少。其反映在经济型的直接冲突中就是，行动者的目标比较有限和明确（实现个人的某种利益而非某种抽象的价值），行动的理性化程度较高（较少采取过激行动，以上访、集会、罢工等可控性较强的抗争方式为主）。其反映在社会型的间接冲突中就是，人们主要是根据自己与政府打交道的亲身经历作出参与或退出冲突的抉择。这一点很重要，它意味着，社会型间接冲突的发生频率越高、规模越大，则说明受过政府不公正对待的人越多、社会积怨越深。“当前，一些地区的群体性事件中出现‘无直接利益冲突’的苗头，不少参与群体事件的群众，本身并没有直接利益诉求，而是因曾经遭受过不公平对待，长期积累下不满情绪，借机宣泄，其隐藏的风险不小。”①省籍冲突就是一个例子。在这类冲突中，外地人与本地人可能并无直接的利益冲突，但之所以有那么多外地人积极参与，大多是因为他们长期遭受制度性的社会歧视，对体制形成了结构性怨恨，因而冲突得以迅速爆发和蔓延。

从个人主义文化的兴起可以发现社会控制机制的变迁。社会控制的两个主要机制是外在的强制和内在的认同。具有中国特色的单位体制兼具这两种功能，它曾经在剧烈的政治变革（如“文化大革命”）和高速的经济发展（如晚近30余年的“改革开放”）中较成功地抵御了社会变迁所带来的风险，保持了社会秩序的稳定。但是，在广州市这类市场化比较彻底的地区，单位体制的式微是一个不争的事实，因此，势必要寻求新的社会控制机制。李路路将我国近年来的社会变迁总结为以下几个方面：①国家体制和社会结构日益地多元化（单位制的弱化乃至解体、利益分化）；②市场化（应急资源需要在法律约束下通过市场手段才能获得）；③非集中化（动员和调动资源的权力，由中央政府向下分散和转移）；④流动性（各种社会资源，包括人力资源的自由的、大规模的流动）。② 笔者认为，从这些社会变迁来看，社会控制更依赖内在认同而非外在强制。也就是说，社会控制将更多以“合意”为基础。

（3）从大众文化到公众文化

从截至2014年发生在广州市的一系列突发社会安全事件来看，与以往相比，人们更积极地参与公共议题的讨论，甚至参与集体行动中。这反映了从大众文化向公众文化的变迁。人们对于公共事务并不都是热心参与的态度，早在古希腊时期，亚里士多德就发现，“凡是属于最多数人的公共事务常常是最少受人照顾的事务，人们关怀着自己的所有，而忽视公共的事务；对于公共的一切，他至多只留心到其中对他个人多少有些相关的事务”。③ 在现代社会，根据人们对公共事务的态度，形成了大众文化与公众文化的分野。

大众文化中的个体相互之间缺乏联系，原子式地存在。所谓大众，就像马克思所描

① 钟玉明、郭奔胜：《社会矛盾新警号：无直接利益冲突苗头出现》，载《瞭望新闻周刊》2006年第42期。

② 李路路：《社会变迁：风险与社会控制》，载《中国人民大学学报》2004年第2期。

③ ［古希腊］亚里士多德：《政治学》，吴寿彭译，商务印书馆1965年版，第48页。

述的当年法国的小农那样,“由一些同名数简单相加形成的,好像一袋马铃薯是由袋中的一个个马铃薯所集成的那样”。大众文化的后果是行政权对社会的支配。马克思分析道,“他们不能代表自己,一定要别人来代表他们。他们的代表一定要同时是他们的主宰,是高高站在他们上面的权威,是不受限制的政府权力,这种权力保护他们不受其他阶级侵犯,并从上面赐给他们雨水和阳光。所以,归根结底,小农的政治影响表现为行政权支配社会”。[①]

公众的概念最初来自法国的社会学家加布里埃·塔德(Gabriel Tarde,又译加布里埃尔·塔尔德,代表作《模仿律》),他是第一位明确区分了群众(crowd)和公众(public)的社会学家。在他看来,群众是由身体的直接接触而形成的群体,而公众则是通过社会舆论进行间接接触的群体。[②] 这一区分把握住了公众与社会舆论的关系,也有利于我们更直观地理解群体性事件中的主体关系。“身体的直接接触”可能意在表明“在场”是群众得以形成的机制,但是,将“身体的直接接触”排除在公众的行为方式之外可能是偏颇的。

在塔德之后,美国社会学家米尔斯通过对大众与公众的比较,深化了人们对公众的认识。他将大众与公众的不同总结为5个方面:“(1)就表达意见和接受意见的人数比例来看,在公众当中,有许多人既表达意见也接受意见;而在大众当中,表达意见的人比接受意见的人要少得多,大众倾向于接受群体的意见;(2)对大众传播反应的可能性而言,公众可能会有立即的反应,大众反应困难;(3)就意见转变为社会行动的难易而言,公众比较容易,大众则比较困难;(4)就在社会中的自治程度而言,公众的自治程度高,权力机构较难进入自治的公众领域,大众的自治程度低,易受权力机构的操控;(5)就传播统治的方式而言,公众参与民主运作讨论,大众由传播掌控社会,人们很少参与讨论。”[③]美国学者唐纳·格伦勃格(Donald Granberg)曾举例说明了大众与公众的区别。他说,地下铁路突然停电,有50人被困,当他们各自找出路时,他们是大众;当他们彼此发现遭遇同样的困境后,共同设法求救时,即为公众。虽然每个人提出的求救方法不同,甚至相互冲突,可他们求救的意愿和设法摆脱困境的意见是一致的。简言之,公众有共同的目标,这共同目标是通过共同讨论形成的,是一种理性行为,而大众则缺乏这种理性。[④] 总之,公众是社会上围绕共同关心的公共事务或问题,通过公开、合理的讨论而形成的能动的社会群体,他们是社会公共利益的维护者,其行为出于责任并富有理性。从文化变迁的角度看,公众文化取代大众文化应被承认为历史的进步。而且,公众参与社会事务管理的企图和意志一旦形成,就总是要以这样或那样的形式表现出来。这既是爆发突发社会安

---

① [德]马克思:《路易·波拿巴的雾月十八日》,载《马克思恩格斯选集》(第1卷),中共中央马克思恩格斯列宁斯大林著作编译局编译,人民出版社1995年版,第677~678页。

② 参见周晓虹:《西方社会学历史与体系:经典贡献》,上海人民出版社2001年版,第186页。

③ [美]查尔斯·赖特·米尔斯:《权力精英》,王崑等译,南京大学出版社2004年版,第384~386页。

④ 参见张慧元:《大众传播理论解读》,苏州大学出版社2005年版,第33页。

全事件的心理背景,也是理解突发社会安全事件发生机制的要害,更是疏导、化解事件的着力点。从2011年“6·11”广州增城新塘事件、2012年“6·25”广州中山沙溪事件等突发社会安全事件中,我们可以看到剧烈的社会冲突背后潜藏的这些心理因素。

(二)总体形势

由于可以理解的原因,此次调查未能获取关于广州突发社会安全事件的统计数据,但是通过与实务部门的走访座谈也了解了大致情况。以下根据走访座谈的结果以及相关文献来描述广州目前的总体形势。当然,这种描述只能是定性化的。

1.地域上的不均衡性

不同地区的突发社会安全事件存在结构性差异。这种差异的表现,一是在数量上,二是在类型上。

在数量上,有几个现象比较值得注意。其一,经济发展速度较快、社会变迁比较迅速的区域,突发社会安全事件的数量要高于经济发展速度平稳或相对较缓的区域。这类区域在短期内进行了大规模的征地拆迁,由此引发的突发社会安全事件为数不少。虽然大多数此类事件因规模不大没有被曝光,但情况不容忽视。同时,这类区域的新企业多,没有形成规范的用工机制,产生了一些劳资纠纷,这也是突发社会安全事件的重要诱因。再者,由于广州的区域经济具有外向型特点,国际经济形势的起伏传导迅速,经济的突然下滑不但会产生劳资纠纷、债务纠纷、大规模失业,而且会带来普遍的愁闷情绪,这无疑是发生突发社会安全事件的“温床”。这时,一个具有道德震撼性质的事件就能将这种社会情绪从弥散状态转为凝聚状态,从而使人们倾向于参加集体行动,无论是否有人对他们进行动员。① 2011年“6·11”广州增城新塘群体性事件则反映了这一点。② 其二,外来人口(含外国人)较多的区域,突发社会安全事件的数量要高于外来人口较少的区域。其原因是多方面的。(1)目前还缺乏吸纳和接受外地人,使其融入本地的有效制度,因而产生新时期的“土客之争”。③ (2)社会管理服务工作滞后,特别是村一级的社会管理服务,原来的社会管理存在重经济建设、轻社会管理,重户籍人口服务、轻外来人口服务的不良倾向。④ (3)不平等的城乡二元体制,造成本地人与外地人的收入与公共服务差距巨大;劳动权益保障疲软,打工者靠同乡会“出头”;当地执法人员的水平不高,导致矛盾激化。⑤ (4)城乡隔离的制度安排使城乡冲突由原来的农村与城市之间转移到城市本土和寄居在、混杂在城市中的农村之间,农民工实质是寄居在城市之中的流民,而经济收缩必

① 应星将中国式的社会情绪用“气”来概括,并分析了“气”的形成、汇集和喷发机制。参见应星:《“气场”与群体性事件的发生机制——两个个案的比较》,载《社会学研究》2009年第6期。

② 参见吴婷婷、韦明:《新塘的淡季》,载《经济观察报》2011年6月20日,第10版。

③ 参见谢建社:《建构“新广州人”的“接纳机制”》,载《南方日报》2011年8月1日,第F02版。

④ 参见张广宁:《增城事件源于社会管理滞后》,载《法制日报》2011年6月24日,第7版。

⑤ 参见姜胜洪:《广东潮州、增城事件的特点、原因及应对策略》,载《社科纵横》2012年第1期。

然引爆流民危机。① 总之,原因是复杂的,但又是可测的。

在类型上,由于各个区域存在的诱因不同,突发社会安全事件的类型也各有特点。例如,天河区政府的经济发展战略是大力发展总部经济,许多大企业的总部聚集于此,同时,大企业的分支机构的矛盾也在此汇集,由此产生了不少劳资纠纷或债务纠纷引起的事件。截至2014年,萝岗区土地开发较迅速,产生了不少拆违和征地纠纷引起的事件。越秀区是省委省政府所在地,这里更多的是以权利为诉求目标的事件。由于类型不一,各地区政府的应对模式和惯用手段也不太一样。

2. 频率不断增高,场域不断扩大

尽管具体数据尚不可知,但是笔者从第一线的相关部门了解到,突发社会安全事件的发生频率越来越高。由于大部分都是规模较小、人数较少的情况,反映到媒体上的并不多,因此,可能给人以较少见的印象。但是,从一线的公安等部门疲于应对的感受来看,这些事件却有与日俱增、日趋频繁的趋势。

同时,可能导致突发社会安全事件的场域在不断地扩大,对其的列举也因此显得可能不是那么全面。场域是皮埃尔·布尔迪厄(Pierre Bourdieu)提出的一个概念。它不同于我们常说的“领域”之处在于:场域具有自身的逻辑与规则,社会行动者一旦进入某个场域,必须表现出与该场域相符合的行为,以及使用该场域中特有的符号代码。政治场域和经济场域是两个元场域,其他大大小小的场域共同受制于元场域(政治场、经济场),并且,在政治场和经济场之间各自相互独立又相互关联地存在。② 根据这一进路,总结出广州的突发社会安全事件的发生场域包括(但可能不限于)以下几种。(1)法律—经济场域:比较突出的是涉诉上访、农村中的征地拆迁、城市中的企业劳资纠纷、债务纠纷、退伍军人的权益保护。(2)文化场域:如“撑粤语”事件等。这里,行动所使用的是文化意义上的语言,而非法律语言。(3)宗教场域:如因宗教冲突产生的事件。(4)社会—政治场域:如省籍冲突、环境保护。

尽管在发生场域上具有多样性,但总体来看,事件的主要原因可能还是利益冲突。当然,对“利益”的理解需要被拓展,我们可以从布尔迪厄对“资本”这一概念的重构中去体会这一点。以往的理论倾向于认为,只有在经济场域中,个人行为是功利性的,而在非经济场域中的个人行为是非功利性的。根据这种假设,许多学者将经济行为以外的行为解释为非理性的行为。布尔迪厄将资本重新划分为经济资本、政治资本、文化资本、社会资本和符号资本。他指出,以往那种经济与非经济场域的二分法是不准确的,是一种虚构的神话,实际的情形是行为者在不同的场域追逐着不同的资本。他所欲揭示和强调的是,人们行为都是有利益动机的,只是利益应当被重新理解为包括各种资本在内。由此

① 参见笑蜀:《新塘镇之乱是未来社会危机的预警》,载《东方早报》2011年6月17日,第A39版。

② 参见李艳培:《布尔迪厄场域理论研究综述》,载《决策与信息(财经观察)》2008年第6期。

推论,所谓非利益的或者超功利的行为是不存在的。重新定义资本的形式,而不只是被经济理论所承认的那一种形式,才能更好地解释人们的行为动机。根据这一洞见,仅在经济学意义上看待“利益”这一概念就显得狭隘了。“表面上不可买卖的东西也有它们的价格,‘无价之宝毕竟还是以价格来衡量的’,商业交换只是所有形式的交换中的一个特例。J. M. 特纳也注意到布尔迪厄在这方面的创见,认为一旦资本这个概念被扩展,将象征与社会资本包含了进来,以往那些所谓‘非理性’的实践,在我们看来已发生变化,不再是什么非理性的了,而是遵循其自身的利益逻辑。”①以退伍军人争取相关待遇的事件为例,他们所欲追求的目标不仅是经济资本,还可能是政治资本和社会资本(社会地位)等。总之,引入这一视角可以使我们将突发社会安全事件更多地理解为一种理性的行动并采取有针对性的策略。

3. 正面和反面的影响

正面影响有以下几点。一是改变了政府的一些观念,并促成了政府行为模式的转型。政府从频发的事件中吸取了不少教训,也积累了处置的经验。相对内地而言,广州市的政府机关在应对突发社会安全事件时,显得更宽容、更愿意倾听公众诉求。在行为模式上,柔性的应对、适时的妥协、事后的反思显示了政府机关的成熟和理性。当然,这与主政者的施政理念可能也是不无关系的。二是通过政民互动使社会敌对情绪得到了一定程度的释放,使一些僵化的社会制度乃至社会结构得到调适,起到了维护正常秩序的安全阀作用。我国原有的户籍制度、社会保障制度等制度造成的是一个趋于僵化的社会结构,也是潜伏危机的社会结构,突发社会安全事件“清洁了空气”,防止、消解了敌对情绪的积累,从而辩证地维护了社会的安定团结。② 三是推动了公众文化的发展以及从冲突向合作的转变。在广州市,集体行动至少已不被看作洪水猛兽,而是被赋予了更多的建设性价值。同时,通过长期的反复博弈,一些突发社会安全事件类型的理性成分渐渐压倒了非理性的成分,冲突转向了合作,如复退军人有组织的维权行动现在已经部分地通过双方妥协得到了解决。这一现象可以用美国密歇根大学政治系教授阿克塞罗德关于合作行为的理论来说明。他发现,博弈链的加长会大大提高博弈双方合作的机会。换言之,只要博弈的次数足够多,即使是敌对的双方也会走向合作。例如,囚徒困境通常被认为是普遍现象,但阿克塞罗德通过实验证明,在一个较长的博弈链中,囚徒困境很可能会失灵。“囚徒博弈模型预测,囚徒在被逮捕后一般会出卖对方,但在实际生活中许多囚徒被捕后并不出卖同伙。他们互不出卖有很多原因,其中一个主要原因就是囚徒 A 如

---

① 李全生:《布尔迪厄场域理论简析》,载《烟台大学学报》(哲学社会科学版)2012 年第 2 期。这里的象征资本是指符号资本。

② 在这方面,可以参考强调社会冲突正面功能的科塞。参见[美]科塞:《社会冲突的功能》,孙立平等译,华夏出版社 1989 年版。

果出卖了囚徒 B,他就有可能遭到囚徒 B 出狱后或其在狱外同伙的报复。”[①]在中国的信访中,不少缠访者的诉求最后得到解决的奇怪现象,可以用这一理论予以适当解释。反过来说,如果人与人之间的博弈链非常短,机会主义行为就会成为最优选择。这方面的例子是,“假冒伪劣、抄袭剽窃等机会主义行为目前在中国学术、生活和商业等许多领域非常盛行。这些问题的一个重要根源正是中国社会变迁太快,各种社会规则或者正在失去效力,或者尚未确立,或者时刻在变,现在大家遵守的某一规则,两年后可能就必须遵守另外一种规则。从阿克塞罗德理论的角度看,中国社会目前的迅速变化造成了人与人之间的博弈链非常短(或者说博弈次数 m 非常小),这使机会主义行为成了事实上的最优选择,尽管这种行为给社会的稳定和发展造成了非常大的危害”。[②] 阿克塞罗德理论给我们的最大启发是,如果要将冲突向合作的方向推动,就需要将政府与公众的一次博弈长期化。而要拉长这个博弈链条,一是要确保规则的稳定性,不能朝令夕改;二是应当允许冲突方建立自己的组织。这样,首先是这些社会组织成员之间的博弈长期化,相互合作就成了他们的最佳策略(否则就会被组织边缘化甚至遭到组织的报复),因而就可以避免和惩戒单个成员的越轨行为,或者说将随意性的个体行动纳入规范性的集体行动的轨道,从而有利于社会控制。其次是将社会组织与政府的博弈也长期化,社会组织与政府的合作也将成为他们的最佳策略。而且,政府可以找到能够有效终结事件的谈判对象,而不是茫然地面对成千上万的个体。总之,将政府与公众的一次博弈变为长期博弈,可以避免公众的机会主义行为(特别是暴力),从而重构政府与公众的合作关系,这就需要让公众自组织化。埃莉诺·奥斯特罗姆(Elinor Ostrom)的公共池塘资源理论从另一个角度说明了这一点,下文将扼要介绍她的发现。

负面影响有以下两点。一是突发社会安全事件可以发泄敌对情绪,但不一定能解决问题,特别是结构性的户籍、社会保障、劳动关系等国家制度是地方层面所无能为力的。换言之,有时它只能缓和矛盾但并不能解决矛盾,或者仅提供了一个发现问题的契机。从中也可以看到,结构性的国家制度问题已经成为基层政权在处突时无法克服的重大障碍。这类问题显然只有通过中央层面的立法改制才能最终解决,但是,地方的形势却不会因为中央立法的滞后自动缓解,而只会因此愈演愈烈。面对这种两难困境,基层政权的解决措施迄今为止都是临时性的,坦率地说,大部分是以暴制暴,这种追求尽快恢复稳定的行动取向有合理的一面,但从长期来看,其边际效应会越来越低,所招致的反弹也会越来越大。如何解决这一结构性难题呢?恐怕还是要赋予地方更多的自治权,使其能够及时响应公众的要求。从大国治理的历史经验来看,中央集权的主要问题是“恐龙症”——

---

① 赵鼎新:《集体行动、搭便车理论与形式社会学方法》,载《社会学研究》2006 年第 1 期。

② 关于阿克塞罗德的合作行为理论,参见赵鼎新:《集体行动、搭便车理论与形式社会学方法》,载《社会学研究》2006 年第 1 期。

对时代的变迁和发生的问题反应迟缓。这样,以地方自治为特色的联邦制可能是最好的国家结构形式。诚如托克维尔所言,“联邦既能给人民以小国那样的幸福和自由,又能使国家像大国那样繁荣和强大”。当然,这样的目标短期内难以一蹴而就。但是,从可行的角度考虑,中央至少应当赋予地方更多的社会管理方面的自主权。二是事件的解决目前更多地还是靠政府的力量,甚至单纯地靠政府的强力部门来解决。美国印第安纳大学教授埃莉诺·奥斯特罗姆通过公共池塘资源理论从逻辑和实证的角度发现,“利维坦和私有化,都不是解决公共池塘资源的灵丹妙药”。① 她认为,大量的公共池塘资源问题事实上既不是依赖国家,也不是通过市场来解决的,社会的自组织和自治是更有效的制度安排。这种公众自主治理的理论框架无疑反衬出实践中的重大落差。

(三)主要类型

为了获得对研究对象更全面、更深入的认识,对不同事件采取有针对性的措施予以化解,有必要从不同角度梳理广州市突发社会安全事件的类型。需要事先说明的是,笔者建构的是一组理想类型(ideal types),它们既源于现实,又不等同于现实。这种方法并不试图概括对象的所有特征,而只是为了研究的目的单向概括对象的某一组或某种特征。用马克斯·韦伯的话说:“一种理想类型是通过单向(one-side)突出事物的一点或几点,通过对大量弥散的、孤立的、时隐时现的具体的个别现象的综合形成的……”②下面我们就用这种方法来展开探讨。

1. 目标明确型事件与目标模糊型事件

这一分类的灵感来自两位冲突论的大师:马克思与齐美尔,尽管他们对这一问题的认识是截然相反的。

马克思认为,人们对冲突目标(利益)的意识越清晰,就越可能产生激烈的冲突。他在论述“阶级意识”时阐述了这一命题。在《哲学的贫困》一书中,马克思将阶级分为“自在阶级”(Class-in-itself)与“自为阶级”(Class-for-itself)。一个客观存在的社会群体(“自在阶级”)的意识或心理,“并不会自发和始终地与该阶级的物质利益相一致”。③ 因此,“只有通过一个历史的、认知的和实践的觉悟化过程,才能产生阶级意识,才有可能通过一致的集体行动争取共同的阶级利益”。④ 马克思在《路易·波拿巴的雾月十八日》一文中指出,农民没有共同的阶级意识,只是同质的但相互分离的“一袋马铃薯”,“因此,他们不能以自己的名义来保护自己的阶级利益,无论是通过议会或通过国民公会。他们不

---

① [美]埃莉诺·奥斯特罗姆:《公共事务的治理之道》,余逊达等译,上海三联书店2000年版,第3页。

② [苏]И. С. 科恩主编:《19世纪至20世纪初资产阶级社会学史》,梁逸译,上海译文出版社1982年版,第90页。

③ 周晓虹:《西方社会学历史与体系:经典贡献》,上海人民出版社2002年版,第112页。

④ 李培林:《社会冲突与阶级意识:当代中国社会研究》,载《社会》2005年第1期。

能代表自己，一定要别人来代表他们”。[①] 这里，马克思的暗示是，自在阶级向自为阶级的转变以阶级意识由模糊向明朗的转变为前提和表征，而这一转变必将导致冲突的激烈化。简言之，利益意识越明朗，利益表达越清楚，冲突就会越激烈。

齐美尔的观点却有所不同。他认为，利益表达得越清楚，冲突就越可能以妥协告终。齐美尔在这方面的研究可以归纳为3个命题。一是冲突双方感情投入越大，冲突就可能越激烈。这一命题又包括两个子命题：(1)冲突各方成员的团结越紧密，他们投入感情的程度就越大。(2)冲突各方以前的和谐程度越大，他们投入感情的程度就越大。二是冲突群体成员对冲突的理解超出个人目标和利益的程度越大，冲突就可能越激烈。三是冲突越是作为一种达到清楚规定的目标的手段，其激烈的可能性就越小。其中的命题三体现了齐美尔与马克思的分歧。[②] 马克思关于共同意识有助于形成共同行为的观点并不失为洞见。[③] 但是，他在冲突目标的清晰性与冲突程度的激烈性的关系上的认识确实缺乏足够的事实支撑。从经验上来说，齐美尔的命题三更符合历史的真实。英美革命与法国革命的对比说明：法国革命的目标是“自由、民主、平等”这样的词（一种高度抽象的道德权利），由于缺乏明确的边界，人们不知道到何种程度才该停止革命，形成“越渴越吃盐”的恶性循环；相比之下，英美革命的目标则具体得多，冲突的激烈程度也小得多。

回到我们的论题，学者们对群体性事件的研究结果也与齐美尔形成了共鸣。[④] 例如，于建嵘将群体性事件划分为维权事件、泄愤事件和骚乱事件3种主要类型（以及社会纠纷和有组织犯罪2种次要类型）。据他的归纳，后两种类型基本上缺乏清晰的目标，同时，行为暴力化且理性程度较弱。[⑤] 朱力将群体性事件划分为经济型的直接冲突与社会型的间接冲突两种，他认为，两者的首要区别是有无明确的目标，由此决定了后者的烈度和破坏性要高于前者。[⑥] 王赐江根据目标指向的不同，将群体性事件分为“基于利益表达的群体性事件”、“基于不满宣泄的群体性事件”和“基于价值追求的群体性事件”，后两者的目标都不够明确。他认为，我国群体性事件在诉求目标上呈现从“利益表达”到

---

① ［德］马克思：《路易·波拿巴的雾月十八日》，载《马克思恩格斯选集》（第1卷），中共中央马克思恩格斯列宁斯大林著作编译局编译，人民出版社1995年版，第677～678页。

② 参见特纳：《社会学理论的结构》，浙江人民出版社1987年版，第164页。转引自周晓虹：《西方社会学历史与体系：经典贡献》，上海人民出版社2001年版，第331页。

③ 其实“群体意识—群体行为”也是一个值得关注的研究进路。“调查表明，越是将自己认同为上层阶层的人，就越认为现在和将来阶级阶层之间的冲突较小；而越是将自己认同为最下层阶层的人，就越是认为现在和将来阶级阶层之间的冲突会严重。尤其是那些主观上把自己归结为社会最底层的人员，更容易出现极端行为。”参见李培林：《社会冲突与阶级意识：当代中国社会研究》，载《社会》2005年第1期。

④ 由于群体性事件与突发社会安全事件在很大程度上具有同质性，因此，齐美尔的观点非常值得重视。

⑤ 参见于建嵘：《当前我国群体性事件的主要类型及其基本特征》，载《中国政法大学学报》2009年第6期。

⑥ 参见朱力：《中国社会风险解析——群体性事件的社会冲突性质》，载《学海》2009年第1期。

"不满宣泄"的趋向,在策略技术上呈现从"依法抗争"到"暴力抗争"的趋向。[①] 总之,这两种趋向总是同时发生,印证了齐美尔的先见之明。

那么,区分这两种类型的现实意义何在呢？以对齐美尔命题的讨论为基础,笔者总结出如下方面的意义。(1)两者的激烈程度不同。目标明确型事件较少出现暴力行为。(2)两者的参与者和组织化程度不同。目标明确型事件的聚集者主要是与特定的目标直接相关的人,可能包括一些社会政治精英,彼此之间有一定的社会联系,自组织程度和对组织的忠诚度强。例如,在广州市的复退军人为争取自己权益进行的抗争中,党员的比例很高,内部的组织纪律性很强。再如,近年来发生在我国西藏自治区和新疆维吾尔自治区的一些恐怖主义活动也具有高度的组织性。而目标模糊型事件则以临时围观和聚集的群众为主,他们在身份上大多属于社会弱势群体而非社会政治精英,行动也缺乏组织性。(3)两者的社会心理基础不同。特定的目标是目标明确型事件中聚集者的行为动力,行动只是达到这些特定目标的工具。目标模糊型事件中的行为动力则可以被归结为价值因素或情感因素,由于价值观或情感需要通过行动来外显。因此,行动本身就具有目的的意味。换言之,参与者对行动的后果是完全不在意的,只是不顾一切地行动,行动就变成了目的本身,因而这种行动的理性程度也较弱。(4)两者的发生模式不同。目标明确型事件一般有预先组织和动员的环节,事件的分期比较清楚,可预见性较强。目标模糊型事件则有很强的突然性,价值共鸣和情感共鸣的强度决定了其爆发时间。(5)理论模型不同。目标明确型事件是一种目的理性的行动,参与者的行动本质上是一种理性的策略——他们理性地考虑目的、手段和派生的影响。因此,在研究这类事件的对策时,最好使用以"理性人"为基本假设的理论模型。政府可以通过提出最具效率的方案来平息事件。目标模糊型事件则复杂得多,它包括价值主导的行动和情感主导的行动两种亚类型,但无论是哪一种亚类型,"理性人"的理论模型都没有决定意义。真正有效的是能够有效预测、引导、消解价值和情感诉求的其他理论模型,如集体行动的相关理论。

2. 利益冲突型事件、价值主导型事件、情感宣泄型事件

这是在前一种分类的基础上更为细化的分类,它的分类标准是行动的原因、目的和取向。在此笔者借鉴了韦伯对社会行动的分类框架。韦伯将社会行动划分为4种基本类型。(1)目的理性的行动(means-ends rational action)。这类行动的特点是对目的的关注,人们充分地计算和预测行动的目的、手段和后果之间的关系。显然,这种行动的动机是功利的。(2)价值理性的行动(value rational action)。这类行动的依据是对某种固有价值的自觉信仰,它独立于任何功利动机,行动仅服务于某种信念,人们对行动不计条件和后果。(3)情感行动(affectual action)。这种行动可能是行动者个体的特殊情感和情

① 参见王赐江:《群体性事件类型化及发展趋向》,载《长江论坛》2010年第4期。

绪的结果,也可能是对某种意外刺激的不受制约的反应。(4)传统行动(traditional action)。这是由长期形成的习惯决定的行动。其中,行动的合理性最高的是目的理性的行动。①由于突发社会安全事件中的聚集、示威、暴力等行为难以被归入传统行动的范畴中,这里的分类仅与韦伯的前三种行动类型相对应。

利益冲突型事件,是因利益冲突而发生、行动者的目的也是维护自身利益的突发社会安全事件。与之类似的概念包括"维权行为"②"利益相关者为主体的群体性事件"③"利益主导型群体性事件"④"直接利益相关的原生型集体维权抗争"⑤"基于利益表达的群体性事件"⑥等。据于建嵘2008年的调查统计,利益冲突型事件约占全国群体性突发事件的80%以上,⑦因此,也是学界的研究重点。在广州,2009年10~12月的番禺居民反建垃圾焚烧厂事件可谓这种类型的代表。

价值主导型事件,是行动者基于某种价值观而发起行动的突发社会安全事件。这里的价值观包括"公正""正义""自由""公平"等,并具体表现为对某些权利的追求。这种行动目的使它带有更多的政治色彩,但它不同于政治性更强的革命、叛乱或暴动之处在于,它并不挑战国家基本政治制度本身的合法性。⑧ 与价值主导型事件类似的概念包括"意识形态或政治动机驱动的群体性事件"⑨"基于价值追求的群体性事件"⑩等。其特征可以被概括为:"参与主体不仅包括直接利益受损者,还包括大量无直接利益受损者;行动目标为价值诉求(如'社会公正'等);抗争策略多受特定情境和心理因素影响,常伴有针对公权机关的程度不等的暴力行为。"⑪

情感宣泄型事件,是行动者既没有具体利益诉求,也没有价值(权利)诉求,重在发泄不满(泄愤)的突发社会安全事件。由于采用了这种单一的分类标准,它可以包括于建嵘

---

① 对这4种社会行动类型的简介,参见周晓虹:《西方社会学历史与体系:经典贡献》,上海人民出版社2001年版,第365~366页。

② 于建嵘:《当前我国群体性事件的主要类型及其基本特征》,载《中国政法大学学报》2009年第6期。

③ 应星:《"气场"与群体性事件的发生机制》,载《社会学研究》2009年第6期。

④ 张荆红:《价值主导型群体事件中参与主体的行动逻辑》,载《社会》2011年第2期。

⑤ 刘能:《当代中国的群体性事件:形象地位变迁和分类框架再构》,载《江苏行政学院学报》2011年第2期。

⑥ 王赐江:《群体性事件类型化及发展趋向》,载《长江论坛》2010年第4期。

⑦ 于建嵘:《中国的社会泄愤事件与管治困境》,载《当代世界与社会主义》2008年第1期。

⑧ 应星:《"气场"与群体性事件的发生机制》,载《社会学研究》2009年第6期。

⑨ 刘能:《当代中国的群体性事件:形象地位变迁和分类框架再构》,载《江苏行政学院学报》2011年第2期。

⑩ 王赐江:《群体性事件类型化及发展趋向》,载《长江论坛》2010年第4期。

⑪ 张荆红:《价值主导型群体事件中参与主体的行动逻辑》,载《社会》2011年第2期。

的"社会泄愤事件"与"社会骚乱"两种类型。[①] 与之类似的概念是"基于不满宣泄的群体性事件"[②]"无直接利益相关的群体泄愤事件"[③]等。

有的学者以"行动者是否存在直接利益冲突"或者"行动者是否利益相关者"这种更简单的分类标准,将价值主导型事件和情感宣泄型事件统合为一种类型。例如,朱力的"社会型的间接冲突"和应星的"以非利益相关者为主体的群体性事件"。[④] 再如,张荆红的"价值主导型"虽然名称上仅包括"价值主导",但根据其定义,实际上包括了笔者这里所说的价值主导型事件和情感宣泄型事件两种类型。笔者认为,这种统合有合理之处。这不但因为他们看到了价值主导型事件和情感宣泄型事件之间外显的共同点——行动者都不是利益的直接相关者,以及因此而生的无组织性和不可预测性,而且因为如前所述,笔者的分类只是一种理想类型。虽然它们在逻辑上可能是清晰的,但是正如韦伯所说,"行动,尤其是社会行动,仅仅表现为这种或那种取向是极为罕见的",在现实中,价值主导型事件和情感宣泄型事件完全有可能,而且事实上经常交织在一起。不仅如此,一个事件甚至完全可能是上述三种类型的不同结合——同时包含了利益因素、价值因素和情感因素。但是,尽可能细致地在逻辑上区分价值与情感还是非常有必要的。因为即使是在一个混合了多种取向的事件中,占主导地位的行动取向可能不同——正是这种主导性的取向决定了事件的性质。事实上,在每一次集体行动中,参与者都有大量的情感投入,但情感投入并不一定是事件运行的主导因素。[⑤] 正如韦伯所言,传统社会中的行动类型是传统行动和情感行动,而在现代社会中则常常是目的理性的行动和价值理性的行动。从经验的角度观察,作为一个现代化程度较高的大都市,广州市的突发安全事件主要以利益冲突型为主,但价值主导型事件也有上升的趋势。

其实,不但价值主导型事件和情感宣泄型事件之间存在共同点,而且价值主导型事件和利益冲突型事件也有共通之处。相较而言,价值主导型事件和利益冲突型事件之间的共同点可能更重要。齐美尔富有洞察力地发现,根据冲突是手段还是目的,社会冲突可以被区分为作为手段的冲突和作为目的的冲突。后来,科塞在齐美尔的启发下,进一步用"现实性冲突"与"非现实性冲突"的概念来指称这两类冲突,其定义与齐美尔高度类似。[⑥]

---

① 参见于建嵘:《当前我国群体性事件的主要类型及其基本特征》,载《中国政法大学学报》2009 年第 6 期。

② 王赐江:《群体性事件类型化及发展趋向》,载《长江论坛》2010 年第 4 期。

③ 刘能:《当代中国的群体性事件:形象地位变迁和分类框架再构》,载《江苏行政学院学报》2011 年第 2 期。

④ 参见朱力:《中国社会风险解析——群体性事件的社会冲突性质》,载《学海》2009 年第 1 期;应星:《"气场"与群体性事件的发生机制》,载《社会学研究》2009 年第 6 期。

⑤ 例如,在广州火车站地区 2008 年春运严重公共安全危机中,具有决定意义的还是利益问题,在政府采取一系列确保旅客利益的措施后,这场危机并未演变成突发社会安全事件。

⑥ 参见[美]科塞:《社会冲突的功能》,孙立平等译,华夏出版社 1989 年版,第 35 页。

齐美尔指出,如果冲突可以找到可替代的手段并最终化解,那么,这种冲突就仅仅是人们达到一定目的的手段,即作为手段的冲突。相反,作为目的的冲突则完全是由主观感情决定的。这种冲突"存在着内在的能量,而这些能量又只能通过斗争本身才能够得到满足……不可能通过其他的手段来代替它,它本身就是目的和内容"。① 齐美尔认为,这种冲突是"为斗争而斗争",源于"敌意的本能冲动",具有强烈的感情色彩,它不是由竞争性的目标所产生,而是由冲突的主体发泄紧张情绪所引起。② 显然,我们这里所说的利益冲突型事件和价值主导型事件应当被归入作为手段的冲突,而情感宣泄型事件则应被归入作为目的的冲突。在情感宣泄型事件中,由于冲突本身就是目的,因此其行动倾向更强烈,更具有攻击性。而且,尽管政府可以在短期内使用暴力手段将其平息,但从根本上对其予以化解却非常困难。因为冲突之所以会成为人们的目的,有其"内在的能量"。根据韦伯的分析,这种能量有两种来源。一是"行动者个体的特殊情感和情绪的结果",也即来自行动者的个人际遇。需要指出的是,这种"特殊情感和情绪"虽然来自行动者个人际遇,但是根据"社会存在决定社会意识"的原理,③如果一个社会存在普遍不公,那么就会形成导致此类事件的社会心理基础,而且这种广泛存在且持久不衰的社会心理基础是难以根除的。二是来自"对某种意外刺激的不受制约的反应"。用群众心理学来解释,就是在集体行动的场合,个体,特别是心智不够成熟的青年人,极其容易因为身体的直接接触受到相互间的暗示与感染,导致非理性的行为——以一种与他们各自独处时完全不同的方式去感受、思考与行动。④

理解这三种类型内在差异的另一个重要视角是目标的明确性。对此,笔者在第一种分类中已经就这种区分的意义作了铺陈。这里,需要审视的是这三种类型在这一问题上的差异性。比较容易达成共识的是,利益冲突型事件的目标是明确的,情感宣泄型事件的目标是模糊的。但是,价值主导型事件的目标却既可能是明确的,也可能是模糊的,呈现游移不定的面貌。如果我们将"价值观"还原为对某种权利的追求的话,那么会发现,这里,目标是否明确就取决于行动者所欲的权利是具体的还是抽象的。也就是说,我们需要对作为行动目标的权利进行区分。必须予以区分的是道德权利(尚未法律化的权

---

① [德]盖奥尔格·西美尔:《社会学:关于社会化形式的研究》,林荣远译,华夏出版社2002年版,第186页。

② 参见苑国华:《简论齐美尔的社会冲突思想及其现实意义》,载《陕西理工学院学报》(社会科学版)2011年第1期。

③ 曼海姆将马克思的这一理论进一步发展成为"知识的社会决定论"。值得注意的是,尽管曼海姆基本同意马克思"社会存在决定社会意识"的立场,但在方法论上,他并没有拘泥于马克思的阶级分析法,而是一再强调阶级地位以外的诸多因素与思想形成的关系。这些因素包括地位群体、职业群体和代群体,其中,曼海姆对代群体与思想之间的关系的论述尤为出色。周晓虹:《西方社会学历史与体系:经典贡献》,上海人民出版社2002年版,第420页。

④ [法]古斯塔夫·勒庞:《乌合之众:大众心理研究》,冯克利译,广西师范大学出版社2007年版。

利)与法律权利。前者由于缺乏可操作的定义(例如,要求官员廉洁奉公的反贪腐运动),因而是高度模糊的,政府难以提供有效的方案予以满足,事态的发展趋势僵持不下,并很可能向情感宣泄型转变。不过,对于道德权利尚不可一概而论。有的道德权利虽然尚未被法律承认,但其内容也是非常明确的,这类抗争本身就旨在改变法律规则,要求法律承认这些道德权利,如女权运动、同性恋权利运动、反战运动等。笔者在此更想要强调的是,至少,当价值主导型事件以实现法律权利为目标时,这种目标是清晰的,对政府来说也是好处理的,如农村征地纠纷、劳资纠纷、债务纠纷、农民工讨薪、城市拆迁等。由此也可发现,在以法律权利为目标的价值主导型事件中,权利因素与利益因素往往并存——行动者通过主张法律权利来维护自己的利益——人们往往用"权益纠纷"来指称这类现象就说明了这一点。此时对事件的定性应当依据法律权利与利益的相关性和权利本身的性质。如果目标是实体性的法律权利,由于这种权利直接通向利益,权利的实现与利益的实现具有一致性,将事件定性为利益冲突较为合适;反之,若目标是程序性法律权利,权利的实现未必等于利益的实现,此时将事件定性为价值冲突更妥当。由此,我们将 2010 年 5 ~ 8 月广州市发生的"撑粤语事件"归结为利益冲突型事件。因为该事件所欲实现的正是一种实体性的法律权利——言论自由。从中,价值冲突型事件的内部结构可以被进一步区分为两个亚类型:(1)以道德权利为目标的亚类型;(2)以程序性法律权利为目标的亚类型。前者的目标可能是清晰的,也可能是不清晰的,后者则相对明确。

3. 三方型事件和双方型事件

突发社会安全事件是社会冲突的剧烈形式,是社会冲突发展到一定阶段不可调和的产物。根据冲突主体的多寡及角色的不同,可以将突发社会安全事件分为三方型事件和双方型事件。这一分类看似简单,但意蕴深厚,而且其意蕴只有在前述两种分类的基础上才能被揭示。

三方型事件多与利益冲突有关,其主体是一个三角形结构:政府,利益受损方和利益获得方,例如,因拆迁发生的房地产开发商与拆迁户之间的冲突。双方型事件则未必由利益冲突所致,其主体是一个对抗型结构:政府与民众。我们通过比较分析不同的主体结构,可以一窥事件发生的不同模式,而对事件的发生模式作出准确判断,又可为政府有效处置和化解事件提供可用的策略。

首先,两者的冲突原因不同。从主体结构可见,三方型事件是不同群体的利益冲突所致,政府并非一开始就是事件主体。政府之所以被迫介入事件,乃是因为群体之间的利益冲突没有得到有效解决。双方型事件则是政府与民众的直接冲突,其可能是因为利益冲突所致——政府的行为影响了民众利益(如番禺的垃圾焚烧厂事件),也可能是因为其他冲突所致——政府行为与民众的价值观相冲突(如"撑粤语事件",该事件前面已经定性为利益冲突型事件),或者民众借机宣泄平时积累已久的情绪(如中山沙溪事件)。这些分析启示我们:(1)如果能够健全利益协调机制,三方型事件是完全可以预防的。

(2)双方型事件的预防更复杂:一方面,因利益冲突而产生的事件仰赖于相关的利益协调机制;另一方面,因宣泄情绪而产生的事件则更仰赖于政府常态行政的结构性公正(持久的、稳定的、可预测的公正)。

其次,两者的发生模式不同。三方型事件一般经历3个阶段。(1)利益受损方与利益获得方的博弈(谈判)。(2)博弈失败后,利益受损方诉诸制度化渠道,制度化渠道主要包括行政机制、诉讼机制、上访等。(3)制度化渠道不能解决问题,利益受损方采取非制度化方式进行最后的博弈,在这一过程中会发生标靶转移,政府成为抗争的对象。因利益冲突而产生的双方型事件与之类似。因宣泄情绪而产生的事件则一般经历两个阶段。(1)出现诱因事件。诱因事件的当事人是特定的个体,多为治安事件。诱因事件本身不是突发社会安全事件,但具有突发性。由于政府机关对诱因事件的处置可能存在不公,使它成为诱发更大规模的突发社会安全事件的导火索。(2)诱因事件升级。诱因事件诱发了临时围观的群众与闻讯而来的群众的情感共鸣与冲动,群众与公安部门及基层政府之间发生对抗和冲突,其诉求具有不确定性。① 在诱因事件升级后,也会发生标靶转移,但这是由政府部门向无辜群众和社会的转移。

再次,政府在两类事件中的角色不同。在三方型事件中,政府在前期的双方博弈和制度化博弈这两个阶段居于超然的裁判者地位,只是在最后的非制度化博弈阶段才成为抗争的对象。而在双方型事件中,政府始终是群众抗争的对象。进一步分析,在因利益冲突而产生的双方型事件中,政府既是利益获得者,又是利益冲突的裁判者,还是抗争的对象,事件的发生正是因为政府没有扮演好冲突的裁判者角色。在因宣泄情绪而产生的双方型事件中,诱因事件升级后,诱因事件的当事人对整个事件来说已经不具有决定意义,不能再左右事件的发展(湮没效应)。"此时,群体的指向已不再是原来的事件本身,当事方也可能早已被群体所湮没,而变成了一些非直接利益相关者针对公安部门、政府机关以及其他不相关建筑的泄愤性行为。"②政府被迫直面大批临时聚集起来的群众。

最后,政府的可用策略不同。在三方型事件中,由于利益冲突的主体是明确而特定的,政府可以采用治本式的策略。最重要的是,将事件还原到利益冲突上,要求双方选出代表谈判,通过行政指导等柔性方式处理,而利益冲突双方也有接受指导的意愿和可能。这种策略在大部分情况下是可行的。据观察,医患纠纷、劳资纠纷、企业破产引起的债务纠纷往往通过这种策略得到了解决。这种策略的背后隐含了强制性的备用手段,它对当事人构成了威慑,故这种策略实际兼具刚性与柔性,堪称韧性维稳。在因利益冲突而产生的双方型事件中,政府也可采用这种治本式策略。但在因宣泄情绪产生的双方型事件

---

① 这部分的分析借鉴了朱力:《中国社会风险解析——群体性事件的社会冲突性质》,载《学海》2009年第1期。

② 于建嵘:《当前我国群体性事件的主要类型及其基本特征》,载《中国政法大学学报》2009年第6期。

中,政府基本不太可能采用这种策略,因为谈判需要对象,但政府面对的是临时聚集的群众,无法找到谈判对象。因此,在这类事件中政府往往只能采取治标式的策略,例如,(1)以暴制暴,迅速恢复社会秩序;(2)重新处理诱因事件,如撤销原有决定、对相关官员问责等;(3)宣布免除一般参与者的责任,以促使人群尽快散去;(4)舆论引导,公布相关信息。这些治标式策略尽管对恢复社会秩序是必要的,但是,它不但不能根除事件发生的社会心理基础,反而会强化这种社会心理基础,并在客观上促进抗争者的团结和有组织化。[①] 如果政府不能在事后消除这种社会心理基础,只要时机一成熟,类似的事件还会再次发生,甚至更剧烈。因此,要防止此类事件再次发生,真正重要的是政府在常态行政中要实现结构性公正。[②]

4. 其他分类

比较值得关注的还有一些其他分类。第一,以发生领域或主管部门为标准,可以将突发社会安全事件分为环保事件、治安事件、涉外涉少数民族涉宗教事件、涉及金融问题的突发社会安全事件、高校校园事件、复退军人待遇纠纷引起的事件、企业劳资冲突及债务纠纷引起的事件等,不胜枚举。第二,以事件规模和社会影响为标准,可以一定的量化标准将其分为一般突发社会安全事件、重大突发社会安全事件、特别重大的突发社会安全事件。第三,以参与主体为标准,可以将其分为参与主体是企业职工的事件、参与主体是城镇普通居民的事件、参与主体是农民的事件、参与主体是外国人的事件、参与主体是高校学生的事件等。这些分类虽然大多是形式意义上的,相对简单,尽管有的还不能满足科学分类的互斥性原则,[③]但仍然有助于我们更好地理解广州市突发社会安全事件的全貌。

此外,当时的广州市人民政府应急办对突发社会安全事件作以下分类:恐怖袭击、空袭、盗窃、抢劫、绑架、骚乱、涉外、其他。这种分类的标准可能是经验的总结,但逻辑上缺乏互斥性——不同的分类之间存在交叉甚至包含关系。例如,当空袭是恐怖分子实施时,它就可以被认定为恐怖袭击的一种。再如,涉外是与国内相对应的,其他几类事件只要涉外就都可以被归入其中。显然,这种分类还有改进的余地。

---

① 齐美尔的研究发现,群体间的冲突对冲突各方内部有以下影响:(1)冲突在一定程度上造成了冲突各方内部权威的集中;(2)冲突在一定程度上造成了冲突各方内部的社会团结的增强,同时,它降低了群体对越轨和异议的容忍程度;(3)冲突增强了有共同对手的不同群体间的联盟。参见周晓虹:《西方社会学历史与体系:经典贡献》,上海人民出版社2001年版,第331页。这些洞见已经被历史地证实。

② 这方面公认比较成功的一个例子是2008年瓮安事件。该事件平息后,政府通过多种措施消除了以普遍的不公正感为特征的社会心理基础,类似事件没有再次发生。

③ 参见刘能:《当代中国的群体性事件:形象地位变迁和分类框架再构》,载《江苏行政学院学报》2011年第2期。

（四）主要制度

这部分我们选取一些比较重要和有借鉴价值的制度进行介绍。

1. 主管与管辖

行政中的主管问题，本来指同一业务工作在不同职能部门之间的分工。这一问题在常态行政中是相对简单的，它由行政组织法来调整。但是，其在突发社会安全事件中却更复杂，在实践中，这一问题主要由应急预案来调整。

首先，值得指出的是，由于突发社会安全事件事关本地区全局的稳定，它需要一个总体性的权力主体作出及时的决断。因此，无论事件发生在哪一个领域，基本都是由本级党委或政府直接主管，而不是像常态行政那样由某一个职能部门主管。当然，具体负责领导这项工作的领导因事件的严重性高低有所不同，其可能不是本地区党委书记（"一把手"），而只是本级党委的某一个副书记，或者政府的某一个副首长，或者党的政法委的书记或者副书记，甚或只是维稳办的主任或副主任。但无论如何，相应处置决定的名义仍然是本级党委或政府，这是很有必要的，否则，这些处置决定可能难以被迅速落实。在这一意义上，我们可以将党委或政府称为终极性的主管机关。

其次，在事件发生之初仍然有必要由事件发生领域的职能部门先期作出应急性措施，以便及时处置稳定局势、掌握情况及时上报，也便于事后追责。这类负责先期处置的部门笔者称为先期主管机关。这里需要注意的术语是"分级处置"。"分级处置"并不是说处置权被彻底转移到了某一职能部门，而是强调职能部门不能坐等党委或政府的指示，要根据事件态势积极主动地先期处置。事实上，党委或政府仍然是终极性的主管机关。"分级处置"的意义或者说被制度设计者赋予的期待是，（1）根据事态发展和本部门能力作出力所能及的实体性决定；（2）掌握情况，及时上报给本级党委或政府以及本系统的上一级部门；（3）积极与当事人沟通，利用说服教育、和解调解等手段，为党委和政府的后续处置争取时间。需要指出的是，由于职能部门自身的处突力量相对事件来说往往不相匹配甚至杯水车薪，实际上，"分级处置"更多的是一个过程意义上的概念，如果事态持续扩大，那么职能部门在事件先期的主管地位很快就会由党委或政府所取代。当然，如果本级党委或政府的能力也不足以应对事态发展，也存在一个向上移交指挥权的问题，这是"分级处置"的另一层含义。

最后，尽管党委或政府是主管机关，但它们也必须依靠所属的各工作部门开展工作，这样，就必然会产生职能的分工和责任的分包。在实践中，这一制度被表述为"谁主管，谁负责"的普遍适用的原则。这里，党委或政府仍然是终极性的主管机关，但是，他们将根据行政组织体系以及处突的临时需要，划定不同部门的职能范围（分工），并且根据这一分工，将责任分包出去，使职能部门与自己成为责任的共同体。"谁主管，谁负责"中的"主管"并不是真正意义上的主管，不如说是分工。通俗地说，就是谁被分配管哪些事，谁就对这些事负责。这种分工结构中的职能部门实际上也不是真正的主管部门，因为它们只能主管本部门职能领域内的事务，因此，笔者将它们称为次级主管机关。显然，先期主管机关也必然是次级主管机关。

通过这样的分析发现主管问题是一个伞状结构。我们以广州市某区医患纠纷的主管问题为例，其主管结构大致如图4－1所示。

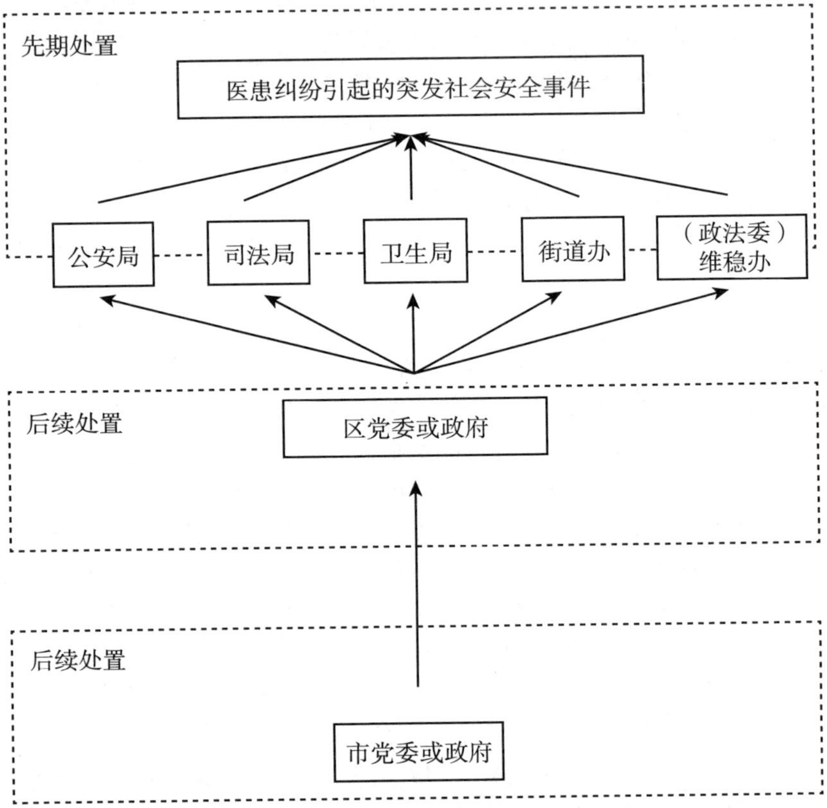

图4－1 医患纠纷引发社会安全事件应对机制

这里，区卫生局在事件前期有责任采取应急性措施，即先期处置。其他相关部门，如公安局、司法局（发挥调解作用）、街道办、（政法委）维稳办，视事态发展也有先期处置的责任，但总体上以卫生局为中心。当事件发展超出先期处置部门的应对能力后，将转由区党委或政府直接领导，形成以区党委或政府为中心、其他多个部门分工协同的伞状结构。如果事态发展超出了区党委或政府的处置能力，主管权将继续上移到市党委或政府，甚至继续上移到省一级党委或政府。

管辖包括地域管辖和级别管辖两个方面，指的是同一事件由哪一地区或哪一级别的行政机关负责的问题。地域管辖方面，全部实行属地原则，即由事件发生地的行政机关管辖。突发社会安全事件不存在异地管辖的问题，也较少存在管辖权冲突的问题，毕竟相关的追责机制比较严厉。级别管辖方面，区县这一级党委或政府负责管辖绝大部分的事件，省、市这两级党委或政府一般只管辖特别重大事件，也管辖虽然未必都特别重大，但以省、市两级党委或政府为行动目标的事件。①

2. 组织机构

突发社会安全事件发生后，组织协调工作非常重要，因为事件的处置需要多个部门共同参与。对此，相关应急预案都专门规定了事件发生后处突的组织机构。通过调查了解各类应急预案，大致可将其分为两种类型。

一是行政联席会议制度。相关党政部门、事业单位（如高校）及社会组织组成联席会议的成员单位。值得注意的是，如果维稳办是成员单位，则应急办往往就不是成员单位，这可能反映了两个系统的分工不同。行政联席会议相当于一个议事协调机构，下设办公室具体组织协调处突工作，办公室一般设在维稳办，故行政联席会议实际上由维稳办主持。当然，并不是所有的事件都要维稳办出面协调，因为级别较低的事件由相关职能部门直接处置即可。真正需要维稳办出面协调的是那些级别较高（参与人数较多，社会影响重大）的事件。对于重点领域（如近年来发生较多的医患纠纷），行政联席会议往往在市、区两级都有设置，形成两级体系，便于上级及时介入。②

二是应急指挥部。其指的是事件发生后，根据应急预案的规定，由政法委牵头在区一级成立应急指挥部，应急指挥部由分管政法委的区委副书记担任总指挥，应急指挥部的领导机构是领导小组，领导小组下设办公室，办公室设在区委政法委维稳办，维稳办主任兼任指挥部办公室主任。领导小组办公室是常设机构，其主要职责如下：(1)信息监测（收集、研判、报告、沟通）；(2)组织讨论（事件发生后，根据领导小组决定，组织会议研究处置方案）；(3)现场督导。尽管应急指挥部名义上是一个事件发生后才临时搭建的议事协调机构，但根据相关应急预案的规定，它也有长期化、平时化的趋势。这表现在领导小组的会议制度上，它分为领导小组会议和办公室会议，领导小组会议半年召开一次，领导小组成员（各成员单位的领导）都要参加，办公室会议则不定期召开，由办公室组织各

---

① 例如，聚众冲击、围堵省、市党委或政府机关的事件，针对省、市党委或政府机关的恐怖袭击事件，在省、市党委或政府机关门前周边地区非法集会、游行、示威的事件。

② 需要说明的是，2018年开始推行新一轮党和国家机构改革后，党委系统不再设立社会治安综合治理委员会及其办公室（后者简称综治办），不再设立维护稳定工作领导小组及其办公室（后者简称维稳办），他们的有关职责交由政法委承担，其中包括组织、统筹、协调、处置、防控等重要职责；防范和处理邪教问题领导小组及其办公室的协调指导、分析研判提出建议、协调处置等职责也交由政法委承担（另一部分职责如收集情况分析研判、依法打击等则交由公安机关承担）。同时，在政府系统组建了应急管理机构（部、厅、局等）作为政府组成部门，整合承担了一系列有关职责，包括原在政府办事机构（办公厅室）的应急管理职责也予以整合，而且建立起协调配合机制。因此，这次改革后，此处所述原维稳办与应急办的工作互动关系以及有关行政联席会议运行机制，已调整变化。下述几项制度也有此类变化。

成员单位联络员参加，会议内容主要是分析本领域或本地区的维稳形势。

3. 信息管理制度

从调研中了解到，无论是公安机关（以及国家安全机关），还是政法委的维稳办，都高度重视信息工作在处突中的作用，用他们的话说，是为了“早发现、早控制、早处置”。为此，他们建立健全了一系列的信息管理制度，比较重要的是收集、通报、研判3个方面。

一是信息收集制度。信息收集的主要渠道如下。(1)公安部门：又分为治安部门（派出所）的渠道、网监部门的渠道（负责收集网络信息）、国保部门的渠道等。(2)国家安全部门：负责提供有关国家安全的信息。(3)应急管理部门：一般在基层建有信息员（名称不一，有的为联络员）网络。(4)政法委的维稳办：也有自己独立的信息员队伍，但数量、做法和侧重点与应急管理部门的有所不同，其规模要比应急办更大。(5)社区居民委员会（以下简称居委会）：居委会可以说是信息收集的毛细血管。(6)其他政府部门。信息收集以后，经过筛选、核实，才算是有效信息。

二是信息通报制度。信息收集上来以后，一般汇集到应急办和维稳办两个处突的主要职能部门（俗称“归口”）。相对而言，应急办主要负责的是突发社会安全事件以外的其他三类突发事件，维稳办处理的突发社会安全事件更多，而且它的权力更大，能够调动的资源也更多。再者，维稳办有自己的一套信息收集网络，同时，其他与处突相关的部门也有责任向其上报信息。因此，维稳办可以被视为突发社会安全事件的信息中枢。它汇集各方面信息，对信息进行研判，然后通过定期的简报和不定期的报告等形式向党委或政府以及其他相关部门通报。

三是信息研判制度。研判实际是对信息的处理，目的是预测和预防，为领导决策提供建议。客观上，研判是因为收集上来的信息太多，需要去伪存真、去粗取精，从海量的信息中发现真正的问题。也正因如此，研判也是个技术含量很高的工作，它既需要技术，也需要经验和制度。公安、维稳办都有自己的研判制度，而且互通信息。据介绍，通过这一制度，确实预防了不少事件的发生。

此外，风险评估的引入也是值得关注的制度创新。为了预防突发社会安全事件的发生，对于政府组织的一些重大项目（如亚运会），维稳办等部门进行了社会稳定风险评估，并根据评估结果采取了针对性的预防措施，取得了不错的效果。

4. 行政助手

警力不足是当前公安机关反映较突出的一个问题，因为取消巡警后，警力调配本就比较困难，遇到大规模的突发社会安全事件就更是雪上加霜。为了解决这一问题，有的地方招聘了一些辅警，将其与特警混训，加强了应对突发社会安全事件的力量。这些辅警不是公务员编制，可以称为行政助手。他们虽然没有执法权，但是在维持秩序方面可以很好地补充警力的不足，因此，这可称为一种灵活务实的善制。

5. 执法的柔性化与规范化

执法的柔性化首先体现在处置手段的柔性化。政府的强力部门(如公安、武警等)在处置突发社会安全事件时,比较注意遵循比例原则,而非不分事态的轻重缓急,一味采取行政强制措施(强制驱散、强制带离)。也就是说,政府在处突时有一个先甄别、后处置的基本思路。例如,对于游行示威,首先,予以疏导、劝说(规制性行政指导),如果劝说无效,则限制其路线场所,分段化解,只是在事件转化为打砸抢等暴力活动后才予以强制驱散。其次,执法的柔性化还体现在责任追究的柔性化。例如,对于未经批准的游行示威活动,虽然参加者涉及违法,但只要没有打砸抢等暴力行为,一般不作严格处理。即使是现场拘留,一般登记教育后就予以释放。这种做法可能不符合法条主义的要求,但符合现实需要,属于"只能做,不能说"的做法。据一线人员介绍,因为事件的背后往往有更深刻的原因,严格追究一般群众的责任并不能解决这些深层次问题,柔性化处理反而比较有利于避免进一步激化社会矛盾。

执法的规范化体现在执法机关程序意识和依据意识的增强。由于我国《行政强制法》颁布后,对人身自由的强制集中到了公安机关。这样,其他机关的此类需要就只能求助于公安机关。但是,公安机关却未必有足够的动力去协助其他机关的相关活动。例如,在拆违活动中,城管部门就非常希望公安机关能与其一起行动,但是,公安机关往往要求其提供合法的手续(批文、区政府认定违建的文件等),而这在城管部门看来难免又有刁难之嫌。再如,公安机关在处理冲突时,也非常注意措施是否于法有据。① 为什么会出现这种变化呢?笔者认为,这或许是因为政府内部对突发社会安全事件的事后追责非常严厉。而"强追责"的后果必然是,公安机关等强力部门为了保护自己,需要借助程序和依据的合法性来预作准备,以免贻人口实。这样,在客观上又使执法规范化起来。不过,执法机关的规范主义努力(有规范依据才执法)仍然会遭遇现代法律制度的内在困境,即现代法律制度存在两个基本假定:一是事实认识客观公正,从中可以确立充分的判断基础;二是法律体系完备无缺,从中可以找到唯一正确的答案。但是,法律现实主义的研究揭示了事实认识的不确定性与法律解释的主观性,这两个假设在事实上是不成立的。② 因此,当事实或规范本身处于模糊状态时,执法机关与请求其履行执法职责的其他部门就会在规范适用上产生争议,不得不转求共同上级,甚至共同上级的上级

---

① 当然,笔者所欲强调的只是相对于以前来说现在的情况确实更好一些,并不是说现在的情况已经臻于至善。

② 季卫东:《正义思考的轨迹》,法律出版社 2007 年版,第 123 页。

来解释。[①] 从中可见,鉴于行政,特别是紧急行政对效率的高度需要,面向行政的法律解释机制不应同于面向司法的解释机制,这是一个有待深化的课题。不过,鉴于本书的主题,在此不再着墨更多。只是有一点仍然是可以确定的,即由于事实认定和法律解释的客观性被相对化甚至被否定,为了避免事实认定和法律解释的主体性,取主体性解释而代之的应当是主体间性的制度设计,如费斯(Fiss)所说,由"解释共同体"取代中立第三方的独断主义解释,通过解释参与者的交涉辩驳形成解释的合意——从"一言堂"走向"群言堂"。这就需要在行政法律解释体制中引入交涉程序,让各种意见得到出场的机会。同时,在思考方式上,原有的纯粹基于法律体系的演绎思维也应当被扬弃,基于现实经验的归纳思维应当受到重视。

(五)问题与建议

在这部分笔者想总结一下此次调研中发现的主要问题并试图提出针对性建议。这些问题是根据此次调研的收获总结而来的,未必全面。但是,笔者仍然希望这些从实务部门归纳得来的宝贵经验能够引起更多的共鸣。需要说明的是,我们在前面也夹叙夹议地给出了不少建议——它们也是很重要的——这里的建议只是针对特定问题而已。

1. 利益表达的合法渠道淤塞不通

如上所述,截至2014年,广州市突发社会安全事件的主要类型还是利益冲突型。那么,随之而来的追问就是,为什么利益冲突会产生如此众多的突发社会安全事件?解释自然可以是多样化的。从社会的角度解释:一是社会存在,如社会结构、利益结构的变迁;二是社会意识,如权利意识、行动意识和行动能力的普遍增强等。[②] 如果从政府的角度看,则可以认为利益表达的合法渠道供应不足,使本来在萌芽状态就可以被消除或抑制的利益冲突最终激化为突发性的社会安全事件。以2012年"6·25"广州中山沙溪事件为例,该事件涉及的利益冲突是因为族群之间(本地人与外地人)权益不平等所引起的冲突。长期以来,外地人在社会保障、教育就业等方面受到制度性的歧视,社会存在和社会意识的条件都早已成熟。那么,为什么外地人最终会以一种最极端的方式来表达自己对这个制度的控诉呢?难道就没有其他的表达方式吗?如果仅从现行制度的表象来看,答案可能是否定的。现在的制度供给有人大、政协、信访、法院等多种渠道。而且,公共媒体也是一种意见表达的非正式制度。怎么能说除了暴力就没有其他表达方式呢?事

① 例如,在城管拆违活动中,由于公安的职责就是维持社会秩序,因此,城管认为自己有权向公安发函要求其到拆违现场配合维持秩序。但是,城管的真正意图是一旦被拆者闹事,能够借助公安的力量予以控制。但公安对城管的意图也是非常清楚的,他们担心的是产生恶性后果导致自己被事后问责。因此,他们的心态很矛盾,他们的理性选择就是要求市局或区政府发文确认这类行动的合法律性。这种由于双方对规范的理解不一而产生的扯皮现象反映了行政过程中法律解释机制的重要性,而从双方的行动中还可以看到,人们总是寻求对自己最有利的解释。

② 对这两方面的分析参见本节第一部分"社会环境"中所作论述。

实胜于雄辩。实际上,这些利益表达的制度化渠道已经淤塞不通了,它们要么缺乏代表性,要么被过度干预。尽管这些渠道也在或多或少地表达人们的意见,但这种表达是不全面的表达,也是不深刻的表达。一言以蔽之,这是不到位的表达。政府所感知到的民情民意自然也是不真实的,真实的民意只有在这类事件中才能得到完整的体现。这显然不利于社会的整合和秩序的维护。

因此,政府要获取真实的民意,并借此在冲突发酵之初提前化解,就要疏通那些已经被堵塞的表达渠道,唯此才能“把矛盾解决在基层,消除在萌芽状态”。要搭建起政府与公众之间的沟通之桥,笔者认为最重要的有 3 件事。

一是政府要积极与公众对话,最终形成一个开放的公共话语空间。以政府垄断信息资源为基础的“全景监狱”的社会结构在传播技术革命的冲击下,正在为“共景监狱”的社会结构所代替。“与‘全景监狱’相对,‘共景监狱’是一种围观结构,是众人对个体展开的凝视和控制。他们之间信息的分配已经比较对称了,管理者在信息资源把控方面的优势已经不复存在,试图通过信息的不对称所实现的社会管理遭遇到前所未有的危机。”①如果政府再不适时调整舆论管理的策略,那么现在的传统媒体(广播、电视、纸媒)将日趋边缘化,取而代之的将是以微博、网络社区、手机短信为代表的自媒体。长此以往,传统媒体不但会丧失利益表达功能,而且也会丧失公信力。事实上,这种生存危机早已显现。虽然自媒体也具有强大的利益表达功能,但如果能够为公众所信任的传播媒介只剩下自媒体,也会有意见单一化的问题。② “思想观念的价值,在竞争中才会彰显,在实践中才能检验。”③我们不能先验地认为政府的话语、媒体的话语、不同利益群体的话语全对或全错。共识的达成需要对话和交流、折中和妥协。政府与公众之间不应当是零和博弈,而是可以通过在不断互动中达成共识来化解看似激烈的矛盾。无论是政府还是公众,“以包容心对待‘异质思维’,在对话中协调立场,在交流中化解矛盾,我们才能最大限度地达成共识,推动思想观念的进步”。当然,“相对于普通民众,手握权力的执政者尤其需要这种‘包容’”。④ 因此,政府既应“包容”异质思维,也应当“有效地将自己的话语参与到网络环境下的社会对话中去,这种对话与沟通,虽然不能统一人们的思想,但至少可以使网络舆论的表达更加多元和平衡,它可以在相当大的程度上为社会共识的达成提供一种必要的参照系,并且也可以分散和缓解单一化的网络意见对于社会现实某种破坏性压力”。⑤ 总之,一个开放的公共话语空间才能使各方的利益得到充分表达,使公共

① 喻国明:《社会话语能量的释放需要“安全阀”——从“全景监狱”到“共景监狱”的社会场域的转换说起》,载《新闻与写作》2009 年第 9 期。

② 指只有某一利益群体在表达自己意见,政府、媒体和其他群体集体失声的现象。

③ 人民日报评论部:《以包容心对待“异质思维”》,载《人民日报》2011 年 4 月 28 日,第 14 版。

④ 同上。

⑤ 喻国明:《当前中国舆情的启示》,载《中关村》2010 年第 3 期。

政策在思想的交锋、价值的角力、利益的博弈中得到优化。

二是要引导社会组织的发展，通过社会组织协调社会关系、拓展政府与利益群体的对话渠道。一方面，社会组织本身就具有协调社会关系的“减震器”与“黏合剂”功能。“实践日益证明，大量社会性、公益性、事务性的社会管理，党委和政府统统都来管，管不了也管不好。各类社会组织，应当也必须成为党和政府推进社会管理的重要资源。这就是为什么胡锦涛同志在论及社会管理时要强调‘社会协同’。”①另一方面，社会组织有利于利益表达的正常化。这种作用，也体现我们在各种“环境协会”传播绿色文明理念的突出贡献中。

三是要将政法体制中已有的利益表达制度落到实处。法治既是压力，也是要求，更是手段。在许多情况下，人们之所以选择非法的方式去表达意见，无非是因为合法的途径淤塞不通。疏通已有的制度渠道，让沟通更规范化，公众也就没有上街的必要。例如，扩大行政诉讼的受案范围，并在实质上改变“受理难”的问题，让更多的行政争议进入司法；②再如，减少对基层人大代表选举的干预，让人大代表能够更好地代表和反映不同利益群体的意见；等等。

2. 结构性问题需要顶层设计，也需要及时响应

我国县域国土面积占全国90%以上、人口数量占全国70%以上，大量矛盾冲突发生在基层，也化解在基层。可以说，基层政府是一道压力的承重墙，也是稳定的防火墙。但是，大量的基层矛盾却根源于顶层设计的不足，即结构性问题。例如，增城新塘事件和中山沙溪事件的制度原因就可以归结为现行户籍制度的不公正，它使外地人不仅在财富方面，而且在社会地位、发展机会、精神领域、文化教育机会、政治权利等多方面都处于不利地位。强力维稳只能解一时之困，基层干部也日益感觉到顶层设计的滞后对基层维稳造成的长期而巨大的压力。因此，“我们应该理解‘一根针’对‘千条线’的艰辛，应该体谅基层干部工作的难处”。③

要解决结构性问题，从广州市的经验来看，这些结构性问题很多，但目前主要集中在民生领域。从调研结果来看，最突出的是3个方面：(1)土地征收、拆迁；(2)环境保护；(3)劳动争议，堪称“三驾马车”。应当看到，民生领域毕竟是改革风险较小的领域，因此，政府仍然拥有改革所必需的时间。面对剧烈的社会转型期的时代背景，面对一些领域改革“一管就死，一放就乱”的前车之鉴，要大刀阔斧地推动顶层设计，挑战可想而知。但客观地说，由结构性问题导致的社会矛盾已经积累到相当危险的程度，即便是民生领

① 人民日报评论部：《让“社会组织”助推社会和谐》，载《人民日报》2011年4月14日，第14版。

② 莫于川、雷振：《我国〈行政诉讼法〉的修改路向、修改要点和修改方案——关于修改〈行政诉讼法〉的中国人民大学专家建议稿》，载《河南财经政法大学学报》2012年第3期。

③ 人民日报评论部：《解好基层治理的“二元方程式”》，载《人民日报》2011年11月10日，第14版。

域，对结构性问题的解决不仅是政府的必修课，更是在与公众的期待赛跑，无疑既紧迫又艰难。诸多突发社会安全事件昭示了这一严峻形势。

要解决结构性问题，地方既要等待，又不能消极等待中央的顶层设计，而是要善于及时响应公众意见，不能坐视不管。“最大限度激发社会活力、最大限度增加和谐因素、最大限度减少不和谐因素”，是胡锦涛同志对加强和创新社会管理的总要求。地方对结构性问题的及时响应，也应当是在本地区、本部门能力范围内“最大限度”的制度创新。例如，地方政府虽然不能改变户籍制度，但可以在与户籍相关的制度上作增量改革，尽量对外地人一视同仁，从而最大限度地化解户籍制度的负面效应。

3. 社会管理部门对维稳部门的支持不够，维稳部门孤军奋战、独木难支

以公安机关为主的维稳部门位于处突第一线，其主要职责是维护或恢复突发社会安全事件所破坏的社会秩序。毋庸讳言，面对突发社会安全事件造成的社会动荡，强力手段的使用是必要的，事实上也是经常的。

但是，事实并不容乐观，从与公安机关的座谈中我们感受到，公安机关的最大困惑是，与事件相关的社会管理部门并不愿配合公安机关在事后将矛盾实质性化解。究其原因，一是“怕”。由于事件的发生和这些部门的工作总是有或多或少的联系，揭开盖子去化解矛盾容易使本部门的失误曝光。二是“惰”。根据公共选择理论，政治场域和经济场域一样，政治人也是“理性人”，他们的行为可以从他们对行为成本收益的预期中得到解释。从短期来看，冲突的实质性解决需要花费大量的人力物力，甚至“吃力不讨好”。简言之，成本高于收益。但他们又不能明示拒绝。于是，推诿拖延就成了最理性的策略。三是“私”。有的事件本来就是因为公权私用造成的。可以预期，这一问题的后果如下：(1)由于维稳部门与社会管理部门的责任没有被准确切割，维稳部门成了社会管理部门的挡箭牌，自身的形象、权威、公信力将受到破坏；(2)长此以往，恶性循环，矛盾得不到实质性解决，维稳将不可持续。

要解决这一问题，须从行政外部去寻找可用的工具。在这方面，笔者建言：(1)推动司法与行政的分离，减少党委、政府对司法的不正常干预，通过司法追究社会管理部门的责任，让公众与政府的利益冲突能通过中立的司法机关得以纾解；(2)推动信息公开，让相关社会管理部门的行为曝光，区分维稳部门与社会管理部门的责任，为行政内部监督和反贪侦查提供线索。

二、苏州市调研报告

课题组于2012年7月26日、27日，对苏州市突发社会安全事件应急法律机制的运行情况进行了实地调研。课题组主要通过访谈问卷和座谈会等形式，来了解苏州市的情况，以尽可能全面地获取信息；同时，也发放了一些突发社会安全事件应急法律机制的相关材料。下面笔者将以此次调研所获得的信息为基础，从苏州市的社会经济环境、苏州市突发社会安全事件应急法律机制主要做法措施和主要问题等视角展开讨论，分析其成

因，进而找到解决的对策。

（一）苏州市社会经济环境

苏州市为江苏省的一个地级市，位于江苏省南部，东临上海，南接浙江，西抱太湖，北依长江，下辖昆山、张家港、常熟、太仓4个县级市和吴中区、相城区、虎丘区、吴江区、姑苏区5个区，以及苏州工业园区这一县级单位，总面积8848平方公里，水域面积占42.5%，市区国土面积1650平方公里。苏州市地处宁沪杭地区，交通发达，历史上京杭大运河的修建为苏州带来了繁荣，现在水运在交通运输中仍占重要地位，45%的货运靠水路运输。铁路公路四通八达。在空运方面，距上海虹桥机场85公里只有1小时车程，距浦东国际机场也只有2.5小时的车程。苏州市处在大中城市比较密集的地带，在经济上受上海市领导，在政治上受南京市领导，周围有无锡市、常州市、南通市、嘉兴市、湖州市、杭州市等，这种地理环境，一是使各种生产要素流动快，可以带来生机和活力；二是农村处于城市圈中，受城市文明的带动辐射，有利于城乡一体化的形成。

截至2018年年末，苏州市常住人口约1072万人，其中，城镇人口约815万人，户籍人口703余万人，流动人口约300万人。苏州市大规模的流动人口在对其经济发展做出巨大贡献的同时，也对其社会治安稳定带来了深刻的影响。

（二）苏州市主要突发社会安全事件类型

1. 劳资关系纠纷引发的社会安全事件

近年来，苏州市经济社会的快速发展，企业产权所有者、经营者、劳动者各自利益取向日益清晰和独立，所有者追求收益最大化、经营者追求利润最高化、劳动者追求待遇最优化。广大企业员工，特别是新生代农民务工人员的就业理念发生了根本性变化，法制意识和维权意识不断增强，不再仅局限于对工资报酬的基本要求上，而是对人格尊严、职工权益、企业环境、人文关怀等软环境提出了更高的要求。职工诉求正逐步从“合法”向“合理”转变，出现了企业职工采取集体停工等激进方式维权的现象，增加了区域劳动关系的不稳定因素。2011年6月开始，苏州市某区相继出现了大展电路（苏州）有限公司、苏州虹桥印铁制罐有限公司、岛田光电（苏州）有限公司等多家企业员工集体停工事件，呈现参与人数多、持续时间长、处理难度大的特点。其中，参与人数最多的达250人，持续时间最长的为12天，严重影响了企业经营发展和社会和谐稳定。

从整体上来看，在一段时期内苏州市劳动关系仍存在一些不稳定因素：一是工资纠纷可能继续增多，由于本地企业工资增幅长期偏弱，大量员工工资停留在最低档次，因涨薪诉求引起劳动关系纠纷的风险较高；二是劳务派遣存在隐患，作为新的职工“亚群体”，劳务派遣工的劳动权利和经济利益得不到有效保障，同工不同酬现象较为严重，社保缴费基数停留在法定最低线，涉及这部分群体的劳资纠纷可能有增长趋势；三是群体性劳资纠纷呈易发、多发态势，个体员工因共同利益抱团体维权的倾向明显，劳资纠纷逐渐由个体维权向群体维权发展，加之社会媒体对此类纠纷的关注，大大增加了预防和处置难度,处置不当极易引起群体性事件。

2. 土地征收矛盾引发的社会安全事件

随着苏州市道路建设的发展和工业开发、小城镇建设的推进,建设性项目征地范围逐渐扩大,但由于不同期项目的补偿政策不统一,容易引起农民的不满情绪。征地补偿问题牵扯到农民的切身利益,农民在这个问题上空前团结,在形式上往往表现为集体上访或越级上访,如果处理不妥,将可能会激化为群体性事件。从该市信访形势来看,反映出土地方面问题的占相当一部分。村干部在这个问题上基本上没有发言权,因为群众认为他们是政府代表,替政府讲话,因此对他们不信任,有发言权的往往是村中真正德高望重的人。在土地征收问题上,加之一些历史原因,使其更复杂,群众争执激烈,一旦处理不当,就容易发生影响社会稳定的安全事件。

此外,其他的一些矛盾纠纷,如环境污染纠纷、医疗纠纷、企业改制纠纷、村务管理纠纷等,若处理不及时、不妥当,也容易导致突发社会安全事件的发生。

(三)主要经验:通过社会稳定风险评估机制预防突发社会安全事件

由于重大建设工程、重大决策等重大事项引发的群体性矛盾日益增多,苏州市积极探索建立重大事项社会稳定风险评估机制。在定政策和上项目之前,不仅要作经济、技术、环境的评估,“该不该干”;也要作社会风险评估,“能不能干”。重大决策由决策拟订部门组织实施评估和全面审查;重点项目由项目报建单位自行或委托第三方中介机构开展风险分析和评估,由项目审批部门牵头组织相关部门和地区对风险分析和评估内容进行联合审查。风险评估机制的实施,大大增强了源头化解社会稳定风险的工作合力和重大事项推进力度,取得了良好的社会效益和经济效益。以下对苏州市下辖的某些市区的社会稳定风险评估机制进行介绍。

1. 吴江市①推进社会稳定风险评估的举措

一是加强组织领导。2011 年年初,维稳办(稳评办)专门印发了《关于进一步做好2011 年社会稳定风险评估工作的通知》和《关于上报 2011 年社会稳定风险评估项目的通知》两个文件,对全年稳评工作作出安排部署,分解落实评估任务,各地各部门也成立了稳评工作班子,明确专人具体负责本地区本部门的稳评工作。截至 2014 年,全市共报备开展风险评估项目 42 个,其中,上报苏州市定项目 30 个,本市自定项目 12 个。

二是强化培训指导。通过召开例会、集中学习、座谈交流、外出参观、实地辅导等多种方式,对稳评工作的具体要求、评估重点、操作程序、措施方法等内容进行系统培训指导,不断提升稳评工作人员的相关业务知识和工作方法、能力,提高稳评工作的科学性。

三是明确评估重点。认真梳理与广大群众利益密切相关、社会关注度高、敏感性强

---

① 2012 年撤销吴江市,设立苏州市吴江区,因为调研时还没有改变行政区划,因此,此处和下文仍然保留调研时的措辞和结果。

的工作事项，将征地拆迁、人才发展、医疗改革、环境保护、城乡建设等列为全市风险评估重点领域，各地各部门结合自身实际，确定适合自己的评估重点和评估项目，提高稳评工作的针对性和实效性。

四是细化程序内容。对确定开展稳评的项目内容、政策依据、进度安排、社会效益等情况及时报备，确保各项工作顺利推进并取得预期成效，评估过程中认真做好资料收集、问卷调查、民意测验、不稳定因素分析预测、化解应急方案制定等工作，以保证对项目的合法性、合理性、可行性、安全性作出全面评估，并注重抓好通过评估项目实施过程的监督和协调，及时发现、化解可能出现的问题和矛盾。

五是严格责任追究。把实施社会稳定风险评估工作的成效纳入社会治安综合治理和平安创建考核内容，对工作不到位、措施不得力或因没有实施风险评估而引发不稳定事件和群体性事件的，给予综治警示，造成重大影响的，实施一票否决，并追究相关人员责任。

2. 吴中区推进社会稳定风险评估的举措

吴中区结合当地实际，扎实开展社会稳定风险评估工作。截至 2014 年，该区已确定 15 个风险评估项目，其中的 6 个项目被列为重点评估项目。在风险评估工作中，已走访群众 320 人，召开座谈会 16 场次，发放调查意见表 850 份，收到群众意见和建议 50 余条，形成评估报告 2 份。

一是领导重视。2012 年 6 月 4 日，吴中区召开了社会稳定风险评估工作会议，就开展社会稳定风险评估工作进行专题部署。随后，区政府主要领导和区委、区政府分管领导即召集区有关部门领导召开碰头会，认真听取区维稳办前阶段风险评估工作情况，明确提出 2012 年必须在全区各镇街道进行全面试点，并要求注重稳评工作的可操作性、可稳控性，切实解决实际问题。根据区维稳领导小组发文，各镇街道均成立了维稳办（稳评办），有效增强了全区维稳基层工作实力，确保了各项维稳工作的贯彻实施和具体落实。

二是规范操作。在社会稳定风险评估工作开展前，该区统一制定了全区的指导性方案，明确评估内容，统一评估程序，规定方法步骤，明晰责任主体等；要求重点领域所涉部门制定本条线系统方案，统一条线规范操作；各镇街道则制定具体实施方案。同时，规定试点时限，分阶段进行，使全区能同步协调开展。该区维稳办根据方案要求、领导指示和上级工作规范，统一规范了评估工作 8 个方面内容及台账要求，包括稳评工作方案、拟实施出台的重大事项的名称及基本情况资料，重大事项涉及的法律、法规及政策依据等资料，调查走访社情民意的相关问卷及民意测验资料，召开听证会、专家座谈会的会议资料，社会稳定风险预测评估化解工作综合报告，化解不稳定因素和应对可能引发群体性事件的工作预案，同级维稳工作领导小组的审定记录等，精确指导各地各部门规范操作。防止各地在评估时“偷工减料”。

三是强化督查。为推进风险评估工作落实，该区维稳办会同区综治办，对全区每个镇、街道开展了为期10天的专项督查指导，全区15个评估项目及时上报到区委区政府，区主要领导和稳评领导小组成员根据汇总情况，逐个研究，并从中筛选出了6个重点项目上报市维稳办。该区维稳办会同区综治办还召集6个重点评估单位听取汇报，互相交流工作经验，及时发现风险评估工作中存在的实际问题，共同探讨，协调解决，保障了重点项目评估工作的顺利进行。同时，将社会稳定风险评估工作列入平安建设考核。

3. 昆山市和金阊区①开展社会稳定风险评估工作的做法

昆山市部署开展社会稳定风险评估工作的做法有以下几点。一是明确评估重点领域。将涉及城市建设和管理、事业单位改革、国有企业关停改制、"三农"方面的有关重大决策事项及其他涉及较大群体切身利益的政府重点、实事工程等8方面内容列为评估重点。二是明确评估内容。重点评估相关决策、项目、事项出台是否符合法律政策规定，是否考虑到各方面群体的利益，与本地区经济社会发展总体水平是否相适应，是否会有引发重大社会矛盾等影响社会稳定的隐患等。三是明确责任主体。重大决策、项目、事项主管部门是社会稳定风险评估的责任主体，并对评估结论负责。四是明确追究制度。对因没有实施社会稳定风险评估工作而存在重大隐患或引发重大群体性事件的，根据情况实施综治警示或"一票否决"。

金阊区在开展社会稳定风险评估工作过程中，出台了《涉诉矛盾纠纷社会稳定风险评估办法》，该评估办法提出了"各司其职、各负其责、归口管理、协调配合"的工作原则和定期评估与临时评估、类案评估与个案评估、重大评估与一般评估相结合的评估方法。该评估办法明确了涉诉矛盾纠纷社会稳定风险评估的重点案件和风险分级，并根据风险级别的高低分别采取不同的措施以化解矛盾，维护社会稳定。在立案审查及纠纷分流中，承办法官及立案庭应当进行社会稳定风险评估，对确定为"较高"或"严重"或"特别严重"等级的案件，应当如实填写涉诉矛盾纠纷社会稳定风险评估表，随案移送审判、执行部门作重点提示，并通报全院各部门。该评估办法强调了信息报送的工作责任。对确定为"较高"或"严重"或"特别严重"等级的案件，根据规定在第一时间向上级法院迅速准确、全面报送信息，并及时续报发展动态及处理情况。同时，对因风险评估及矛盾化解工作严重不负责任引发影响社会稳定事件的，将严肃追究有关部门及有关人员的工作责任。

（四）结语

美国政治社会学家塞缪尔·P. 亨廷顿认为，现代性孕育着稳定，而现代化过程却滋生着动乱，稳定成为问题是变革社会的特征。当前，我国正处在社会转型与体制转轨、利益分化程度加大、各类社会矛盾凸显的时期，且矛盾的关联性、聚合性、敏感性不断增强，

---

① 2012年撤销金阊区，与平江区、沧浪区合并设立苏州市姑苏区。因为调研时还没有改变行政区划，因此，此处和下文仍然保留调研时的措辞和结果。

社会稳定蕴含着巨大的风险。实践表明，重大事项，尤其是涉及人民群众切身利益的重大事项的出台或实施已成为当前引发群体性事件的"导火索"。因此，规范和完善重大事项出台前的程序和规则，探索建立重大事项社会稳定风险评估制度，对于促进科学决策、民主决策、依法决策，从源头上预防和减少社会矛盾，消除社会稳定风险诱因，推动科学发展、构建和谐社会，具有重大意义；亦是维稳工作追寻的社会矛盾由被动调处向主动化解转变、事后处置向事前预防转变、"谋事"向"谋势"转变、治标向治本转变的重要路径。

三、北京市（延庆县）调研报告

（一）延庆县①地域特点对突发事件应急管理的影响

北京市延庆县是著名的避暑胜地，有北京市"夏都"之美誉，是京郊旅游大县，也是我国第一个整个行政区域通过 ISO14001 环境管理体系认证的县，在北京市城市总体规划中的功能定位是首都生态涵养发展区，是北京市重要的生态屏障和水源保护地。由于鲜明的地理、环境等因素，延庆县在突发事件的应急管理方面也面临特殊问题。

第一，地形、气候等客观致灾因素突出。东、南、北三面环山，西临官厅水库，山区广阔、地形复杂、林木覆盖率高，泥石流、滑坡等地质灾害以及森林火灾事故多发。延庆县地处延怀盆地，地势东高西低，平均海拔 500 米，属大陆性季风气候，地处Ⅶ—Ⅷ度高地震烈度地区，受多种气象灾害影响，存在诸多产生突发事件的自然条件，大风、沙尘暴、冰雪等气象灾害发生频次较高。

第二，过境交通影响显著。延庆县东邻怀柔，南接昌平，西与河北怀来县接壤，北与河北赤城为邻，京藏高速、京新高速、大秦铁路、京张高铁穿境而过，是联结首都与河北省、山西省、内蒙古自治区等西北区域的交通要道。作为首都连接京西北物流通道的重要枢纽，承载大量过境交通，且危险化学品运输车辆多，易发生交通堵塞、交通事故和危化品泄漏、爆炸事故。此外，由于和外省接壤，非指定进京路口多，外源输入性风险较高，重大动、植物疫情和传染病疫情等防控压力也较大。

第三，地理位置独特。延庆县位于北京市西北部，距离市区 74 公里，一旦发生突发事件，短时间内不容易得到市和相邻区县的支持，必须依靠本县应急资源，增加了应急处置难度。山地自行车、越野跑、远足等休闲体育群体型比赛近年在延庆区举办得越来越多，也带来了更多安全风险。

第四，人口结构特殊。延庆县域面积约 2000 平方公里，山区 1320 平方公里，占 66%。全县辖 15 个乡镇、3 个街道、376 个行政村、33 个社区，总人口 32.3 万（常住人口 31.7 万），农业户籍人口 16.5 万，占 62.2%。延庆县 2/3 为山区、半山区，城市化水平较

① 2015 年撤销延庆县，设立延庆区。它也是将于 2022 年由北京—张家口联合举办冬季奥运会和残奥会的主要赛区所在地。因为调研时还没有改变行政区划，仍是延庆县的称谓，且未推行新一轮的党和国家机构改革部署中的应急管理体制改革，尚未成立应急管理局，故此处和下文仍保留调研时的措辞和结果。

低,农业人口仍占较大比重,村民对突发事件的防范意识,自救、互救的知识和技能欠缺,抵御风险能力较低。

第五,新发社会性因素不容忽视。城市居民拆迁、农村占地补偿和企业拖欠工资以及其他经济社会问题,将是引发群体性上访事件和个人极端暴力事件的重要因素。

综上所述,延庆县地理位置、地形气候独特,城乡发展不平衡,经济社会发展相对滞后,管理水平有待提高,存在诸多产生突发事件的社会因素。随着延庆县城市建设步伐的加快,各类安全事件发生的可能性大大增加。因此,增强政府的应急能力,对保证经济正常运行和维护社会稳定,提高延庆城市现代化管理水平,加快现代化建设步伐,努力实现经济、社会、人口、资源、环境的协调和可持续发展,具有重大意义。

(二)延庆县应对突发社会安全事件的体制

延庆县并没有专门的应对突发社会安全事件的体制,而是设立了一套适用于各类突发事件的"通用型"管理体制,这也是基层的一般做法。就该体制而言,延庆县已形成县、乡镇、村三级的纵向应急管理结构,以及包含若干专项指挥机构的横向管理结构,形成"县应急委统一领导,县应急办综合协调、部门专业处置、乡镇(街道)全力配合"的突发事件处置体系,实现了"横向到边、纵向到底",并积极吸纳专家参与应急管理的决策咨询工作。整体来看,该县应急管理组织机构由领导机构、办事机构、专项指挥机构、专家顾问组、基层应急机构等构成。

1. 领导机构

2005 年 10 月,延庆县成立突发事件应急委员会(以下简称县应急委),在市应急委和县委、县政府的统一领导下,统筹开展全县突发事件应对工作。县应急委的主要职责:研究制定全县应对突发事件重大决策和指导意见;审定县突发事件总体应急预案;开展较大突发事件和一般突发事件的组织指挥工作;参与本县内发生的特别重大和重大突发事件的处置工作,重点做好先期处置、相关保障工作和善后工作;在应对突发事件工作中,协调与市政府、市各机关、驻延部队等有关部门的关系;分析总结年度全县应对突发事件工作。

县应急委主任由延庆县县长担任,副主任由县委分管副书记和县政府常务副县长担任;委员由县委县政府分管领导、县委办公室主任、县政府办公室主任和县公安局局长担任,组成人员为县委县政府办公室分管副主任、县各突发事件专项应急指挥部办公室主要负责人、县委县政府相关单位主要负责人、县武装部部长、各乡镇乡镇长和街道办事处主任。县应急委设秘书长和副秘书长,负责应对突发事件的统筹协调工作。秘书长由县政府办公室主任担任;副秘书长由县委、县政府办公室副主任和县委宣传部主管副部长担任,负责按照各自分工协助秘书长开展工作。

2. 办事机构

延庆县突发事件应急委员会办公室(以下简称县应急办)是县应急委日常办事机构,

设在县政府办公室，加挂县应急指挥中心牌子，协助县政府领导同志组织处理需要县政府直接处理的突发事件，承担县应急委具体工作。县应急办根据县应急委的决定，负责规划、组织、协调、指导、检查本县突发事件的预防和应对工作及应急管理的预案、体制、机制和法制建设。

县应急指挥中心（县应急办）在县政府办和县民防局建有2个应急指挥场所，并配备相应的设备设施，作为突发事件发生时县应急委的指挥平台。

3. 专项指挥机构

延庆县应急委下设14个突发事件专项应急指挥部（以下简称专项指挥部），分别为：县城市公共设施事故应急指挥部、县突发公共卫生事件应急指挥部、县人防工程事故应急指挥部、县电力事故应急指挥部、县建筑工程事故应急指挥部、县交通安全应急指挥部、县消防安全应急指挥部、县地震应急指挥部、县森林防火应急指挥部、县防汛抗旱应急指挥部、县重大动物疫情应急指挥部、县安全生产事故应急指挥部、县反恐和刑事案件应急指挥部、县旅游安全应急指挥部。专项指挥部总指挥由县应急委主任或分管县领导担任。专项指挥部主要职责：贯彻落实相关突发事件应对法律法规；研究制定本县应对突发事件的政策措施和指导意见；负责具体指挥本县一般及较大级别突发事件应急处置工作；做好重大及特别重大突发事件的先期处置，并主动参与应急处置工作，协助做好相关善后工作。分析总结本县相关突发事件应对工作，制订工作规划和年度工作计划；负责本指挥部所属应急救援队伍、应急物资的建设和管理等工作；承担县应急委交办的其他任务。

县各专项指挥部办公室设在县相关单位，作为专项指挥部的常设办事机构，负责组织落实本指挥部决定，协调和调动成员单位开展相关突发事件应对工作。县相关单位分别按照各自职责和业务范围，在县应急委的领导下，具体负责相关突发事件预防、指挥和处置等应对工作。

除以上14个专项指挥部外，如发生其他突发事件，可由相关主责单位组织成立临时应急指挥部，并由分管县领导任总指挥，具体负责相关突发事件指挥和处置等应对工作。

各类突发事件处置牵头单位为主责单位；专项应急预案规定的参与突发事件处置的单位为协作单位；县委宣传部、县发展改革委、县财政局、县商务委、县民政局、县卫生局、市药监局延庆分局、县气象局等单位是处置各类突发事件的保障单位。

此外，在相关突发事件应急预案中还具体规定了全县民兵、预备役部队和驻延部队的应急救援任务。

4. 专家顾问组

县应急委、各专项指挥部应分别聘请专家，组成突发事件专家顾问组。专家顾问组主要职责：为延庆县中长期公共安全规划、信息系统的建设与管理、灾害科学最新发展趋势的跟踪等方面提供意见和建议；对突发事件的发生和发展趋势、救灾方案、处置办法、灾害损失和恢复方案等进行研究、评估，并提出相关建议；发生突发事件时提供科学、有效的决策咨询方案。

5. 基层应急机构

延庆县下辖15个乡镇，有龙庆峡和八达岭2个重点景区，其中，八达岭经济开发区为县属特区。各乡镇政府、各街道办事处和八达岭特区办事处、龙庆峡管理处、延庆经济开发区管委会、八达岭经济开发区管委会（以下统称重点地区管委会）建立相应的突发事件应对工作体制和机制，设立应急管理机构，配备专职工作人员，具体组织实施本辖区各类突发事件的应对工作，负责做好辖区内一般和较大突发事件的先期处置工作，并配合主责单位做好相关处置工作。

村民委员会（以下简称村委会）和居委会有明确的突发事件应对工作责任人，协助政府及有关单位做好突发事件应对工作。学校、企业等基层组织和单位在上级政府及其相关单位的指导下开展应急管理工作。

（三）延庆县突发社会安全事件应急机制

1. 延庆县应急预案体系

延庆县应急预案体系分县，乡镇政府、街道办事处和八达岭特区办事处、龙庆峡管理处、延庆经济开发区管委会、八达岭经济开发区管委会，基层单位三级管理；由总体应急预案、专项应急预案、应急保障预案、部门应急预案、基层单位应急预案和大型群体性活动应急预案组成。

2. 突发社会安全事件的种类

延庆县将社会安全事件分为7类11种：恐怖袭击事件（恐怖袭击事件）；刑事案件（刑事案件）；经济安全事件（生活必需品供给事件、能源资源供给事件、粮食供给事件）；涉外突发事件（涉外突发事件）；群体性事件（民族宗教群体性事件，影响校园安全稳定事件，上访、聚集等群体性事件）；旅游安全事件（旅游突发事件）；新闻舆论事件（新闻舆论事件）。这种分类尽管在逻辑上不尽周延，但基本对应了实际情况。

3. 主要类型社会安全事件应急预案及编制单位

延庆县县级层面预案共36部（包括总体预案31部，专项预案5部），部门预案70余部。此外，乡镇层面的预案，通常由县应急办先进行预案制定的培训，由各乡镇分别制定，报县里初审，再报相关单位征求意见；构建了县、乡镇（街道）、基层三级管理模式，累计修编各类预案2000余个，初步实现了预案覆盖面横向到边、纵向到底。就社会安全事件而言，主要有以下类型的应急预案。

一是县专项应急预案，包括县恐怖袭击事件和重大刑事案件应急预案（县公安局）、县群体性事件应急预案（县维稳办）、县民族宗教群体性事件应急预案（县民政局）、县影响校园安全稳定事件应急预案（县教委）、县涉外突发事件应急预案（县政府外办）、县旅游突发事件应急预案（县旅游局）。

二是县部门应急预案，主要有县市场价格异常波动预警和应急监测工作实施办法（县发展改革委）、县建筑业农民工群体性事件应急预案（县住房城乡建设委）、县房屋拆迁纠纷群体性事件应急预案（县住房城乡建设委）、县水务反恐怖袭击应急预案（县水务局）、县生物恐怖袭击防范工作方案（县卫生局）、县涉及劳动保障方面群体性事件处置工作方案（县人力社保局）、县公共文化场所和大型社会文化活动突发公共事件应急预案（县文委）、县大型体育赛事及群众体育活动突发事件应急预案（县体育局）等。

4. 突发社会安全事件处置措施

延庆县在应对突发社会安全事件上形成了监测预警、信息报送、先期处置、指挥协调、响应升级、社会动员、信息发布、善后处置、保险救助、调查评估等一整套监控管理链条。

社会安全事件发生后，根据事件情况，由县应急委组织相关单位和事发乡镇政府、街道办事处及重点地区管委会，并由公安机关针对事件的性质和特点，采取以下一项或多项措施：

一是尽快了解和分析事件起因，有针对性地开展法制宣传和说服教育，及时疏导、化解矛盾和冲突；

二是维护现场治安秩序，对使用器械相互对抗或以暴力行为参与冲突的当事人实行强制隔离，妥善解决现场纠纷和争端，控制事态发展；

三是对特定区域内的建筑物、交通工具、设备、设施以及燃料、燃气、电力、水的供应进行控制，必要时依法对网络、通信进行管控；

四是封锁有关场所、道路，查验现场人员的身份证件，限制有关公共场所内的活动；

五是加强对易受冲击的核心机关和单位的警卫，加强对重要人员、场所、部位和标志性建筑的安全保护；

六是严重危害社会治安秩序的事件发生时，立即依法出动警力，加大社会面检查、巡逻、控制力度，根据现场情况依法采取相应的强制性措施，尽快使社会秩序恢复正常；

七是法律、法规等规定的其他必要措施。

5. 有关社会安全事件应急管理的规范性文件

延庆县先后制定了应急委工作规则、信息管理办法、预案管理办法、演练管理办法、应急通行管理暂行办法、应急管理考核办法、专项准备资金管理暂行办法等一批规章制度，制发了基层应急宣教工作和公共安全风险管理工作的指导意见。此外，有关社会安全事件应急管理的主要规范性文件还有：《北京市人民政府办公厅印发关于集中开展“消防平安行动”实施方案的通知》（京政办发〔2011〕5 号）；《北京市人民政府办公厅转发市公安局关于全面加强本市春节庙会活动组织管理工作意见的通知》（京政办发〔2011〕3 号）；《北京市大型群众性活动安全风险评估工作规范（试行）》（京公治字〔2010〕1463 号）；《北京市社会治安综合治理条例》（2010 年 12 月修正）；《北京市旅游局关于印发〈北京市旅游突发事件报告制度规定〉的通知》(京旅发〔2009〕4 号);《北京市大型社会活动安全检查办法》(北京市人民政府令第 195 号);《北京市大型群众性活动安全管理条例》(2010 年 7 月修订);《延庆县重大决策信访风险评估办法》(延办发〔2009〕21 号)等。

(四)延庆县应急管理体系的经验与发展中的问题

1. 延庆县应急管理体系的经验

2009 年以来,截至 2014 年,延庆县每年处置的突发事件在 130 起以上,但总体数量呈现逐年递减的趋势。尤其是近年来,延庆县结合县域特点处置了一系列突发社会安全事件,社会效果良好。例如,2011 年香营中学因发生学生死亡,从而引发学生家属聚集事件,该事件既涉及校园安全,社会敏感度又高,县委、县政府、县教委、公安局等职能部门以及乡政府积极有效的处置,避免了群众聚集围观乃至更严重的相关群体性事件。该县处置社会安全事件的主要经验有以下方面。

一是始终坚持以"一案三制"为核心,紧密围绕制度建设、风险管理、预案编制、信息管理、应急保障和宣教动员 6 个环节。具体而言:制定了一批规章制度;初步构建了"应急办组织评估、主责单位牵头整改、督查室全称督查"的县级综合风险管理模式;构建了县、乡镇(街道)、基层三级管理模式,初步实现了预案覆盖面横向到边、纵向到底;制定信息管理办法,明确了突发事件信息报告的"按时报告、逐级报告、全程报告、准确报告、统一报告"五项原则;制定了专项准备资金管理暂行办法,建成了县应急指挥中心两个互为备份的指挥平台,加强了应急保障能力;高度重视宣教动员工作。

二是在基层应急管理工作中强调"两个环节八件事"。此即常态管理环节要抓好体制机制、风险排查、预案编制、宣教演练 4 件事,非常态管理环节要抓好信息报告、先期处置、协助处置、善后处置 4 件事。该县以农村、社区干部和志愿者、公益性岗位工作人员为基础,组建了 800 人的应急信息员队伍,负责日常安全信息的收集;利用电视、广播、民防警报以及为村干部配备农信机形成应急职守系统,实现信息迅速发布。此外,在全县 376 个行政村显著位置统一设置了突发事件报告常用电话标识牌,提高信息覆盖面。实行 50 户属于一个中心户长(信息员)管理,并为其发放必要的工作经费。同时,还建立了 41 支 700 余人的专业应急处置队伍。

三是筑"八大平台"全方位分层次强化应急宣教工作。整合县委宣传部理论中心组学习、县委组织部干部培训、县人力社保局干部培训、县应急办业务培训、县红十字会应急救护培训、县应急网、农村广播系统、农村党员电教平台 8 大平台,初步构建了多渠道、立体化、分层次、全方位的应急宣教网络,实现了县级领导、二级班子领导、应急管理工作人员、单位干部职工、专业应急队伍和基层群众全覆盖。2009 年,延庆县将应急宣教工作列入县委县政府民办实事工程,并下发《关于进一步加强基层应急管理宣教工作的意见》,明确规定大学生村官作为基层应急管理宣传员的职责,明确各部门、各单位和基层组织的职责分工，明确提出每月宣教事件不得少于4小时的具体要求，全面加强对应急宣教工作的监督和指导。2012年，延庆县又着手组建县公共安全讲师团，确定公共安全专题，直接输入基层单位授课；同时，还鼓励创新宣教方式，将公共安全知识穿插进民间演出节目，作为农村漫画创作的题材，使应急宣教工作真正走进了群众生活。

四是将应急管理工作纳入二级班子考核体系。自2007年起，延庆县将全县二级单位即各委办局、乡镇、街道的应急管理工作情况与其绩效考核相挂钩，率先在全国将应急管理工作纳入了二级班子及其主要领导年度绩效考核体系，极大地提高了全县各级领导干部对应急管理工作的重视程度，有效规范了二级单位应急管理工作，强化了应急办的综合协调指挥能力，取得了很好效果。此做法得到了国务院应急办和市应急委领导同志的积极评价，并被明确规定于《北京市实施〈突发事件应对法〉办法》中，作为法条得以固化和推广。

五是重视信访工作在预防和处置社会安全事件中的作用。2008年，延庆县提出"一条龙"信访工作法，即县领导接访为龙头、部门联动、基层单位落实；各乡镇专门设置一个属于行政编制的信访办主任；吸纳原崇文区信访代理制，由乡镇代理信访人向上级部门反映诉求并返回处理结果；成立涉法涉诉信访专家组，由民警、律师、心理专家组成。强化源头预防机制，防范信访事项衍生其他社会安全事件，制发《延庆县重大决策信访风险评估办法》，确立"谁决策、谁评估、谁负责"的原则。2011年，延庆县提出由群众工作统揽信访工作，在全国信访工作宁波会议上延庆县作为试点进行了经验介绍。

2. 延庆县应急管理体系发展中存在的问题

一是需要进一步加强应急演练工作。由于延庆县属于北京市的农业大县，农业人口比例高，加之区域相距中心城区较为偏远，当地政府和居民的自我应急救援能力的高低直接影响事件的妥善处置和发展，因此，在全面的宣教工作基础上，仍然需要加强对日常应急演练人力、物力、财力、精力的投入。

二是尽管已经建立纵横覆盖的应急管理体系，但是考虑到社会管理网络体系与应急管理有所交叉，因此，可以进行资源整合。并且，有必要明确社会管理网络各部分及其工作人员在社会安全事件应急体系中的职责权限。

三是由于《突发事件应对法》对社会安全类事件没有进行分级，因此，基层政府和下级单位在处置社会安全事件时缺乏一定的量化标准。延庆县有关部门亦提出是否可以按涉事人员数量来确定事件等级的想法，同时，科学合理的分级亦将决定武装力量介入与否及其程度。因此，在上位法有关规定缺位的情况下，基层政府可以结合县域实际情况进行社会安全事件分级尝试，形成不同等级的响应体系，有利于社会安全事件的及时、有效防控。

四、天津市调研报告

2012年8月7日，课题组到天津市经济技术开发区突发公共事件应急指挥中心、信访办、公安局等单位，就当地突发社会安全事件应急法律机制的运行情况进行了实地调研。天津市经济技术开发区是于1984年12月6日经国务院批准建设的国家级开发区之一，规划面积近300平方公里。课题组主要通过座谈会、参观、走访来了解情况，同时也发放了30份问卷。通过调查走访，发现天津市经济技术开发区的创新主要体现在应急转化为日常管理防范，其日常管理具有综合全面性、动态反映性、积极防范性，在实践中取得良好的效果。

（一）天津市经济技术开发区的相关制度与实践

天津市经济技术开发区的突发社会安全事件多发于3个领域：一是企业劳资纠纷引发的群体性抗争行为；二是农民工在薪金不能按时发放时的过激行为；三是社区居民遇到生活困难时的过激行为。面对这3大类热点问题，天津市经济技术开发区注重将企业劳资矛盾转变为和谐共享，将社会风险转变为多元建设，将突发事件和危机预防消灭于其未形成之前，其相关制度与实践颇具参考价值。

1. 针对高发领域的风险防范

一是理顺劳资关系，创新共享理念，减少风险来源。天津市经济技术开发区政府注重利用行政手段促进企业劳资关系的和谐发展。其一，针对部分企业的员工工资滞后于企业发展速度的现象，2006年天津市经济技术开发区政府出台了《鼓励企业开展工资集体协商的暂行规定》，对按照规定开展工资集体协商并给一线职工增长工资的企业，由天津市经济技术开发区财政按工资增长额的15%予以奖励。这种鼓励工资集体协商并进行奖励的政策，促进了劳资关系的良性发展。其二，天津市经济技术开发区政府积极介入劳资关系领域的突发社会安全事件，如主动进行调解，做好危机后跟踪防范，将危机处理转变为操作规程，制定《天津开发区劳动关系危机处理行动手册》，深入推进和谐企业创建工作等。其三，建立农民工讨薪新机制。天津市经济技术开发区专门为农民工讨薪设计了“三方机制”：由公安部门、劳动部门、信访部门、建筑管理部门、工会和法律援助中心共同成为专门的农民工讨薪工作小组，为遇到工资拖欠问题的农民工向企业沟通信息、督查清欠。每个施工的工地都设立告示牌，告知农民工的权益及投诉电话，否则不得开工建设。这种双管齐下的方式很简便易行，实施以来取得了明显的效果。

二是建构大调解模式，用软手段解决矛盾，预防突发安全事件。天津市经济技术开发区的调解是一项具有特色的制度模式，这种调解的特点是，依靠政府但不依赖政府，依据专业但又不局限专业，既发动群众又有效引导群众，切实解决群众生活中遇到的各种问题。

参考资料：[①]

康翠社区依托服务中心，建立起滨海新区第一家“社区调解庭”，调解委员会由7人组成，都是通过居民代表大会选举产生的，制定了一系列调解制度，明确了调解程序，确保了苗头性、群体性事件及时控制，避免了矛盾升级，做出了门口调停、基层息访的积极探索。不久前，家住银洲公寓的吴大娘发现家里的墙面和地板在渗水，经查，原来是楼上居民家里的管道破裂所致。吴大娘通过网格社工将情况反映到社区调解庭。社区调解委员会及时联系上业主，与业主沟通好，又费尽周折联系上承租户。最后，承租户给吴大娘修整了墙面，并给予了现金赔偿。“如果没有社区调解庭，还需打官司，哪有这么多时间和精力啊！”吴大娘深有感触地对记者说。虽然几百元不足弥补给她家里造成的损失，但社工和调解庭工作人员的敬业精神感动了她，而令她更高兴的是，以前和这户邻居几乎不来往，经过这次调解后，两家成了好邻居。

康翠社区在社区党组织的领导下，有效地控制、规范，约束和引导居民自治组织，充分发挥了自治组织的作用，倡导居民自治，引导居民进行自我管理、自主解决各种社会问题，实现了社区事务从硬性管理到软性服务的转变，从政府单一管理向系统管理的转变。

康翠社区的管理模式，离不开开发区建立的数字社区管理系统的支撑，开发区通过信息技术手段创新社区管理，建立了“泰达城市网”，推行“网格化数字社区管理系统”，实施网格责任制，解决了社区服务全覆盖，实现了社区工作无缝隙、无死角的精细化管理。城市网外网还为居民提供各类社区信息服务、生活信息服务、新型公共服务、公益服务。城市网作为政府、社区组织、居民之间的沟通交流平台、公共服务平台，是泰达模式的重要组成部分，展现了社区工作者的风采和丰富多彩的居民活动，引导居民积极参与社区活动，提升社区凝聚力和影响力。同时为居民提供了一个反映问题、讨论问题、解决问题的渠道，便于社区及时掌握居民思想动向，将矛盾化解在初始阶段。

行政调解是国家行政机关处理民事纠纷的一种方法。国家行政机关根据法律规定，对属于国家行政机关职权管辖范围内的行政纠纷，通过耐心地说服教育，使纠纷的双方当事人互相谅解，在平等协商的基础上达成一致协议，从而合理地、彻底地解决纠纷矛盾。可以说，行政机关在行使行政管理职能过程中，所遇到的纠纷，基本上都可以先进行调解。一般而言，行政调解有这样几类：(1)基层人民政府的调解。(2)国家合同管理机关的调解。(3)公安机关的调解。(4)婚姻登记机关的调解。

虽然行政调解是行政行为的一种，是行政机关行使行政权的一种方式，但天津市经济技术开发区的创新在于将这种行为社区化，即行政机关并不直接对民间矛盾进行处理，而是将这种调解权力委托给社区管理公司，由管理公司在社区服务时，整合各种资源

① 资料来源：法制日报网：http://www.legaldaily.com.cn/dfjzz/content/2011-06/17/content_2749300.htm?node=8396，2020年3月23日最后访问。

搭建新的调解模式，这些资源主要来自以下几个渠道：

（一）政府作为重要资源，为调解工作提供政策、场地、资金支持，他们借助建设发展局、公安局、执法局、司法局的力量，同时滨海新区检察院、法院服务也进社区，开展检察长接待日、法院服务周等活动，为社区居民提供近距离的法律服务。

（二）资源来自专业律师人才和机构。例如，在康翠社区就有2位律师居民，在2009年的居委会选举时当选为兼职委员，当起居民的免费法律顾问；同时，社区还与律师事务所开展“结对子”活动；援助中心也在社区设立服务站。每周五为全体居民提供法律方面的咨询。

（三）资源来自居民自治组织。例如，康翠社区的调解委员会由7人组成，都是通过居民代表大会选举产生，很大比例来自社区民间组织。这种构成使调解人员不但有专业知识，而且又来自民间，具有良好的群众基础。

（四）资源来自“社工＋义工”的联动。康翠社区由1名司法社工、10名网格社工以义工团队组成一个强大的调解网络。其优势有三：司法社工知法、懂法、掌握政策；网格社工包片联户，掌握情况；居民代表、楼门长、义工巡逻员、志愿者等是维护社区和谐的中坚力量，使矛盾“早发现、早控制、早调解”。

（五）建立多方参与机制。康翠社区制定了一系列的调解制度，明确了调解程序，让调解案件上墙。《人民调解补贴制度》就明确规定：根据案件调解的难易程度和效果，给予50～100元的补贴。这也是政府给予社区调解最直接的奖励支持。《文书档案管理制度》要注意每一个纠纷案件调解都要有清晰的过程记录，形成文书和电子卷宗。《矛盾纠纷登记和报告制度》的执行，确保了苗头性、群体性案件及时控制，解决在萌芽状态，避免矛盾升级。2010年，开发区成功调解了252宗案件，其中康翠小区调解的66件矛盾纠纷中，就调成了49件，占到了74%，真正做到了“花小钱办大事”。

2. 高效的应急管理系统

一是功能强大的应急系统。该系统包括以下部分。其一，既分又合的应急指挥系统。天津市经济技术开发区将应急指挥系统与公安局的“110”指挥系统合二为一。同时，应急指挥系统与公安局的其他工作相分离，不影响公安局的日常业务。其二，平战两用的应急操作系统。为解决应急操作系统平时资源闲置的难题，天津市经济技术开发区让应急系统在平时为开发区内的企业和居民提供水电、煤气、交通、社保等各种综合服务，这既保证了应急系统的可持续发展，又避免造成重复投资和系统闲置。其三，功能强大的应急指挥中心。天津市经济技术开发区城市应急指挥中心是2008年9月正式启用的现代化指挥系统，用于日常管理和应急指挥。该平台具有“110接处警”、“应急信息平台”和“会商室”三大功能。其四，功能多样的应急指挥辅助系统。该开发区应急信息平台是集预测预警、应急准备、应急指挥处置、恢复评估于一体的应急指挥辅助系统，包括

“视频监控、应急指挥车、电子预案、资源整合、GIS 地图、应急联动”等主要部分。由于该平台功能强大,相关主管同志还设想将其用于集成开发区的各类行政审批业务,使它在非应急状态下服务于政府的日常行政工作。

二是社工与网格的高度配合。天津市经济技术开发区通过建构一个不断更新的城市管理网络,将城区划分为一个个网格。在每个网格中,行政权力与社工的日常工作结合起来,社区中的每个人都能参与其中从交流、共享中获得益处。

参考资料:①

社工赵巧珍在网格巡查时,发现某楼门前电信通讯箱破损,电线裸露在外。她马上对现场拍照,贴好警示语提醒居民绕行,回到社工站登录数字社区系统,将照片和情况说明上传……第二天中午,赵巧珍接到系统中心的反馈电话:通讯箱已修好,请您到现场确认。“网格化管理服务,是我们的最大特色。”泰丰社区党支部书记、居委会主任、社工站站长王志伟在电脑前一边受理群众留言,一边对记者说。网格化管理,形象地说,就是将辖区“分片包块”,从每条街道、每户居民,细化到每盏路灯、每个垃圾箱,都有专门的社区工作人员管理——实际上更是服务。泰达社会服务中心作为民办非企业组织,是这支职业化社工队伍的大本营,在开发区全部 9 大社区的近百个小区,按照“400 户 1 社工”的标准划分责任网格,进行动态管理。以泰丰社区为例,7 个居民小区、3902 个建筑户,划分成了 10 个网格责任区,分配给 10 位“网格社工”。他们是排查情况的第一发现人、报告人,是处置各种问题的第一协调人、监督人。“网格社工的工作职责包括 13 个大项,百余个小项。从最基本的社区基础信息收集、动态更新维护,到突发事件和应急事件的发现、报告和处置,还包括协调调解各类矛盾纠纷,等等。”王志伟说,“我们每天最基本的工作就是网格巡视、入户走访、解决问题。虽然累一些,但是很充实!”这项工作的创新性,还在于为社工制定了量化考核指标,并引入了“第三方”考核抽查制度。将社区工作细分为 312 项职责任务,每一项被赋予了不同的难度系数,标准化的制定和量化考核,增强了大家的责任心,调动起大家的积极性。如果说网格化管理实现了社区管理的精细化、无缝隙,那数字社区和泰达城市网的充分有效运用,则注入了现代化、信息化的内涵,取得了事半功倍的效果。

编制《社区管理与服务手册》,将社区事务分为 7 大类、314 个子项,制作标准流程,形成各责任单位、各责任人共同遵守的“公约”;开发“居民信息数据库”,对住房、人口、收入,直至车辆、宠物等 77 项内容精细统计,建立完整、动态、可视化信息数据库;整合“110”、应急指挥中心、数字城管系统硬件资源,提供庞大的网络信息环境;研发大型专业

---

① 资料来源:天津市经济技术开发区管理委员会政务服务平台:http://www.teda.gov.cn/html/teda_index2011/MTKTD/index_02.html,2020 年 3 月 5 日最后访问。

管理交流软件,实现对社区事务发现、立案、派遣、审核、结案、评估的全程控制……许多曾让居民苦恼的“看得见的管不了、管得了的看不见”局面,被彻底扭转了。

在社区服务中心的显眼位置,记者看到一摞印刷精美的“泰达城市快讯”,人们可以自由取阅。这本定期更新的小册子,就是“泰达城市网”的精编本。开发区城管局工作人员、数字社区小组负责人陈松告诉记者:泰达城市网正式运行一年来,用户登录600万人次,收录社区商户5600余家,发布惠民信息1300条,社区公告3000余条,社区论坛10万多帖……“新年正月初八,网站点击量刷新了单日之最,泰达城市网已成为老百姓的生活‘黄页’!”陈松兴奋地说。这张看不见的“网”,不仅提供了各类社区服务、生活服务、公共服务和公益服务信息,还通过社区论坛搭建了居民—社区—政府三方沟通交流平台,解决了群众的急事难事。

三是全面、灵活、实用的预案体系。天津市经济技术开发区的应急预案体系具有全面、灵活、实用等特点,可从其总体应急预案的部分文本中,以及笔者概括的几个特点示意图(见图4-2、图4-3、图4-4),加以管中窥豹把握梗概。

《天津经济技术开发区突发公共事件总体应急预案》的预案体系如下。

1.6 应急预案体系

开发区突发公共事件应急预案体系包括:

1、总体应急预案。包括市总体应急预案和区县总体应急预案。是本市和各区县应急预案体系的总纲,是应对突发事件的规范性文件。

2、专项应急预案。是由政府职能部门牵头,为应对危害严重或影响范围广,需多个部门按职责协同处置某种突发事件而制定的行动计划。

3、应急保障预案。是针对市、区(县)涉及全局性的突发事件专项应急行动而制定的保障行动计划。一般与专项应急预案配套实施。

4、部门应急预案。是政府各部门为应对以各自部门为主处置某种类型突发事件而制定的行动计划。

5、基层应急预案。是指街道、乡镇、居委会、社区、乡村、学校以及各类企事业单位、公共活动场所管理单位为应对各类突发事件制定的应急预案。

6、大型活动预案。是各级政府或各级部门组织大型活动时,应对有可能出现的突发事件而制定的应急预案。

以上各类预案的管理依据《天津经济技术开发区突发公共事件应急预案管理暂行规定》(津开办函〔2009〕7号)执行。

上述规定是《天津经济技术开发区突发公共事件总体应急预案》中所列举的体系,如果与《天津市突发公共事件总体应急预案》[①]的对应条款对比，就会发现天津市经济技术开发区的应急预案所具有的针对性、基层性和实用性。

特点之一："纵横交错"的应急预案网络体系。开发区的总体和基层的应急预案是横向的支撑，而各职能部门的预案则构成纵向的支撑。这种纵横交错的模式有助于建立全面的应急状态预案。

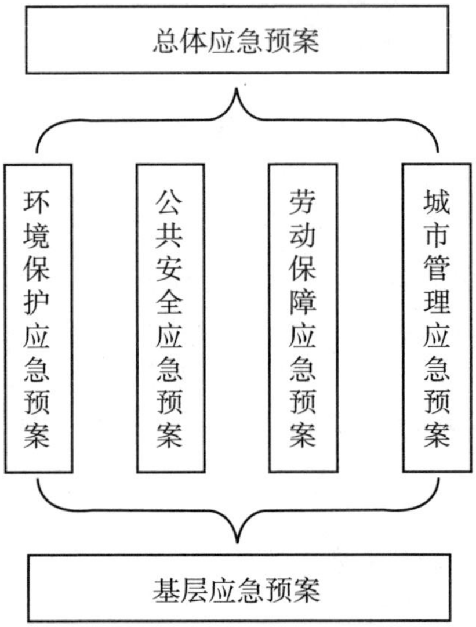

图4－2 "纵横交错"的应急预案网络体系

特点之二："有点有面"的应急预案灵活机制。天津市应急预案体系由总体应急预案和基层应急预案构成（见图4－3）。其中，总体应急预案是基层应急预案的基础，基层应急预案是总体应急预案的具体化。而专项应急预案和大型活动预案是预案中的重要内容。这样"点面结合"的预案机制有助于突出危机防范和处理工作的重点。

① 《天津市突发公共事件总体应急预案》规定："天津市突发公共事件应急预案体系包括：突发公共事件总体应急预案、突发公共事件专项应急预案、突发公共事件部门应急预案、区（县）突发公共事件应急预案、重点企事业单位应急预案。举办大型会展和文化体育等重大活动，主办单位应当制定应急预案并报市应急指挥中心备案。"

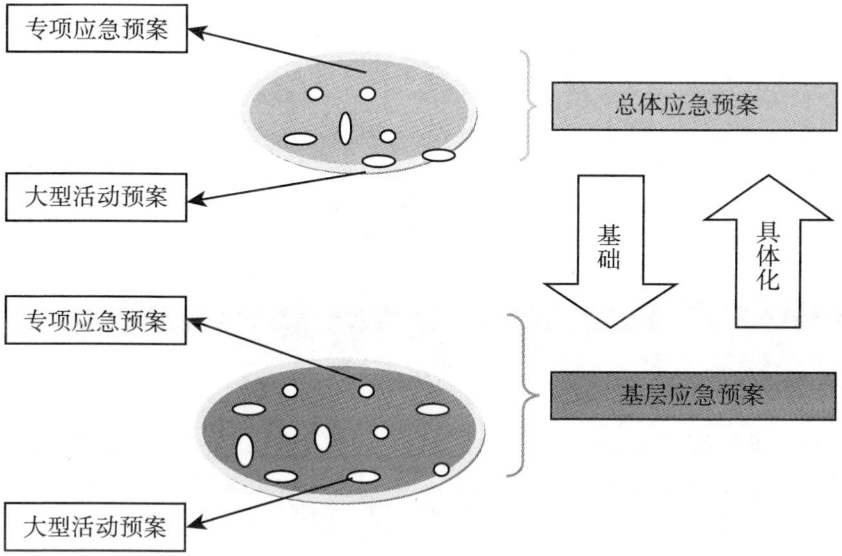

图 4－3　“有点有面”的应急预案灵活机制

特点之三：“三层一体”的应急预案协调机制。三层指的是高层的总体应急预案、中层的应急保障预案和低层的基层应急预案，这三个层次的预案各自独立、互相补充，有助于应急机制内部从上到下的协调。

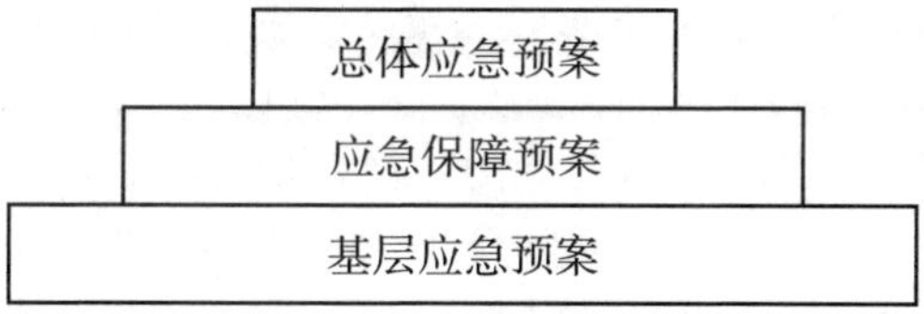

图 4－4　“三层一体”的应急预案协调机制

3. 多元主体的良性互动

一是政府采购模式与专业的社工队伍建设相结合。

参考资料：①

天津市滨海新区康翠社区探索以党支部为核心，建立数字化社区系统和泰达城市网络系统，形成专兼职结合的居委会和专业化社会工作者两支队伍，打造社区沟通交流、社

① 资料来源：共产党员网：http://www.dygbjy.gov.cn:8008/zxcyhd/zxcyhdhdjb/201106/t20110608_80978.htm，2020 年 3 月 15 日最后访问。

区服务和社区文化重塑3个平台的“1223”社会管理模式，推进城市基层社会管理创新。创新组织模式，夯实社区管理基础。建立以党组织为核心的社区管理框架，把党员按居住小区和楼栋编入党小组。建立以社区党组织为核心的居委会、社区工作站、物业公司、业主委员会“五方联动”机制。采取“购买服务”“项目委托”“契约合作”等方式，打造一支专业化、职业化社区工作者队伍。积极倡导“社区是我家、建设靠大家”理念，鼓励居民发挥主体作用，参与社区事务管理。整合辖区资源，搭建社区管理平台。结合辖区资源丰富的实际，发挥社区活动中心作用，采取“内外整合并举”方法，实现社区资源共享。设立家庭服务中心、邻里互助中心等服务机构，为居民群众提供医疗卫生、教育培训等服务。打造“数字社区”，收录商户5600余家，发布惠民信息1300条，物业及业主信息1600余条，方便社区居民生活。

二是政府职能部门、社区、社工、社区居民之间的高效互动。我国传统的社会管理模式是党组织管理政府、政府管理社会，这是一个包含3种不同主体的管理模式。这种模式的不足是，党的政策难以深入贯彻，政府的命令不能有效实施、社会亦缺乏自我管理。天津市经济技术开发区创建的“五方联动”的机制有助于克服传统机制的不足：其一，建设社区中的基层党组织，发挥基层党组织的作用；其二，全面激活居委会发挥能动作用，在治安、社保、人口等方面发挥切实作用；其三，建设社区工作站、以工作站为日常工作的实施机构；其四，重视物业公司的硬件管理、环境清理、治安保障方面的职能；其五，推动建立业主委员会参与社区选举、民主管理及监督执行。这5种主体在一个社区里互相配合、各司其职，充分调动社区每一个单元的力量来参与社区的建设与管理。在具体做法上值得参考的经验有：其一，将生活居住在社区的党员组织起来，使党组织在基层再次活跃起来，起重要的核心作用，成为社区建设的精神力量；其二，将一些市场能够完成，甚至做得更好的政府服务以“购买服务”“项目委托”“契约合作”等方式外包给服务公司；其三，社工在“五方联动”的机制中扮演了积极主动的角色，不但负责巡查发现问题，而且还负责协调各部门，最重要的是还负责监督评价职能部门的工作。

参考资料：①

芳林社区居民因为出行难找到居委会，居委会了解情况后，立即召开联席会，邀请城管局、交管处、公交公司有关负责人直接对话，46位居民提交了书面意见建议。会后，3部门结合实际情况，设计出环绕各小区的公交路线，开通508路公交车，解决了居民出行难问题。

---

① 资料来源：奇点大数据网：http://www.022net.com/2011/2-28/422940382383874-2.html，2020年3月23日最后访问。

纵向互动、横向联动的沟通交流平台，为居民办实事、解难题的社区服务平台，提升居民素质素养的文化重塑平台；通过“三个平台”建设，构建起开发区社区管理纳民意、为民生、安民心、聚民气的善治格局，居民的向心力、归属感和幸福程度得到提升。

“原来搞宣传活动特麻烦，居委会成员要全体出动，挨家挨户上门，我们不嫌辛苦，就怕吃闭门羹。”康翠社区居委会主任、社工站站长林德菊回想以前的工作，最棘手的就是与居民沟通不畅。“如今可不一样了”，她告诉记者，“楼门宣传栏、社区论坛、QQ群、短信平台，多种渠道让居民第一时间获得最新消息。”

沟通顺畅了，自然会增强居民的参与度。不久前，恂园里小区竞选业主委员会主任。投票当天，社区服务中心会议室座无虚席。“有了沟通平台，居民遇到难题都愿意找居委会，各个社区居委会都会定期举办居民代表会、听证会、联席会，一方面倾听需求，一方面协调解决问题。”开发区城市管理局社区科科长王安波介绍。

“对于有代表性的热点、难点问题，我们运用项目化、课题化手段，通过调研立项，寻求解决方法。”王安波说。比如，针对养犬产生的扰民、环境问题，开发区确立了文明养犬项目，通过内部招标，各社区提交项目策划，经民主研讨表决，优中选优，试点推行，得到社区居民普遍认可后，向各个社区推广。

据了解，去年，开发区各社区共实施社会服务项目11个，目前仍持续开展的项目有8个。先后与联合国开发计划署、万通基金会等合作，2个项目获得了民政部社会工作案例征集优秀奖。

开发区每个社区内，一支支民间队伍营造了独特的社区文化。不同年龄、不同爱好的居民都可以找到“组织”。翠亨社区王大爷是戏剧社团的一员，他告诉记者，“每逢节假日，我们社团的老哥几个就不约而同走到一起，在社区活动中心唱几段拿手的京剧，吸引了不少居民。现在我们在社区里人气特旺，每个人都有自己的‘粉丝’”。

“目前，开发区共有民间组织115支，对于这些组织，我们降低门槛，实行‘准社团’管理，给他们颁发备案证书，纳入到规范化制度化管理中。”吴鹏介绍说。

近年来，天津市经济技术开发区康翠社区创新社会基层管理机制，“全覆盖的动态管理服务”“社区调解庭”“网格化数字社区管理系统”等一系列社区治理的新模式应运而生，并以打造职业化的社区服务队伍为基础，实现了社区管理的专业化和社区服务的精细化。

康翠社区服务中心建立了一支职业化社会工作者队伍。通过“政府购买服务”“项目委托”等方式，向泰达社会服务中心购买专业化社会工作服务，全面承接政府下移职能，在社区按每400户配一名社工，划分责任网格，形成对社区无缝隙、全覆盖的动态管理服务，为加快城市化建设和深入推进社会管理创新提供了坚强的组织保障。

去年10月，社工小毛在金色阳光小区走访时发现，某栋楼一楼的户外正在搭建大型鼓风机。经了解，原来是某家企业承租了一楼一套房屋做职工食堂，他们准备燃气和天然气同时使用。了解这一情况后，小毛立即制止了施工，并拍下了照片，上传到开发区数字管理系统。城管、公安、安监局和煤气公司等部门很快与施工方联系并到现场协调。经过多方协调，施工方终于放弃同时使用“双气”，拆除了户外设施。

这样的处理方式，充分体现了网格责任制“下去一把抓，上来再分家”的社工工作模式。在开发区，已经实现了社区网格划分的全覆盖，居民信息全掌握。社工通过日常巡查、接待居民投诉、网上论坛关注等多种渠道，对发现的问题进行上报，由系统立案，并按照手册约定，派遣给责任部门，同时对责任部门的办理情况进行实时监督，每个环节都生成电子档案，进入评价体系。

康翠社区的管理模式是对社区管理流程的梳理和整合，拓展和创新了社区管理平台，实现了政府职能部门、社区、社工、社区居民之间的高效互动，提高了群众参与社区活动的积极性，使社区内的各种沟通渠道大幅拓宽，使社区管理者的决策更加科学化、合理化。

4. 做好流动人口的政府服务

从以往的经验来看，流动人口是突发社会安全事件的重要危险源，许多突发社会安全事件都有流动人口这一群体参与。为解决这一问题，天津市经济技术开发区的对策是努力做好这一群体的政府服务，从源头上减少不稳定因素。

一是成立专门的管理机构。2005 年 9 月，天津市经济技术开发区成立流动人口管理办公室，与综治办合署办公，管办副主任兼任流动办和综治办主任。流动人口服务管理实行三级管理体系，区流动办设立流动人口服务大厅；社区、蓝领公寓、建筑工地设立流动人口服务站；一些大型工地建立流动服务点。2006 年，该开发区招收了 54 名专职流动人口协管员，协管员的日常管理由区流动办直接管理。流动办针对外来务工人员的工作、学习、生活等方面的需求，编写囊括开发区生活常识、权益保护、便民服务、餐饮、住宿、出行等多方面的《服务指南》手册，每年印制 2 万余册。

二是通过政府直接投资带动改善外来务工人员居住环境。1993 年 4 月，天津市经济技术开发区管委会投资2000 余万元，建成天河公寓，成为我国首座蓝领公寓。至 2011 年年末，该开发区投入运营 11 座蓝领公寓，共有 7.8 万个床位，其生活配套设施齐全，租金低廉，已有 6 万余名外来务工人员入住，占开发区流动人口总数 60% 左右。蓝领公寓的建设和运营形成 3 种类型，即政府投资对外运营型、企业投资对外运营型和企业投资自建自住型。蓝领公寓的建设不仅解决了流动人口的住房难问题，而且方便了政府对外来流动人口的管理服务，大大减少了群租现象，避免了流动人口与常住人口之间在生活上的相互干扰。在公寓管理上，引入了社区管理理念，将蓝领公寓纳入社区管理范围，像居民社区那样开展社区服务与管理，形成公寓管理与社区管理一体化的新格局，创建了“政府主导、社区管理、企业联动、员工参与”的新型社区。

5. 灵活运用行政指导

行政指导是我国行政管理中时常运用的柔性管理手段,由于行政指导具有柔软性、协商性,因而在现实中表现出多方面的功能:形成公意的合法化功能、平衡协调功能、补充和替代功能、协商和吸收不满功能、引导和促进功能以及预防和抑制功能。① 在天津市经济技术开发区,笔者看到,公安局的宣传彩页上,诈骗、洗钱、抢劫、贩毒等犯罪的常用手段被画成漫画,再配上醒目的文字,用以指导公民在生活在中加强防范,提醒居民注意,并告诉居民如何报警寻求帮助。这些指导对社区居民都起到了很好的宣传作用。这种方法从社会的"基本细胞"——个人和家庭——的层面来维护社会安全的思路,从最小的社会角落里去防范危机,具有重要的参考价值。

(二)经验总结

笔者通过实地考察认为,天津市经济技术开发区对突发社会安全事件及其应急法律机制有自己一套完整的理解和独特的解决思路,敢于打破传统的行政行为、行政程序、行政权力的条条框框,注重实践、强调实用、重视实效。通过考察发现,天津市经济技术开发区在以下几个方面都为我们提供了可资参考的宝贵经验。

1. 创造良好投资环境,通过发展经济减少社会不稳定因素

全面采用行政设施投资、行政环境配套服务等现代化的行政行为,积极谋划、主动出击,为经济发展建造好大环境,提供好大舞台,吸引世界五百强企业来投资兴业。天津市经济技术开发区投资环境综合指数继续在国家级开发区中领跑,夺得自商务部 1997 年开展该项评比以来的"十四连冠",这种稳定的业绩就是开发区管委会长期积极作为的结果。这种积极作为的战略为开发区的发展确定了发展、繁荣的基调,使开发区置身于一个积极向上、相对安全的潮流中。

2. 注重行政权力的下放和行为方式转化

毫无疑问,行政权力属于国家行政机关,由国家公务员来行使。但天津开发区却很有创新意识,敢于将社会性事务下放给中介公司或服务公司,由政府采购这些公司提供的服务。同时,其还将管理的权力转化为服务的权力,减少管理、强制和对立,增加引导、服务和协商,使行政行为柔性化,增加行政行为的可接受度。

3. 将应急管理经常化和基层化

由于受行政编制的限制,天津市经济技术开发区显然属于"人少事多"的类型,而应急管理又需要大量的专业人员从事这一工作。开发区所设计的与"110"合一的综合平台模式则很实效,一方面,利用了公安局的信息平台,使社会突发事件先从这一平台上浮现出来,如果达不到突发事件的程度则由公安局处置,如果达到突发事件的程度,马上就可以启动应急预案。另一方面,开发区还创新了社区管理模式,将突发事件的防范下放到

① 参见莫于川、田文利:《行政指导的六种功能解读》,载《北京行政学院学报》2004 年第 5 期。

社区层次。这种机制既可以集中、高效处理突发事件,又可以全面防范、个别处理突发事件。

4. 多种行政行为模式的综合运用

在对开发区进行考察的过程中发现,开发区各职能部门都能在自己的职权范围内广泛运用多种行政行为方式,如行政动员、行政宣传、行政指导、行政奖励、行政资助、行政信访、行政投资、行政服务、行政协调、行政调解等,不一而足。这些行政行为与传统的行政行为一起共同形成政府的策略体系,有软有硬,有小有大,有简单有复杂,多种行为方式给开发区的企业、员工、居民提供了全面的服务和管理。

5. 重点攻破流动人口"营垒"

就一般的大城市而言,流动人口往往是一个地方安全的隐患,而在天津市经济技术开发区,流动人口为开发区的建设带来劳动力资源。此外,该开发区也努力使这些外来人员生活幸福。天津市经济技术开发区率先创建天津市首家流动人口的综合网站,并发挥社区作用,建立网格化社会服务管理模式。针对流动人口需求,开通"在线心理咨询"栏目、建立维权联动机制,畅通法律援助绿色通道,大力开展"七送一看"活动,即"送返乡、送安全、送法律、送温暖、送文艺、送健康、送亲情电话卡和看新区新成就",有效促进外来工共享发展成果。这样,流动人口通过自己的奋斗,过上和谐幸福的生活,使社会突发事件失去存在的土壤,在天津市经济技术开发区稳定下来,不会成为社会安全的隐患。

第二节 2008~2020年的影响性典型事件分析

一、2008年贵州瓮安事件

(一)事件情况①

2008年6月22日凌晨0时27分,瓮安县第三中学初二(六)班学生李某芬溺水死亡,瓮安县公安局调查认为李某芬系自己跳河身亡,不构成刑事案件。死者家属不能接受,认为有奸杀的嫌疑,要求进行DNA鉴定。黔南州公安局复检后仍认定系溺水死亡。死者家属当时表示认可,但不安葬死者,要求公安部门责令王某、刘某超、陈某权等人赔偿50万元。6月26日,县工作组多次做工作,死者家属表示同意县工作组的协调意见,答应在6月28日签订协议了结此事。

---

① 案例事实系对相关新闻报道的综合,参见《贵州瓮安事件是近年来我国群体性标本事件》,载新浪网:http://news.sina.com.cn/c/2008-09-08/102816252459.shtml,2020年3月23日最后访问;罗华:《贵州瓮安事件已查清涉案人员355人 刑拘100人》,载新华网:http://news.xinhuanet.com/politics/2008-07/14/content_8540893.htm,2020年3月23日最后访问。

但6月28日,死者亲属邀约300余人打着横幅在瓮安县城游行。由于当日正是周六,街上人较多,部分群众尾随队伍前行,在少数人的煽动下,一些不法分子用矿泉水瓶、泥块、砖头袭击警察并发生冲突,打砸办公设备、烧毁车辆,并围攻前来处置的警察和消防人员,对瓮安县委和县政府大楼进行打、砸、抢、烧,一度冲击邻近的县看守所,整个过程持续近7小时。在"瓮安事件"中,直接参与打砸抢烧的人员超过300人,现场围观群众在2万人以上。6月29日凌晨,数千群众继续到县政府、县公安局门前围观,甚至用石块等攻击部分值勤的公安干警、武警官兵。

事件发生后,贵州省成立处置瓮安"6·28"事件工作组,贵州省及黔南布依族苗族自治州党政领导、省公安厅长、省武警总队长及政委等领导亲临现场指挥;县委、县政府迅速成立了以县委书记为指挥长的事件应急指挥部,下设劝说疏导组、事件调查组、政策舆论法规宣传组、交通管控组、信息上报组、后勤保障组、医疗救护组、善后建设组8个应急工作组开展相应工作。武警总部副参谋长从北京市赶到贵州省瓮安县指导处置工作。

6月29日晨6时,为发动全县广大干部群众参与突发性事件的处置,省委书记在瓮安县召开了各乡镇、各部门主要负责人会议,传达了中央、公安部、省委、省政府领导的有关批示精神,并派遣大批干部深入基层了解情况,通报事件真相,做思想工作,引导群众自觉维护稳定,使秩序尽快恢复。在事件整个过程中,政府工作人员和公安干警反复向现场群众作解释说明疏导工作,最大限度地克制和忍耐。经过大量辛苦的基础工作,至6月29日下午,县城秩序基本恢复正常。

事件处置结束后,贵州省公安厅立即重新组织成立专家小组,在李某芬父亲、姨妈等的监督下,对死者李某芬进行第三次尸检取样。7月10日,第三次尸检的调查结果公布,鉴定结论为死者系溺水死亡。同时,中共贵州省委决定对事件展开调查,并决定免去瓮安县常委罗来平,以及公安局长申贵荣的职务。7月4日,贵州省委和黔南州委对瓮安县党政主要负责人作出调整决定,县委书记王勤、县长王海平被免职。至此,瓮安事件基本平息。

(二)事件分析

第一,群众找不到利益表达和利益维护的有效渠道是"瓮安事件"发生的主要原因。群众利益在受到公权力侵害之前,如果能得到有效表达和尊重,促使政府在制定公共政策时予以慎重考量,则干群矛盾或许可以被避免;群众利益在受到公权力侵害后,如果能得到有效维护,则干群矛盾可以得到缓解。然而,现实中个别地方政府对群众的利益诉求采取高压政策,欺上瞒下,司法、信访等利益表达和维护机制日益丧失公信力,其后果是被暂时压制下来的矛盾最终以非正常的方式爆发出来。

第二,瓮安干部应对突发事件的工作能力不足,特别是预防能力不足,是"瓮安事件"发生的直接原因。"瓮安事件"的最终爆发实际上经历了几个阶段,并非一开始就是"打砸抢烧"。危机的萌芽只是一起非常普通的刑事案件,但因为没有群体性事件的危机预防机制，也没有预警机制，政府掌握的信息与民间传递的信息严重不对称，没有采取预防措施，以致事件一再升级。即使在危机刚刚发生时，政府实际上仍然有挽回局面的可能。凭常识可知，仅仅是少量的学生游行，以及上千群众的围观，仍然是在政府控制范围内的，但是，政府事先竟然毫不知情。一个事前没有应急预案和预防措施、没有应急准备、没有监测和预警，事后又不能果断处置的干部队伍，怎能处理好危机呢？

（三）简评

第一，当地政府的应急预防不足。首先，从应急预案来看，瓮安县人民政府事先根本没有制定任何应急预案，导致事件发生时不知所措，处于被动地位。其次，从预防措施来看，瓮安县人民政府没有认真贯彻我国《突发事件应对法》规定的义务，没有及时干预、控制事件过程的变化，导致事件逐步升级、扩大。

第二，事后干预较为有力，上级政府迅速调集警力，采取必要的强制性措施，稳定了形势，平息了该事件。

二、2009 年新疆维吾尔自治区“7·5 事件”

（一）事件情况①

2009 年 7 月 5 日，在新疆维吾尔自治区乌鲁木齐市发生了特大暴力犯罪事件。据统计，“7·5 事件”造成 1700 多人受伤，197 人死亡。其中，无辜死亡的各族群众 156 人，受损房屋 719 户，总面积 21,353 平方米；其中，受损店面 331 家，被烧毁房屋 29 户，面积 13,769 平方米，被砸烧车辆共计 1325 辆。乌鲁木齐“7·5 事件”成为新疆维吾尔自治区自中华人民共和国成立以来造成人员伤亡最多、财产损失最严重、社会影响最大的一次暴力犯罪事件。此次事件也是一场有组织、有预谋的破坏性犯罪行为。

1. 事端源起——“韶关事件”

2009 年 6 月 26 日凌晨，广东省韶关市旭日玩具厂宿舍区里数百名员工发生摩擦，在厂区内斗殴，事件造成 118 人受伤，其中，16 人重伤，2 名新疆维吾尔自治区户籍维吾尔族工人死亡。这起刑事案件让境外的“世维会”看到了在境内制造事端的时机。事件发生后，“世维会”秘书长热某指示该组织在境内的信息员库某收集旭日玩具厂伤亡人数等相关情况。

6 月 27 日，“世维会”通过其在广州市某阿拉伯餐厅打工的库某在网吧给境外组织发送电子邮件，佯称已去过韶关市，通过当地人了解到死了 17～18 人，其中还有 3 名女性。事实上，此人并没有前往韶关市，而是按“世维会”的需要编造了虚假信息。“世维会”的网站立即刊登出了库某提供的假消息：“此次事件中一共有 18 名维吾尔族员工死亡，其中包括 3 名维吾尔族女孩，还有 600 多名维吾尔族人下落不明。”这一信息通过互

---

① 参见佚名：《新疆乌鲁木齐“7·5 事件”始末》，载新浪新闻：http://news.sina.com.cn/o/2009-10-16/023616444515s.shtml，2020 年 3 月 20 日最后访问。

联网大肆向境内外传播，谣言的影响越来越广。与此同时，“世维会”骨干肖某迅速通过情报信息网络与境内的买某联系，要他在境内进行煽动活动。

2. 内外勾结发布闹事信息

2009年6月30日，艾某召集木某等6人在乌鲁木齐领馆巷附近开会，研究和策划聚众闹事的具体方案。他们明确了每个人的分工并派人与境外联系，发送现场消息，制作有关聚众闹事幕后信息。之后，艾某、木某等人分别在多个维语网站和QQ群发表聚众闹事信息。

7月1日，艾某再次召集其他人在乌鲁木齐市开会，对信息发布情况进行评估，决定进一步加大力度。通过对美国有线电视新闻网2007年4月7日播发的，伊拉克摩挲尔(音)市一名红衣少年被一群人用石块殴打致死的视频录像的剪辑，编造出煽动民族仇恨的谎言。7月3日，这段伪造的视频通过互联网传入境内，为聚众闹事煽风点火、推波助澜。7月5日15时40分，艾某在其创建的“我们的维吾尔”QQ群内发帖，扬言要杀汉人，血债血偿等暴力信息。精心编造的谎言和移花接木的视频与这些暴力信息遥相呼应，目的就是挑起事端，煽动民族仇恨，激怒不明真相的群众。

与此同时，“世维会”始终在境外遥控指挥境内的闹事活动。6月29日，多某致函“世维会”及下属各机构头目，就在境外举行闹事活动征求意见。6月30日，“世维会”在其网站上又刊登了在世界范围内举行抗议活动的号召书。7月1日，境外的“世维会”头目召开秘密会议，欲借“6·26事件”举行大的示威活动。

3. 事件爆发

7月5日18时左右，乌鲁木齐市人民广场开始出现人群聚集，人数明显多于平常且多以男性青年为主，一些人不停地用手机打电话、发短信，有些人高喊口号吸引人围观，煽动聚集。

据新疆维吾尔自治区公安厅指挥中心21时左右的信息显示，乌鲁木齐市全市50多个点集中爆发打砸抢烧，针对行人、公交车、私家车和商店、居民住所、政府机关、公安武警、宣传机构等进行暴力袭击。暴徒开始在乌鲁木齐市领馆巷、教育厅、延安路、电视台、大湾、团结路、赛马场、外环路等多处施暴，事件全面升级。

在暴徒们打砸抢烧的过程中，负责与境外联系的古某将沿途看到的情况告知在挪威的丈夫，并通过他向“世维会”副主席阿某传递情报。

4. 事后处置

“世维会”的骨干在7月6日凌晨召开紧急电话会议，对事件进行商讨，企图继续煽动境内维吾尔族民众扩大事态，并拉拢国际社会向中国施压，鼓动境内维吾尔族民众不间断的开展聚众闹事。

当地时间7月6日早上，中国驻德国慕尼黑总领馆遭受两名不明身份的人投掷燃烧物，造成馆舍和国旗轻微损坏。当地时间7月6日下午1时，约150名东突分子在中国驻荷兰大使馆门前举行抗议示威，很快，示威演变成有组织有准备的暴力事件。

为了进一步扩大事态挑动民族对立，“世维会”的造假行为更变本加厉。7月7日凌晨，“世维会”秘书长多某在网站上刊登出虚假信息混淆视听。除此之外，热某还迫不及待地接受了多家境外媒体的采访，面对记者的提问，她甚至还准备了一些虚假照片作道具。然而，经过事后对比，发现这张照片是6月17日发生在湖北省石首市的一起群体性事件现场，这起事件不仅没有造成人员伤亡，而且这座城市很少有维吾尔族人。为了掩饰自己挑唆民族关系，煽动恐怖暴力活动的罪行，“世维会”一次次上演造谣诋毁、指鹿为马的闹剧，但是事实历历在目，种种证据足以证明乌鲁木齐市“7·5事件”就是一起典型的由境内外三股势力相互勾结并策划实施的严重暴力犯罪事件，目的就是要在新疆制造民族对立、社会动荡、破坏改革开放，破坏新疆政治稳定、经济发展、社会安宁的大好局面。

事件发生后，中国政府有关部门迅速在乌鲁木齐设立的新闻中心，采取措施协助和便利中外记者到乌鲁木齐进行采访和报道，避免一些不良居心的不法分子依靠媒体散布不实信息，蛊惑民心，再度挑起事端。事件发生后，当地武装警察随即出动，乌鲁木齐市政府凌晨时发出了交通管制紧急公告，宣布从当晚1时至8时，对部分路段进行了戒严。事件之后，当地从多地紧急调动公安武警部队赴疆持续开展维稳工作，给当地稳定发展创造安全的环境。

新疆维吾尔自治区乌鲁木齐市中级人民法院对10月14日开庭审理的乌鲁木齐市“7·5”打砸抢烧严重暴力犯罪事件的3起案件进行一审公开宣判。艾某、托某、韩某3名罪行极其严重的被告人被判处死刑，剥夺政治权利终身。另有3名被告人被判处死刑，缓期2年执行，剥夺政治权利终身；3名被告人被判处无期徒刑，剥夺政治权利终身；5名被告人被判处有期徒刑。

（二）事件分析

新疆维吾尔自治区乌鲁木齐市“7·5事件”的发生并非偶然，而是一场有组织、有预谋的企图破坏民族团结、分裂国家的暴力犯罪行为。“韶关事件”仅是“世维会”等分裂势力组织挑起事端的借口。综观“7·5事件”始末不难发现，突发性社会安全事件的发生有必然原因，并非偶然。其特点和原因可以归结为如下几点。

第一，黑恶势力蓄谋已久。“7·5事件”事件表面上是由“韶关事件”所引发，实际上是“世维会”等境内外“三股势力”蓄谋已久、精心策划组织实施的一起严重暴力犯罪事件。事件的发生并非偶然，而有其必然性。其表象是由“韶关事件”引发，但实际是由“世维会”与“三股势力”内外勾结，在国庆60周年前夕有预谋地搞分裂破坏活动的开端。整个事件由境外“三股势力”组织指挥、操纵策划，境内“三股势力”负责实施，经过精心策划安排、周密部署、有预谋的破坏活动。“韶关事件”在已经被有关部门妥善处理的情况下，“世维会”等组织仍扭曲事件事实，散布谣言，蛊惑人心，使维汉两族同胞深受其害。

第二,事件发生时间短,破坏性强。“韶关事件”发生后短短 10 天时间,“世维会”等黑恶势力就利用网络等手段大肆散布谣言,策划并促使暴力事件发生。暴力分子使用极其残忍的烧杀抢掠等手段对手无寸铁的社会公众发起攻击,受害者毫无还手之力,对人身、财产安全造成了巨大的损失,严重破坏了社会秩序的稳定。尽管有关部门在事件发生后短时间内启动应急预案,对暴力犯罪进行打压,但是由于事件发生时间短、暴力分子人数较多,事态难以在短时间内得到控制。

第三,通过制造民族矛盾挑起事端。自古以来,汉族与少数民族多次发生冲突与融合,尽管当前我国处于稳定发展期,但是基于历史、文化等原因,多数的少数民族聚居区几乎都存在少数民族与汉族居民之间的矛盾,然而这种矛盾不足以造成民族分裂势力。以“世维会”为首的反对势力恰恰利用这种冲突,蛊惑民心,制造谣言,挑起事端,诱导一些维吾尔族同胞听信谎言,致使同胞自相残杀的惨剧发生。对此,应当予以高度重视,突发性事件的诱因有很多,但是,在少数民族聚集区应当谨慎防范通过打“民族”牌制造事端的反对分子。

第四,社会安全监管存在不足,应急处置能力仍需完善。早在 2007 年 8 月,我国已颁布《突发事件应对法》,对监测和预警作了具体规定。然而,在此次事件发生前,已经有境内外反动势力利用网络手段发布信息,这些信息却不能受到有效监控与阻拦,表明我们在社会安全监管领域仍存在漏洞;另外,“7·5 事件”发生当日,人群聚集已充分表明事态的严重程度,此时预警、疏散等手段如果能够迅速实施,也能够较大限度地减少损失。

(三)简评

“7·5 事件”的发生并非偶然,而是蓄谋已久,借助某些外在因素挑起的,危害整个社会的稳定团结,是极其严重的犯罪行为。在整个事件发生过程中,有关部门积极采取应对措施,最大限度地打击犯罪,维护社会秩序,保护公共财产安全,并在后期维稳工作中做出了突出的贡献。然而,“7·5 事件”以血的教训警告我们,当前的突发事件预防、应对能力仍需提升,应急法制应当切实落实到位、责任到人,确保社会安全保障不留死角,在维护社会安定团结的同时,时刻提高警惕;加强对境外反华势力监控的同时,应当强化自身处置突发性社会安全事件的能力,防范此类事件的再度发生。

三、2011 年广州市增城事件

(一)事件情况

2011 年 6 月 10 日晚 21 时许,四川籍孕妇王某梅(女,20 岁,四川省开江县人)在租住地广州市增城市新塘镇墩村农家福超市门口违章占道摆摊经营,与该村治保会工作人员发生争执,王某梅被推倒在地(后经医院检查孕妇和胎儿均未受伤),经新塘镇领导劝说,王某梅夫妇同意政府调解意见去医院检查,当王某梅被送上救护车时,孕妇的 3 名亲戚和 21 名同乡及部分无关人员坚决阻挠。至 22 时 35 分左右,现场聚集至 500 多人,部分不法分子向政府工作人员及警车和出警人员投掷玻璃瓶、砖块,并向大敦派出所聚集,同时向派出所投掷石块和打砸周边停放的警车及私家汽车,经有关部门处置,至11日凌晨1时聚集人员逐渐散去。凌晨2时30分许,又有200多人在派出所周围聚集并向清理现场的民警投掷玻璃瓶、砖石等硬物,公安机关依法将37名不法分子带回审查,聚集围观人员散去,11日上午,有人在网上发布"孕妇老公被治安队活活打死""孕妇已死亡"等虚假信息并被点击1万多次。11日11时30分开始,当地派出所、治保会、村委等多点出现100~300人规模的人群聚集,并伴有投掷砖石、打砸烧车等暴力行为。至12日21时许,一些人在107国道途径当地路段聚集,高峰时聚集及围观者达1500多人,一些社会闲散人员及不法分子混迹其中,并打砸沿途过往车辆,破坏护栏、路标等公共设施,在公安机关采取围点控制措施后,聚集人员于13日凌晨2时散去。12日上午10时,有人向村治保会投掷燃烧物,造成部分办公设备烧毁。12日22时左右,一些不法分子在村附近太阳城酒店路段聚集,围观人群达1000~1500人,不法分子向路旁车辆投掷石块、焚烧停放车辆、破坏公共交通设施,公安机关迅速调集警力抓捕不法分子、驱散聚集人群,至13日凌晨2时基本控制事态、平息事件。此后,有关部门加大社会面防控力度,未再发生聚集滋事活动。

(二)事件分析

通常认为,社会安全事件危害公共安全、危急多数人生命、损害公共财产、破坏正常的社会秩序、危及现有的政权框架、威胁国家安全等。研究者普遍认为,社会安全事件超越了个案的危害、局部的影响,产生了社会性或公共性的危害;同时也认为,这种危害具有紧急性和突发性,不迅速处理,危害范围会迅速扩大、危害后果会骤然加重,甚至出现不可逆转的危急局面。由此可以总结,社会安全事件具有几个特点:突发性、社会性、紧急性、危害性。围绕突发社会安全事件的内涵、特点并结合案件发生的实际背景和情形,对此案例进行分析。

综合分析,该起事件有以下特点。

第一,从事件起因及诉求来看,事件的导火索具有偶发性和突发性。事件的起因是一名孕妇与治保会工作人员发生争执并被推倒在地。当事人的具体诉求是要求政府惩治治保会工作人员,对孕妇受到伤害讨一个说法。

第二,不属于政治事件。从整个事件全景来看,至少有以下理由认为其不属于政治事件:一是事件发生前,没有幕后组织在策划实施,参与人员没有政治图谋;二是从事件的过程中来看,不涉及特定的政治利益诉求,没有政治因素介入,也没有形成集会、游行、示威等形式来表达利益诉求;三是从事后对参与人员的调查来看,参与人员不具有共同的行为目标,不存在政治煽动性行为;四是未出现对党政机关、特定人群和执勤警察的大规模严重冲击。

第三,聚众性。该事件于6月10日21时至22时35分,现场就聚集了500多人,凌晨1时逐渐散去,11日上午11时又有100～300人聚集,12日21时许,开始在107国道和附近太阳城酒店路段聚集,围观人群1000～1500人。

第四,有轻度暴力性且暴力化趋势逐渐增强,但在可控范围。部分参与人员的破坏行为局限在对车辆、财物的损毁和向警察投掷石块这些轻微暴力行为上。6月11日入夜后部分群众向大敦村聚集围观,事态逐步升级,激烈程度快速衍变发展。

第五,从事件组织体系看,松散无序,没有组织动员。"既无组织,也无领导,更无计划。"

第六,参与人员相互间联络方式和信息传播途径,有网络传播(所谓网络舆情发酵)、口头传播等方式,但主要是老乡之间口口相传,信息在传播过程中有逐渐失真的现象;参与的群众具有明显的盲目从众性,不了解事件真相。

第七,从事件参与人员结构层次看,外来务工人员居多。

第八,被抓获人员的低龄化现象应受到重视。对抓获的309人进行统计发现,在年龄阶段上,其中25岁以下的年轻人为191人(16岁以下16人),占67%;26～35岁为72人,占23.3%;35岁以上30人,占9.7%。所抓获人员大多实施了打砸抢烧的行为,其中以年轻人居多。这是一个值得注意的问题。这些青少年因为是外来务工人员的子弟而较难融入本地、被本地人歧视,或有自卑、压抑的心态。这可能是较多青少年参与事件、实施恶性行为的原因所在。

第九,绝大部分参与人员与事件没有直接利益关系,尤其是后期参与人员。

第十,实施打砸抢烧行为的人员中存在较高比例的犯罪前科人员。在已梳理的刑拘人员审查材料中,近10%有违法犯罪前科。10%已是较高的比例,这说明,确实存在某些违法分子乘机作乱、煽风点火、带头实施打砸抢烧等极端行为。可见,在事件的应急处理活动中,对这些少数违法分子、极端行为的实施者应当尽快甄别并予以强制。在说服教育的同时,适度实施强制是必要的。

该事件的社会背景:第一,经济和社会发展不均衡,外来人员被边缘化;第二,社会建设和社会管理没有跟上经济社会的发展步伐,管理手段落后,不文明现象突出;第三,外来务工人员经济状况堪忧、生活缺乏保障,普遍存在仇视社会的心理,参与该事件多有泄愤心态。由此,可以总结出两点教训。

第一,当地派出所、治保会对治保会工作人员打人没有作出及时、正确的处理。虽经新塘镇领导调解,王某梅同意了调解意见,但镇政府应当依法对治保会工作人员的违法、违纪行为给予处理。单纯调解了事,于依法行政的原则不合,对该案来说也是错误的工作方向。治保会属于镇政府,镇政府出面调解治保会与老百姓的纠纷,公正性受到怀疑是自然的。此时,应当对治保会工作人员给予处理(视情况处分,如果确有把孕妇推倒的行为),并向王某梅郑重道歉,或许才能平息王某梅及其亲属、老乡心中的愤懑。此时,镇政府的出面调解,容易给人一种帮助治保会工作人员开脱的误解。

第二，处理事件的效率太低。从6月10日晚21时到6月13日凌晨，足足有两个白天和三个夜晚的时间，事件不断发酵，聚集人数不断增加，但是地方政府却没有作出应有的应急处理。其中的问题包括：其一，没有立即进行事件调查和研究，没有摸清到底老百姓为什么聚众抗议；其二，除了派出公安加强秩序维护，未能对基层执法组织和人员立即给予处理；其三，没有对王某梅等亲属直接予以安抚，其诉求也没有得到满足；其四，官方没有与民众的良好畅通的沟通渠道，也没有主动向民众说明问题；其五，基层政府和执法组织多少存在保护肇事执法人员的心态和行为，使老百姓加重了对政府的不信任。总之，两天和三夜的时间，足以使该事件及时有效地解决，让事态逐渐化解，而不是任由事件发展，以至于占公路、广场威胁社会秩序后再给予强行压制。

（三）简评

总体来讲，社会安全事件应当分为两类：一类是恐怖活动、极端民族主义行为、外国颠覆势力等旨在颠覆政权、破坏社会制度、分裂国家的重大社会安全事件；另一类是医患、劳资、移民、学校安全、社会保障、重大事故案件、经济安全等一般案件引起的一般社会安全事件。

对于这两类事件，许多国家在第二次世界大战以后都开始重视和研究其应对处理机制和办法，一开始主要着眼于对国家安全事件的研究，如国家安全和国际关系领域，尤其是恐怖主义及其应对问题，近年来更重视对第二类事件的研究。对于我国来讲，也应当更重视第二类事件的研究。

对于第一种类型的社会安全事件，应当立即动员最大的国家权力资源予以应对，必要时可以依法限制部分法定权利，保证事态得以及时控制，社会稳定、安全状态及早恢复。这种类型的社会安全事件类似宪法上的紧急状态。

该种类型的应急机制，在进行法律设计时应当注意切实扩大应急权力，加大人力、物力、财力支持力度，动员能够动员的一切国家资源和社会力量投入应急活动中。一方面，控制事件扩大；另一方面，给予全面压制。

第二种类型的社会安全事件主要是由一些侵权事件引起的。以上列举的具体案件，主要是公民的人身权、财产权、劳动权、就业权、受教育权、社会保障权、获得安全保障权等权利受到侵犯或者没有受到很好的保护。

该种类型的应急机制，在进行法律设计时应当注意适度扩大应急权力，权力扩大的方面侧重在控制事件范围的扩大，同时，迅速了解案件的事实真相，立即摸清是否有公民权利受侵害事件的发生，分辨公民的哪些权利受到了侵害：有些被侵害的人民权利是立即可以复原，有些是提出复原方案，有些启动复原措施；与此同时，畅通与民众的沟通渠道，加强宣传、掌握舆论。

这两种类型，划分的目的在于区分敌我矛盾和人民内部矛盾，前者控制事件范围并全面压制敌对分子，后者控制事件范围并尽力争取民心。二者侧重明显不同，着实有必要区分。

第二种类型之完善应对，政府至少须有预防机制、监测和预警机制、处置和救援机制，恢复和重建机制；此外，政府还应当主动建立与民众及媒体的良性互动关系，注重宣传、掌握舆情。

基于以上理论分析，2011 年 6 月，增城市突发社会安全事件的应对实践中存在以下几个问题。

第一，应急机制没有很好地实行。其一，在整个事件中，没有一个应急中枢指挥系统。不见得要等、靠市委、市政府的办公会来决策。应当有常设性的应急机构，按照既有应急方案来处置各种突发社会安全事件，市委、市政府给予监督。其二，应急方案捉襟见肘。在整个事件的处理中，没有见到完善的应急方案得到有序地实施。其三，市政府对镇政府和基层执法组织的应急指挥权力不明确、缺乏力度，基层组织可能会阳奉阴违。其四，没有预防体系和监督预警机制。其五，没有应急监督机制，监督应急机构运作和应急方案的实施。其六，当地政府应急意识、应急效率低下。如上所述，两天三夜的时间，居然让事件不断发展，没有有效解决。其七，没有在事件发生之初立刻研究、分辨权利受侵害状况，及时、精准地给予复原和保护。其八，没有事后责任追究机制。其九，突发社会安全事件的发生、发展到处置，都存在一些责任人，他们应当对事件的引发、事件的恶化、事件的处置不力、事件信息的隐瞒承担应有的责任。

笔者认为，责任的追究应当在群体性事件发生的过程中迅速予以追究。如在 6 月 11～12 日，这两天时间应当给群众一个说法，便于说服群众主动散去，减少暴力行为。这么一个简单的治安案件，一两天足以查清责任。实际上，至 7 月 8 日，增城才通报事件的处理结果：镇党委、政府负责人被免职、村支部书记、村委主任记大过处分、涉案治保会工作人员被拘留 10 天。迟来的正义是有瑕疵的正义。笔者认为，在事件发生的时候，迅速查清事实、追究责任、保护公民权利最有利于化解事件危机、树立政府形象。

第二，重社会秩序维护，轻公民权利的保护，没有在第一时间对事件真相予以最准确的调研，没有在第一时间对受侵害的公民权利给予精准的保护。事件起因是四川籍孕妇王某梅被治保会执法人员推倒在地，从收集的材料和信息来看，当地政府未曾对王某梅郑重予以道歉，也未对治保会工作人员进行处分。或许是材料收集不全，上述并非完整的事实。但是，至少没有在第一时间对王某梅予以道歉并赔偿。

第三，与民众沟通严重不够，没有畅通的沟通渠道、主动的沟通态度。政府负责人员与相关负责人员没有及时面对群众，与当事人沟通，与聚集的群众沟通，也未见利用基层居委会、村委会、街道办等工作人员开展说服教育工作。从整个事件来看，政府直面群众、主动与群众沟通的姿态不够，没有及时了解群众诉求及群众聚集的原因，因此难以及时化解政府与民众之间有关事件信息严重不对称带来的负面影响。

第四，政府负责人没有“接见”群众，没有满足群众想见领导的心理需求。涉事政府负责人员及相关部门负责人员没有第一时间面对当事人及聚集群众，没有满足群众想见领导的心理需求。政府也没有释放明确的信息如坚决查明真相、惩罚违法违纪人员的态度等。群众不知道政府的态度，误以为政府包庇治保会工作人员。

第五，没有利用媒体，以正视听；媒体传播的信息不够明确，给小道消息传播留下空间。媒体是主要的信息传播渠道和说服教育的平台。如果媒体不发声，小道消息就会迅速传播。在事件过程中，平面媒体、电视媒体、网络媒体没有及时对事件进行跟踪报道，没有及时披露真相并展示证据以服民众。在整个事件过程中，媒体发声只有一次，在6月11日，媒体的报道源自增城公安的通报，标题为："广州增城发生人员聚集滋事事件25人被调查"，报道这样描述"大敦村治保会工作人员见状后对其违章行为进行劝离，后双方发生肢体冲突，孕妇倒在地上"。这句话没有明确说明治保会工作人员是否有殴打孕妇的行为，而且这样的表述容易让人误解是治保会人员动手打人而致孕妇倒地。所以，小道消息（治保会工作人员殴打孕妇）传播开来或许会被很多人相信。

第六，事后没有善后措施、没有心理干预，弥补社会创伤。实际上，在整个事件的前后，未见到那名所谓治保会工作人员再出现，也未见到政府对任何工作人员予以处罚。这样，容易给群众一种"不了了之"的感觉。事后应当安排居委会、村委会、街道办走访四川籍外来务工人员，了解其对事件处理的满意度、采集意见和建议，予以总结；对在事件中被无辜侵犯人身权、财产权的人员给予补偿。

四、2011年广东乌坎事件

（一）事件情况①

1. 事件起因

（1）直接起因：村集体卖地收入分配不公

乌坎村原有2.5万亩地，从1993年乌坎大量卖地，至今被卖近2万亩，除了殡葬区，其他差不多都卖了，可村民都没见到卖地钱。唯一的两次领钱是1993年前，每位村民在1990年与1993年曾分两次因国家征地修路领到共计550元，此后至今再无分红，且没有解决就业。

（2）选举原因：村民自治没有落实

第一，村委会的选举徒具形式。以乌坎村2011年2月的村委会换届选举为例，当时的选举并没有召开村民会议或者村民代表会议，只是由村原"两委"干部、村民小组组长、会计、企业代表等50人举行会议产生。这位村里的党支书已经连续任职41年，这几十年来，乌坎村从来没有举行过一次全村选举，但每次村干部都是高票当选。

---

① 本部分事例简介参见黎广：《乌坎事件调查》，载《中国新闻周刊》2012年第1期；吴丽玮：《乌坎村土地纠纷与宗族之争》，载《三联生活周刊》2011年第49期；刘建锋：《乌坎密码》，载《经济观察报》2012年6月11日，第35版；龙飞：《乌坎事件非创新　村民自治路漫漫》，载《中国经营报》2012年4月2日，第A10版。

第二,由于选举未起作用,村干部腐败问题长期得不到有效制约。1993 年,村党支部书记通过当时的陆丰县政府,成立了一个乌坎港实业开发公司,经营房地产。这个公司的法人代表是乌坎村原村支书薛某,并担任公司总经理,公司为集体所有制企业,经营乌坎港区道路和各项工程配套设施。这家实业公司在接下来的 20 年里,不断卖掉村里大大小小的土地。在乌坎港以北、厦深高铁以南 3 公里长的区域内,乌坎村范围内最宽的地方有 1 公里多。但这个村集体所有制企业作出的决定从来没有征求过村民的意见。

2. 事件经过

(1)第一次群体上访

第一次上访的导火索是碧桂园在村里"破土动工"。这是村里最后一块土地。2011 年 9 月 21 日,村民实在是忍无可忍了,连小学生都偷偷从家里偷了锣,在村里边跑边敲,到市政府的一共有 3000 多人。当天,政府没有表态。

9 月 22 日上午,百余名汕尾武警特警进驻当地武力驱散正在集会的市民,包括妇女儿童,10 多人受伤,其中有 2 名儿童被打成重伤。随后,矛盾激化,当地人围攻派出所与市政府,投掷石块和推翻警车,有 10 多名警察受伤,警方施放水炮驱散,并拘留 4 人。

9 月 24 日,由乌坎村全体村民推选的 13 位代表与陆丰市和东海镇多次沟通并向政府提出 3 项诉求:查清乌坎村改革开放以来土地买卖情况;查清村委会换届选举情况;公开村务、财务。陆丰市委常委、常务副市长邱某雄代表市委市政府作了答复:市、镇两级将组成强有力工作组进驻乌坎村,调查核实村民代表提出的问题;工作组于 9 月 26 日进入乌坎村,每 7 天公布一次工作进展;乌坎村"两委"干部要全力配合市工作组开展工作,村民代表参与监督。此外,邱某雄还要求村民代表配合政府做好工作,以及村民绝对不能组织过激行为等。村民代表对以上答复表示满意。9 月,陆丰市派出工作组,从选举、财务和土地等几方面介入村民诉求,开展入户调查。

在市政府的允诺下,村民被劝回,但他们渴望的土地调查却并未如预期展开。村民洪某卿说:"当时政府答应每 7 个工作日公布一次调查情况,但一次都没有公布过。10 月 22 日,政府答应半个月后给我们一个结果,一直到 11 月 19 日,代市长邱某雄对一些问题做了答复,但最主要的土地问题并没有说清,他只说用地企业的'绝大部分收益归村民所有',但我们要的是对非法出卖土地的解释和解决方案。"

在第一次上访的 1 个星期后,村支书薛某和村主任陈某意再次违法操纵了村民选举。9 月 29 日村里公布了选举结果,一共收到选票 3500 多张,其中薛某得票 80.5%,陈某意得票 78%。公布这样的结果并不意外——40 多年来几乎每次选举村干部都会高票当选,但昔日对村政治保持淡漠的村民这一次却不愿再忍耐。市、镇两级政府对待土地问题的暧昧态度,被村民解释为"与村干部是一伙的"。

11 月 1 日,陆丰市决定免去薛某村支部书记职务,免去陈某意副书记职务,同意陈某意辞去村委会主任职务，由东海镇副镇长朱某强兼任乌坎村支书。但这与乌坎村民的诉求相去甚远。

(2)第二次群体上访

11月15日，不满陆丰市的拖沓延宕，杨某茂主持召开临时代表会议，会议决定20日开村民会议。会上，林某恋对村民出示证据，并表态与村民共同坚持原定诉求，打破官官相护、官商勾结的利益联盟。其决定次日再赴市政府上访。林某恋拟定了次日上访的口号和标语。杨某茂、薛某波等协调配合，庄某宏、张某城等抽调150名青年组成上访秩序维护队，防止9月的打砸现象再次出现。

11月21日，4000余人再次上访，引起高度关注，数十家媒体涌入，并自此长驻村内，动态报道乌坎事件。但对这次上访，陆丰市委宣传部发网文报道为400人，称其为少数村民的不满，这令村民意识到，陆丰市仍在决心保护薛某营造的旧"利益格局"。"不敢面对现实，逃避实质问题，这迫使我们不得不继续争取。"林某恋说。

明线，林某恋指派杨某茂给陆丰市市长打电话，指责官方背信，为保护利益关系人，不惜扼杀村民的民主、土地和村务等合法诉求，并由杨某茂率村民理事会代表向政府提出建议，在道义上占据高地。暗线，则安排青年加强护村措施，防范突击进村抓人。整理各项证据，向中纪委、广东省委递交材料，述说村民的合法诉求。宣传组则在紧邻林家的新闻中心张贴告示，强调村民的诉求是在法律框架之内，是为了基本权利，是有限诉求，而非政治要求。并且一再声明，乌坎村全体村民"拥护共产党，拥护党中央"，反对的只是少数违法乱纪、独裁专断的贪官污吏。

但12月9日，陆丰市公安局仍发布通告，捉拿林某恋、杨某茂等组织者。此前，12月1日，庄某宏在顺德被控制。12月2日，消息传回乌坎。12月3日，汕尾、陆丰部分政法官员在南海庄园与杨某茂对谈，要求杨某茂和其他领袖集体自首，以获轻判，否则，最低也将判刑10年以上。12月4日，警力在村外集结。12月9日，薛某波、张某城、洪某潮在陆丰市公安局通告发布的当天被抓捕。

12月11日19时，薛某波猝死于汕尾市看守所。乌坎村中遍地悲声，村民在村中集会，祭奠死者亡灵。万余人大村，全村罢工、罢市、罢课，静坐，多数村民决意维权到底。部分村民家中缺少资粮，部分生活物资依靠村外捐资救助。该村虽并未真正发生断电、断水、封村的状况，但断电、断水、封村的谣言却已散播。

在此关键时段，中国社科院于建嵘、中山大学朱健刚等学者，组织了有关乌坎形势的分析研讨活动，建议广东省委省政府直接介入处理。广东省社工委专职副主任刘润华约见学者，学者提出了希望撤离警察、释放被捕村民代表、成立省委工作组和组织村民重新民主选举的系列建议。刘润华将学者建议与自己的研究报告组成内参，直接提交给受时任广东省委书记汪洋委托而专门处理此事的一位省委领导。①

12月21日，在张某金陪同下，林某恋赴陆丰市政府，与省工作组见面协商，该省委领导承诺陆续释放被捕青年村民、对被捕期间猝死的村民薛某波再次确认死因并尽快交还遗体、承认临时理事会合法，并表示省政府工作组将查明真相、“涉及哪一级就查办哪一级”。

12月30日，省工作组宣布，初步查实，村民诉求合理合法，薛某班子成员此前已被汕尾市确定双规审查。

至此，以林某恋、杨某茂等人为代表的乌坎新领导群体，无论在民众之间，还是政府系统中，均建立了稳定的地位。

(3)新治理结构的建立

2012年1月15日，广东省委组织部干部与陆丰市、东海镇干部出席乌坎村党员大会，组建乌坎村党总支部，并成立了乌坎村委会重新选举筹备小组。林某恋获得任命，成为乌坎村党总支书记和选举筹备小组组长。

2月11日，乌坎村通过村民无记名投票的方式推选村民代表，并选举7个村民小组的组长。

至2012年3月，乌坎村事件告一段落，但在研究者看来，基层民主还有很长一段路要走，其中包括如何划定政府与村民自治组织间的权限。

例如，2月21日，乌坎村有80名村民代表开会，但前来参会的政府人员遭到村民阻拦，村民认为这是村内会议，不想让政府参与。最后，政府人员离开了会场，但会议所拟定的预选方案，最终未获得选委会和政府的同意。

实际上，乌坎村的利益瓜葛并未因选举过后而自发解决，如土地问题，如果有争议的土地仍属于村集体所有，处置起来相对简单。但如果是被征用或者征收变更了性质的土地，如由乌坎港实业开发控制的土地，其主管部门是东海镇。因此，选举过后，乌坎村事件由村民与村干部的矛盾，逐渐转化为村委与上一级管理者间的矛盾。土地问题的争议相当复杂。

(二)事件分析

与其他典型事例相比，乌坎事件的特点如下。

第一，经济诉求与政治诉求的结合。参与者不但有经济利益方面的诉求，还希望实现一定程度的自治。这是近年来前所未有的状况。

第二，从主体来看，有大量青年人参加。他们的抗争手段更“现代化”，抗争意志更坚

---

① 该省委领导即时任省委副书记、省社工委主任朱某国，其后曾任广东省政协主席；2014年11月，其因涉嫌严重违纪接受组织调查；2016年11月11日，广西柳州中级人民法院公开宣判，以受贿罪、巨额财产来源不明罪两项罪名，判决其死刑，缓期2年执行，剥夺政治权利终身，并处没收个人全部财产。

决,所造成的影响也更大。

第三,参与者的组织性较强,有隐蔽的组织动员机制,有领袖、骨干和分工。

第四,政府的应对方式从源头上解决问题。正如有的专家所说,“在矛盾激化后,由于政府积极介入和信息公开,建立了有效的对话协商机制,将社会维稳与民众维权统一起来,成功化解社会矛盾,避免了行政力简单化处置的倾向。该事件对矛盾凸显期的中国社会、政治结构带来深层次影响,也为政府部门的科学判断和冲突管理提供了成功样本”。①

(三)简评

乌坎事件具有强烈的政治色彩,它对现有的基层行政体制构成了一次具有里程碑意义的挑战,尽管其起因是常见的土地问题。这一事例是否具有代表性?类似的带有政治诉求的事件会否大量发生?这些都值得人们关注。从中可以得到的启示是,应对突发社会安全事件,不能简单地强力维稳,治理结构的改良和利益关系的平衡才是政府所应时刻念兹在兹的。

五、2011 年日本福岛核电站核泄漏引发中国多地现“抢盐风波”

(一)事件情况

在日本核电站爆炸后网上广为流传一副对联,其上联:大核民族五十七座核电密布,意欲核威;下联:盐荒子孙五十六个民族抢盐,盐面何在;横批:核出此盐。这副对联体现了 3 月 11 日日本大地震所带来的核辐射危险,也在一定程度上反映了国人对待这一灾害的心理和行为。

2011 年 3 月 11 日,日本发生 9.0 级地震,导致福岛第一核电站爆炸释放大量核辐射。因“碘盐能预防治疗核辐射”及“核辐射污染海盐”的传言,我国从 14 日开始出现抢盐苗头。东部沿海的绍兴市、上海市,成为此次我国抢盐风潮的始发地。之后,随着网络信息的迅速传播,数天之内,抢盐风潮席卷我国大江南北,中国各地出现市民抢购食盐“盛况”,许多超市食盐销售一空。个别不良商家借机提价,北京市一箱 40 多元的食盐卖到 600 元。一些地方的食盐也从原来的 1 元涨到了 10 元,一些城市里食盐的日销售量更是达到日常销售量的 20 倍。而在囤货的抢购者中,兰州市一男子,居然囤积了 13,000 斤食盐,也成了网络红人。江苏省南京市的王女士在“抢盐大战”中想尽办法,最终以每包 8 元钱的价格买到了 50 包盐,事后眼看着大小超市里重新铺满的 1 元多 1 包的盐,她欲哭无泪。

随着抢盐事态严重,国家发改委等部门于 17 日下午发出紧急通知,要求各地“立即开展市场检查,坚决打击造谣惑众、恶意囤积、哄抬价格、扰乱市场等不法行为”。18 日晚,各地的抢盐风波逐渐趋于平静。

① 王卡拉:《北大发布 2011 年度公民社会十大事件》,载《新京报》2012 年 2 月 18 日,第 A14 版。

(二)事件分析

由日本地震引起的核泄漏事件在全球范围内引发了不同程度的恐慌。美国民众抢购碘片,俄罗斯民众哄抢碘酒,中国民众抢购食盐。网上抢购食盐的理由基本有两个:一是吃盐防辐射,二是核辐射污染海盐。恐慌多起于未知,未知则不可控。由于民众不信任主流媒体等原因,一个明显无厘头的谣言就可能把问题无限扩大,直至造成社会恐慌。

之所以将该事件作为典型的突发社会事件进行分析,是因为"抢盐"事件不仅是谣言惑众引起社会恐慌,如果不及时采取措施控制,将会引发很多衍生、次生社会安全事件。最直接的影响是,正常的市场经济秩序遭到破坏,这给一些不法分子带来可乘之机,在碘盐成为稀缺性商品的同时很可能会诱使谋利之徒造假、售价,而不合格的碘盐流入社会又进一步引发公共卫生事件,公共卫生事件的发生因治疗及赔偿问题往往又会引发群体性上访事件,这最终埋下了群体性暴力事件的隐患。总而言之,突发事件具有连锁性的特点,在诸如"抢盐"的社会恐慌形成后,政府部门必须要有所行动,掌握主动权,将一切可能的隐患控制于摇篮中。

1. 谣言引发突发社会安全事件的生成机制

笔者将此类事件定义为因谣言而引发的社会安全事件。这类事件的生成机制大致如下:信源的模糊性→传播者的非理性→信息环境的不确定性→受传者的群体性恐慌。最终的群体性恐慌是由前3个因素环环相扣的结果,倘若破除了其中一环,如通过信息公开增加信源的透明度,提高传播者对虚假不实信息的辨识度,公众不盲目跟风传播真实性有待考察的消息,则也未必会造成不良的社会影响后果。美国社会学家G. W. 奥尔波特和L. 波斯特曼于1947年总结出的谣言公式:

$$谣言公式:R = I \times A$$

上述公式表示:谣言的杀伤力 = 信息的重要度 × 信息的不透明程度。传播学者克罗斯将这一公式发展后提出:

谣言 = (事件的)重要性 × (事件的)模糊性 × 公众批判能力

这个公式说明,谣言产生和事件的重要性、模糊性成正比,而公众的判断水平在谣言传播中也具有重要作用。

此外,我们也应关注到这样的事实,很多谣言的产生都源于真实的信息,只是在传播过程中从"简化—强化—同化"3个方面被歪曲,即谣言的歪曲模式。① 首先,"简化"是指在公众得知一些谣言后,往往会对其进行简化,总是努力使信息更简明通俗,以便自己所传播的信息能得到别人更明确的理解。比如,在"抢盐事件"中,从"碘化钾药片能使甲状腺发生饱和,防止对放射性碘的吸收"的新闻简化为"加碘食盐能防辐射",进而简化为"盐能防辐射";从"某些地区居民抢购加碘食盐,部分超市加碘食盐脱销"的消息简

① 参见[美]奥尔波特等:《谣言心理学》,刘水平、梁元元、黄鹏译,辽宁教育出版社2003年版,第17页。

化为“盐已被抢完”等。其次,“强化”是指当一条谣言被多次接收时,谣言的可信度就大大增强,在网络中尤其如此,当网民在不同网站、不同论坛、聊天工具不同的好友和群里看到同一条信息时,网民常常会本能地选择自己感兴趣和关切的部分,进行转载发布。最后,“同化”则是指谣言发布后,会被不同数量的人接收到,同一条信息,“转播者”根据自己的理解增加细节、讯息和详情,以期使故事更连贯、合理、圆满,这时,信息也就被歪曲了。

基于以上对谣言引发突发社会安全事件的生成机制和谣言歪曲模式的分析,笔者认为,可以从以下几方面控制谣言:其一,谣言预警与监控机构能够及时公布谣言歪曲的事实,将谣言失真的过程多渠道、持续性公开发布,也能防止谣言更多的歪曲和更大范围的扩散,这不失为控制谣言失真的策略之一;其二,采取多渠道、准确、反复、及时地发布大量辟谣信息的办法,使大众在“趋同心理”下倾向于媒体所发布的准确、权威信息上来,从而遏制谣言的恶化和进一步扩散。

2. 福岛核泄漏引发“抢盐”风波的应急反思

从非典时期的“抢醋”“抢板蓝根”“抢口罩”“抢消毒液”到福岛核泄漏后的“抢盐”,我国近些年来“抢”来的社会恐慌实已不在少数,政府部门虽然逐渐积累了处理此类事件的一些宝贵经验,但在应急处置的时机、方式等方面仍有很多值得反思的地方。

其一,事发地应对时机还有提升的空间。此次突发性抢盐事件先是从广东省、江苏省、浙江省开始,随即蔓延全国,虽然这 3 省都采取了紧急应对措施,但是我们还是遗憾地发现这 3 省并未在第一时间作出反应,因此,并没有能让事态控制在本区域内,而是迅速扩展。突发社会安全事件的及时响应是应对这类事件的重中之重,直接影响事件应对的成效、应对周期,甚至是成败与否。及时的响应可以相对充分地掌握主动权,否则谣言传播范围越来越广,不仅影响面变大,势态越来越难以控制,更主要的是,增加了政府应急工作的难度,需要的社会成本也更多,而且最终的应对效果也未必尽如人意。

其二,新闻、信息没有能随着形势的发展及时跟进。当其他各省、自治区和直辖市已经出现极为严重的抢购风波时,各主要媒体却还在继续报道广东省、江苏省、浙江省的抢盐风波,似乎其他各地都保持良好秩序,让民众对新闻报道的真实性产生怀疑,由此形成不信任感。在新闻媒介异常发达的今天,全球的信息都尽在掌握,更何况是一国之内、区域之内的消息呢?封锁消息,避而不谈,特别是在多媒体、自媒体时代,只会让社会群众更相信谣言的真实性,谣言传得更快、更广。谣言漫天止于正面沟通。只有充分发挥媒体的作用,及时、真实、完整地报道势态,保障群众的知情权,才能从正面粉碎谣言,从源头上制止谣言扩散。

其三,某些中央政府部门反应不够迅速。“抢盐”事发的第三天,国家发改委才向全国发出紧急通知,而此时危机已经形成。我国目前的突发社会安全事件应对机制中,基本都是分级分层响应的做法。然而,在笔者看来,分层响应并不意味着只能由某一级政府采取相关措施,尤其是此类因谣言而起的社会事件。鉴于辟谣需要更令人信服的科学依据,单单是地方政府发布的公告因其科学技术水准有限,相关鉴定或是调查数据都不能让人完全信服。另外,倘若是对几个地区都有影响的社会事件,加之各地方政府应急能力参差不齐,粉碎谣言的地方公告形形色色,理由也不尽相同,这种现状更不利于社会公众了解事实的真相。在以上两种情形下,如果有中央政府部门这样高级别的国家机关运用最权威的调查数据和科学原理,发布全国性的公告通知,从心理学角度来讲,对于相对可靠的信息来源,社会公众势必会更相信。故而笔者认为,中央相关政府部门在统筹全国应急法制中,要及时进行干预,尤其是在信息公开方面,积极采取公开机制配合和弥补地方政府的相关工作。

3. 谣言引发突发社会安全事件的应急要重点做好信息公开

从上述关于谣言引发突发社会安全事件的生成机制可以看出,信息的透明度是最根本的作用因素,且相比提高社会公众的科学理性,加强信息公开、提高信息透明度也是最便于政府部门采取措施且立竿见影的方式。故而笔者认为,此类突发社会安全事件的应急当以信息公开为重中之重。

政府是权威信息的发布者,应着力保障正常信息传播渠道的畅通。危机事件发生后,公众的不安全感也促使他们迫切需要从多种渠道获取信息来确认信息的真实性与完整性。因此,政府应立即建立多渠道的信息传播机制,发挥各种媒体的作用,宣传政府的声音,以保证危机公关取得良好效果。在这次抢盐风潮中,不仅卫生部、发改委等政府部门高速反应进行辟谣,而且网络上迅速形成了对抢购食盐的理性的质疑声。此后,抢购风潮也随之结束。①

"遇到类似抢盐风波,政府通过有公信力的媒体,及时发布消息就是最好的应对措施。"②这无疑指出了我国在应对抢盐风波中的成功经验。在抢盐风波发生期间,中央以及各地均加强了对抢盐风波的报道,这是和以往面对公共性突发事件政府所采取的尽量回避或者将事态轻描淡写所不同的。政府在出现了抢购风波之后,将媒体报道集中于其焦点,针对抢盐风波的起因来进行:第一,碘盐并不能抵抗辐射;第二,我国供应市场的食盐大部分是矿井盐,海盐只占了很少一部分;第三,我国各地的食盐供应以及食盐库存是充足的,目前出现的购买困难只是因为运输的原因;第四,日本核泄漏对于中国可能造成的影响,将通过在各地设立监测站并每日播报监测结果。以上的报道打消了公众对核辐射以及食盐短缺的恐慌。

在相关报道中均提及相关地方政府和有关部门在应对抢盐风波中,启动了应急预

---

① 参见蒙常胜、赵静、张议:《抢盐事件应对与政府危机公关探讨》,载《现代商贸工业》2011 年第 6 期。

② 参见梁鹏:《专家谈"抢盐风波"称政府部门应对得当》,载新浪网:http://news.sina.com.cn/c/2011-03-26/024922183230.shtml,2020 年 3 月 23 日最后访问。

案,但是这些应急预案在网站或其他公开场合却无法查询到,也就自然不可能得到广泛宣传了。实际上,不仅应当及时制定预案,并且,还要及时公布,经济安全事件的频繁发生已经给了我们一个警示——公众十分怀疑政府的能力,否则不会如此之恐慌。应该指出的是,应急预案的制定不仅能给政府应对各种类型的突发事件做好事前的部署,还可以给公众一个信息,即政府是有准备的政府,是有能力控制突发性事件的。我国《突发事件应对法》在其立法目的中特别强调了"预防和减少突发事件的发生",而政府的准备措施,实际上可以起到安抚民心的功能。民众越是恐慌,公共性突发事件,尤其是类似抢购风波之类的事件所造成的社会危害性越大,越发难以控制。这就要求政府及其所属部门必须放弃将应急预案当作内部事务、秘而不宣的做法,这实际上也是应对公共性突发事件的一种"术",意识不到这种"术",就不会去运用它,也就无法起到作用。面对这次影响浩大的事件,如果政府在信息公开方面能走得比现在更远、更到位,那么,此次事件的规模完全可以得到控制,不至于引发全国恐慌。信息公开的功效除保障公众的知情权外,确立官民互信机制也是其中之义。

(三)简评

在日本福岛核电站核泄漏引发中国多地现"抢盐风波"事件中,虽然曾一度因谣言引发社会恐慌,一些不法商贩伺机哄抬物价,社会大众因缺乏科学认知盲从抢盐影响了正常的市场经济秩序,但政府的权威信息发布还是有效地遏制了事态的进一步扩大。不得不说,这是我国以行政指导来化解突发社会安全事件获得成功的较典型的一个事件。不难发现,在近些年的突发社会安全事件中,很多事件的发生及势态的扩大都是因为谣言的作用,那么政府应该如何面对谣言,政府响应类似突发事件的合理手段及恰当时机该如何判断?这些都是我们应该关注和思考的问题。

六、2012 年国内反日示威游行并引发打砸事件

(一)事件情况

2012 年 4 月 16 日,时任日本东京都知事石原慎太郎在美演说时宣称,东京将计划"购买"钓鱼岛。7 月 6 日,日本政府确定将钓鱼岛本岛、南小岛、北小岛这 3 个岛屿"国有化"的方针。9 月 5 日,日本政府就"购买"钓鱼岛事宜与"岛主"栗原家族达成买卖协议,以 20.5 亿日元的价格正式"收购"钓鱼岛及其周边的 3 个岛屿。9 月 10 日,日本政府正式确定将钓鱼岛等 3 个岛屿"国有化"。9 月 12 日,钓鱼岛土地登记变更完成。

日本上述罔顾钓鱼岛自古以来就属于中国的无可争辩的事实的购岛行为,引起了中国政府的慨然反对和中国民众的极大不满。反日游行示威活动开始频繁出现,并于 9 月 15 日、16 日达到高潮。9 月 15 日全面爆发大规模反日示威,全国至少有 52 个城市的大批市民响应号召上街,其中重庆市、长沙市等地人数达到数千人,北京市更猛增至 2 万人以上。其中在西安市、青岛市、广州市、长沙市、深圳市等地的游行中,出现了民众打砸日系车辆、日资商店的事件。长沙市日资商场平和堂遭打砸,部分商品遭哄抢;青岛市部分示威者割破玻璃闯入吉之岛商店,破坏设备和抢掠;成都市有几家便利店、东莞市有几家日本料理店也遭破坏。其中较为严重的是,9 月 15 日下午,西安市司机李某利开着日系丰田卡罗拉,带着妻儿,在西安市环城西路北段遭遇反日示威的人群,被人砸成重伤,犯罪嫌疑人随后逃之夭夭。9 月 16 日,在广州市,部分反日示威游行人员打砸掀翻意大利驻广州领馆车辆。

外交部就各地发生的反日游行中的打砸抢事件表示,中国人民强烈不满和坚决反对日本政府侵犯中国领土主权的行径和右翼势力的肆意挑衅,但这不是针对日本人民的;并强调中国是法治国家,中国政府一贯履行国际公约规定的相关义务,依法保护外国驻华使领馆机构和人员,包括在华日本公民的人身安全;同时,呼吁国内民众冷静、理智、合法有序地表达诉求。

由于处置失当,导致各地的示威游行中发生一系列打砸抢等暴力性的违法,甚至是犯罪事件,在产生重大影响并引起广泛关注后,各地公安机关迅速行动,陆续发布各种形式公告劝诫市民在法律范围内合理表达意愿,并抓捕处置了一批犯罪嫌疑人。

(二)事件分析

1. 应急预防与应急准备

本次的打砸抢事件是由各地群众的游行示威活动所引起的。依据我国《集会游行示威法》第 6 条规定,集会、游行、示威的主管机关,是集会、游行、示威举行地的市、县公安局、城市公安分局;游行、示威路线经过两个以上区、县的,主管机关为所经过区、县的公安机关的共同上一级公安机关。该法第 7 条规定,举行集会、游行、示威,必须依照法律规定向主管机关提出申请并获得许可。在公安机关审查游行示威申请时,依该法第 12 条,必然会考虑申请举行的集会、游行、示威是否会直接危害公共安全或者严重破坏社会秩序,一旦有充分根据予以认定,则公安机关可对申请作出不予许可的决定。

以 9 月 16 日深圳市的反日游行示威活动为例。由于在 8 月 19 日,为抗议日本右翼人士登钓鱼岛,深圳市数千民众走上街头举行反日示威游行活动,但是在游行过程中,就出现了打砸中国公民驾驶的日系汽车的先例。因此,公安机关在对游行示威申请进行审查时,对于该申请的游行示威活动具有危害社会秩序和公民财产乃至人身安全的可能性,应当有所预料。因此,在 9 月 16 日游行当天,为防止出现突发情况,深圳市警方应当采取一定预防措施,如预先公布游行路线以提醒沿线民众、加派警力保障游行和平且按申请举行、对可能的危险分子予以排查并特别注意等。同样地,在西安市、青岛市、广州市、长沙市等地,对于可能在游行示威当日发生的危害社会秩序、公民人身财产安全的突发情形,公安机关应对按照《突发事件应对法》的规定,采取预防措施;同时,对可能发生的上述突发情形进行综合性风险评估,具体包括游行的原因目的、方式、路线、时间、事件的规模、参加人数负责人,确定潜在的风险,以此来分析人为因素在事件发生中的作用,并制定相应的应急行动预案和最后的决策,以减少突发事件的发生,最大限度地减轻突发事件的影响。在我国香港特别行政区,政府提供民众表达意见的渠道的同时,我国香港特别行政区警方也会考虑到种种细节,如举行公众活动的目的、时间、地点、游行路线、预计参加者人数、公众集会场地的出入口位置、起步点及重点、途经路线。

利用现代技术通过电子摄像设备监视主要街道和场所的动态变化,保证公安机关可随时处置突发事件,并可借此作为侦查违法犯罪活动的重要证据。当然,这种摄像应当具有正当性、必要性和适度性,以保障公民隐私和其他权利。此外,公安机关派出警力到主要交通路口和会场周围巡逻,进行盘问和检查,也可对游行中的突发事件起到一种预防作用。①

2. 信息管理与信息公开

群众性大规模游行集会往往是社会心态的展示,公安机关有必要了解情况、收集有关信息。在前述一系列的游行事件中,其目的在于表达民众对于日本的购岛行为表达不满,然而由于有前车之鉴,在此类游行中,部分民众极有可能出现非理性行为,打砸抢日系产品及其相关公民,使游行脱离和平轨道从而上演暴力行径。因此,警方必须在发生游行集会的每个阶段,都应收集情报,并对情报进行分析研究,制定对策。特别是当发现游行集会与原来申请的计划、目的、方式等不相符时,或游行路线临时变更时,就要把相关信息报给相应负责人,以便能及时进行疏导和劝解,化解危机的发生。② 相关信息的收集和正确运用,是公安机关正确处置潜在的暴力、非法因素,控制社会治安的保证。

建立规范、高效、权威的应急信息发布制度,有助于应急管理目标的尽快实现。为此,在突发社会安全事件中,信息公开是很有必要的;在应急信息发布过程中,迅速反应,对突发事件有目的的选择信息源和信息传播渠道,发挥舆论导向功能。公安机关及时公布大量的信息,有助于引导舆论走向,平息事态发展,阻止谣言传播,减轻其影响力。例如,有网友于 9 月 16 日发布微博表示,西安市的游行队伍中带头砸车的是公安机关某派出所所长,这一不实信息显然对于公安机关处置突发事件会有不利影响,一旦传开势必影响公安机关的公信力。于是,陕西省西安市公安局官方微博随即于 9 月 17 日 11 时 7 分发布消息,说明事实情况,称网传信息纯属造谣。

在一系列的游行中,微博这种新型的社会媒体对政府信息的公开有所助益。当时,全国已有 8 万个政务微博帐号。在应对突发事件上,政务微博有责任及时回应民众关切,保障社会秩序的稳定和公民人身财产安全。据人民网舆情监测室统计,从 9 月 15 日 0 时到 16 日 12 时,北京市、上海市、成都市、长沙市、南京市、广州市、深圳市等地政府新闻办和公安系统通过官方微博表态,呼吁和支持民众理性和平地表达爱国诉求,同时,强调对各地出现的打砸抢烧等违法犯罪行为,将严肃查处。不过,也有一些政府新闻办和

① 参见刘冰:《日本警察处置游行集会的措施》,载《公安研究》2004 年第 4 期。

② 同上。

公安系统的官方微博对此事件并未公布相关消息,对混乱的舆论形势置若罔闻。[①]

然而,对于此一系列的游行示威的具体情况,也有相关部门并未公开,以至于外界很难了解具体情况。以西安市为例,9 月 15 日游行的具体信息,公安机关尚未对公众公布,如当天西安市的游行是否经过事先申请并获得警方批准;警方是否对游行中发生意外情况作出预案、预案是否涉及对公民人身财产安全的保护、当天是否启动了预案;游行当日西安市范围内,公民人身伤害以及财产损失的具体情况等。然而,依据《政府信息公开条例》和《西安市人民政府信息公开规定》,此类信息应当对外公开。对此,10 月 8 日,西安市民王某定、江某分别向西安市公安局和西安市人民政府办公厅邮寄了政府信息公开申请书,申请公开有关"9・15"反日游行过程中出现打砸抢事件的相关信息。[②]

3. 应急处置措施

一般来说,突发事件的应急管理,分为 4 个阶段,即减缓、准备、响应和恢复,响应即对突发事件的处置。对于游行示威事件的现场处置尤为重要,尤其在我国,因为受传统观念和历史影响,政府对民众的游行示威活动,总体采取保守的立场,在审批许可制下,表达民众意愿的游行较少,基本都是发生在本国与其他国家有摩擦等有限的时期,因此,民众甚少经历游行的洗礼,游行活动极为容易走向暴力、非理性方向。因而对正在进行的游行活动,公安机关应加强引导,迅速合法合理有效处理突发事件,以保障社会秩序不受大的影响,公民人身和财产安全不受侵犯。

在此一系列的游行示威活动中频发的打砸抢烧事件,特别是西安市民李某利被重伤事件,反映了警方对游行中突发事件处置的不当。各地发生的游行,应该是被批准的,否则,公安部门就太"不作为"了。[③] 既然批准了游行,就得有足够的措施保证游行有序进行,保证对游行的有效控制。然而,西安市等地的游行状况,很明显已经超出公安机关的控制范围。2012 年 9 月 15 日,游行的第一天,在西安市发生了数量众多的违法侵害公民人身和财产的违法行为。但是,西安市公安机关并未派出人民警察作出迅速而有效的反应。在李某利车辆被砸、人身被击伤之前,打砸抢事件已经持续了较长时间,并没有警察

① 参见《各地政务微博纷纷就涉日游行发声　青岛西安保持沉默》,载人民网:http://fujian.people.com.cn/n/2012/0917/c234825-17487075.html,2020 年 3 月 23 日最后访问。

② 参见《两市民申请公开"9・15"信息》,载北青网:http://bjyouth.ynet.com/3.1/1210/09/7509652.html,2020 年 3 月 23 日最后访问。至于后续情况如何,未见媒体报道。

③ 参见谢昱航:《市民和警察在游行中尚显稚嫩》,载中国青年报:http://zqb.cyol.com/html/2012-10/12/nw.D110000zgqnb_20121012_4-02.htm,2020 年 3 月 23 日最后访问。各地的反日示威游行活动是否得到公安机关的批准,至今存疑。如此大规模的活动,按理公安机关事先无从知晓不太可能,而且对于这种颇具政治性的游行示威,公安机关在当时情况下应该是倾向于批准的,然而,至今未见媒体对关于官方对此的正式说明的报道。这也从另一个侧面看出在对此类突发社会安全事件的信息公开方面,还有完善的余地。

维持秩序,或者警察人数根本不足以制止打砸抢违法行为。[①] 还有,西安市一市民带着孩子开车去公园玩耍,路遇游行人群被毫无由头地砸车,大约10分钟后,一路之隔的长安路派出所民警赶到现场,砸车者和围观者散去。除了驱散人群,未见警察在现场采取其他措施。

在西安市于9月15日爆发大规模游行示威并引发打砸抢事件发生之后的第二天,即9月16日,西安市公安局发布了关于坚决制止非法集会游行示威活动的通告,对游行示威活动的场地作出了限制,并声明对于集会、游行、示威中借机进行打砸抢烧等违法行为的,公安机关将严肃查处;构成犯罪的,依法追究其刑事责任。[②] 广东省、深圳市等地公安机关均在官微强调,对借机打砸等违法行为,公安机关将坚决依法查处,追究其法律责任和经济赔偿责任,并发布了对相关人员的惩处信息。此后,各地警方也陆续抓获并处置犯罪嫌疑人,西安市、长沙市、深圳市3地还公布了犯罪嫌疑人的照片,呼吁市民积极举报。据媒体统计,截至9月28日,西安市有9名嫌疑人,已有5人自首;长沙市有20名嫌疑人,已有5人自首;深圳市有20名嫌疑人,已有5人自首;北京市刑事拘留1人;青岛市则抓获多名涉嫌违法犯罪人;广州市刑事拘留13人,行政拘留5人。[③] 而在深圳市,福田区人民检察院还对2012年"9·16涉日打砸"案件的5名被告人,以涉嫌寻衅滋事罪依法向福田区人民法院提起公诉。[④]

在群体性事件中,警方的紧张、激动情绪在互动过程中会传染给示威者。因此,警方在面临示威游行时,应该由一种攻击对抗型的"武力升级"式的处理模式向合作保守型的以"协商管理"为主的集会游行示威的处置模式转变,有效的警民沟通机制是维护公民权利并限制示威行为破坏性所必需的。[⑤] 同时,加强警方对民众示威游行活动的引导,在社会力量的配合下疏散民众,维持秩序。比如,在此次示威活动中,北京市也有上千名群众自发在日本驻华大使馆门前举行抗议活动。警察和治安志愿者在现场维持秩序,示威群众也保持了理性的态度,配合现场民警引导,现场秩序井然。也有学者指出,对此类游行示威活动的处置采用弹压模式,容易致使矛盾进一步激化和负面情绪的积压,应寻找一种新的模式,即公安机关引导公民进行集会游行示威,为公民维权和表达意见开辟一条

---

① 参见鲍志恒:《首例行政诉讼案原告被砸重伤车主撤回警方不作为起诉》,载新华网:http://news.xinhuanet.com/legal/2012-10/17/c_123832494.htm,2020年3月23日最后访问。

② 参见《西安市公安局关于坚决制止非法集会游行示威活动的通告》,载陕西省人民政府门户网:http://www.shaanxi.gov.cn/0/1/9/39/130025.htm,2020年3月23日最后访问。

③ 参见《各地处置反日游行打砸抢情况一览表》,载财新网:http://china.caixin.com/2012-09-28/100443261.html,2020年3月23日最后访问。

④ 参见《"9·16涉日打砸"案五被告被公诉》,载深圳新闻网:http://wb.sznews.com/html/2013-01/10/content_2343654.htm,2020年3月23日最后访问。

⑤ 参见马悦:《加拿大集会游行示威处置警务机制分析及其启示》,载《湖北警官学院学报》2010年第3期。

新的道路，在具体的工作中应做好信息收集和研判工作、做好群众工作、做好新闻舆论工作以及在思想、物质、预案等的准备方面做好游行活动过程中的相关工作。①

4. 政府应急管理机构的作用

根据我国《突发事件应对法》和相关应急预案，各地政府的应急管理办公室履行着应急值守、信息汇总和综合协调的职责，并发挥运转枢纽作用，在本次各地爆发的这类突发事件中，应急办理应予以全面应对，预测事件的发生发展，启动相关应急预案，尽快恢复正常的社会生活秩序，保障公民的生命和财产安全不受突发事件的更大影响。然而在本次事件中，自始至终都未见任一级别的应急管理办公室在预防与应急处置中发挥作用。无论是在信息发布与综合方面，还是在协调相关部门方面，应急办无疑都是严重缺位的，这些职责也更多地落在了以公安机关为主的各个政府的部门手上，而这种各部门各自为战的情形与《突发事件应对法》综合应对的思想背道而驰。

（三）简评

完备的应急预案突发事件应对的必要指引，而政府预案的缺位是导致此次游行示威活动失控并出现打砸抢恶性事件的重要原因。

清晰明确的各地政府应急管理主体的角色定位、组织形式及其权力职责的设定和分配是应对突发社会安全事件的重中之重。建设完善的应急体制，明确具有某种特定职能的应急管理主体通过分工协作的方式积极有效地运用各种制度化的应对方法。面对一项现代社会常见且具综合性的事项管理，各部门的单兵作战显然无法应对，需要一个专业、独立的机构统筹协调应急相关事宜。

在人类应对突发事件的过程中，总结概括和提炼了众多相对稳定的，各种制度化、程序化的应急管理方法和措施，如风险评估机制、预防和准备机制、检测和预警机制、处置和决策机制等，这类措施的有效运用对迅速处理突发社会安全事件有着重要作用。在此次游行示威活动中，在风险评估、预防和准备、检测和预警方面的工作显然不够充分，唯一只有在事件发生后的一些恢复性和奖惩性的措施尚可。

总之，在示威游行这类突发社会安全事件的应对中，我国的预案、体制和机制方面都有待全面提高，尤其是在预案的可操作性和体制的有效性方面。

七、2012 年河南省光山县歹徒持刀伤害小学生等校园安全事件

（一）事件情况②

2012 年 12 月 14 日早上 7 时 40 分，河南省信阳市光山县文殊乡陈棚村完全小学发

① 参见徐乃龙、朱弋青：《公安机关在处置群体性事件中的新定位——试议公安机关引导集会游行示威》，载《公安研究》2011 年第 12 期。

② 本事件简况主要参见百度百科：http://baike.baidu.com/view/9782253.htm，2020 年 3 月 23 日最后访问。

生惨案:1 名男子冲入这所小学,砍伤学生 23 名,群众 1 名。随后,该乡派出所干警立即赶往现场,在群众的协助下,将犯罪嫌疑人闵某军(男,36 岁,光山县文殊乡邹棚村桃元组人)控制。受伤学生和群众也都分别被送到了武汉市、信阳市和光山县 3 地医院进行治疗。

经过公安机关调查取证,初步认定犯罪嫌疑人因受"世界末日"谣言影响,持刀伤害无辜群众和学生。

歹徒交代,自己前段时间癫痫发作后,父亲不让其出门。但"眼看世界就要到末日了,光山要夷为平地了,待在家里也是死",当天晚上,感到"即将结束生命"的他,在将自己两个孩子和父母痛打一顿后,于 11 时跑出了家门。他在寒风刺骨的黑夜之中奔走了一整晚,手都冻僵了,深感"末日来临了,老天确实不想让我活了"。天刚蒙蒙亮,他已跑出 10 公里。看到一户人家冒出炊烟,他要进去烤火,而独自在家的八旬老太不敢让这个陌生人进门,争执之中,他拿起身边的菜刀对准老太就是两刀。面对倒在血泊中的老太,他意识到自己杀人了。但此时他却没有停手,反而有一种"一不做二不休"的冲动:反正左右一个死,还不如让全世界都知道"我是一条好汉"。"因为前两年通过媒体知道,杀孩子可以上电视",杀红了眼的他又将目标对准了校园。

此时,陈棚村小学的学生们已经开始陆续到校。大门敞开,没有一个老师和大人。他冲了进去,左右挥舞菜刀,惨叫的孩子纷纷倒下,没用 3 分钟,他已经冲上了楼。就在决定要将一个孩子扔下楼的时候,他看到了楼下血泊中的孩子,想起了自己 9 岁、2 岁的孩子。放过了这个孩子,他也被赶来的群众制服了。

12 月 14 日中午,光山县宣传部官方的光山网首先披露砍伤学生这一消息,并称 12 月 15 日上午 9 时 30 分将召开新闻发布会。而 12 月 14 日晚,光山县撤下消息,单方告知 12 月 15 日的新闻发布会取消。

12 月 14 日 15 时许,光山县委宣传部办公室相关人员称,初步认定,砍人男子患有精神病,间歇性发作。

12 月 17 日,《信阳日报》头版刊文题为《光山:努力办好人民满意的教育》的报道赞光山教育,引发争议。

12 月 17 日,河南光山警方称,砍伤孩子的歹徒称,就要世界末日,在家也是死,想让大家都知道他。

12 月 17 日晚,光山县委对已经查清责任的 6 名责任人作出处理。

12 月 18 日,《信阳日报》头版就光山学生被砍案件相关报道刊发诚恳致歉,称该报纸 12 月 17 日一版题为《光山:努力办好人民满意的教育》的报道,客观上造成了对受伤学生及其家人的伤害,并对公众舆论形成误导,也伤害了广大网友和读者的感情,报社编委会为此表示诚恳的歉意。

（二）事件分析

在2010年3月至5月的短短50天内，全国多个地方接连发生校园安全事件。这一系列恶性事件发生后，有关政府部门采取了有力的整顿措施，而且在此之前，由于校园安全事件的发生，有关政府部门也已采取过诸多整治措施，但是，还是发生了一个个校园惨剧。那么，为何学校安全事故仍在不断上演？

1. 学校安防漏洞难补

学校大门缘何对歹徒四敞大开？手持菜刀的凶徒，何以能轻而易举地进入校园？校园安保自然是个值得反思和改进的问题。经查，陈棚村小学门卫由校门口小卖部经营人员张某胜担任。张某胜每日7时左右打开校门，而学校要求老师预备铃前10分钟，即7时50分前到校即可。但学校对值日老师到校时间没有单独要求。从学校的考勤表中看，班主任和值日老师均在7点半以后才到校，而那时凶杀已经开始。

据该校教师称，学校之前因为经费不够没有保安。一名保安月薪要1000多元，和一名年轻教师的工资差不多，学校没有安保专款。农村学校没有保安不是陈棚村一个小学的情况，周围村落都这样。而光山县全县300多所义务教育阶段小学，配备全职门卫的不到1/3，而且，这些学校都在县城和乡镇驻地。绝大多数学校，特别是偏远村庄小学没有专职保安。尽管上级部门不断要求配齐保安，但一没编制，二没资金，只能由内部教师调剂。在农村小学，一般由一个老师负责一个班，只能在没课时兼做保安。这在广大农村中小学是个共性问题，势必造成学校安保疲于应付的情况。

为吸取教训，举一反三，按照上级部署，信阳市、光山县综治、教育、公安等有关方面紧急开展校园安全专项整治行动，排查校园安全存在的隐患，对校园周边存在的各类安全隐患进行大力整治。加强校园周边治安、交通巡查力度，严厉打击各类针对校园及师生的违法犯罪活动，竭尽全力维护校园安全。

2. 社会心理问题与精神疾病需更多关注

光山事件中，警方有关人士告诉记者，歹徒受“世界末日”谣言蛊惑，也有村民说，可能是迷信害了他。无论歹徒是否为精神病人，但他的疯狂举动足以让我们去关注精神病人这个群体。在人类社会跨入知识经济时代的今天，为什么各种邪教、封建迷信还能妖言惑众，还有这么多人落入那些江湖骗子的圈套，成为他们的忠实追随者？

精神病患者不能光靠家属监管，精神病治疗是一个社会问题。有攻击行为的精神病患者，会威胁他人生命和财产安全。研究表明，只要能得到及时治疗，有90%以上的患者都有治疗价值，能够得到基本恢复。在广大农村，如果靠精神病患者及其家庭来支付治病费用，可以说绝大多数家庭无此能力。

目前，国内一些地方已将精神病纳入新型农村合作医疗，患者可报销部分费用。但这还远远不够，还应充分调动和发挥各方力量，加大精神病防治康复经费投入。

若说受“世界末日”谣言影响果真存在，这也至多是诱因而已。首先值得关注、反思的是，他身上的暴戾之气由何而来？

歹徒身上都发生过什么？他的日常生活背景是怎样的？希望政府能在后续的工作中，对症下药，防患于未然。

3. 留守儿童需更多爱护

在事发过程中，不少老师、村民都与凶手搏斗，并将他制服。此次校园惨案中受伤的23名孩子全是留守儿童，仅有两三位母亲陪伴，没有一位父亲到医院。多年来，当地村民都有外出打工、创业的习惯，孩子基本都是跟着爷爷奶奶、姥姥姥爷长大。村中多是老人幼儿，年轻人很多都出去打工了，留在村里的很少，要是老弱病残不这么多，歹徒可能也不会伤害到这么多的孩子。光山县是个劳务输出大县，80多万人口，有30万人在外务工。家长外出打工后，孩子的教育只能交给老人。在一般情况下，村里的老人开个蹦蹦三轮车，“拼”上三四个孩子一起到学校。这样的交通状况，让人担忧，也许是日后的隐患。

（三）简评

突发社会安全事件发生后，政府应如何向公众公开信息、如何对待舆论？此次光山县学生伤害事故背后，值得我们思考的不仅是学校安防措施的进一步增强、对学生生命的尊重和关怀，更有当地政府对待职责的态度、自身公信力的塑造，以及与民众的距离。

光山县校园惨案发生于2012年12月14日，事件经网络媒体和微博平台的传播和发酵后，舆情在接下来的几日内不断高涨，但是官方微博并未在事发伊始对此事作出有效、明确回应。当地政府没有通过任何方式，对相关信息进行有效披露，受伤孩童的姓名没有公布，也没有官员出来做解释。在舆情发酵的关键时期，当地公安微博随同其他相关部门的一并沉默未曾发声，把微博平台的舆论场拱手让给了网上的“大V”，不仅使民众对案件真相和进展缺少详细了解，引发媒体对事件穷追猛打，也忽略了当地部门在案件处理方面的努力举措，致使舆情态势升级，舆论压力进一步增大。

地方政府追求“自保”而选择“沉默”和“逃避”，却忽略了从另一个角度分析问题：在新的网络媒体环境下，光山县政府还沿用老一套的“封堵”思维和方法，隐瞒事件，阻碍公众知情权和对政府监督的做法早已经行不通。即使不对案件细节作过于细致的披露，政府也应作出正面说明。政府应对舆论的质疑进行切实回应，舆论对发展予以正确引导，避免了网上过多不理性言论的泛滥，也能为当地政府积极、有效地处理危机提供部分指导意见，为当地政府后续处置、强化校园安保提供思考。

八、2012年四川什邡环境安全忧虑引发的群体事件

（一）事件情况

因担心环境污染问题，2012年6月29日，什邡市宏达钼铜项目开工典礼前后，少数什邡市民在百度贴吧、QQ群上，对项目环保问题进行议论，并从围观、发牢骚、言语攻击逐渐发展到网上串联、组织抗议活动等。2012年6月30日上午，十几名市民到什邡市委集中上访,在工作人员劝解释疑后离开。7月1日晚,有近百名学生和百余名市民分别聚集在什邡市委门口和宏达广场两地上访示威,要求停建项目,聚集群众还在横幅标语上签名。2012年7月2日上午,什邡市部分市民陆续在什邡市委、市政府门口聚集,示威反对钼铜项目建设,有部分市民不听劝阻强行冲破警戒进入市委机关,砸毁一楼大厅8扇橱窗玻璃、3个宣传栏、4个宣传展板。为保护群众合法权益,防止事态扩大,确保社会稳定,什邡市委市政府经研究决定,在2012年7月2日中午由市长徐光勇、常务副市长张道彬,当面向聚集群众就宏达钼铜项目相关建设问题作出明确答复:一是责成企业从即日起停止施工,如大多数群众不理解、不支持项目建设就不开工;二是组织工作组,派出干部到各镇(街道、开发区)、企业、学校、农村、社区等,听取广大市民对钼铜项目的意见和建议,并以市政府公告形式,通过多种媒体向全市人民作出承诺。在市领导答复后,市政府聚集市民陆续离开,但在市委门口仍有市民不听劝阻,继续聚集拥堵。7月2日下午1时30分,聚集市民越来越多,在部分人的怂恿、煽动下,聚集市民情绪愈加激动,开始强行冲击市委机关大门,并用花盆、矿泉水瓶、杂物等砸向正在执行警戒任务的民警和机关工作人员,当场造成多名民警受伤,近10辆公务用车不同程度受损,机关大门被推倒,严重影响了社会稳定和机关正常办公秩序。在此期间,执勤民警和工作人员始终保持了克制态度,坚持打不还手、骂不还口。直到7月2日下午2时许,事态进一步恶化,为防止引起更严重的后果,执行警戒任务的特警被迫采用催泪瓦斯和震爆弹对过激人群予以驱散。在驱散过程中,有13名群众受轻伤,所有伤员均及时安排“120”救护车送医院救治。①

(二)事件分析

什邡事件的起因是当地政府为招商引资、扩大税源、增加就业而启动“钼铜多金属资源深加工综合利用项目”,当地群众担心环境污染,关心自身健康,坚决反对钼铜项目建设。综观整起事件的始末,可以发现以下几点问题。

第一,环境问题关乎民众生命健康,不可小觑。环境资源一旦遭到破坏,不但不利于民众的生命健康,还将对整个人类的生存带来致命的威胁。前些年我国经济飞速发展,但却忽略了环境资源的重要性,各地环境污染严重,阻碍了经济的良性、可持续性发展。随着民主与法治的发展,我国民众的权利意识正在增强。本案中什邡市民因自身健康而关心环境问题,抗议地方政府的非理性发展决策,就是民众权利意识增强的一种表现。这也提醒了各级政府,保护环境资源,关注代际平衡,才能真正保障经济的可持续发展,也才能真正维护公共利益、造福百姓。

---

① 参见佚名:《四川什邡通报市民聚集上访反对钼铜项目事件》,载360搜索:http://so.360.cn/url?u=a7b9d23408ece277350d65c7ae3a770fe207f65dffbe3503a14ed7c80d4a990f39eb210b519c615d0d5af4991c5abfba958ecda430b964ffa01cb7bb16388c49&m=2a9c5be41259996d12f85224a9d73421,2020年3月23日最后访问。

第二，政府宣传不到位，前期措施不得力，导致事件爆发。事件发生后，什邡官方一再强调，已经对宏达钼铜项目进行了环境评估并通过了环保部的审核，该项目是安全、环保的。如果什邡政府在引进该项目之初就广泛地进行公开宣传，那么公众的误会就不会那么深。而且，钼铜项目涉及环境影响，事关公民的生命健康，如果什邡政府有关部门事前通过召开听证会、座谈会、网络调查、媒体参与等多种形式让公众参与到行政决策中，加强与公众的沟通和交流，了解公众对这一项目的担心和看法，做好宣传和解释工作，就能杜绝谣言滋生，有效避免酿成如此大规模的突发社会安全事件。

但事实是，什邡政府虽然一再向公众强调，宏达钼铜项目对环境不会有影响，却一直没有实质性的根据，当时的官方说法缺乏说服力。当地群众因为不够了解情况所以心有怨言，抗议、集中上访。应当说，是政府前期的工作不到位造成事态一步步扩大，最终导致事件爆发。

第三，政府的现场处置比较得当。从本次事件的现场处置情况来看，当地政府及时全面做好群众情绪疏导工作，及时派市长和副市长出来与群众协调沟通或进行疏导，深入群众，澄清事实真相，掌握了舆论主动权。虽然钼铜项目是被动叫停，但决定第一时间派工作组到群众中间了解情况，听取广大市民对钼铜项目的意见和建议，体现出尊重民意、保护公众利益的决心。应当说，这样的临场处置措施比较得当，有效防止了矛盾进一步激化，控制了事件的发展态势。

（三）简评

四川什邡事件值得我们思考的问题主要有两点。第一，当地政府发展地方经济的举措为什么得不到群众的支持，群众为什么会闹事、会被煽动？第二，通过这起事件，我们应该吸取怎样的经验教训，在日常工作中防患于未然？

1. 群众被煽动闹事的主要原因

第一，正当利益没有得到尊重和保护。对于普通公民来讲，地方短期的经济发展事小，环境问题事关切实身利益，更为重要。一旦这样的正当利益被政府漠视，没有得到应有的尊重和保护，势必对政府不满，很容易被别有用心的人怂恿、煽动起来和政府对立、闹事。

第二，利益表达受阻。从应然的层面看，我国公民的利益表达途径多元且全面，但从实然的层面看，上述利益表达途径并不顺畅。四川什邡事件，很大程度上源于利益表达受阻，公众感觉自己的正当利益受损，却又因缺乏公众参与的民主程序，无法通过合适的途径表达出来，无法与政府、有关部门直接对话、交流、沟通，最终造成民怨积聚而爆发。

2. 经验教训

第一，政府要真正把民众的利益放在第一位，及时、真诚地倾听民意、疏导民怨、服务民众，才能真正赢得民心，真正构建和谐社会。这就要求我们的政府部门和工作人员要践行公众参与的民主程序,科学行政决策;要以公共利益为重,而不能以所谓的政绩为重;地方经济的发展策略要顺应民心,保障民权,不能盲目发展,不能简单粗放。

第二,畅通利益表达途径。通过完善选举制度,扩大直接选举的范围,加大候选人之间的竞争力度,畅通事前的利益表达途径;完善信访制度,明确其法律地位,赋予信访机构独立地位,明确管辖范围,畅通事中、事后的利益表达途径;完善集会、游行、示威法制,充分保障公民表达自由的基本权利,确保民怨得以适当宣泄,消解社会矛盾。

九、2012 年广州市尼日利亚籍男子死亡引发的骚乱事件

(一)事件情况

2012 年 6 月 18 日下午,在广州市三元里广园西路,一非洲裔男子搭乘一辆非法营运的电动车时,因车费问题与车主发生争吵与打斗。随后,双方被当地警方带回矿泉派出所作进一步调查。6 月 18 日 17 时左右,在调查过程中,非洲裔男子突然陷入昏迷状态,警方将其送入医院进行救治,但最终因抢救无效死亡。事件发生后,当地警方于当日通过网站、微博等途径,及时将非洲裔男子死亡事件进行了公开通报,并表示将进行深入调查。

6 月 19 日 15 时左右,大批非洲裔人士聚集到广园西路,就前一天非洲裔男子死亡事件进行示威活动,参与人数一度多达数百人,导致当地交通严重瘫痪。示威事件爆发后,当地防暴警察及时赶到。然而,示威者不断丢掷石块,场面一度混乱,甚至部分路人加入警方阵营与示威者对抗。最后,冲突持续近 2 小时后才逐渐平息。

6 月 21 日下午,尼日利亚驻华大使馆公使等 6 人对死者尸体进行了查看和辨认,确认死者为该国籍公民,并确定其身份。同日,外交部发言人洪磊表示,中方将严格依法调查尼日利亚籍男子在广州市死亡事件,及时向尼方通报情况,协助尼方妥为处理善后事宜。

(二)事件分析

广州市三元里,是鸦片战争时期人民自发武装抵抗外掳的地方,却频发非洲人抗议事件。此次事件并不是非洲裔人士的首次示威抗议,2009 年 7 月,1 名尼日利亚人为躲避警方突袭检查护照跳楼死亡,100 多名非洲人也因此包围了矿泉派出所。

1. 矛盾探源

近年来,作为中国开放程度最高的城市之一,广州市涌入了大量的非洲裔人,并形成了一定的聚集区。据调查统计,在广州市的非洲裔人主要来自刚果、加纳、尼日利亚等不同的非洲国家。然而,非洲裔人在广州市的生活并不如意,曾有非洲裔人表示:“这里没有生活,只有生意。”诚然,非洲裔人群落的生意有利于广东本土的产业升级和促进中非贸易。但是,非洲裔人的大量涌入带来的社会问题是否为国际争端问题,也是值得深思的。

因此,从表面上看,该事件的发生是非洲裔人士出于对本国同胞离奇死亡的悲伤与不满,但实际上,其背后是中国签证申请程序及相关境外人士管理制度的残缺以及公民利益表达机制的缺失。

2. 应对过程

骚乱发生后,当地政府立即启动应急机制,组织防暴警察到现场维持秩序,并安排民警对外籍人士进行劝说与教育。整个应急处置过程完全按照《广州市突发事件应对条例》合法有序进行,并且,从男子死亡到骚乱的发生,再到事件的平息,广州市政府积极利用报纸、网络等新型媒体切实做好了信息公开工作,有效制止了骚乱的蔓延与恶化,杜绝了当地民众产生不必要的猜疑与恐慌。

6 月 18 日,非洲裔人士死亡后,广州市越秀区警方立即将事件通报给了媒体。6 月 19 日《广州日报》第 A21 版公布了警方的通报,全文如下:“6 月 18 日 13 时许,孙某在广园西路统统酒店门口用电动自行车搭乘一名外籍男士到达山西大厦时,双方因车费纠纷引发打斗。警方接报警后赶赴现场将双方带回派出所作进一步调查。17 时许,该外籍男士突然昏迷,民警立即通知‘120’医务人员到场抢救。该名外籍男士最终经抢救无效死亡。经法医检验,尸表未见损伤,其死亡原因正进一步检验和鉴定。目前,警方正对该事件依法立案调查。”6 月 19 日 17 时 41 分广州公安部官方微博:“今天下午,有一些外籍人员陆续来到广州市广园西路聚集,导致广园西路交通堵塞。越秀区警方随即采取果断措施依法处理,组织民警对现场外籍人员进行教育和劝解,并全力做好广园西路的交通疏导工作。目前,围聚的外籍人员逐渐散去,广园西路交通已恢复。”该微博还呼吁外国人士在中国境内必须遵守中国法律、不得损害社会公共利益、破坏公共秩序。

上述两条信息的发布表明,广州市当地政府依法践行突发社会事件应急处置中的信息公开和依法行政原则。若进行深究不难发现,该事件发生后,广州市当地民众和警方形成阵营,这在一定程度上有效削弱了非洲裔人示威游行事件的危害力。令人遗憾的是,至今该人士的死亡原因仍旧未得以公布,可能广州民众对此事并不关心,但是对于生活在广州的非洲裔人来说,其知情权等权益的保障也应得到重视。

3. 规范分析

中华人民共和国成立后,我国在涉及外国人的管理、保护和法律待遇等方面签订了相应的双边条约和国际公约,并制定了相当数量的国内立法。2012 年 6 月 30 日,全国人大常委会通过《出境入境管理法》,自 2013 年 7 月 1 日起实行。1995 年 7 月 6 日,国务院通过《出境入境边防检查条例》,自 1995 年 9 月 1 日起施行。此外,1982 年《宪法》以及其他有关外国人的法律和行政法规也对外国人在中国的法律地位、外国人入境、出境、居留的管理制度等作了详细的规定。①

首先,外国人应遵守中国法律的规定依法办理入境、出境、居留手续。根据调查显

① 参见李金荣主编:《国际法》,法律出版社 2010 年版,第 172 ~ 173 页。

示，随着非洲裔人数量的不断增多，广州市政府对非洲裔人的出入境监管出现了一定的问题。一方面，由于中国缺乏一套透明而专业的签证申请程序，留在广州市的非洲裔人大多属于非法滞留——存在护照过期、非法入境等情况。并且，因为地下签证黑市的盛行，大部分非洲裔人为了来到中国或延期离开付出了沉重的代价。另一方面，正因为非法滞留和居住带来的代价，非洲裔人口抱团聚集，相互提供掩护和帮助，导致警方打击非法移民的工作存在一定的困难。因此，应当进一步健全出入境管理办法，转变工作方式，提高行政执法效率。

其次，“中华人民共和国保护在中国境内的外国人的合法权利和利益，在中国境内的外国人必须遵守中华人民共和国的法律”。[①] 故而，外国人合法入境后，一方面，其人身自由、财产、婚姻家庭和受教育等合法权益不受侵犯；另一方面，除非享有外交特权与豁免，在中国领域内犯罪的外国人同样适用中国刑法。然而，事实上，由于入境和拘留的非法性，大多数非洲裔人会选择逃避管理，这也导致其基本权利容易受到侵害。即使是合法入境和居留的非洲裔人，有时也会遭遇国内有关行政机关的严苛管理。因此，我国行政机关应当进一步依法行政，柔性执法，有效保护外国人在我国的合法权益；与此同时，对外国人在中国境内的违法活动也应严厉打击。

最后，非洲裔人在广州市的聚集在一定程度上占据了中国公民的城市资源，包括城市硬件资源、生活空间、就业、医疗等，再加上非洲裔人聚居区的各类治安事件频发，广州市当地民众对非洲裔人的排斥越发明显。许多广州市出租车司机就不愿做“巧克力”的生意，也不断有网友在网上发帖表示要将非洲裔人赶出广州市。在此次事件中，有路人加入警方的阵营与非洲裔人发生冲突，即是当地群众与非洲裔人之间矛盾的体现。根据国际实践，在确定外国人法律地位时应遵循国民待遇、最惠国待遇和差别待遇原则。国民待遇是指，一国在一定范围的事项上给予外国人与本国国民相同的法律地位和待遇；最惠国待遇是指，一国给予另一国国民的地位和待遇，相当于该国已经或将要给予任何享受最优惠待遇的第三国国民的待遇，最惠国待遇一般涉及贸易领域并通常是通过签订双边或多边条约实现；差别待遇是指，一国在外国人与本国人之间或不同的外国人之间分别实行不同的法律待遇。很明显，当前我国在对外国人管理方面的法律法规不够全面，要有效实现外国人和本国公民的和睦相处，拉动双边经济发展，相应的法律法规也应健全到位。

（三）简评

此骚乱事件的社会背景不算特别复杂，当地政府部门的紧急应对措施依法依规、合理有效，制止了骚乱的蔓延恶化，杜绝了民众的猜疑恐慌，没有酿成更严重的社会后果。事件起因是在穗非洲裔人士出于对本国同胞意外死亡的悲伤与不满，加之表达情绪和意

① 参见我国《宪法》第32条。

见的途径不够清晰畅通，引发了社会矛盾和群体事件。对此加以冷静思考会发现，有关签证申请程序及相关境外人士管理制度不够完善，利益表达和权益救济机制不够健全，也是需要深入反思和妥善解决的。那些为了追寻"中国梦"的非洲裔人群来到广州寻求发展，是我国深化改革开放日益增多的经济社会现象之一。在此过程中也暴露出涉外管理法律制度滞后不适的问题，有关部门应当引导他们守法依规地经营和生活，促进他们与居住地民众相互尊重理解，并依法保护他们的正当利益诉求。这是我国在日渐成长为实力强、影响大、负责任的世界强国的道路上，必须高度重视并切实做好的一项社会治理创新工作。

十、2014 年晋宁县施工冲突事件

（一）事件情况①

2014 年 10 月 14 日，云南省昆明市晋宁县晋城镇发生一起当地泛亚工业品商贸物流中心项目建设方人员与富有村部分村民因矛盾纠纷引发暴力违法犯罪行为，共造成 8 人死亡、18 人受伤严重后果的群体性突发事件。

据当地村民张武（化名）回忆，2014 年 10 月 14 日上午 11 时左右，在昆明市晋宁县富有村村口的"保土地值勤点"，20 多辆卡车开始集结。卡车上运着上千名身着制服、避弹衣，头戴钢盔的打手。他们一手提着钢盾，一手提着长刀或长棍，身上挂着装满石头的挂包。发现村口被占，富有村村民也纷纷跑回家，提起铁叉、木棍甚至锅铲来自卫。中午 12 时左右，2000 多名富有村村民及邻村赶来帮忙的村民，在村口"保土值勤点"处与 1000 多名打手开始对峙。打手一方看到村民人数众多，便派了 8 个全副武装的打手进村里查看底细。村民抓获这 8 名打手后，以他们为人质，隔空喊话，要求对方进村谈判，未获回应。

对峙持续到 10 月 14 日 14 时左右，冲突开始。一方是 1000 多名全副武装的打手；另一方是 2000 多名手提农具的村民。打手从 3 条路包抄，向村庄发起进攻。张武回忆，打手们向村民投掷催泪瓦斯，"灰色的气体一冒出来，我们就开始止不住的流泪"。因为打手们人手一面盾牌，富有村村民把家里的汽油灌进啤酒瓶内，制作了很多燃烧瓶，向他们投掷。燃烧瓶用完了，便拎起地上的石头砸。一场激烈的打斗过后，最终富有村村民阻止了打手进村，双方各有伤亡。张武回忆，打手一方至少死了 5 人，村民这边当场死亡 1 人，伤十几人。

昆明市公安局副局长王伟说，晋宁县公安局指挥中心第一次收到村民报警是 2014 年 10 月 14 日 10 时 56 分许，随后按照有关规定，向当地党委、政府报告，并派出民警到事发现场与村干部取得联系，同时协助镇政府工作人员开展劝解、疏导工作，现场事态一度

① 本事件简况主要参见百度百科：https://baike.baidu.com/item/10·14 晋宁施工冲突事件/15890846?fr = aladdin，2020 年 3 月 23 日最后访问。

有所缓和。14 时 50 分许，在极少数人员的挑动下，双方由对峙迅速转化为械斗互殴。案件发生后，市、县两级公安机关立即组织大批警力赶往事发区域控制事态升级，依法开展工作。

10 月 16 日，根据昆明市政府新闻办最新通报，此次冲突共造成 8 人死亡，其中企业施工方 6 人、村民 2 人；18 人受伤，受伤的人中重伤 1 人、轻伤 7 人、轻微伤已出院 10 人，受伤人员已送往医院接受救治。

10 月 17 日下午，市委副书记、市长、晋宁县富有村“10 · 14”事件处置维稳工作领导小组组长李文荣率工作组，来到晋宁县富有村，走访看望死者家属、贫困群众、村民，听取群众的意见和诉求，表明市委、市政府依法依规、公平公正处置“10 · 14”事件的鲜明态度。

2014 年 10 月 19 日，晋宁县人民法院、人民检察院、公安局联合发布了《关于敦促违法犯罪人员投案自首的通告》，截至 22 日，共有 23 名涉案嫌疑人向公安机关主动投案，在接受审查后，已全部释放，听候处理。10 月 22 日，公安机关对拒不投案的刘某安、陈某孟、韦某兰、王某荣、王某云 5 名涉案犯罪嫌疑人依法拘传，对其他涉案犯罪嫌疑人实施的犯罪行为正在进一步调查中。此外，昆明市纪委和晋宁县纪委分别对晋宁县富有村“10 · 14”事件的相关责任人给予问责和党政纪立案调查处理，其中，包括晋宁县委常委、政法委书记李某，晋宁县委副书记、统战部部长，晋城镇党委书记陈某彦，晋宁县副县长、公安局局长侯某冰等 16 人。

（二）事件分析

晋宁施工冲突事件的导火索是土地征收问题。从 2010 年泛亚工业品商贸物流中心项目征地以来，当地村民与项目开发商因补偿问题一直未解决，从来没有正式签过征地补偿协议，矛盾不断升级。

第一，项目审批、征地补偿是否合法遭受质疑。针对该项目，有多位村民对补偿提出异议：“这个项目从征地到建设，他们从来没有正式签过征地补偿协议。”“以前我们这里都是农田，种菠菜、生菜等大棚蔬菜，每亩一年收入好几万元。所以听说公布的补偿后，很多村民拒绝。”还有一些村民反映，该项目手续不完备，有未批先建、边批边建的情况，应该严查责任人。村民高某说，该项目征地的有关手续、规划没向村民公开过，这让自己对项目的合法性难以认同。① 在项目审批合法性遭受质疑、补偿金发放争端未解决的情况下，项目便已开工建设。政府在这种情况下不仅没有对此项目细查，对外也没有给当地村民一个确切的解释和说法。

第二，领导干部处理问题能力不足。根据当地村民反映，自 2010 年开始，因为征地补偿问题，当地村民和项目开发商一直存在矛盾，且一直处于悬而未决的状态。面对由

① 参见《云南晋宁征地冲突案：村民被强迫在补偿协议上签字》，载《国土资源》2014 年第 11 期。

来已久的项目纠纷，相关领导干部未落实信访维稳工作责任制，对群众的宣传引导不到位，没有倾听群众呼声，导致部分群众对项目建设不理解、不支持，双方的矛盾长时间累积下来，最终引发了严重的群体性事件，这暴露了相关部门和有关领导干部基层工作中存在的突出问题。此外，政府的应急预案和预防措施也没有落实到位，在2014年10月14日上午11时就有村民拨打“110”报警电话和昆明市长热线，但政府部门并没有足够重视，错失了启动突发事件紧急处理机制的最佳时间。而且，政府在面对多次当地村民和项目开发商的矛盾冲突时，没有制定相关的应急措施及时处理，等到矛盾激化后，也没有在第一时间赶赴冲突激烈的现场进行应急处理，最终导致流血局面发生。

（三）简评

该事件不仅危害了公民人身安全和合法财产权利、破坏社会秩序和影响社会稳定，还损害了政府的形象，降低了政府公信力。针对此事件值得反思的是，应对突发社会安全事件，在基层，建立和完善相关的应急预警预案和预防措施十分必要。但此外，经常深入群众，与群众沟通、及时化解矛盾，也是有关部门和领导干部需要铭记在心的。不能单纯在利益和政绩面前，选择牺牲弱势群体——农民的利益，成为违法项目开发商的“帮凶”。

十一、2014年上海外滩踩踏事件

（一）事件情况①

2014年12月31日，正值跨年夜，因很多游客市民聚集在上海外滩迎接新年，上海市黄浦区外滩陈毅广场东南角通往黄浦江观景平台的人行通道阶梯处底部有人失衡跌倒，继而引发多人摔倒、叠压，致使拥挤踩踏事件发生，最终造成36人死亡、49人受伤。

黄浦公安分局指挥处指挥中心副指挥长蔡立新说，12月31日23时30分，警方从监控探头中发现陈毅广场上下江堤的一个通道上，发生人员滞留的情况，立即调集值班警力赶赴现场，民警遭超大规模拥挤人流的阻隔，采取了强行切入的方式，进入所用时间比正常时间多5～8分钟。23时23～33分，上下人流不断对冲后在阶梯中间形成僵持，继而形成“浪涌”。23时35分，僵持人流向下的压力陡增，造成阶梯底部有人失衡跌倒，继而引发多人摔倒、叠压，致使拥挤踩踏事件发生。22时37分，外滩陈毅广场东南角北侧人行通道阶梯处的单向通行警戒带被冲破以后，现场值勤民警竭力维持秩序，仍有大量市民游客逆行涌上观景平台。23时40分，眼见下面的人处于危险，站在墙头的几个年轻人就开始号召大家一起呼喊：“后退！后退！”楼梯上端的人群察觉到了下面的危险，人流

① 案例事实系对相关报告和新闻报道的综合，参见百度百科：https://baike.baidu.com/item/12·31外滩拥挤踩踏事件调查报告/16621697？fr=aladdin，2020年2月21日最后访问；《上海外滩踩踏事件调查：国际化大都市因何发生重大惨剧》，载新华网：http://www.xinhuanet.com/politics/2015-01/01/c_1113850706.htm，2020年2月21日最后访问。

涌动的趋势开始减慢并停止。10 分钟后人群有了后退的趋势，然而，压在下面的人已经渐渐体力不支。当人群终于散开时，楼梯上已经有几十人无力地瘫倒在地，救援人员立即进行呼喊和心肺复苏。23 时 50 分，越来越多的警察赶到，试图从下端往外拉拽被压得动弹不得的人，但根本拉不动。23 时 55 分，所有倒地没有受伤的人们都站了起来。至 2015 年 1 月 1 日凌晨，事发地点的秩序基本恢复正常。

2015 年 1 月 1 日凌晨，依据我国《突发事件应对法》和《上海市实施〈中华人民共和国突发事件应对法〉办法》等有关法律法规，上海市成立了市政府联合调查组，时任市委常委、常务副市长屠光绍任组长，副市长周波任副组长，市政府相关副秘书长和市监察局、市安全监管局、市公安局纪委、市应急办、市政府法制办、市卫生计生委、市旅游局等部门相关负责同志为成员。联合调查组邀请了国家和本市应急管理、公共安全管理、法律等方面的专家为事件调查进行分析论证。

2015 年 1 月 21 日，上海市公布"12 · 31"外滩拥挤踩踏事件的调查报告。调查报告显示，黄浦区政府和相关部门对这起事件负有不可推卸的责任，并对包括时任黄浦区委书记周伟、时任黄浦区区长彭崧在内的 11 名党政干部进行处分。

（二）事件分析

上海外滩踩踏事件一经发生，全国哗然。有不少人发出这样的疑问，上海市这样一个国际性大都市，每天的人流量很大，也举办过各种大型的赛会活动，理应具备完善的处理突发社会安全事件的经验和相关的预防机制，为何会发生后果如此严重的踩踏事件呢？针对该事件，可以作出以下分析。

第一，政府行政信息公开不充分、不及时是发生踩踏事件的主要诱因。2015 年 1 月 21 日，上海公布的"12 · 31"外滩拥挤踩踏事件的调查报告显示，自 2011 年起，上海连续 3 年在外滩风景区举办新年倒计时活动。但鉴于在安全等方面存在一定的不可控因素，黄浦区政府于 2014 年 11 月 13 日向市政府请示，新年倒计时活动暂停在外滩风景区举行，将另择地点举行。12 月 9 日，黄浦区政府决定新年倒计时活动在外滩源举行。但直至 12 月 30 日，黄浦区旅游局才对外正式发布了新年倒计时活动信息，对"外滩"与"外滩源"的区别也没有特别提醒和广泛宣传。

《政府信息公开条例》第 26 条（原第 18 条）规定："属于主动公开范围的政府信息，应当自该政府信息形成或者变更之日起 20 个工作日内及时公开。"12 月 9 日作出的决定于 12 月 30 日公布，已然超出了 20 天的规定期限。此外，政府于 12 月 30 日才发布更改地址的信息，未给公众充分的时间去了解，而且只是单方面发布了更改地址的消息，进而降低了外滩的安保级别，减少警力分配，却未考虑消息的推送与接收，缺少与群众进行沟通的意识。这是一种极不负责任的行政不作为。①

第二,缺乏对活动变更风险的评估是发生踩踏事件的重要原因。根据《"12·31"外滩拥挤踩踏事件调查报告》,对事发当晚外滩风景区,特别是陈毅广场人员聚集的情况,黄浦区政府和相关部门领导思想麻痹,严重缺乏公共安全风险防范意识,对重点公共场所可能存在的大量人员聚集风险未作评估。在新年倒计时活动变更后,黄浦公安分局仅对外滩源新年倒计时活动进行了安全评估,未对外滩风景区安全风险进行专门评估。黄浦公安分局仅会同黄浦区市政委等有关部门在外滩风景区及南京路沿线布置了350名民警、108名城市管理和辅助人员、100名武警,安保人员配置严重不足。此外,在举办大型群众性活动时,有关部门是否应该想到要设置安全通道、隔离栏、扩音器等呢?这也与前期应急准备工作和风险评估息息相关。

第三,动态监测、实时预警不充分和通报不及时是导致事态恶化的主要原因。12月31日20时至事件发生时,外滩风景区人员流量呈上升趋势,20时至21时约12万人,21时至22时约16万人,22时至23时约24万人,23时至事件发生时约31万人。但黄浦公安分局指挥中心未能及时监测到人流量,也没有做好疏导人流、限流、加强警力等管制措施。此外,针对事发当晚持续增加的人员流量,在现场现有警力配备明显不足的情况下,黄浦公安分局只对警力部署作了部分调整,没有采取其他有效措施,一直未向黄浦区政府和上海市公安局报告、未向上海市公安局提出增援需求,也未落实上海市公安局相关指令,处置措施不当。

(三)简评

这起事件发生在新年之际的上海市外滩,最终导致36名年轻人失去了宝贵的生命,这无疑令人痛心。上海市作为一线城市,在应对突发社会安全事件时仍然暴露出不少问题,如城市公共安全管理方面仍存在盲点、应急处置能力还不足等,这促使我们要举一反三、深刻反思、吸取教训。

1. 建立科学风险数据评估程序②

在重大节假日前,应对各类车站、商圈与广场进行风险评估,尤其关注城区重点区域的消防系统、交通状况与日均人流集散情况、车站出入口使用情况、疏导人员等情况,评估后得出风险评估数据,建立覆盖全市的风险评估数据库。根据数据库,相关部门应在重大节日前对存在重大风险隐患的区域督改。此外,要严格把控相关活动审批。依据风险评估数据库严把大型活动审批关,对活动选址严格把控,并明确落实活动安全责任人。

① 参见刘菲:《大型群众性活动安全管理研究——以上海外滩踩踏事件为视角》,载《湖北警官学院学报》2015年第5期。

② 参见王萌萌:《上海外滩踩踏事件的反思及启示》,载《重庆行政》(公共论坛)2016年第3期。

2. 注重提高应急处置能力

现场应急能力的高低对是否能够阻止突发社会安全事件的发生关系重大。实时监控人流要贯彻大型群众性活动始终，包括活动场所内和活动场所周边范围，一旦出现超过事先评估的人流量的趋势，就要做好应急预警准备。具体措施包括：增派警力、安排人员在不同地段疏散群众、限流等。同时，要注重提高各级领导应对突发事件的能力和水平。危机的发生就在一瞬间，且持续时间不会很长，这就需要各级领导做到准确判断、科学判断，能够冷静地应对危机，做好指挥工作。

3. 培养公众公共安全意识

长期以来，社会大众在如何应对拥挤踩踏等突发事件的知识和技巧方面还有所欠缺。因此，要增强社会大众的自救、互救能力，在学校、社区和单位普及公共安全知识，进行宣传教育；鼓励有能力的单位组织开展应急技能培训，以提高突发事件的应对能力；在电视、新媒体中推送相关的应急避难技巧；敦促时常举办大型活动的单位和负责人增强安全意识、做好必要的应急预防措施。

十二、2019 年我国香港特别行政区《逃犯条例》修改引发公共安全事件

（一）事件情况①

1. 事件起因

2018 年 2 月，我国香港特别行政区 1 名 20 岁少女潘某颖与男友陈某佳一同前往我国台湾地区共度情人节，其间遭男友残忍杀害并肢解，嫌犯潜逃回我国香港特别行政区。我国台湾地区要求香港特别行政区引渡疑犯，但是由于我国香港特别行政区法例，不能引渡。现时，我国香港特别行政区移交逃犯的适用法律有《逃犯条例》和《刑事事宜相互法律协助条例》，但这两条法例明确规定，法律不适用于中国香港特别行政区以外的中国其他部分，包括我国澳门特别行政区及台湾地区。我国香港特别行政区目前与 20 个欧美国家签有长期的逃犯移交协定，这些国家可要求香港特别行政区政府代为拘捕和移交逃至香港特别行政区的疑犯，送回申请国受审。2019 年 2 月 12 日，潘某颖的母亲召开记者会，恳请香港特别行政区政府尽快修订《逃犯条例》，将陈某佳绳之以法。在这一背景下，香港特别行政区于 2 月 13 日正式启动修例程序。该修例草案一经提出，就引发了激烈的争论。

2. 事件经过

在上述舆论背景下，2019 年 6 月 9 日，香港特别行政区民众走上街头，爆发大游行，

---

① 案例事实系对相关新闻报道的综合：参见《2019 香港暴力冲突事件真正的原因》，载一点资讯网：http://www.yidianzixun.com/article/0OLR0Mrq/amp，2020 年 2 月 21 日最后访问；《2019 香港暴力事件起因发生了什么事、暴力冲突始末》，载闽南网：http://www.mnw.cn/news/view/2185643.html，2020 年 2 月 21 日最后访问。

反对修例。游行的主办方"香港民间人权阵线"散布消息称,新修订的《逃犯条例》一旦通过,中央政府就会利用条例涵盖范围罗织罪名任意拘捕和引渡身在香港的人士,令被引渡人遭受不公平的审判,使《逃犯条例》成为政治打压的工具。与此同时,我国香港特别行政区的大律师公会、律师会和多个宗教团体均发声明反对修例。6月12日,有数百人摧毁立法会停车场车闸并冲入立法会示威区,有警员受伤。6月15日,我国香港特别行政区行政长官林郑月娥宣布,修例工作全面暂停。6月21日,示威者包围警察总部并堵塞出入口,以铁马、水马设置路障,封锁附近主要交通干道,向警察总部投掷鸡蛋,用激光照射警员。6月26日,示威者包围警察总部,并拆掉了"香港警察总部"牌匾。

进入7月,事态进一步升级。香港特别行政区激进分子将暴力魔爪伸向社区,滋扰市民正常生活,恶意袭击警务人员,肆意破坏社会公共秩序,严重损害香港法治。7月1日是香港回归22周年的日子,数十名暴徒手持铁棍,驾着垃圾回收车冲向香港特别行政区立法会大楼。这次暴动再一次冲破了法制底线,并且,比之前冲击立法会更严重。7月6日,示威者在屯门发起所谓的"光复屯门公园"游行。7月7日,示威者发起九龙区游行,致使高铁西九龙站全日客流量大幅下跌。港铁称,当日约3.1万人次搭乘高铁进出西九龙站,较平日周末平均客量暴跌50%。7月14日发生了震惊全港的沙田暴动,香港特别行政区示威者在沙田围攻警察,11名警察受伤,1名警察的手指被活生生咬断。7月21日,激进分子围堵中央人民政府驻香港特别行政区联络办公室,向大楼门口悬挂的国徽投掷黑色油漆弹;身穿黑衣的示威者在元朗恶意挑衅,引发暴力冲突。7月23日,激进分子挖掘了立法会议员何某尧的父母坟墓,甚至将骨灰倾倒出来。7月24日,香港"民阵"致信61个驻港总领馆和办事机构,要求他们对香港特别行政区发出旅游警示。7月26日,部分示威者聚集在香港特别行政区国际机场,围攻老人,骚扰乘客……种种暴力行为,不断突破法律、治安、道德、常识的底线。

进入2019年8月后,"暴"和"乱"进一步升级。8月3日17时40分左右,暴徒拆走海港城前面旗杆上的国旗,扔入海中。8月5日,激进分子将滋扰、暴力恶行大幅升级,由日到夜,分成多批,在全港多区发起滋扰活动,大肆破坏捣乱,甚至作出极端违法行为,香港特别行政区10多个地区的公共道路设施受损,整体交通受到严重影响。8月5日晚,一部分极端激进分子来到香港特别行政区尖沙咀天星码头,再次扯下"五支旗杆"上的国旗,并把国旗扔到海里。8月9日,香港特别行政区网民发起所谓的机场"万人接机"行动,8月9日起一连3日到机场集会。8月11日,香港特别行政区深水埗及长沙湾都有极端示威者聚集,香港特别行政区警察施放催泪弹驱散示威者,拘捕多人。18时许,有暴徒在香港特别行政区深水埗大南西街向警察投掷汽油弹。8月13日晚至8月14日凌晨,大量示威者于香港特别行政区国际机场非法集结,并禁锢、欺凌及殴打一名旅客及一名记者,对他们造成了身心伤害,警方对激进示威者的严重暴力行为予以极严厉谴责。

自6月9日至8月15日，共有748人被捕。其中，155人被检控，另有177名警员受伤，但暴力行径持续很长时间难以结束。

（二）事件分析

香港特别行政区事件一经发生，便持续很长时间且愈演愈烈，牵动着全国人民的心，所有人都盼望着动乱早日平息。仔细分析此次事件，可以发现以下特点。

第一，原因复杂。虽然一开始香港特别行政区事件是因为反对修改《逃犯条例》开始的，但事态发展到后来，出现了一系列暴力行为，就不单单是反对修例。深究此次事件的发生原因，必然是夹杂了一系列政治、经济、司法、教育、身份认同和外部势力等因素。

第二，暴力活动的参与者多为年轻人。这次长达数月的香港特别行政区事件，主体主要是年轻人，不少参与者都是本地大学生，他们非常激进、不理智，容易被煽动。

第三、时间长、手段激进。香港特别行政区事件从一开始的游行示威活动，逐步进化为暴力活动，从6月开始，一直持续了几个月。此外，乱港暴徒的行径越来越放肆，从游行示威到公然围殴警察、暴力冲击政府部门、打砸抢烧、侮辱国旗，甚至用上了烟幕弹、汽油弹等杀伤性武器，手段不断翻新、烈度不断升级。

（三）简评

我国香港特别行政区自2019年6月开始的一系列游行示威和暴力活动，已然成为一个重大的社会安全事件。香港特别行政区反对派和激进分子打着“反修例”的旗号发起各种活动，其目的早就不是表达正常的诉求，而是实施一场极端的暴力犯罪行为，严重破坏了香港特别行政区的公共秩序。在众多游行示威和暴力活动中，一些人要求“港独”，随意冲击中联办、侮辱国旗。这些激进分子的行为无疑是在危害国家主权安全，破坏香港特别行政区的繁荣稳定，肆意挑战“一国两制”的底线、破坏内地与香港特别行政区的情谊，必须坚决追究法律责任。

暴力就是暴力。任何对暴力的粉饰，都是对暴力的纵容。香港特别行政区的一些深层次矛盾，需要各界群策群力化解，但暴力永远成不了“合理选项”。倘若不同政见、不同诉求的人，动辄以暴力获取他们心目中的“公义”，香港特别行政区社会岂不是永无宁日？倘若一边高呼民主自由，一边却以暴力侵害他人、破坏秩序，民主自由岂不成了危害社会的幌子？任何对暴力的妥协，只会助长更多的暴力。坚决对暴力说“不”，这是法治社会的底线，也是文明社会的共识。①

在这次事件前后，一些反华势力背后动作不断，竭力鼓动香港特别行政区反对派，为其暴行提供支持，明目张胆地干涉香港特别行政区事务。他们的行为和目的终会失败！

全国人民热切盼望香港特别行政区恢复正常社会秩序，期待再次看到一个和平、稳

① 参见《绝不允许暴力绑架香港未来》，载人民网：http://paper.people.com.cn/rmrb/html/2019-08/31/nw.D110000renmrb_20190831_2-04.htm，2020年2月22日最后访问。

定的香港特别行政区。同时,中央政府和全国人民有信心,我们将坚决捍卫国家主权、国家安全,维护国家利益!

第三节 新冠肺炎疫情引发社会安全风险的个案分析

一、新冠肺炎疫情引发社会安全风险分析

从报道看,进入2019年12月,湖北省武汉市部分医院陆续发现了多例不明原因的肺炎,后来被正式命名为新型冠状病毒肺炎。自2020年1月中旬开始,新冠肺炎疫情形势变得复杂严峻,全国疫情防控早已处于"吃紧"的关键期,各地政府也纷纷抓紧落实各项疫情防控措施。随着新冠肺炎疫情病例的新增,截至2020年1月25日,湖北省等26个省、市、自治区启动重大突发公共卫生重大一级响应。

下面以武汉市为例简要描述新冠肺炎疫情的发展进程。2019年12月8日,武汉市出现一名病人到当地医院就诊,在随后几天里总计27例病人被归为不明肺炎病例。12月30日,武汉市卫健委发布《市卫生健康委关于报送不明原因肺炎救治情况的紧急通知》,且在当日,武汉市卫健委签发《关于做好不明原因肺炎救治工作的紧急通知》要求各医疗单位就地救治严格上报,并禁止擅自对外发布救治信息。12月31日,国家卫健委组织的专家组抵达武汉,武汉市卫健委当日通报且宣布"未见明显人传人和医护感染"。2020年1月1日,华南海鲜市场关停。1月6~10日,武汉市"两会"期间,无通报。1月11~18日,湖北省"两会"期间,武汉市卫健委通报无新增病例。1月18日闭幕当天,武汉市卫健委通报4例新增确诊病例。1月18日晚,钟南山、李兰娟等6位专家组成的高级别专家组抵达武汉;1月19日,高级别专家组召开闭门会议;当晚,国家卫生健康委召开紧急会议;1月20日,国家高级别专家组在武汉市针对病患收治医院、疾控中心等处进行调研,当天赶回北京市汇报,晚间接受央视采访,第一次肯定说明存在人传人且存在15例医护人员被感染。1月23日上午10时,武汉市"封城"。1月24日,武汉市火神山医院开建;次日,武汉市决定建立雷神山医院。1月30日,世界卫生组织发布新型冠状病毒肺炎疫情为国际关注的突发公共卫生事件,强调不建议实施旅行和贸易限制,并再次高度肯定中方的防控举措。

虽然湖北省是新冠肺炎疫情的"重灾区",但全国各地和其他国家、地区都在打响这一场异常艰难的疫情攻坚战。通过相关新闻报道,结合不同类型突发事件的互系互动关系,分析得出结论,新冠肺炎疫情易于出现如下突发社会安全风险。

第一,哄抢口罩、药品等物资。2003年,我国就因为非典出现了全国各地哄抢板蓝

根、白醋的事件,当时 6 元多一包的板蓝根价格涨到 50 多元。[①] 2011 年也因为日本福岛核电站核泄漏引发了多地"抢盐"的风波。由于新冠肺炎的传播途径主要是飞沫传播、气溶胶传播和接触传播,口罩则能够有效地阻隔病毒通过飞沫等进入人体,因此,纷纷在当地药店或者网上购买大量口罩,短时间内就出现了口罩严重供不应求的情况。50 个普通口罩,由平时的几十元卖到了几百元;医用外科口罩和 N95 口罩则是千金难买;更出现了没有生产经营资质的无良商家销售假冒伪劣口罩,大赚"国难财"。此外,2020 年 1 月 31 日晚,《人民日报》等媒体在微博上报道"上海药物所、武汉病毒所联合发现:双黄连可抑制新型冠状病毒"这一消息,"双黄连可抑制新型冠状病毒"也迅速冲上了微博话题榜第一。于是,各地市民在凌晨冲出家门,到当地药店排起了长队抢购双黄连,无论是线上,还是线下,双黄连迅速卖断,甚至兽用双黄连口服液也未能幸免。但幸运的是,2 月 1 日早,政府官微和各大媒体就开始发布消息劝告全国人民保持理智并谨慎服用双黄连,权威人士也发文科普双黄连的作用,并没有酿成突发社会安全事件。

第二,武汉市政府应对措施不当等引发的网络舆情。新冠肺炎疫情前期,武汉市政府并没有采取合理措施,出现了很多饱受诟病和谴责的行为。2020 年 1 月 19 日,武汉市百步亭社区举办"万家宴";1 月 23 日武汉市于"封城"前 10 小时便发布消息,导致大量武汉市民恐慌不已,纷纷"逃"往外地;1 月 27 日,武汉市长接受采访时承认前期疫情信息披露不及时;1 月 30 日,黄冈市卫健委主任对本地疫情"一问三不知";2 月 2 日,发往重庆市、黄石市重灾区的口罩中途被大理强行征用;2 月 2 日,武汉市红十字会不当分配抗疫物资;等等。这些不当措施引发了网络舆情,其原因有两点:(1)互联网高速发展,中央和各地政府都在微博等网站上开通了账号,发布新闻报道和政务消息等,人们可以通过评论、转发来积极参与,表达自己的意见;(2)新冠肺炎疫情属于传播性极强的传染病,在疫情还处于紧张的阶段时,大规模人群聚集的可能性较小,再加上政府号召人们自行在家隔离、出门较少,因此面对武汉市有关政府部门的不当措施,很难出现群体性事件,如游行示威等抗议活动。人们更可能选择通过新媒体表达对不当抗疫措施的不满和建议。

第三,对疫情的未知引起的谣言和恐慌。由于人们不了解新冠肺炎,在疫情前期出现了许多谣言,如"戴多层口罩才能防住病毒""家畜、家禽和海鲜都不能吃""猫和狗身上也会携带新冠肺炎病毒"等。未知容易引起谣言,也容易产生恐惧。不少人因为有流鼻涕、喉咙痛、咳嗽等类似新冠肺炎的临床表现,便担心自己是否疑似确诊,引发了不少心理恐慌。更有甚者认为"武汉人携带了新冠肺炎病毒",继而歧视身边的武汉人或是武汉返乡人员。这些都是因为新冠肺炎疫情引发的恐慌,若政府不对此加以控制,极容易

---

① 参见《十多年前抢购板蓝根,现在轮到双黄连,中药抗病毒到底靠不靠谱?》,载腾讯网:https://new.qq.com/omn/20200205/20200205A04KLF00.html,2020 年 2 月 28 日最后访问。

引发突发社会安全事件。

突发公共卫生事件和突发社会安全事件之间有必然联系，二者也存在转化关系。下面我们将通过阐述和分析相关案例，从国内、国外和国际的角度看新冠肺炎疫情引发的社会安全风险。

（一）国内风险分析——中国香港特别行政区医护罢工风波

1.事件情况①

2020年2月1日下午，香港特别行政区一个民间医护组织“香港医管局员工阵线”召开第二次会员大会，就2月3日起的罢工进行投票。最终，赞成票有3123票，反对票有10票，弃权票有23票，无效票则有8票。总投票人数为3164人，有效票为3156票。罢工倡议获大比数通过，也就是说，从2月3日起，这些香港特别行政区公立医院的医生和护士开始罢工。据这场罢工的发起者“医管局员工阵线”负责人余慧明披露，已经有多间公立医院的超过6700名医护人员响应罢工。亦有港媒披露，罢工者中80%是护士，7%为医生，还有一些是医院工作人员或者其他人员。

其实，这次罢工早就已经行动。在罢工活动开始前，香港特别行政区的3所公立医院（东区医院、博爱医院及玛嘉烈医院）合计共90名护士，就消极地以集体“请病假”形式变相罢工，部分部门的请假人数更占当值人员总数逾一半，院方要临时急召休假护士来“顶班”以维持服务。其中，东区医院手术室于2019年1月31日原本编排了45名护士上班，但最终有多达26人请病假，占当值人员总数57%，近半手术室更是全日没有护士当值。该院深切治疗亦有15人“请假”，院方不得已需要调配同部门的休假医护人员来“顶班”。

正值香港特别行政区抗击疫情的关键时刻，一些香港特别行政区医护人员却举行罢工，此举引起一些香港市民不满。据香港特别行政区“文汇网”2月7日报道，有网民于2月4日发起“反对医护罢工，促黑医护辞职”的网上联署活动。截至2月6日23时，已有超过35万人参与联署。也有多个香港特别行政区市民团体连日来进行集会抗议，痛斥罢工医护人员罔顾病人权益，耻为疫情逃兵，要求医管局就罢工事件严肃处理。其中，“保卫香港运动”团体就曾于2月6日主办“严惩罢工医护逃兵”集会。

在罢工第五天（2月7日）的早些时候，还有100多名罢工支持者强闯香港特别行政区医管局总部。很快在当天傍晚，此次罢工就以“失败”告终。罢工发起组织——泛暴派支持的医护工会“医管局员工阵线”在脸书发文称，今天（2月7日）有超过7000名会员

---

① 案例事实系对相关新闻报道的综合：参见《全国医护人员在请战，香港医护今日却大罢工对抗新型肺炎?!》，载和讯网：https://m.hexun.com/news/2020-02-03/200167432.html，2020年2月22日最后访问；环球网：《这群香港“医护人员”的可耻表现载入历史》，载百家号：https://baijiahao.baidu.com/s?id=1657568030879448003&wfr=spider&for=pc，2020年2月22日最后访问。

就是否延长罢工进行投票,其中4000人表示不会参与延长罢工。投票结果显示未达到至少6000人的门槛,因此,不会延长罢工。根据原定的罢工计划,今晚之后所有参与罢工的会员会返回工作岗位。前香港特别行政区行政长官梁振英转发表示,“罢工正式失败了,得道多助失道寡助。”

2. 事件分析

第一,罢工风波背后原因。香港特别行政区医管局员工阵线,是一个类似工会的组织,于2020年前后刚刚成立,其“反修例”的背景十分浓厚。工会自我简介里的第一句话是,“医管局员工阵线致力于政治问题、HA内部问题、医疗系统问题主动发声”。这样看来,这个“工会”的主要目标并非维护行业权益,它是为政治而生的。医管局员工阵线发动罢工的原因直接针对香港特别行政区政府。它仿照“修例风波”中的反对派,提出了一些诉求,其中就包括“禁止非港人旅客经由中国内地入境”“港府呼吁全港民众戴口罩”“提供足够隔离病房且暂停非紧急服务”等。其实所有诉求的核心只有一点,即要求香港特别行政区政府全面封关,禁止内地人进入香港特别行政区。①

第二,香港特别行政区政府应急能力不强。面对此次由疫情引发的香港特别行政区医护人员罢工风波,香港特别行政区政府仅是“呼吁”“希望罢工医护人员尽快返回工作岗位”,并没有采取有关应急措施,而医护人员罢工却导致专科门诊、个别癌症手术、心胸外科手术等都受到影响;新生婴儿重症治疗部、儿科的个别部门人手也严重缺乏。此外,面对疫情风险,香港特别行政区政府也没有事先安抚、平息市民的情绪,所以在部分罢工医护人员威胁政府“封关”之际,香港特别行政区不少市民听到内地工厂停工的“谣言”就开始疯狂抢厕纸,香港特别行政区政府回应后恐慌情绪才得以缓解。

3. 简评

随着新型冠状病毒肺炎疫情病例的新增,截至2020年1月25日21时,湖北省等26个省、市、自治区启动重大突发公共卫生事件一级响应。香港特别行政区医护罢工风波正是新冠肺炎疫情之下引发的突发社会安全事件,表明了突发公共卫生事件与突发社会安全事件存在一定转化关系。

在2003年,香港特别行政区曾是非典的重灾区,教训惨重。世界各地总计确诊8096例非典病例,744人死亡。其中,中国内地死亡349人,香港特别行政区死亡300人。香港特别行政区最终奋战106天,成功击退非典。当时在威尔斯医院前线抗疫的医护人员,获2003年《时代周刊》评选为“亚洲英雄”。② 17年后,香港特别行政区罢工的医护人

① 参见环球网:《这群香港“医护人员”的可耻表现载入历史》,载百家号:https://baijiahao.baidu.com/s?id=1657568030879448003&wfr=spider&for=pc,2020年2月22日最后访问。

② 参见《全国医护人员在请战,香港医护今日却大罢工对抗新型肺炎?!》,载和讯网:https://m.hexun.com/news/2020-02-03/200167432.html,2020年2月22日最后访问。

员却是绝对的自我利益至上，这让不少香港特别行政区市民感到愤怒和失望。面对疫情，大量的医护人员奋战在抗疫第一线，与生命赛跑，但香港特别行政区的一些医护人员却在危急关头大闹罢工，罔顾市民的生命安全。他们用罢工威胁香港特别行政区政府“全面封关”，满心满眼都是自己的政治诉求，把医护人员的职业道德和岗位职责抛诸脑后，其不作为的行为威胁到香港特别行政区市民的生命安全，是在借助疫情挑拨香港特别行政区和内地的关系，害人害己。

这场疫情攻坚战是一场没有硝烟但无比险恶的战争，在疫情态势最吃紧时，所有人都要凭借莫大的勇气和必胜的信念迎难而上，而不能临阵脱逃。面对生死关头，香港特别行政区医护人员都应该放下个人利益，发扬救死扶伤的精神。

（二）国外风险分析——“钻石公主号”的国际“甩锅”事件

1. 事件情况①

2020 年 1 月 20 日，“钻石公主号”从日本横滨港口缓缓驶出，开始为期 16 天 15 晚的“初春东南亚大航海”邮轮旅行。按照计划，它将在日本鹿儿岛停靠，然后驶往香港特别行政区、越南、我国台湾地区，最后在 2 月 4 日回到横滨。

1 月 25 日，船只来到了香港特别行政区，一位 80 多岁的老伯下船。2 月 1 日，这位老伯就被确诊为新冠肺炎的患者。为了确认这位确诊患者是在船上还是在下船之后感染的，“钻石公主号”于 2 月 3 日开始对船上人员进行检查。2 月 5 日，相关实验室确认船上出现了新冠肺炎病例，从当日早上 7 时开始，“钻石公主号”邮轮实施隔离措施，为期 14 天，乘客被要求留在自己的客舱中。截至 2 月 5 日，“钻石公主号”上共有 3711 人，包括 2666 名乘客和 1045 名船员。

2020 年 2 月 7 日，日本厚生劳动省发布“钻石公主号”上新确认感染新冠肺炎的 41 人国籍，具体为 21 名日本人、8 名美国人、5 名澳大利亚人、5 名加拿大人、1 名阿根廷人、1 名英国人。在目前船上已确诊的 61 人中，共有 28 名日本人、11 名美国人、7 名澳大利亚人、7 名加拿大人、3 名中国香港特别行政区人、1 名新西兰人、1 名中国台湾地区人、1 名菲律宾人、1 名阿根廷人、1 名英国人。

2020 年 2 月 8 日，“钻石公主号”邮轮上新确认 3 人感染新冠肺炎。至此，包括邮轮上已确诊 64 名邮轮感染者。

2020 年 2 月 10 日，“钻石公主号”邮轮上新发现了 60 个确诊新冠肺炎感染者，使一周以来被确诊的病例数达到 130 例。

2020 年 2 月 12 日，“钻石公主号”邮轮新增 39 例新冠肺炎确诊病例，除 10 名日本人外还包含美国、中国等 11 个国家的人。

---

① 参见《钻石公主号》，载百度百科：https://baike.baidu.com/item/钻石公主号/8892193？fr = aladdin，2020 年 2 月 23 日最后访问。

2020 年 2 月 13 日，日本厚生劳动大臣加藤胜信表示，正在隔离的“钻石公主号”上又有 221 人接受了新型冠状病毒检测，其中 44 人确诊感染，这艘搭载了 3700 人的邮轮上共有 218 人确诊。

截至 2020 年 2 月 13 日，“钻石公主号”上有 14 名中国人感染新冠肺炎，其中来自中国内地的 2 人、来自中国香港特别行政区的 11 人、来自中国台湾地区的 1 人。

日本当地时间 2020 年 2 月 14 日下午，停靠在日本横滨的“钻石公主号”邮轮上第一批新型冠状病毒检测呈阴性的乘客开始陆续下船，乘坐大巴离开，进行陆上隔离。负责开车的司机全副武装，身穿白色防护服并佩戴护目镜和口罩。据悉，被允许下船的乘客包括年龄在 80 岁以上、身体状况不佳者，以及住在无窗客舱的乘客。一位日本政府官员称目前已经有 11 人离开，但拒绝透露是否还会有更多人下船或进一步的细节。

2020 年 2 月 15 日，美国与日本多家媒体报道，美国国务院计划组织将“钻石公主号”邮轮上的美国公民，以及他们的家人转移回美国。同日，日本厚生劳动大臣加藤胜信在记者会上发布消息称，邮轮“钻石公主号”搭乘者中，新确诊 67 人感染新冠肺炎，邮轮上的确诊新冠肺炎感染者人数达到 285 人。

2020 年 2 月 16 日，日本厚生劳动大臣加藤胜信表示，“钻石公主号”邮轮上新增 70 名新冠肺炎确诊病例，邮轮上的新冠肺炎确诊人数达到 355 人。

日本当地时间 2020 年 2 月 17 日早上，两架美国撤侨航班用于撤离“钻石公主号”邮轮美籍乘客返美，从日本羽田机场相继出发前往美国。17 日傍晚，日本厚生劳动省称，“钻石公主号”邮轮新增 99 名新冠肺炎病例，邮轮上新冠肺炎确诊人数达到 454 人。

2 月 18 日，“钻石公主号”邮轮上人员的新冠病毒检查结果显示，新增 88 人呈阳性，其中 65 人未出现发烧及咳嗽等症状。这令该邮轮感染者总数达到 542 人。

2 月 19 日，已经有 443 名乘客从停泊在日本横滨港的“钻石公主号”邮轮下船，大约 9 成都是日本人。截至当日，“钻石公主号”邮轮已累计确诊 621 例新冠肺炎病例，感染比例高达 16.7%。

2 月 20 日，2 名感染新冠肺炎的“钻石公主号”邮轮乘客在医院死亡，这是该邮轮确诊病例首次出现死亡情况。两名乘客均为 80 多岁，一男一女，日本国籍，均有基础疾病，被确诊感染后分别于 2 月 11 日、12 日住院。同日，又有 2 名俄罗斯籍“钻石公主号”邮轮乘客确诊感染新冠肺炎。

2. 事件分析

第一，疫情散播快，感染比例高。首先，“钻石公主号”中的乘客，老年人的比例非常高，60 岁以上就有 2000 多人。其次，“钻石公主号”上每一个舱室的设计都是密闭的，舱室内部则是通过中央空调来调节通风，病毒很容易通过这些通风系统传播。最后，船上有丰富的公共设施，游客可以在船上跳舞、游泳、桑拿，为病毒提供了传播渠道。[①] 而日本政府又采取了整船隔离的措施，使未感染者与已感染和仍在潜伏期的乘客长时间共处，导致疫情散播快，感染比例高。

第二，疫情防控不足。2 月 18 日晚，日本神户大学传染病学教授岩田健太郎发布了一段约 14 分钟的视频，介绍自己于 18 日登上"钻石公主号"工作一天的情况，指出"钻石公主号"上的安全区和危险区已经无法区分，且由于缺少传染病防控的专业指导，船上的工作人员、检疫人员等没有严格执行穿戴防护服和口罩的规定。他描述道，"防疫中有所谓的红区和绿区，绿区是无病毒的安全区，红区是可能有病毒的危险区，这个要分得清清楚楚。保护自身不受病毒侵害，这在传染病学界是铁律。然而'钻石公主号'里的红区和绿区已经混成一团，哪里危险哪里不危险完全不知道"。[②] 传染病本身需要的医疗条件就较高，鉴于日本政府要求船上人员隔离 14 天，那么更应该做好疫情的防控工作，但是船上的人员并没有小心谨慎，采取相关的措施，防疫工作并不到位。

第三，疫情后果责任难以划分。"钻石公主号"虽然后期一直停靠在日本横滨港，但是船籍却是英国海外领地百慕大，船长为英国人，邮轮所属公司公主邮轮则隶属于美国嘉年华集团。在国际法上，公海上的船舶采取由所属国管理的"旗国主义"原则。根据"旗国主义"原则，即使是在日本领海上航行的外国船籍的船舶，也不能适用与陆上同等的日本管辖权。[③] 所以根据国际法，日本对该船并没有管辖权。但在前期，美、英并没有协助日本政府处理，只是在 2 月 18 日才"姗姗来迟"地派专机来接本国公民。

3. 简评

"钻石公主号"上发生的疫情，与有关国家之间的"甩锅"行为脱不了干系。实际上，这艘船对日本而言也难以处理。美国和英国根本没有考虑让船停靠到他们的港口，最终便是日本接手。互相推诿责任，必定浪费了最佳的救援时间。各国逃避责任的同时，3000 多人的生命安全也面临风险，稍有不慎，就容易引发突发社会安全事件。

此外，日本政府将"钻石公主号"整船隔离的做法，以及之后采取的措施，遭到了许多质疑和批评。新冠病毒具有潜伏期，且潜伏期也会造成他人感染，但对于 2 月 19 日下船的 443 名乘客，日本政府竟未对他们采取任何隔离措施，让游客下船后各自乘公共交通工具返家，更有甚者一下船就约上好友奔赴寿司店。但防疫工作负责人、厚生劳动大臣加藤胜信却认为传染的危险性不大，竟蛮横地宣称："我们对病毒还知之甚少，如果要算

---

① 参见上游新闻：《钻石公主号的危险漂流记：近千名乘客下船后去哪儿了?》，载百家号：https://baijiahao.baidu.com/s? id = 1659060751822500440&wfr = spider&for = pc，2020 年 2 月 22 日最后访问。

② 每日经济新闻：《621 人被感染！日本专家探访"钻石公主号"：完全的混乱，感到害怕……》，载东方资讯：finance.sina.com.cn/s? id = 165906075182250040&wfr = spider&for = pc，2020 年 2 月 22 日最后访问。

③ 参见红星新闻：《钻石公主号疫情扩大日"背锅"？日媒：邮轮该英国负责》，载网易新闻：http://news.163.com/20/0220/04/F5Q7MQ3L00018990.html，2020 年 2 月 22 日最后访问。

隔离期，应从什么时候算起呢？”[①]如果出现了无症状感染者，或者病毒还在潜伏期呢？因此，日本政府如此“宽松”的措施引发一片哗然。为了避免病毒进一步扩散，船上人员下船后都应该自觉隔离 14 天。

更重要的是，在此次“钻石公主号”上发生的疫情，充分暴露了美、英、日等国此次面对突发公共安全事件防范意识滞后、处置能力不足的问题。1 月 25 日凌晨，同样隶属于美国嘉年华集团旗下的“歌诗达赛琳娜号”邮轮停靠天津港，这艘超级豪华的“海上皇宫”载有 4800 人，比“钻石公主号”还多 1000 人，天津方面在 24 日就提前部署检疫措施，邮轮一靠岸，工作人员立刻登船检测，为了节省时间提高效率，天津港还动用了直升机送递检测样本。从凌晨 5 时一直到 23 时左右结束，18 小时完成 4800 人的检疫工作，一共筛查出 17 名发热疑似患者，然后对疑似患者与密切接触者提供酒店食宿单独隔离观察。[②] “歌诗达赛琳娜号”与“钻石公主号”中应对危机的措施相比，暴露了这些国家应急措施不足、反应行动迟钝的问题。

（三）国际风险分析——以韩国来青岛人员为例

1. 事件情况[③]

2020 年 1 月 20 日，韩国确诊首例新冠肺炎患者，截至 2 月 18 日，累计确诊 31 例，每日新增均在个位数以内，其间有 13 日都无新增患者。但这一局面在 19 日发生了翻天覆地的变化，韩国新冠肺炎确诊人数呈现爆发式增长，截至 2 月 29 日上午 9 时，累计确诊病例高达 2931 例，较前一天下午 4 时新增确诊 594 例。

2 月 18 日，第 31 号患者、韩国大邱地区一位 61 岁的女性被确诊为新冠肺炎。这位女性在 2 月 7 日已经出现症状，2 月 14 日被检测出疑似肺炎症状，但在此期间，她并没有居家隔离，反而在没有任何防护的情况下四处游玩，多次前往人员密集场所，更是 4 次前往“新天地教会”礼拜堂做礼拜，其中有两次还处于隔离期。已知至少有 1001 人与该患者有过近距离接触，其中 90 人出现症状。此后，大邱出现多名“新天地教会”的信徒被确诊为新冠肺炎，该 31 号患者也被称为韩国新冠肺炎疫情的“超级传播者”。截至 27 日下午 4 时，大邱地区的确诊病例已超过 1000 例，占韩国确诊病例的一半以上，成为韩国新

---

① 《日本人下船后就地解散：专家慌了，官员还不急》，载搜狐网：https://www.sohu.com/a/374636645_419342，2020 年 2 月 22 日最后访问。

② 参见金融五道口：《原形毕露！果然，钻石公主号是一面照妖镜》，载凤凰网资讯：http://news.ifeng.com/c/7uFuOUuT59b，2020 年 2 月 22 日最后访问。

③ 案例事实系相关新闻报道的综合，参见《确诊病例超过 2000！为何海外疫情的爆发点是韩国，而不是日本与新加坡》，载上观新闻：https://www.shobserver.com/news/detail?id=217314，2020 年 2 月 28 日最后访问；每日经济新闻：《韩国预警升至最高级！一医院精神科 102 人就有 99 人确诊，“超级传播者”曾到此》，载新浪网：http://news.sina.com.cn/w/2020-02-24/doc-iimxyqvz5272195.shtml，2020 年 2 月 28 日最后访问；《韩国疫情爆发，青岛人民急了：疫情要回流？》，载搜狐网：https://www.sohu.com/a/375973676_190834，2020 年 2 月 28 日最后访问。

冠肺炎的“重灾区”。

除了大邱,位于庆尚北道的清道大南医院也成为又一个“重灾区”。该医院住院患者中老年人居多,其精神科住院楼栋多为多人间并采取封闭式管理,102 名住院病人中有 99 人确诊。这家医院最初出现疑似症状的患者便是精神科的 1 名住院病人,该患者于 2 月 21 日确诊后病逝,是韩国第 2 例死亡病例。截至 2 月 26 日,12 例死亡病例中,有 7 例出自该医院。

韩国新冠肺炎疫情发展之势迅猛,在青岛,网上大量流传“韩国人来青岛躲避疫情”“首尔飞青岛航班爆满”等消息。有大批网友反映:2 月 24 日韩国首尔市飞青岛市的机票,从原本的 500 元,狂飙 8 倍到 4000 元,却还是一票难求。这消息一出,就像导火索,瞬间将青岛市人的担忧引爆。

面对青岛市民“韩国人来青岛躲避疫情的担忧”,青岛市机场回应称,近期,韩国航线日均进出 12 个架次,旅客吞吐量 1667 人次,进出港客座率 75% ~78%,其中进港航班 6 个架次,进港旅客 800 人次左右,进港客座率 85% ~90%。在进港旅客中,中国籍旅客超过 80%,韩籍旅客不到 20%。韩籍旅客大多在中国工作或求学,以产业人士和学生为主。虽然不足两成,但还是不能消除青岛市民的担心。青岛市网民评论称:20% 并不算少,如果按照 800 人次,每天就有 160 人次,如果里面有一个超级传播者就完了。还有网友评论称:好担心,我的小区现在已经有很多韩国人回来了。

2. 事件分析

为何韩国新冠疫情暴发会增加青岛市突发社会安全风险发生的可能性呢?分析整个事件,可以得出以下结论。

第一,韩国新冠肺炎疫情形势严峻。(1)疫情暴发速度快。从 2 月 19 ~25 日这短短一周,韩国就成了除中国之外最大的新冠肺炎疫情国,并且,每天的新增确诊人数都呈现迅速增长的态势。(2)韩国出现了“超级传播者”。截至 2 月 29 日,我国新冠肺炎疫情期间并没有出现,或者可以说没有官方报道出现了“超级传播者”,但韩国新冠肺炎疫情暴发的源头就是第 31 号患者,并且,她还是一个“超级传播者”,在隔离期仍然参加了几千人的教会礼拜活动,并出现在酒店、医院等人员密集场所。一个人影响了几千人,这几千人继而又会影响更多人。(3)在特定群体中出现集中感染。在大邱地区的“新天地教会”和庆尚北道的清道大南医院这两处“重灾区”,分别是信徒和病人出现了集中感染。此外,韩国军队中也发现了确诊病例。截至 2 月 23 日中午,韩国海陆空部队均发现确诊病例,陆军 4 人、海军 1 人、空军 1 人,共计 6 人,均系营外感染。2 月 24 日,这一数据上升至 11 人。截至 2 月 23 日,韩军共有 7700 余人被隔离。① (4)新天地教会拒不配合。

① 参见八点健闻:《超 1200 例确诊、总统身边有感染者,韩国为何突成第二大疫情国》,载凤凰网资讯:http://news.ifeng.com/c/7uOna6H4kqz,2020 年 2 月 29 日最后访问。

在韩国市政府已经发布集会禁令的情况下,2 月 22 日和 23 日,仍有大批民众坚持聚集在光华门前举行大规模集会示威。即使首尔市长朴元淳当天亲自到场劝告集会者离场,也以失败告终。集会组织者全光勋公开演讲时说:“我们得了病,死了也没关系。”①

第二,青岛市和韩国关系密切。(1)青岛市与韩国的地理位置非常相近,仅隔海相望。(2)青岛市和韩国经济往来非常频繁。截至 2019 年 6 月末,在青岛市注册的韩资项目累计达 13,010 个,实际投资额 197.4 亿美元。“这是一座无需用汉语谈生意的城市。”韩国企业家协会秘书长张五洙曾这样公开形容韩国人对青岛市的印象。② (3)韩国元素在青岛市随处可见,体现在衣食住行的方方面面。早期在青岛市创业的韩国企业的成功,促使更多的韩国人进入青岛市,在当地复制了一套正宗的韩国生活。青岛市超市里有地道的韩国食品,大街上随处可见韩国料理店、韩国服装店,还有公共场所的各种韩文标识,总能路遇中文流利的韩国人。大部分韩国人聚集在城阳区,韩国人投资的厂房也在周边,给韩国人的学校、医院、娱乐设施配备齐全。③

目前,青岛市的疫情已经得到了很好的控制。

二、新冠肺炎疫情问卷调查分析报告

(一)本次问卷调查的概况

1. 本次问卷调查的背景和目标

在此次新型冠状病毒肺炎疫情防控工作推进过程中,各种社会不稳定因素日益显现,存在次生、衍生、引发社会安全事件、出现复合性突发事件的巨大风险,要如何应对此次重大突发公共卫生事件所产生的社会安全风险,成为一项具有重大现实意义的研究课题;如何做好防范工作,完善保障制度,健全突发社会安全事件应急法律机制等问题,亟待进行专门和深入的重点研究。在此背景下,本书主编带领的学术团队针对新冠肺炎疫情这一重大突发公共卫生事件,在全国范围内对社会安全风险的影响进行了专题问卷调研。通过对回收问卷的深入分析,课题组对疫情防控背景下产生的社会安全风险、社会风险产生的原因以及社会公众对于防范社会安全风险的举措的态度等问题,获得了较全面、具体的了解,根据问卷分析结果提出了防范新冠肺炎疫情引发社会风险的若干法制举措的建议,为课题的深入研究提供实践素材和实证分析意见,助力新冠肺炎疫情阻击战,为健全完善应急管理体制机制建言献策,促进我国社会的协调可持续发展。

2. 问卷调查的设计与收发情况

(1)调查问卷的设计思路:本次问卷共包括 16 个问题,以认知型问题为主,以一般的

---

① 《确诊病例超过 2000! 为何海外疫情的爆发点是韩国,而不是日本与新加坡》,载上观新闻:https://www.shobserver.com/news/detail? id = 217314,2020 年 2 月 29 日最后访问。

② 参见吴林静:《韩国疫情爆发　青岛为何紧张?》,载新浪财经:http://finance.sina.com.cn/china/gncj/2020 - 02 - 25/doc - iimxyqvz5753220.shtml,2020 年 2 月 29 日最后访问。

③ 同上。

社会公众为调查对象，除掌握个人基本情况外，主要调查内容包括社会公众在本次公共卫生事件中的抗疫防疫培训及志愿服务相关情况；社会公众对此次新冠肺炎所引发的社会安全风险、发生社会安全事件原因的认知情况；社会公众对目前政府应对疫情所引发风险的措施的看法和建议。

（2）调查问卷的发放和回收情况：本次问卷的发放以随机抽样为原则，扩大调查覆盖面。为克服此次疫情对定量调查的限制条件，问卷调查于2020年2月20日开始，采用"问卷网"系统，以网络分享回收为主要手段。这次调查区域涵盖了安徽省、北京市、福建省、甘肃省、广东省、广西壮族自治区、贵州省、海南省、河北省、河南省、黑龙江省、湖北省、湖南省、吉林省、江苏省、江西省、辽宁省、内蒙古自治区、山东省、山西省、陕西省、四川省、上海市、天津市、香港特别行政区等30个省（直辖市、自治区、特区），共回收有效问卷409份，其中3份问卷所属地为境外。

（3）调查数据的使用原则：本次问卷调查坚持数据客观真实、关联分析的原则，以确保分析报告的科学性和严谨性。课题组在发放问卷时，在调查覆盖面广泛的同时也能够保证数据回收的真实有效。此外，问卷中的一些问题具有前后关联性，在分析数据时除对部分问题进行单独统计外，我们还根据其关联性、逻辑性进行分析，力求多角度、深层次地了解相关问题。

3. 调查对象基本情况说明

本次问卷调查在对象选择上力求全面广泛，包括不同行政区域、不同职业的社会公众。本次共回收有效问卷409份，其中，居住在城市的调查对象占比为79.71%，居住在乡村的调查对象占比为20.29%；在调查对象身份方面，公务人员占7.82%，国有企事业单位人员占13.94%，民营企业或者小微企业人员占9.54%，学生占52.81%，其他人员占15.89%。

（二）问卷主体问题统计分析

1. 社会公众参与应急工作的情况

社会公众既是突发社会事件的经历者，同时，也是应对突发社会事件的重要力量，公众的积极应对、积极参与对突发事件的顺利处置和事件后的恢复重建有着举足轻重的作用。调查数据显示，15.89%的调查对象曾接受过抗疫防疫的相关培训；12.05%的人员在疫情期间曾参加了防控疫情相关的志愿服务，且志愿服务内容多为基层执勤工作如卡口值守、测量人员体温、登记相关人员信息、宣传防疫知识、参与街道社区的消毒活动、高速执勤等，同时，也包括捐款捐物、医护人员一线奋斗、协助抗疫的志愿服务工作等。可见，在此次事件中，公众参与的范围和深度都比较有限，志愿服务所发挥的作用仍有待开发，相关政府部门应该予以重视，完善公众参与制度。

2. 新冠肺炎疫情应对措施的分析

新冠肺炎疫情来势猛、传播快、传染性强、危害性大，对社会公众的基本生活产生了重大影响,如果应对处置不当,极易引发社会安全风险。对新冠肺炎疫情所引起的社会风险予以相关措施控制,是维护正常的社会秩序和社会稳定、确保人民群众生产生活安全的有效保障。

在被访者看来,当地政府主要采取了以下措施:及时对当地居住人口进行排查摸底(21.99%);疫情信息公开、透明,及时公布确诊病例活动轨迹(21.84%);居民和车辆禁止出入(17.16%);楼栋实施全封闭管理(15.23%)等。其中,心理干预和辅导(3.86%)、生活必需物资和药物等由专人定时配送或代购(6.91%)、及时调整不公平适当的应急处置措施(8.32%)、严惩造谣生事人员(9.96%)所占比重较小,为防控措施的薄弱环节,相关部门应予以关注,在控制疫情的同时也要尽量满足人们的基本生活需求,减轻社会负面情绪的发酵。① (见图4-5)

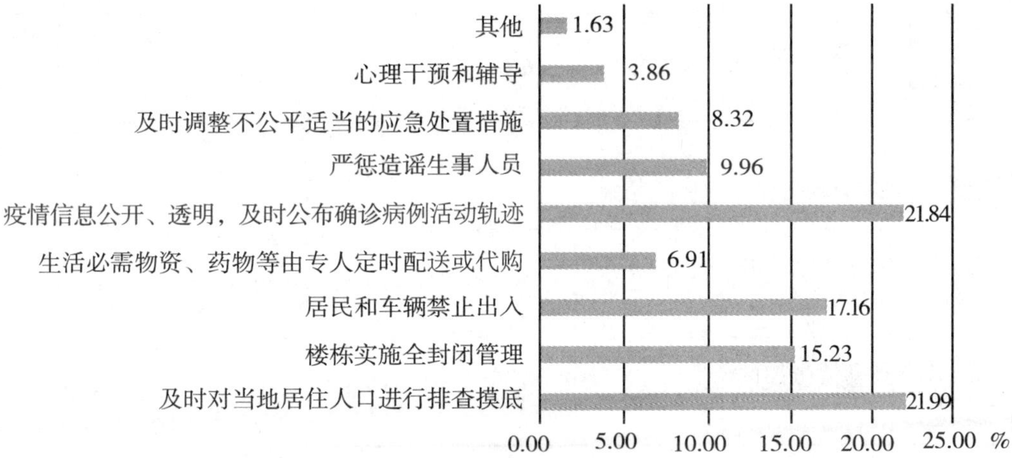

图4-5　当地政府实际举措

3.公众对突发事件处置的态度及评价

在调查结果中,对于当地政府为应对疫情紧急情况所采取的暂时性限制措施,如小区楼栋实施封闭管理、不批准非疫情防控应急物品生产企业复工等措施,78.97%的调查对象采取的是较为积极、同意的态度,14.43%的态度为中立。88.51%的调查对象较为认同当地政府或者相关部门在疫情期间及疫情结束后对患者、医护人员及其家属等因疫情遭受身心创伤人员采取心理危机干预、心理辅导举措。这表明社会公众对应对公共卫生事件的应急措施较为认同,尤其是结合图4-5中当地政府实际施行的举措,我们可进一步得知"心理干预和辅导"实际施行的程度有限,不利于社会公众负面情绪的调整。因

① 说明:为保证数据统计的科学性,该问卷分析对于多项选择题的数据统计,并非单纯以有效问卷的数量为统计基数,而是以所有选项被选次数之和为统计基数。

此,在之后的应急管理预案、措施中应重视对突发公共事件社会公众的心理干预和辅导,缓减社会紧张情绪,减少其对社会秩序的干扰。

此外,从问卷调查结果中可以看出,社会公众对于在疫情期间当地政府的反应速度、对疫情防控的有效程度、信息公开的及时性和透明度以及检查监督工作是持较肯定的态度。但是值得关注的是,仍有约20%的人选择了“一般”,未达到满意的程度。这表示我们仍然需要在疫情防控反应速度、信息公开、检查监督等方面予以改进完善,有较大的提升空间。(见表4-1)

表4-1 社会公众对于疫情处理措施的满意度情况

单位:%

项目	非常不满意	不太满意	一般	满意	非常满意
疫情暴发时当地政府的反应速度	7.33	6.36	22.98	40.34	22.99
当地政府的应对举措对疫情防控的有效程度	4.89	4.89	20.05	43.28	26.90
当地政府官方信息公开的及时性和透明度	7.82	7.82	19.07	36.92	28.36
当地政府对疫情防控的检查监督	5.62	7.82	22.00	41.08	23.48

4.公共卫生事件应对不当易引发社会风险及分析

《国家总体预案》将突发公共事件划分为4类,即自然灾害、事故灾难、公共卫生事件、社会安全事件。这4类事件并非互相隔绝,相反,彼此之间往往联系紧密,此之结果是彼之原因。就此次新冠肺炎疫情而言,如果没有被妥善解决,多数人的生命安全、生活安全便会面临长时间的威胁,容易造成社会焦虑情绪的弥漫,激发各种社会不稳定因素,那么公共卫生事件极易引发或发酵成为社会安全事件。

(1)相关行为分析

通过调查发现,疫情期间,当地政府应急措施不得当,导致事态恶化(22%);相关社会组织、团体应急体系存在缺陷,行为不当(19%);无良商家倒卖口罩,或者哄抬价格(17%);谣言、小道信息的不正当传播(16%)为调查对象认为易产生社会风险的行为。(见图4-6)由此可见,我国公共卫生事件响应机制尚未完善,在应对此次突发事件时显得力不从心,导致事态的恶化,口罩等物资供应以及谣言等未得到有效控制。而且,相关商家为谋私利推动谣言愈演愈烈(12%),媒体不负责任、乱发布信息(13%)也导致了风险的增多,这说明相关公众缺乏社会公德以及科学健康素养,法制观念不牢固,才会信谣传谣。所以在建立健全应急管理体制、提升应急管理能力的同时,应着重改善舆情应对能力,及时澄清事实,公布实情,消除谣言,提升公民的科学和法制素养,引导公众正确看待疫情等突发事件,变压力为动力,稳定社会秩序。

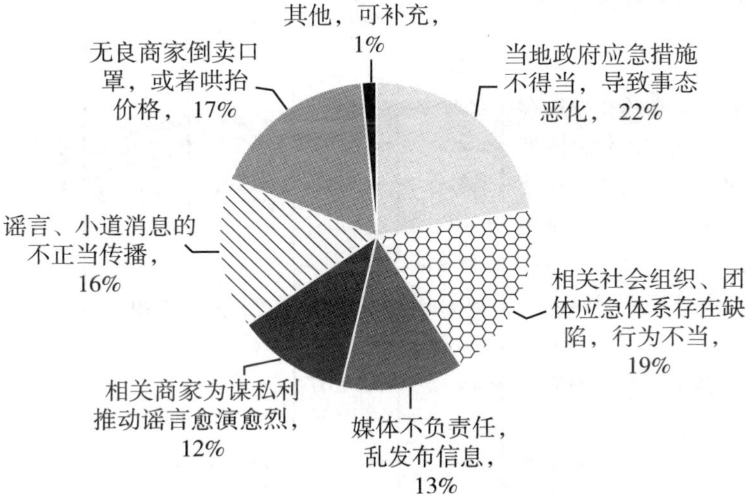

图4-6　产生社会安全风险的行为

(2)风险分析

社会安全事件主要包括恐怖袭击事件、经济安全事件和涉外突发事件等。社会安全是指,社会公众享有安全和谐的生活和工作环境以及良好的社会秩序,公众的生命财产、身心健康、民主权利和自我发展有安全的保障,主要包括社会治安、交通安全、生活安全以及生产安全,而那些有可能威胁社会安全和稳定社会秩序的因素相互作用可能导致社会安全风险的产生和升高。在发生重大公共卫生事件时,如果应对措施不合理或者该事件不能得到及时解决,此时,社会安全风险在迅速且大范围地增多、积累,社会安全事件发生的可能性急剧升高或已经引发了社会安全事件。

①经济安全事件发生的可能性

在此种重大公共卫生事件发生期间,社会中本就弥漫着紧张情绪,如若人民群众此时的基本生活需求难以得到保障,极易成为经济安全事件的导火索,暴发突发社会安全事件,影响社会公共秩序。此外,由于公共卫生事件应对措施的不当,调查对象产生了较多的担心之处,主要为担心自己或者家人感染(20.76%),缺乏口罩、药品等医用物资(20.01%),生活物资得不到及时供应(14.49%),物价上涨(13.51%),其他(0.58%)等。在选择“其他”项的调查对象中,他们补充了“学生毕业、就业安排受影响”这一内容。此外，还有部分调查对象还担心企业生产经营困难（6.56%）、收入难以保障（5.69%），体现了调查对象对经济安全的担忧。由此可知，因为此次新冠肺炎疫情，社会公众的正常生活秩序受到了较大的影响，物资供应不足、物价上涨，公众的生活安全面临着较大威胁，各种问题的相互交织极易诱发利益冲突、矛盾，造成社会安全风险的演变、蔓延、升级，易扰乱经济秩序，诱发经济安全事件，这对我们的应急体系以及突发事件发生后的恢复重建提出了重大挑战。（见图4－7）

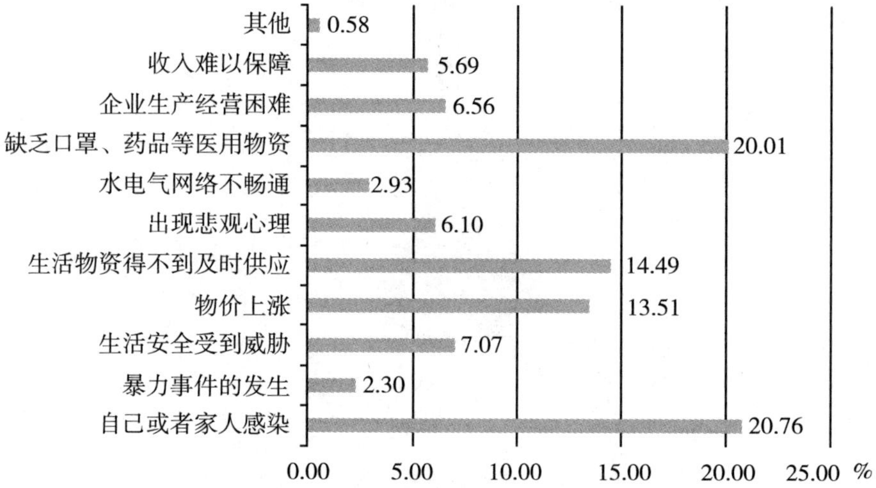

图4－7 疫情期间公众担心的问题

②刑事案件发生的可能性

调查数据显示，社会公众认为，此次疫情危害不特定或多数人的生命或健康（28.65%）；影响社会秩序的稳定和当地的经济发展速度（23.93%）；谣言传播，引发不安情绪（18.85%）；危害不特定或多数人的财产（15.02%）；严重危害社会治安秩序（7.66%）。此外，公众还认为，此次疫情可能会导致政府和相关社会组织公信力的下降，有损法治，加剧内部矛盾等（5.89%）。（见图4－8）公众对此问题的回答表达了其对于生命健康、财产安全、社会治安等的担忧，侧面反映了群体性暴力事件、刑事案件、恐怖事件等社会安全事件发生的风险升高。并且，谣言的传播也容易引发社会的负面情绪，更进一步增加了暴力冲突的可能性。

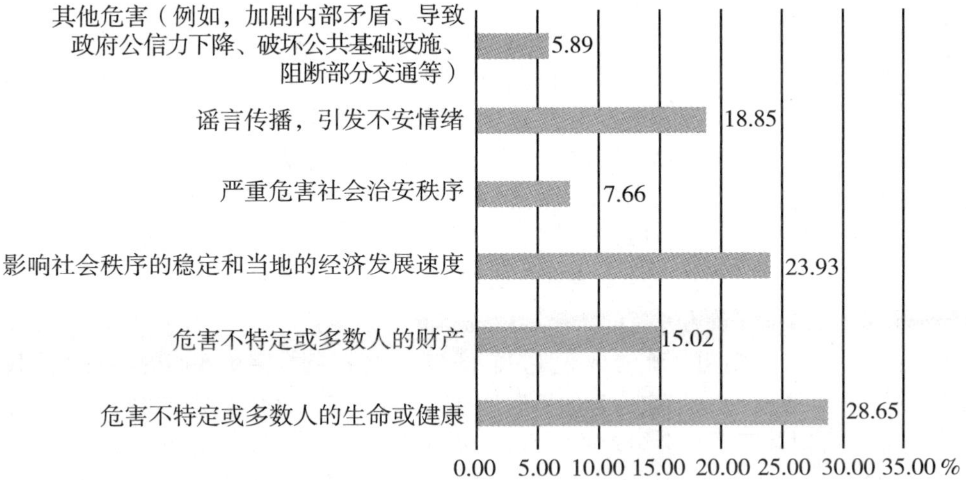

图 4－8 疫情期间社会公众所认知的社会风险

(3)社会安全事件的发生

疫情防控过程中不仅存在社会安全风险,还可能产生更严重的后果。在此次问卷调查中,我们进一步地了解到,在疫情期间,35 个调查对象认为其所在的 13 个城市中发生过社会安全事件,且破坏了正常的社会秩序和危害公共安全,危及多数人的生命,发生原因多为:政府缺乏危机意识和应急预案、应急措施不力;信息公布不及时;管控措施不到位、存在疏忽和漏洞。并且,这些突发社会安全事件破坏正常的社会秩序,危及多数人的生命和公共安全。

5. 社会公众提出的完善意见

此份调查问卷最后针对调查对象设置了关于完善政府在公共卫生事件应急措施建议的全开放式问题,对此进行了归纳,总结提炼如下。

(1)有人认为,“官方疫情信息发布有待加强”“信息公开应增加权利行使流程的公开,而非仅是结果公开”,这反映出信息公开制度建立和完善的必要性。此即,要完善信息公开机制,保证信息的真实、准确、及时、透明,扩展信息公开内容,增加权利行使过程公开,向社会相关问题的追踪和处理方案,杜绝形式主义,保障公民知情权的行使;但同时也要注意保障公民的隐私权,在披露相关信息时注重个人隐私保护,提升政府公信力。

(2)有人认为,“疫情发生,政府在选择恰当的手段的同时,仍要依法行政,作出行为也应于法有据。”“依法防控,保障公民知情权和其他基本人权。”这反映了公众法治意识的提高,也对政府提出了更高的要求,即政府部门要始终坚持依法行政,严格、柔性执法,拒绝粗暴执法,将比例性原则贯彻到实际执行过程中,保障公民个人的基本权利,加大对违法失职人员的问责力度。

(3)有人认为,“宣传不足,导致一些民众只是被动参与防控,没有真正意识到疫情的可怕与严重”,因此,要加强公共卫生安全和个人卫生健康知识的宣传教育,尤其是农村偏远地区,提升民众风险防范意识和社会责任感。

(4)有人认为,“应急措施能更有针对性,不要‘一刀切’,更不要单纯效仿而不具体考虑当地实际”,“在畅通生活物资供应方面仍需加强”。这就要求政府加大人文关怀力度,畅通生活物资、医药防护物资购买渠道,重视保障合理需求,分类施策,合理安排复工复产,保证生产与生活正常进行。

(5)有人认为,“政府应加强对某些社会组织的监督职能,积极引导某些社会组织履行公示义务,我国虽有较为完备的法律制度规制此事,但问题大多不是制度缺失,而是制度的执行缺失。比疫情更恐怖的是不受控制的权力,比确诊数字更寒心的是对于人民群众的漠视。”这反映了公众民主意识的不断增强,我们要完善社会组织监督机制以及相关法律法规,加强对政府及社会组织的监督,积极引导社会组织履行公示义务。

(6)有人认为,“基层事情太多,形式主义仍在”,所以提升基层社会治理能力、执行能力,加强基层监管,建立群防群治体系是提升应急能力的重要举措。

(7)有人认为,“强化志愿者团队建设,提高公民个人素养和理解风险能力”,这反映了社会公众应急意识的提升。完善志愿服务相关法律法规,强化志愿者团队建设,保护志愿者合法权益。

(8)有人认为,“疫情结束后应重视对市民的心理疏导”,这反映了市民在人文关怀方面的需求,政府应重视疫情结束后对市民的心理干预和心理辅导,突发公共卫生事件所产生的后果会严重影响公众的心理,产生社会焦虑情绪,因此,建立突发公共事件社会心理干预机制是防控社会安全风险的重要举措。

(9)有人认为,“重视大数据应用是应对疫情的有效手段”,要“加快信息数据化”。我们要发挥大数据在信息收集处理、及时调整应急预案等方面的作用,准确化解社会安全风险;同时,还要注意对大数据的受众加强隐私权保护,避免可能带来的隐私被侵害的风险。

(三)防范新冠肺炎疫情引发社会安全风险若干法治举措

根据前述对调查数据的统计分析,并综合考虑社会公众的完善建议,笔者在此提出关于防范新冠肺炎疫情引发社会安全风险的法制举措的若干建议。

1. 完善信息公开机制

谣言的传播在社会风险的产生过程中起推波助澜的作用,而控制谣言的最好办法则是公布实情,澄清事实,将公民的参与权、知情权、表达权、监督权落到实处,从根本上杜绝不实信息的传播。为此,政府必须要完善信息公开机制,广开言路,公开透明处置行动,经得起社会公众的监督。

2. 完善立法建制

建立统一、协调的应对突发社会安全事件的法律法规和制度体系,完善志愿服务、相关社会组织的法律法规，为保护志愿者合法权益、发挥志愿服务团队在应对突发事件当中的重要作用，同时为监督政府以及相关社会组织、团体提供法律依据。

3. 建立健全应急管理体制

建立健全应急管理体制，制定专业的应急预案，由专业人员做专业事，严格依法防控；细化应急预案，避免"一刀切"，既需要效仿他地的优秀措施，也要考虑本地实际，分类施策，及时准确行动；加强防疫物资战略储备，防患于未然；完善应急机制的系统性，加快响应速度，建立健全疫情报告机制，注重突发事件应对的演练，提升应急能力；建立健全突发事件的心理辅导和干预机制，缓解负面情绪。

4. 杜绝形式主义改善政民关系

在统筹推进新冠肺炎疫情防控和经济社会发展的斗争中，各级党政机关和负责同志必须以优良思想作风狠抓工作落实，着力解决困扰基层的形式主义问题，充分调动广大党员干部和人民群众的积极性主动性创造性，进一步把基层同志干事创业的手脚从形式主义的束缚中解脱出来，为决胜全面建成小康社会、决胜脱贫攻坚提供坚强作风保证。①

"新冠肺炎疫情防控背景下的社会安全风险研究"

调查问卷(样卷)

尊敬的________女士/先生：

您好！在此次新型冠状病毒肺炎疫情防控工作推进过程中，各种社会不稳定因素日益显现出来，存在次生、衍生、引发社会安全事件，出现复合性突发事件的巨大风险，因此必须做好防范工作，完善保障制度，健全突发社会安全事件应急法律机制。本问卷的目的在于了解新冠肺炎疫情这一重大突发公共卫生事件对社会安全风险的影响，为完善我国突发社会安全事件及社会安全风险应急法律机制提供实践素材。为此，非常希望得到您的帮助。

本次调查采匿名方式，仅耽误您几分钟，请根据自己的实际情况作出回答，多数问题仅需画"√"或作出任何标示即可。我们承诺所获信息仅供研究使用并注重保密，敬请放心。

抗击疫情之际，请您注重防护，愿您平安健康，祝您一切顺利！

中国人民大学中国行政法研究所

2020 年 2 月 20 日于北京

① 2020 年 4 月中旬，中共中央办公厅印发《关于持续解决困扰基层的形式主义问题为决胜全面建成小康社会提供坚强作风保证的通知》，提出了八项举措，对深化拓展基层减负工作，关心关爱基层干部，作出了具体部署，提出了严格要求。

1. 新冠肺炎疫情期间,您主要居住地是________省________市。

2. 您居住在

□城市　　□乡村

3. 您的身份是?

□公务人员　　□国有企事业单位人员　　□学生

□民营企业或者小微企业人员　　□其他人员

4. 您是否曾经接受过相关抗疫防疫的相关培训?

□有　　□没有

5. 在此期间,你是否参加了疫情防控相关的志愿服务?

□参加了,主要任务为________　　□未参加

6. 疫情期间,您的基本生活需求是否得到了保障?

□是　　□不是

6.1　如果您的基本生活需求没有得到满足,原因可能是(可多选)

□物价上涨　　□生活物资得不到及时供应　　□生活安全遭到威胁

□水电气网络不畅通　　□其他(可补充:____________)

7. 在疫情发生期间,您曾担心(可多选)

□自己或者家人感染　　□暴力事件的发生　　□生活安全受到威胁

□物价上涨　　□生活物资得不到及时供应　　□出现悲观心理

□水电气网络不畅通　　□缺乏口罩、药品等医用物资

□企业生产经营困难　　□收入难以保障　　□其他____________

8. 您认为此次新冠疫情产生了哪些风险?(可多选)

□危害不特定或多数人的生命或健康　　□危害不特定或多数人的财产

□影响社会秩序的稳定和当地的经济发展速度　　□严重危害社会治安秩序

□谣言传播,引发不安情绪

□其他危害(例如,加剧内部矛盾、导致政府公信力下降、破坏公共基础设施、阻断部分交通等),可补充____________

9. 您认为上述社会风险可能是由下列哪些行为产生的(可多选)

□当地政府应急措施不得当,导致事态恶化

□相关社会组织、团体应急体系存在缺陷,行为不当

□媒体不负责任,乱发布信息

□相关商家为谋私利推动谣言愈演愈烈

□谣言、小道消息的不正当传播

□无良商家倒卖口罩,或者哄抬价格　　□其他,可补充____________

10. 请问您是否了解“突发社会安全事件”这一概念和内涵?(单选)

□非常了解　□比较了解　□略知一些　□基本不知

11. 疫情发生期间您所在城市是否发生过突发社会安全事件？（突发社会安全事件是指突然发生，危害或者可能危害不特定人或多数人的生命、健康或者重大公私财物，需要及时采取应急处置措施予以应对的事件，但不包括自然灾害、事故灾难、公共卫生事件。）

□有　□没有

11.1　如发生过突发社会安全事件，您认为最主要原因是＿＿＿＿＿＿。

11.2　您对此次突发社会安全事件的看法是（可多选）

□危害公共安全　□危及多数人生命　□破坏正常的社会秩序

□当地政府应对不及时　□社会组织发挥作用

□其他，可补充＿＿＿＿

12. 当地政府采取了哪些措施应对此次疫情，避免风险升高（可多选）

□及时对当地居住人口进行排查摸底　□楼栋实施全封闭管理

□居民和车辆禁止出入

□生活必需物资、药物等由专人定时配送或代购等

□疫情信息公开、透明，及时公布确诊病例活动轨迹

□严惩造谣生事人员　□及时调整不公平适当的应急处置措施

□心理干预和辅导　□其他＿＿＿＿

13. 对于当地政府为应对疫情紧急情况所采取的暂时性的限制措施，例如小区楼栋实施封闭管理、不批准非疫情防控应急物品生产企业复工等，对此您的看法是（单选）

□非常同意　□比较同意　□一般　□不太同意　□不同意

14. 您对当地政府或者相关部门在疫情期间及疫情结束后对患者、医护人员及其家属等因疫情遭受心身创伤人员采取心理危机干预、心理辅导举措的态度是（单选）

□非常同意　□比较同意　□一般　□不太同意　□不同意

15. 请您对下表所列项目的满意度进行评价

项目	非常不满意	不太满意	一般	基本满意	非常满意
疫情暴发时当地政府的反应速度					
当地政府的应对举措对疫情防控的有效程度					
当地政府官方信息公开的及时性和透明度					
当地政府对疫情防控的检查监督					

16. 您对当地政府在此次公共卫生事件的应急措施有什么建议或者您认为哪些地方需要改进？谢谢！（请直接写在下面）

谨再次对您的支持帮助表示衷心感谢！

第五章　突发社会安全事件应急法治的要素体系

第一节　突发社会安全事件应对的行为规范体系

突发社会安全事件具有突然性、复杂性、高度的社会危害性，突发社会安全事件应对是一个系统工程，需要一个领域全面、逻辑严密、不断完善的行政规范体系予以保障和规范。目前，在应对突发社会安全事件方面，我国逐渐形成了一个较系统的行为规范体系，主要包括法律规范、政策规定、应急预案、软法机制 4 个部分。它们之间相互补充、相互促进：一方面，为应对突发社会安全事件提供保障性依据；另一方面，为应对突发社会安全事件提供规范性制约。

一、突发社会安全事件应对的法律规范

突发社会安全事件应对的法律规范是指比较宽泛意义上的法律规范，是有立法权限的机关制定的具有正式法律位阶效力的规范性文件，主要包括宪法、法律、行政法规、地方性法规、民族自治条例和单行条例、部门规章和地方政府规章等。目前，我国已经初步形成全方位、多层级、宽领域的突发社会安全事件应急法律规范体系。其包括不同位阶效力的法律文件，涉及国防、行政执法、网络安全、食品安全等多个领域。

1. 宪法

宪法作为国家的根本大法，通过对紧急状态的规定，为行政应急权提供了宪法基础和规范要求。例如，我国《宪法》第 67 条第 20 项授予全国人民代表大会常务委员会“决定全国或者个别省、自治区、直辖市进入紧急状态”的权力。我国《宪法》第 89 条第 16 项赋予国务院“依照法律规定决定省、自治区、直辖市的范围内部分地区进入紧急状态”的权力。这些规定也是应对社会安全事件的宪法基础。

2. 法律

在狭义的法律层面，相关规定主要体现为应急法律和其他法律中的社会安全条款。应急法律主要是 2007 年 11 月实施的《突发事件应对法》。这部应对突发事件的“龙头法”，较系统地规定了突发事件应对的理念原则、权责部门、预防措施、应急措施、应急程

序与法律责任。值得关注的是,这部综合性应急法律最初是以“紧急状态法”的名称被列入全国人大常委会的立法计划。在这部法律的起草和审议过程中,考虑了当时的立法背景、法治环境、法治思维和执法能力,在广泛听取和吸纳各方面意见的过程中,最终形成了现在的《突发事件应对法》。在2020年新冠肺炎疫情发生后,在疫情预防和应对中出现的诸多问题,已经引起社会各界的关注和反思,这部法律将极有可能迎来新一轮的修订。

其他法律主要是在其调整领域规定了一些涉及社会安全的条款,包括但不限于:我国《人民警察武装法》第7条第7款规定,有参加处置暴乱、骚乱、严重暴力犯罪事件、恐怖袭击事件和其他社会安全事件的安全保卫任务;我国《国家安全法》第29条规定,国家健全有效预防和化解社会矛盾的体制机制,健全公共安全体系,积极预防、减少和化解社会矛盾,妥善处置公共卫生、社会安全等影响国家安全和社会稳定的突发事件,促进社会和谐,维护公共安全和社会安定;我国《网络安全法》第58条规定,因维护国家安全和社会公共秩序,处置重大突发社会安全事件的需要,经国务院决定或者批准,可以在特定区域对网络通信采取限制等临时措施;我国《基本医疗卫生与健康促进法》第50条规定,发生社会安全事件等严重威胁人民群众生命健康的突发事件时,医疗卫生机构、医疗卫生人员应当服从政府部门的调遣,参与卫生应急处置和医疗救治。

3. 行政法规

目前,没有专门规定应对突发社会安全事件的行政法规,与其相关的是应对其他突发事件的条例中涉及可能引发社会安全问题的条款,具有代表性的主要有《自然灾害救助条例》和《突发公共卫生事件应急条例》。《自然灾害救助条例》第33条规定,发生社会安全事件等突发事件,需要由县级以上人民政府民政部门开展生活救助的,参照该条例执行。《突发公共卫生事件应急条例》第52条规定,在突发事件发生期间,散布谣言、哄抬物价、欺骗消费者,扰乱社会秩序、市场秩序的,由公安机关或者工商行政管理部门依法给予行政处罚;构成犯罪的,依法追究刑事责任。

4. 其他法规、规章

宪法、法律、行政法规之外涉及应对突发社会安全事件的法律规范,有两个共同的特点,或者说可以分为两个类别。第一类是对《突发事件应对法》和《突发公共卫生事件应急条例》的执行性规定,比如,上海市2012年制定、2018年修订的地方性法规《上海市实施〈中华人民共和国突发事件应对法〉办法》;福建省2018年制定的地方政府规章《福建省突发事件应对办法》。第二类是非应急性规范中涉及应对社会安全事件的条款,比如,山东省2018年实施的地方性法规《山东省学校安全条例》规定了发生突发社会安全事件时各级政府和学校的应急职责;[①]交通运输部 2019 年制定的部门规章《邮政业寄递安全监督管理办法》规定了突发社会安全事件时,邮政快递企业的报告义务和邮政管理机构的应对职责。[②]

二、突发社会安全事件应对的政策规定

突发社会安全事件应对的政策规定可以概括为党政文件和法律、法规、规章之外的其他行政规范性文件两种。前者主要是指中共中央(或与国务院联合)颁布实施的有关突发社会安全事件应对的纲领性政策、制度性规定;后者则是各级行政机关为了执行法律、法规、规章以及上级政策的规定,而制定实施的行政规则。

1. 党政机关文件

中国共产党领导是中国特色社会主义最本质的特征,党的政策文件和人民政府的行政政策文件,对国家治理和社会发展具有重要的指导意义。突发社会安全事件应对的党政机关文件主要有 3 种。

一是制度建设的纲领性文件,明确重视和要求提高突发社会安全事件的应对能力,完善应急机制。例如,2006 年 10 月 11 日,中国共产党第十六届中央委员会第六次全体会议通过了《中共中央关于构建社会主义和谐社会若干重大问题的决定》,明确提出完善应急管理体制机制,有效应对包括公共卫生事件在内的各种风险。2010 年 10 月 18 日,中国共产党第十七届中央委员会第五次全体会议通过了《中共中央关于制定国民经济和社会发展第十二个五年规划的建议》,明确提出健全对社会安全事件的预防预警和应急处置体系。2015 年 5 月 31 日,中共中央办公厅、国务院办公厅联合印发《关于深入推进农村社区建设试点工作的指导意见》,明确提出通过完善农村社区基础设施来提高对社会安全事件的预防和处置能力。2015 年 12 月 23 日,中共中央、国务院印发《法治政府建设实施纲要(2015—2020 年)》,明确提出加强群体性、突发性事件预警监测,提高公共突发事件防范处置和防灾救灾减灾能力,完善突发事件信息发布等制度。2019 年 10 月 31 日,中国共产党第十九届中央委员会第四次全体会议通过《中共中央关于坚持和完善中国特色社会主义制度 推进国家治理体系和治理能力现代化若干重大问题的决定》,明确提出健全公共安全体制机制,构建统一指挥、专常兼备、反应灵敏、上下联动的应急管理体制,优化国家应急管理能力体系建设,提高防灾、减灾、救灾能力。

---

① 《山东省学校安全条例》第 46 条规定:"出现可能影响学校安全的自然灾害、事故灾难、公共卫生事件和社会安全事件风险时,县级以上人民政府负责突发事件应对工作的部门应当立即通知学校;学校应当立即采取停课、暂避、疏散、管控等措施。"

② 《邮政业寄递安全监督管理办法》第 28 条规定:"发生自然灾害、事故灾难、公共卫生事件、社会安全事件等,邮政企业、快递企业应当根据法律、法规、规章以及国家邮政业突发事件应急预案,按照事件类型及分级,在规定时间内报告事件发生地省级以下邮政管理机构和负有相关职责的部门,同时对事件进行先行处置,控制事态发展。"

二是人事管理的组织性文件,明确要求各级党组织和党员干部要具备安全意识和突发社会安全事件的应对能力。例如,2018 年 3 月 21 日,中共中央印发《深化党和国家机构改革方案》,明确调整部署了中央政法委、应急管理部、国家粮食和物资储备局在应对突发事件上的职权职责。2019 年 3 月 28 日,中共中央印发《关于加强和改进中央和国家机关党的建设的意见》,明确要求党员干部要加强政治历练,注重在贯彻落实党中央决策部署、应对重大斗争和突发事件、完成急难险重任务中提高政治能力。2019 年 4 月 7 日,中共中央办公厅印发《党政领导干部考核工作条例》,将应对突发事件、群体性事件的能力、素养列入全面考核和专项考核中。

三是突发事件的指导性文件,就专项突发事件的应对作出指导和部署。例如,2020 年 1 月 20 日,中共中央印发《关于加强党的领导、为打赢疫情防控阻击战提供坚强政治保证的通知》,明确对疫情的认识,要求充分发挥基层党组织战斗堡垒作用和共产党员先锋模范作用,为打赢疫情防控阻击战提供坚强政治保证。

2. 其他行政规范性文件

其他行政规范性文件主要是对法律、法规、规章的执行性规定,主要包括 3 类。前两类与前述其他法规、规章的表现形式类似,即对《突发事件应对法》和《突发公共卫生事件应急条例》的执行性规定,以及非应急性规范性文件中涉及应对社会安全事件的条款。此外,有关突发社会安全事件应对的其他行政规范性文件,还由各级、各领域的突发事件应急预案组成。

三、突发社会安全事件应对的应急预案

预案,即预先制定的行动方案,应急预案又称应急计划,从管理学角度来看,应急预案是指"针对可能的重大事故(件)或灾害,为保证迅速、有序、有效地开展应急与救援行动、降低事故损失而预先制定的有关计划或方案"。① 应急预案的核心思想之一就是以确定性应对不确定性,化应急管理为常规管理。它是在辨识和评估潜在的重大危险、事故类型、发生的可能性、发生过程、事故后果及影响严重程度的基础上,对应急机构与职责、人员、技术、装备、设施(备)、物资、救援行动及其指挥与协调等方面预先作出的具体安排。

2003 年非典事件后,整个国家和社会都对突发事件的处置工作进行了反思,并有了新的认识。2003 年 12 月国务院办公厅应急预案工作小组的成立,是我国"一案三制"的公共应急体系全面建设工作展开的标志。应急预案作为龙头,其体系的完善被逐步提上了日程。为了使我国的应急预案编制做到"纵向到底、横向到边",纵向贯通行政和各类组织层级,横向覆盖行政和社会层面,国务院办公厅在 2004 年 4 月 6 日出台了《国务院有关部门和单位制定和修订突发公共事件应急预案框架指南》,并于 2004 年 5 月 22 日

① 詹承豫、顾林生:《转危为安:应急预案的作用逻辑》,载《中国行政管理》2007 年第 5 期。

颁发了《省(区、市)人民政府突发公共事件总体应急预案框架指南》。2006 年 1 月 8 日,国务院发布了《国家突发公共事件总体应急预案》。同时,国务院各有关部门已经编制了国家专项预案和部门预案;全国各省、自治区、直辖市的省级突发公共事件总体应急预案均已编制完成;各地还结合实际编制了专项应急预案和保障预案;许多市(地)、县(市)以及企事业单位也制定了应急预案。至此,全国应急预案框架体系初步形成。2008 年以来,我国进入了应急预案体系的逐步完善阶段。在认真吸取 2008 年年初的雨雪冰冻灾害、“3·14”拉萨打砸抢烧事件、“5·12”汶川大地震和 2010 年青海玉树地震等突发事件应急处置的经验教训的基础上,逐步修订补订了涵盖各类突发公共事件的各级各类应急预案,应急预案框架体系基本形成。

从目前的预案体系来看,单纯属于突发社会安全事件的应急预案少见,多数的应急预案都属于综合性的突发公共事件应急预案,其中涉及突发事件可能被进一步诱发和发酵的社会安全事件的应对事项。因此,这里主要介绍我国突发公共事件的应急预案体系。

1. 突发公共事件总体应急预案

总体应急预案是全国应急预案体系的总纲,是国务院应对特别重大突发公共事件的规范性文件,规定了国务院应对特别重大突发公共事件的组织体系、工作机制等内容。总体应急预案统领整个应急预案体系,指导全国的突发事件应对工作,其目的在于确立应急管理的基本原则和运作框架,是其他各类应急预案的依据。它主要适用于涉及省级行政区划的,或超出事发地省级人民政府处置能力的特别重大的突发事件。总体应急预案根据突发公共事件的发生过程、性质和机理,将突发公共事件分为自然灾害、事故灾难、公共卫生事件、社会安全事件 4 类;并且,按照性质、严重程度、可控性和影响范围等因素,将各类突发公共事件分为 4 级,即一级(特别重大)、二级(重大)、三级(较大)和四级(一般)。

2. 突发公共事件专项应急预案

专项应急预案主要是国务院及其有关部门为应对某一类型或某几种类型突发公共事件而制定的应急预案,由主管部门牵头,会同相关部门组织实施。目前,已经发布的国家专项应急预案包括:《国家自然灾害救助应急预案》《国家防汛抗旱应急预案》《国家地震应急预案》《国家突发地质灾害应急预案》《国家处置重、特大森林火灾应急预案》《国家安全生产事故灾难应急预案》《国家处置铁路行车事故应急预案》《国家处置民用航空器飞行事故应急预案》《国家海上搜救应急预案》《国家处置城市地铁事故灾难应急预案》《国家处置电网大面积停电事件应急预案》《国家核应急预案》《国家突发环境事件应急预案》《国家通信保障应急预案》《国家突发公共卫生事件应急预案》《国家突发公共事件医疗卫生救援应急预案》《国家突发重大动物疫情应急预案》《国家重大食品安全事故应急预案》等。

3. 突发公共事件部门应急预案

部门应急预案是国务院有关部门根据总体应急预案、专项应急预案和部门职责为应对突发公共事件制定的预案，由制定部门负责实施。目前，已经发布的部门应急预案有：卫生部和中国气象局编制的高温中暑事件卫生应急预案；教育部和卫生部制定的学校甲型 H1N1 流感防控工作方案（试行）；农业部制定的农业部门应对人间发生高致病性禽流感疫情应急预案；交通运输部制定的交通建设工程重大生产安全事故应急预案、国家专业救助打捞力量应对突发事件应急预案、国家海上搜救应急预案、交通部南海救助应对水上突发事件应急预案、公路交通突发事件应急预案；铁道部制定的铁路交通事故应急救援规则；公安部制定的高速公路交通应急管理程序规定；等等。

4. 突发公共事件地方应急预案

地方应急预案具体包括：省级人民政府的突发公共事件总体应急预案、专项应急预案和部门应急预案；各市（地）、县（市）人民政府及其基层政权组织的突发公共事件应急预案。上述预案在省级人民政府的领导下，按照分类管理、分级负责的原则，由地方人民政府及其有关部门分别制定。

5. 企事业单位根据有关法律法规制定的应急预案

企事业单位是其内部发生的突发事件的责任主体。矿山、建筑施工单位和易燃易爆物品、危险化学品、放射性物品等危险物品的生产、经营、储运、使用单位，公共交通工具、公共场所和其他人员密集场所的经营单位或者管理单位必须依法制定应急预案。如德国大众汽车公司和汉莎航空公司，也结合企业自身特点，制定了预防火灾、恶性事故等的应急预案。

6. 重大活动的主办单位的制定应急预案

举办大型会展和文化体育等重大活动，主办单位应该制定应急预案，并报同级人民政府有关部门备案。

全国突发公共事件应急预案体系体现了《突发事件应对法》第 4 条规定的“统一领导、综合协调、分类管理、分级负责、属地管理”原则。首先，国家突发事件总体应急预案是全国范围内其他各类预案的依据，地方突发事件总体应急预案是地方范围内其他各类预案的依据，这是“统一领导”的体现。其次，国家组织制定国家突发事件专项应急预案，各级地方人民政府组织制定地方突发事件专项应急预案，这是“综合协调”的体现。再次，国务院有关部门根据其职责和国务院相关应急预案，制定国家突发事件部门应急预案，这是“分类管理”的体现。最后，各级地方人民政府和县级以上各级地方人民政府的有关部门制定相关的突发事件应急预案，这是“分级负责、属地管理”的体现。

但是，从目前的情况看，缺乏一定范围内的综合预案，各专项预案之间又衔接不畅，是我国应急预案体系的一大软肋。政府的应急预案体系由总体预案、专项预案和部门预案构成；其中，总体预案是适用于全部突发事件的一般性规定，其目的在于确立应急管理的基本原则和运作框架，其规范和指导意义远远大于其操作意义，可操作性先天不足；专项预案和部门预案适用于单一类型的突发事件，而专项预案在一定程度上考虑了各部门在应对单类突发事件中的协作关系，却未顾及这些部门在应对多类并发的突发事件中的协作关系。随着综合性灾害的日益常发，如何增强各专项预案的协调性，并在此基础上将“单一版”预案体系升级到“综合版”，已经成为一个亟待解决的问题。同时，当下还要加快将应急预案的编制工作向社区、农村和各类企事业单位深入推进，真正实现应急预案体系的全面覆盖。

四、突发社会安全事件应对的软法机制

软法(soft law)是指“那些效力结构未必完整、无需依靠国家强制保障实施、但能够产生社会实效的法律规范”。[①] 随着公共治理的兴起和区域经济一体化的推进，越来越多的法学研究发现这类被称作“软法”的规范在现实生活中往往更具有灵活性，实施效果更好。软法主要包括4类制度安排：一是法律、法规和规章中那些旨在描述法律事实或者具有宣示性、号召性、鼓励性、促进性、协商性、指导性的法规范；二是国家机关依法创制的诸如纲要、指南、标准、规划、裁量基准、办法等大量的规范性文件；三是各类政治组织创制的旨在解决执政、参政、议政等政治问题的自律规范；四是名目繁多的社会共同体创制的自治规范。[②]

“软法”最突出的特征在于社会治理主体的多元化，社会主体的多元化进而要求社会治理规范多元化，也就是需要多样性的规范来治理社会。多样性的规范一般都源于广泛的社会参与。随着我国政府社会治理理念的转变，软法作为一种在当下治理规范中极为有效的法律规范，其数量正在逐渐增多。2015年12月27日，中共中央、国务院联合印发《法治政府建设实施纲要(2015—2020年)》，提出“推进社会自治，发挥市民公约、乡规民约、行业规章、团体章程等社会规范在社会治理中的积极作用”。实行公共治理，需要恰当运用包括法律在内的各种社会规范，进一步发挥市民公约、村规民约、行业规章、团体章程、道德规范、当地习惯等本身并无国家强制力保证实施的“软法”的作用，并将“软法”纳入法治的轨道，避免出现“软法不法”“半道截法”等法制变形现象。

应对突发社会安全事件，需要政府、社会、公民的共同参与，为了健全完善突发社会安全事件应急制度体系，须要发挥软法和软法机制的重要作用，实现应急制度从政府主导的管理机制向社会参与共建的治理机制转变。一方面，要积极发挥市民公约、乡规民约、行业规章、团体章程等社会规范的引导、指导、规范作用；另一方面，要通过教育培训养成，逐渐提高公民个人特别是公务人员的安全意识、应急能力和应急法治观念，最大限

---

① 罗豪才、宋功德：《认真对待软法——公域软法的一般理论及其中国实践》，载《中国法学》2006年第2期。

② 参见罗豪才：《我的软法观》，载《北京日报》2009年11月16日，第20版。

度地遏制突发社会安全事件的萌发与恶化。

第二节 突发社会安全事件应对的应急队伍建设

应急队伍作为突发社会安全事件的应对主体,是构成突发社会安全事件应急法制最关键的要素之一。当前,我国突发社会安全事件应急法制的应对主体已经逐渐从传统政府主导下的应急队伍转变为由专职队伍、兼职队伍和群众队伍共同构成的现代化应急队伍,不同性质的应急队伍在各类应急管理活动中,通过发挥各自的资源优势并结合自身组织特征,有助于我国提高综合应急治理能力。

一、突发社会安全事件应对专职队伍建设

突发社会安全事件应对专职队伍,是指负有应对常规或某一特定突发社会安全事件的责任,并具有相应专业处理能力的应急队伍,主要包括人民政府、村(居)委会、公安、医疗、军队、媒体等机构和组织。

其中,人民政府是我国突发社会安全事件应急队伍体系的基础,也是最主要的领导、统筹和协调机构。以"科层制"建构的政府体系具有稳定的领导权威和命令服从机制,[①]加之其可以调动大量的社会资源,保证了人民政府能够第一时间迅速响应一些突发社会安全事件。但我国的突发事件应急范式长久存在政府路径依赖,忽视了其他主体在突发事件应对过程中应有的地位能力和资源调配作用;同时,绩效考核与问责弊端一定程度上诱发了不作为和责任转嫁的问题,内部的封闭性又导致了信息不公开、过程不透明的弊端。[②] 因此,强化人民政府在应对突发社会安全事件的能力,不仅需要对政府进行合理定位,调整政府与其他应急主体的关系,而且需要推动政府的机制改革,明确职责,推动机构精简、高效,并进一步实现信息和运行的透明化、公开化。

同时,公安队伍在国家应急队伍中的作用也异常突出,往往承担着维护社会公共秩序和保障人权两大重任。[③] 一方面,公安队伍担负着群体性事件、暴力恐怖事件、自然灾害、事故灾难等突发事件的处置任务,通常处于突发事件处置的第一线,是突发事件处置的重要力量,[④]需要具备相应的行政应急权限以应对在处理突发社会安全事件中的各种

---

① 参见程惠霞:《"科层式"应急管理体系及其优化:基于"治理能力现代化"的视角》,载《中国行政管理》2016 年第 3 期。

② 参见贺璇、王冰:《中国突发事件应急治理的变迁与成长——构建政府—社会—市场三维互动框架》,载《学习与实践》2014 年第 11 期。

③ 参见杨海坤、马迅:《总体国家安全观下的应急法治新视野——以社会安全事件为视角》,载《行政法学研究》2014 年第 4 期。

④ 参见刘彦超:《公安现役部队处置突发信息事件传播策略》,载《青年记者》2014 年第 24 期。

非常情况;另一方面,公安队伍行政应急权的极度扩张使公民权利在某些非常时期面临更具侵犯性的行政权的威胁。因此,提高公安队伍的应急处置能力和危机执法水平是建设专职应急队伍的重要内容,公安民警必须掌握控制突发社会安全事件局势、灵活处置不同突发状况的能力,在行使行政应急权时应当严格遵循合法性原则和比例原则,对公民权利依法予以限制和保护。

另外,如医疗机构、媒体组织等专职队伍在应对突发社会安全事件中往往肩负着某一特定领域的职能。因此,一方面,其需要与不同主体构建良性的互助关系,努力配合政府应急工作;另一方面,需要提高其专业技能,为处理突发社会事件提供个性化的服务。

二、突发社会安全事件应对兼职队伍建设

应对突发社会安全事件不仅亟须加强专职队伍的建设,而且也需要整合其他社会组织,充分发挥多元社会中各组织的力量,特别是要推进相关兼职队伍的建设。在这个兼职队伍的参与频谱中,不仅有各类慈善组织、红十字会、志愿者团队等公益性组织,还包括了大量应急产业的市场主体。

将各类兼职队伍纳入应对突发社会安全事件的组织体系中,既能弥补专职队伍的缺陷,又能吸收不同主体在应急治理过程中的优势。举例来说,在突发社会安全事件的网络舆情治理领域,较之其他政府组织,作为兼职队伍的各类社会组织,鉴于其特殊的亲和力、灵活性、服务性和凝聚力,往往在许多方面可以发挥不可替代的优势,能够有效实现完善政府舆情工作规划、提供舆情导控技术服务、推动舆情治理民主协商、提升社会资本存量等功能。① 而兼职队伍的建设则正是通过对非专职队伍的整合来促进组织的社会化,进而积极开展多元的合作,弥补专职队伍在地域、资源等领域的缺陷。

然而,在实践中,应对突发社会事件的兼职队伍也存在许多问题,需要进一步改进与优化。特别是在一些情况下,由于传统的政府包揽与应急主体多元化不适应,难以在灾害危机发生之初就及时识别和吸纳救灾志愿者与相关组织;②同时,社会参与的专业协作度和连续性不足导致的志愿失灵与应急产业发展滞后造成的市场不足也严重阻碍了兼职队伍功能的发挥。③ 鉴于此,建设突发社会安全事件应对兼职队伍,首先,应当明确兼职队伍在应急治理中的地位,理顺专职队伍与兼职队伍的关系,树立应对突发社会事件的社会参与观念;其次,完善兼职队伍参与的协调机制,在强化应急能力的基础上,对不同的志愿团体和参与组织进行合理分工,确保各主体管理的有序性、参与的连续性;最

---

① 参见张玉亮、杨英甲:《社会组织参与突发事件网络舆情治理的角色、功能及制度实现》,载《现代情报》2018 年第 12 期。

② 参见童文莹:《中国巨灾灾后救助动员模式比较——以“唐山地震”和“汶川地震”为例》,载《江海学刊》2010 年第 5 期。

③ 参见贺璇、王冰:《中国突发事件应急治理的变迁与成长——构建政府—社会—市场三维互动框架》,载《学习与实践》2014 年第 11 期。

后，大力发展重要的应急产业，通过市场力量降低应急治理成本，增强应对突发社会安全事件的市场力量。

三、突发社会安全事件应对教育培训演练

抗击新冠肺炎疫情是对国家治理体系和治理能力的一次大考，必须抓紧完善防控体制机制，健全国家公共卫生应急管理法治体系，提高疫情防控法治化水平。对于其他类型突发公共事件防范应对工作来讲，也是如此，首先须要完善相关的应急法律规范体系。但是，徒法不足以自行，制度的生命力在于执行。鉴于既往诸多教训，必然要求公务人员须带头尊法、学法、守法、用法，提高依法防控应对突发公共事件的能力；还须增强全民法治观念和能力，夯实依法防控突发公共事件的群众基础。按照行政民主原则和群众路线的解读，这就要求加强应急法治队伍、课程和教材体系建设，加强突发公共事件防控法治教育、培训和演练，提升公务人员的应急法治素质和能力；同时，还须针对全社会开展突发公共事件防控宣传、培训和演练，提高民众依法应对突发公共事件的素质和能力。

在这方面，党中央、国务院早已提出明确要求。《法治政府建设实施纲要（2015—2020年）》强调提出，政府工作人员特别是领导干部须牢固树立基本法治理念，恪守依法行政基本要求，提高法治思维和依法行政能力，包括应急法治素质和能力也必须着力提高，在法治轨道上全面推进政府各项工作。党的十八届五中全会公报提出，政府机关和公务人员要牢固树立安全发展观念，坚持人民利益至上，健全公共安全体系，完善和落实安全生产责任和管理制度，切实维护人民生命财产安全。现在看来，这个方面的问题非常突出。作为现代行政法基本原则之一的应急法治原则，应当成为全社会高度共识和行政法治建设指导方针。而且，法学界也应反思之前对应急法治原则不够重视的误区，必须认真吸取此类教训，采取多种方式特别是通过典型案例加强对行政公务人员及广大民众的应急法治教育。亡羊补牢，未为晚也。①

就突发社会安全事件而言，其应对教育培训演练是指，在突发社会安全事件尚未发生时，由政府或其他组织机构引导群众学习突发社会安全事件的理论知识，培训危机应对和处理相关事件的技能并进行相应演练，从而提高对突发社会安全事件的防范意识和应对能力的一系列教育活动。

在传统的观念中，群众往往是突发社会安全事件的主要受害群体，而适当的教育培训不但可以实现保护群众免受这些危害事件的侵害、减少损失的目的，而且具有发动人民群众，将群众培训为应对突发社会安全事件的重要力量的作用。在反恐活动的实践中，良好的教育培训演练机制便为发动群众、组织“群防群治”提供了宝贵的经验。如北京公安推出了“朝阳群众”“西城大妈”等卡通形象进行宣传教育，积极鼓励民间力量参与反恐活动，并通过配发《随身手册》等方式对积极的群众进行专业培训。仅2015年，

---

① 参见莫于川：《治疫防疫：秉持应急法治原则》，载《检察日报》2020年2月13日，第3版。

"西城大妈"便发现了72条涉恐信息，为打击暴恐事件、保护国家利益和群众的人身财产安全做出了重要贡献。①

但是，在突发社会安全事件应对的教育方面，我国目前仍然存在不足，主要表现在相关的教育培训内容过窄、形式单一、范围有限等，特别是这些危机学习行为并没有形成常态化的机制。而且，政府对培训演练的支持不够，地方应急演练大多受政府重视程度、财政支持力度以及部门单位参与度等因素的制约，演练效果并不理想。② 同时，一些群众对突发社会安全事件缺乏危机意识，这也导致一些教育培训在实践中难以取得应有的效果。

因此，有必要建立常态化的突发社会安全事件教育培训机制，通过专业人士对群众的定期教育，提高人们的危机意识，同时，需要搭建更广阔的培训平台，结合微信、论坛等新载体、新技术来丰富相关知识的教育形式，将应对突发社会安全事件的技能与经验有效地传授给广大群众。在应对突发社会安全事件的培训演练时，要尽量保证场景的真实化，针对应急治理中的不同环节，使参与演练的受众能"学中练""练中学"，促进"教、学、练、战"一体化。③

综上所述，突发社会安全事件的应对队伍建设并非仅聚焦于某一特定类型的应急队伍，而需要不同的社会主体共同参与，构建以专职队伍为主力，以兼职队伍为基础，以教育群众为依托的多元化对应队伍，真正发挥各主体在应对突发社会安全事件时的积极性和能动性。

第三节 突发社会安全事件应对的综合保障机制

一、突发社会安全事件应对的平台建设

突发社会安全事件应对的平台建设是完善有关综合保障机制的基础性要求。在处理突发社会安全事件时，健全的应对平台可以协助应对主体快速地获取所需的资料以进行相应的调查、给出处置方案，实现应急物资的高效调度，并为应对突发社会安全事件的决策、指挥和执行提供支持。

目前，我国突发社会安全事件的应对平台主要依托于突发事件的应急平台。自从

---

① 参见《北京"西城大妈"提供破案线索有功 4个月领56万元》，载搜狐网：https://www.sohu.com/a/22384672_148781，2020年2月20日最后访问。

② 参见童星、陶鹏：《论我国应急管理机制的创新——基于源头治理、动态管理、应急处置相结合的理念》，载《江海学刊》2013年第2期。

③ 参见刘玉雁、刘冲：《从"非常态管理"到"常态化治理"：社会安全事件治理范式的革新》，载《山东警察学院学报》2016年第6期。

2004年范维橙院士提出"应急平台"概念以来,我国突发社会安全事件应对的平台建设已经取得了长足进步,但是,社会安全形势仍然需要相关平台进行进一步的优化。突发社会安全事件的应对平台,首先,需要有丰富的数据库支持,这些数据库的完善程度直接影响了平台功能的发挥。以突发公共卫生事件的应急平台为例,平台的数据库通常包括:人力资源库、应急物资库、应急资料库、专业知识库、案例库、应急管理库等。这些数据库为应对突发公共卫生事件提供了必要的信息资源。[①] 与常规事件不同,突发社会安全事件发生突然、情况复杂,而对突发社会安全事件的管理则往往需要掌握充分的信息资料。构建完善的数据库目的便在于收集各类有效信息,实现相关信息的准确快速传递,协助有关主体进行应急管理。其次,突发社会安全事件的应对平台由不同的子平台构成,这些子平台间的有效联动是保证应对平台目的实现、高效运行的关键。从功能上来分,这些子平台通常囊括信息共享平台、预警平台、综合指挥平台等。鉴于这些子平台在功能上的差异,不同子平台之间可能会出现信息沟通不畅、业务协同困难等问题,所以需要通过专门的联动机制实现不同子平台之间的对接,提高各子平台间的耦合度。此外,突发社会安全事件的应对平台不仅应该自成体系,实现平台本身的系统性,而且需要融入突发社会安全事件应对的综合保障机制之中,结合突发社会安全事件应对的激励机制、保险机制、纠纷解决、宣传工作等方面,以充分发挥应对平台的综合统筹作用。最后,突发社会安全事件应对的平台建设要依托现代信息技术和管理科学,结合不同类型突发社会安全事件的特点进行构建。特别是随着社会的发展,如油气田等特殊产业在兴起的同时,也面临着发生突发社会安全事件的风险,需要有针对性地对这些专门领域的应对平台进行专项考虑。[②]

二、突发社会安全事件应对的激励机制

随着我国治理体系和治理能力现代化的发展趋势,突发社会安全事件应对制度正逐步由政府管理向政府主导、社会参与的国家治理转变,行政效果的实现越来越多地需要社会和公民个人的积极参与。与之对应,柔性行政方式如行政指导、行政奖励正在越来越多地用于国家治理中。随着公民公共安全意识和风险救助能力的提高,如何动员、鼓励、指导社会公众应对社会安全事件是一个不容忽视的问题。

根据《突发事件应对法》的规定,突发社会安全事件应对的激励机制主要涉及5个方面。首先,风险意识和自救能力激励,国家建立有效的社会动员机制,增强全民的公共安全和防范风险的意识,提高全社会的避险救助能力。其次,物资技术支持激励,国家鼓励

① 参见陈跃、刘林飞、张越:《淮安市突发公共卫生事件应急响应技术支持网络平台建设思考》,载《现代预防医学》2008年第6期。

② 参见谯华平、李程:《关于加强油气田公司应急平台建设的思考——以中国石油西南油气田公司为例》,载《天然气工业》2012年第9期。

公民、法人和其他组织为人民政府应对突发事件工作提供物资、资金、技术支持和捐赠。再次，科教科研激励，国家鼓励、扶持具备相应条件的教学科研机构培养应急管理专门人才，鼓励、扶持教学科研机构和有关企业研究开发用于突发事件预防、监测、预警、应急处置与救援的新技术、新设备和新工具。复次，事后恢复重建激励，国务院根据受突发事件影响地区遭受损失的情况，制定扶持该地区有关行业发展的优惠政策。受突发事件影响地区的人民政府应当根据本地区遭受损失的情况，制订救助、补偿、抚慰、抚恤、安置等善后工作计划并组织实施，妥善解决因处置突发事件引发的矛盾和纠纷。最后，应急救援福利待遇激励，公民参加应急救援工作或者协助维护社会秩序期间，其在本单位的工资待遇和福利不变；表现突出、成绩显著的，由县级以上人民政府给予表彰或者奖励。县级以上人民政府对在应急救援工作中伤亡的人员依法给予抚恤。

三、突发社会安全事件应对的保险机制

现代保险机制作为市场经济条件下的风险管理机制，已经积累了整套应对和控制突发社会安全事件的经验和技术，可以成为处置相关事件的重要抓手。

具体来说，健全的保险制度在突发社会安全事件的处置中具有独特作用。如本书前文所述，在突发社会安全事件的应对上，常常依靠政府支出予以财政支持。因此，突发社会安全事件频发往往会给国家造成重大的财政负担。同时，许多突发社会安全事件也给社会和个人带来了巨大的财产损失。所以，针对突发社会安全事件建立相应保险机制，一则有利于推进服务型政府的建设，提高整个社会抵御突发社会安全事件的能力；二则可以发挥商业保险制度的优势，实现损失分摊机制的良性运作，以保障社会运行的稳定。① 而且，保险机制会让市场化的保险公司产生强烈的动机，对天气和地震、海啸等自然灾害，进行科学分析、评估、公布及预警，有效地预防突发社会安全事件的发生与扩大，并对其投保人的行为进行约束，拒绝不遵守规定的投保人的赔偿请求。②

一般认为，突发社会安全事件应对的保险机制可以包括巨灾商业保险和责任保险。前者主要针对重大的自然灾害造成的损失，后者则以向第三人承担赔偿责任为目的。我国的《突发事件应对法》中便对国家构立巨灾风险保障体系进行了明确的规定，并提出积极鼓励单位和公民参加保险，进而实现政府和商业保险公司共同承担的巨灾保险体系。尽管目前我国尚未建立突发社会安全事件对应的责任保险机制，但是，将责任保险制度融入突发社会安全事件的保障机制中尤有必要。在当下的风险社会中，加害型的突发社会安全事件日益增多，责任保险能够将涉及侵权的突发社会安全事件中产生的损失进行

---

① 参见申振东、郭勇、张罗娜：《关于我国公共危机管理的思考——基于近三年 60 起典型突发事件的分析》，载《贵州社会科学》2016 年第 6 期。

② 参见李域：《从政府购险看政府应对突发事件——保险机制与灾害预报的紧密结合》，载《中国管理信息化》2016 年第 13 期。

分散转移,从而保障受害人员的正常生活。[①]

作为风险转移的重要手段,保险业参与突发社会安全事件的应对在实现社会互助、社会治理方面都具有不可替代的作用。

四、突发社会安全事件应对的纠纷解决

随着社会转型和利益格局调整,社会上的利益冲突加剧,而一旦纠纷解决机制未能适当地化解这些不同的利益诉求,社会矛盾便随之产生,并导致了一些突发社会安全事件的形成。因此,建立有效的纠纷解决机制,对于缓和社会矛盾、预防突发社会安全事件具有不可或缺的作用。

当下的中国,随着改革进入攻坚期和深水区,原有的社会结构发生了深刻变化,社会矛盾呈现类型多样化、主体多元化、内容复合化、矛盾易激化等特点,单一的司法救济渠道远远不能满足人民群众的多元解纷需求。社会公共事务的日趋复杂和社会管理模式的功能局限之间的紧张关系不断加剧,不同的纠纷应当有各自适合的纠纷解决方式,有些矛盾纠纷需要整合国家、社会、企业、个人等各种力量,优化社会资源,运用法律、行政、经济、社会等方法实施综合调控,故当前亟须建立多元化的纠纷解决机制。[②]

目前,我国已经初步形成了包括人民调解、信访、仲裁、诉讼、复议等渠道在内的多元化纠纷解决机制,各种纠纷解决机制之间也实现了一定的衔接,但现行的矛盾纠纷解决机制还难以应对社会发展中的新变化,还不能满足人民群众的新需求和新期待,需要作进一步的改革。[③] 首先,充分发挥诉讼、仲裁等传统纠纷解决方式的功能。当前,非诉讼纠纷解决方式的优势尚未完全显现,人们选择非诉讼方式的积极性不高,而司法的权威性和公正性亦仍需重塑,应当尽可能地发挥现有纠纷解决方式的作用。其次,建立新的纠纷解决机制,如行政苦情制度、人大监督专员制度等。对行政指导行为等政府活动造成的合法权益损害,由于传统的复议和诉讼途径无法给予及时充分的救济保障,就有必要赋予人民以行政苦情制度和人大监督专员制度等渠道来获得救济。[④] 最后,强化不同纠纷解决机制间的衔接。合理利用不同纠纷解决机制的优势,分流不同类型的事件,协调诉讼内外的纠纷解决方式。

五、突发社会安全事件应对的宣传工作

突发社会安全事件造成巨大社会危害的原因之一是相关信息的缺失,由于这些突发社会安全事件本身具有一定程度的不可预知性,因此,在处理这些事件时,需要做好相应

---

① 参见张辰:《基于突发公共安全事件的民法制度探析》,载《长春教育学院学报》2015 年第 1 期。

② 参见龙飞:《多元化纠纷解决机制立法的定位与路径思考——以四个地方条例的比较为视角》,载《华东政法大学学报》2018 年第 3 期。

③ 参见杨夔蛟:《中国式多元化纠纷解决机制的构建——在涉法群体性突发事件视角下的探索》,载《行政与法》2010 年第 5 期。

④ 参见莫于川:《行政指导救济制度研究》,载《法学家》2004 年第 5 期。

的宣传工作,实现舆论引导,政策宣传、信息通报、情感激励、互动桥梁、普及知识等作用。

坚持信息公开是推进应对突发社会安全事件的宣传工作的前提。对于官方来说,在突发社会安全事件出现以后,应当第一时间告知真相,将相关的信息向社会公开,从而压缩不实信息的生存空间,避免公众的恐慌情绪,以维护社会的稳定与安全。① 在突发社会安全事件信息的公开时,需要建立多渠道的公开方式,尽可能地将真实信息告知社会大众。一方面,要积极发挥政府公报、咨询简报、电视报纸等传统信息公开渠道的作用;另一方面,应该引入门户网站、微博微信等新媒体,增加信息公开渠道的多元性,实现信息内容的及时性、丰富性以及公开活动的互动性。② 另外,此类信息公开需要建构适当的信息公开平台,建立完善的舆情回应制度。舆情的回应同样伴随"风险",相关部门负责人或新闻发言人在回应舆情时发言的态度、方式,乃至面部表情、肢体动作都会对突发社会事件的处置产生影响,因此,回应时要力求表达准确、亲切、自然;与此同时,对出面回应的政府工作人员也要给予一定的自主空间,宽容失误。③

开展突发社会安全事件的宣传工作的同时,也应当实施社会参与机制,这不但是应急机制的需要,也是多元社会的本质要求。宣传工作的性质决定了其对媒体的依赖性,在实践中,这些宣传媒体包括官方媒体、社会媒体、自媒体等。官方媒体作为落实突发社会安全事件宣传工作的主渠道,需要突出其主体地位,确保中央媒体和地方媒体发布信息之间的一致性,引导宣传工作的主流方向。社会媒体、自媒体等民间媒体具有强大和全面的信息传播能力,可以成为应对突发社会安全事件的重要助力,但同时也应该确保这些媒体理性参与宣传工作,避免和防止民间媒体主观、片面地参与信息宣传。此外,宣传工作的推动必须恪守法治边界,坚守职业操守和道德底线。在突发社会安全事件的应对过程中,宣传主体不但应当追求宣传效果,而且要致力报道的全面、客观和真实,以促进宣传工作的稳健进行。

---

① 参见方星、霍良安、黄培清:《突发事件后的官方信息与不实信息传播的交互模型》,载《系统管理学报》2018年第4期。

② 参见王建华、张勇军:《新媒体时代突发事件中政府信息公开的实证与进路分析》,载《西南政法大学学报》2018年第6期。

③ 参见国务院办公厅:《关于在政务公开工作中进一步做好政务舆情回应的通知》,载中华人民共和国中央人民政府网:http://www.gov.cn/zhengce/content/2016-08/12/content_5099138.htm,2020年2月21日最后访问。

第六章　突发社会安全事件应急法治的完善对策

第一节　处置突发社会安全事件的难点

突发社会安全事件及其应对具有与一般突发事件不同的特点,这些特点也是处置的难点,因此,有关其应急法制的完善应当以此为基础。综合前文论述,处置突发社会安全事件的主要难点或曰突破口,可归结为如下几个方面。

一、复杂系统性

处置突发社会安全事件的第一个难点在于:突发社会安全事件是人与人的冲突,是社会中某一个子系统内在矛盾的激化。从系统论的角度看,国家是一个巨大的社会系统,其内部是金字塔结构,由位于不同层面和角度的若干子系统组成。每一个子系统的问题均是内部矛盾与外部矛盾共同作用的结果,局部问题的解决往往需要借助外部资源,其解决的效果也会向外辐射,可谓牵一发而动全身。根据物理学和社会学的熵理论,系统内部的能量可以分为有效能量和无效能量,无效能量增加到一定程度就会导致系统混乱。举一个简单的例子,一间房子如果长期无人打扫就会布满灰尘。熵是表征系统混乱的量度。就孤立系统而言,有效能量减少和无效能量增加是必然趋势(熵增),这种趋势会导致系统的失序,甚至崩溃。为了保证系统不至于崩溃,就要通过外部干预来分解、释放无效能量。这一理论可以用来解释社会安全问题的发生和处置:一方面,社会安全问题的发生是因为某个社会子系统内部的无效能量累积并超过了有效能量;另一方面,要解决社会安全问题,仅仅依靠该子系统自身已不可行,必须通过外部干预来消除该子系统内的无效能量。

但是,外部干预并非易事。首先,外部干预受到干预能力的限制,具体而言就是其他社会子系统的牵制。例如,政府财政的预算规模就是处突维稳的"硬门槛"。其次,干预能否成功是不确定的。人既有利他性,也有利己性;既有服从性,也有自主性;既有依赖性,也有自觉性;既有理性的一面,也有感性的一面。个体在某时某地某事上的行为难以被准确预期,因此,干预必然是一个不断博弈的过程,这就增加了干预后果的不确定性,尽管从长期角度来看,经济学对人的行为的预期具有较强的说服力。最后,干预的效应也是复杂的:有的干预措施从短期来看效果显著,但从长期来看未必,如因房价上升而实行限购政策在几年后就失去了抑制房价的作用;有的干预措施"按下葫芦浮起瓢",看似解决了此系统的问题,但又引起了彼系统的混乱,如维稳经费的逐年增加给政府财政造成重大压力。因此,突发社会安全问题的处置不能"头痛医头,脚痛医脚",而是要从整个社会系统的高度去通盘考虑。

二、主体互动性

与其他几类突发事件相比,突发社会安全事件具有鲜明的"以人为主"的特点,它的每一步都涉及人,无论是主管部门、处置对象,还是相关群体都是人。人际关系是本类事件的关系特征,而人际关系的特征是主体的互动博弈。哈贝马斯(Jürgen Habermas,1929～)曾将人际行为分为工具行为和交往行为,工具行为是主客体关系,而交往行为是主体间的行为(主体间性)。显然,在突发社会安全事件的处置中也存在工具行为和交往行为。工具行为体现为"命令—服从"的形式。例如,行政主体与所属工作人员的人际行为、行政主体与行政相对人的人际行为,均可被归入工具行为之列。但是,工具行为不利于相互理解、达成共识,它所建构的人际关系本质上是主客体之间的关系,这种关系中的被命令者与自然物并没有多少区别。工具行为的合法律性(legality)源于强制性的法律规范,但是未必具有正当性(legitimacy)。交往行为以主体拥有博弈能力或博弈资格为前提,没有博弈能力就谈不上交往。应当看到,行政相对人尽管在规范意义("应然层面")上处于被命令者地位,承担服从的义务,但在事实意义("实然层面")上并非没有博弈能力。正如犯罪经济学的结论所指出的违法不过是犯罪者的利益最大化的选择一样,行政相对人在必要时也可以选择违法,只要违法对他来说是利益最大化的——当然,他如何选择取决于这个游戏的内在结构,在此不赘。可见,行政相对人虽然在规范意义上是工具行为的"客体",但在事实意义上可能具有博弈能力,成为交往行为的"主体"。正是看到了这一点,哈贝马斯提倡交往行为,建立互相理解、沟通的交往理性,以达到社会和谐。突发社会安全事件本质上是一种突然发生、沟通时间非常有限的人际博弈,既要求处置者有良好的博弈能力,又要求博弈规则的合理性。在突发社会安全事件中,随着事态的演变,行政相对人的博弈能力具有高度的变化性,这无疑增加了处置的难度。鉴于此,行政机关在设计和执行相关制度时就不能仅从法律文本出发,而是要将目光流转于现实与规范之间,注重与行政相对人的沟通互动,不断调适制度、优化规范,理性博弈。

三、高度裁量性

处置突发社会安全事件是一种具有高度裁量性的行政活动。从程序上说,为了便宜行事,对应急处置活动的程序合法性的要求较一般行政行为低,从而产生程序的裁量;从实体上说,立法者难以在事先完全预料到各种突发情况,必须授予行政机关充分的随机处置的权力,从而产生实体的裁量。众所周知,对裁量行为是否合法的判断,主要是从合理行政的角度入手的,即只有那些严重不合理的裁量行为才被认为是违法的。一般认为,合理行政原则包括公平公正原则、考虑相关因素原则和比例原则,其核心是比例原则。处置突发社会安全事件显然也要遵守这些原则。手段的高度裁量性本身孕育了新的风险:一是处置成本的不确定性;二是在非常状态下难以控制权力的滥用;三是难以判断处置行为的合法性。特别是第三个风险,合理行政原则尽管在概念层面上是精细的,但具体判断颇为困难,事实上这主要取决于"成本—效益"的计量,而这种计量又是复杂的,对法官来说也是颇为困难的。要控制这些风险,不能仅指望事后救济,那是非常不经济的。因为突发社会安全事件的处置与一般行政活动不同,一旦处置不力就可能对整个社会产生巨大的破坏性后果。

第二节 突发社会安全事件应急法治化的对策思路

一、通过总体评估与边际评估确定社会安全应急目标体系

突发社会安全事件应急法治化的首要任务是确立目标定位,然后在目标指引下设计各类具体制度。已有的讨论主要是围绕应急法制的目标定位展开的,这些讨论尽管与本课题的主题有一定距离,但仍然具有参考价值。这里列举三类有代表性的观点。有的学者认为,应急法制的主要目标是为了保障国家应急权力行使的有效和合理;设置对国家应急权力行使的限制和监督制度,以克服或者削弱权力滥用可能带来的危险;最大限度地保障公民的自由和权利。① 有的学者认为,应急法制应当倾向于提升国家危机应对能力。这种观点认为,对国家应急权力的规制与平衡确实是应急法的重要目标,但只是第二位的。如果以政府为核心的各种危机应对主体不能获得治理公共危机的足够能力,任何控制国家应急权的努力都只是奢谈。② 这类观点在洛克、卢梭、孟德斯鸠和霍布斯等思想家那里也曾有过阐述。③ 有的学者认为,应急法制的功能在于配置协调应急权力,调动整合应急资源;建立完善应急机制,规范应急管理过程;约束行政权力,保障公民合法权益。④

从上述讨论可见,围绕应急法治化的目标体系形成了两大阵营。第一,秩序优先。其必然推论是,在危机到来时,政府应当获得超越法律的裁量权,只要政府所作所为是为

① 参见马怀德:《应急反应的法学思考——"非典"问题法律问题研究》,中国政法大学出版社2004年版。

② 参见林鸿潮:《公共应急管理机制的法治化》,华中科技大学出版社2009年版。

③ 参见[法]卢梭:《社会契约论》,何兆武译,商务印书馆1997年版,第159~160页;[法]孟德斯鸠:《论法的精神》(上册),张雁深译,商务印书馆1997年版,第204页;[英]霍布斯:《利维坦》,黎思复、黎廷弼译,商务印书馆1996年版,第97~98页。

④ 参见韩大元、莫于川:《应急法制论——突发事件应对机制的法律问题研究》,法律出版社2005年版。

了公共福祉。第二,自由优先。此即控制国家应急权力的滥用,最大限度地保障公民自由和权利。在上述三种观点中,第一种观点明确提出了自由价值的优先性,可归入“自由优先”阵营。第二种观点则强调了危机时刻给予政府充分授权的必要性,可归入“秩序优先”阵营。第三种观点则是一种中间立场,将约束行政权力和保障公民权益作了同等对待。值得注意的是,无论是哪一阵营,其范式上的共同之处在于它们都是一种总体评估。其对自由与安全的价值评估大多是总体性的,有的赋予自由、有的赋予秩序以更重要的价值地位。在总体评估这一点上,笔者倾向于自由优先,因为公民自由乃是现代国家政治的逻辑起点,无须赘言。

但是,在一国范围内,社会安全状况具有不平衡性,人们应当看到,秩序和自由的重要性排序在现实中是因时因地而不同的。正如美国学者理查德·波斯纳(Richard Allen Posner,1939～)所说:“我们越感到安全,我们就会给自由加上更多的砝码;我们越感到危险,我们就会给安全加上更多的砝码,尽管我们承认这两个利益相互依赖。”①因此,简单地(从而也可能是轻率地)确立一个普适性的目标可能并非最好的选择。波斯纳针对如何“在不受政府限制和干预的自由利益与公共安全利益之间重新达成平衡”的问题,提出了“成本—收益分析”进路和边际分析方法。他认为:“理想地说,在可用某种权利(例如,不受不合情理之搜查和扣押的权利)反对政府国家安全保护措施的案件中,人们想把这个平衡点确定在,这种权利范围略加扩张就会导致公共安全的损失大于个人自由的增加,且这个权利范围略加压缩就会导致个人自由的减少大于公共安全的增加。这就是平衡点,决定了这种权利的最佳范围。”②这种总体评估与边际评估相结合的意义:一是政府可以运用这种方法去作出处置决策,这种决策不同于传统的规则之治,而是有更大裁量自由的标准之治;二是法院在对政府的合法性审查中可以借此判断政府行为是否超出了合理行政原则的范围——距离“最佳平衡点”有多远。

二、构建多层次、统分结合的治理依据体系

构建多层次、统分结合的法律和政策体系是应对突发社会安全事件的制度基础。处置手段的合法性与有效性是突发社会安全事件应急法治化的一个内在矛盾。在有些情况下,有效地解决问题,可能需要采取超出法律范围的手段。法律如果规定得过于细致,就会给应急处置造成困扰和不便。当前,我国关于突发社会安全事件应对的法律依据主要是《突发事件应对法》,该法对突发社会安全事件的规定主要是任意性规范,这从一个侧面说明了立法者在立法之初对这一问题可能已经有所预见。可以说,规则之治在这一领域难以成为主流,更注重具体问题具体分析的原则之治、标准之治应当受到重视。一

① [美]理查德·波斯纳:《并非自杀契约:国家紧急状态时期的宪法》,苏力译,北京大学出版社2010年版,第154页。

② 同上书,第33页。

方面,是因为规则之治固有的特点——片面适用规则的必然后果是拒绝在个案中考虑相关情况,从而产生效果偏差。波斯纳曾分析道:"选用规则来治理某些行为,是为了明晰和简洁而选择不考虑某些相关境况。但这些境况并不因此就不再相关了;它们可以说还在头上盘旋着,等着某个案件发生,在此案中它们的力量会非常强大,乃至必须扭曲这个规则,或是承认一个新例外,或是简单地不搭理该规则。"①另一方面,是因为突发社会安全事件与常态下的公共事务不同,它具有复杂系统性,情况瞬息万变、连带效应强。"一刀切"的规则之治不太适合。故此,此领域的治理依据应当是多元化的,法律、政策、惯例、预案等均应纳入。由于法律的适用范围最广,且不可能预见到所有的相关因素,因此,其作用主要是原则性的、原理性的指导,解决的是应对突发社会安全事件的方向、品格和功能问题。法律中的立法精神、原理、目的等条理法"能够在没有明确的实体法和程序法规定之际,直接发挥实体法和程序法的规范作用,可以避免适用法律中的教条主义、形而上学的做法"。② 政策是行政机关自主作出的规范性决策,其功能与法律类似,但与立法机关制定的法律相比,可能更具有针对性。惯例是知识和智慧的结晶,应当成为行政机关的行为依据。如果行政机关要打破惯例,则应有充足的理由并公开说明。预案具有直接针对性、专业性、实用性,但由于百密难免一疏,事先的预计总可能有疏漏之处,在预案力所不及之处,可选择适用法律、政策、惯例等作为判断是非、解决争议、补救权益、处理案件的多样化补充依据。

三、健全多主体共同参与的应急运行机制

行政民主的基本品格是保障公民自由和促进官民平等,行政民主具体表现为体现广泛参与性、两造互动性、平等协商性、可自由选择性(民主四性)的行政方式创新,属于微观民主的范畴。"行政民主化不仅是世界潮流,也是我国渐次生发的行政革新过程。"③发展行政民主,推动行政方式创新,有序扩大公众参与,健全多主体的应急运行机制是应对突发社会安全事件的现实选择。现有的关于突发社会安全事件的处置机制的内在逻辑是政府包揽一切,这种管控型应急运行机制已经显得弊病丛生,体现在:其一,难以获得公众的充分理解和支持,特别是政府采取强制手段处置时;其二,政府难以获得充分的信息;其三,政府受到应急资源和处置能力的限制,会导致处置滞后和处置失败;其四,由于缺乏与公众的互动协商,政府出台的处置方案可能并非最佳;其五,由于缺乏外在的民主压力,政府容易偏向以强制手段进行处置,甚至迷信暴力。为解决这些弊端,有必要推

---

① [美]理查德·波斯纳:《并非自杀契约:国家紧急状态时期的宪法》,苏力译,北京大学出版社2010年版,第159页。

② 莫于川:《市场经济发展引起的法律价值观变化与行政法回应——从行政法制民主化和注重运用条理法的视角》,载《河南财经政法大学学报》2012年第3期。

③ 莫于川:《行政民主化与行政指导制度发展(上)——以建设服务型政府背景下的行政指导实践作为故事线索》,载《河南财经政法大学学报》2013年第3期。

动以行政民主为精髓的行政方式创新。在应急活动中发扬行政民主或许会引起人们对决策效率和处置效果的担忧，但是，行政民主与行政效率完全可以兼容，因为行政民主可以促进处置决策的正确性。一个决策效率略低但是内容正确的处置决策，其实际效果要大大高于一个效率更高但是错误的决策的实际效果。健全多主体共同参与的应急运行机制，要求在处置突发社会安全事件的过程中，将公民的参与权、知情权、表达权、监督权落到实处。“大量的群体性事件本质上是群众维权事件，其实质上是公共事务管理或治理结构的问题。”①让公民及社会组织共同参与应急工作，可以使行政机关的应急决策建立在权衡各种利益诉求和共识的基础上，降低权力滥用的可能性。为此，政府必须要开辟渠道，广开言路，使处置行动公开透明，经得起监督。

四、发展全流程、软硬结合的裁量控制模式

裁量是行政权的应有之义。突发社会安全事件应对中的行政活动更具有广泛的裁量性，控制裁量权、防止其滥用也就成为突发社会安全事件应对法治化的主要议题。我国《行政诉讼法》第70条从司法审查的角度规定了行政裁量权的界限：其一，在实体上，不得滥用职权；其二，在程序上，不得违反法定程序。这两个界限均值得在突发社会安全事件这一背景下进行探讨。突发社会安全事件下的行政裁量（以下简称危机裁量）与常态下的行政裁量（以下简称常态裁量）相比，有如下特点。其一，从裁量构成来看，常态裁量往往既有要件裁量，又有效果裁量，是两者的结合；而危机裁量主要是效果裁量，法律事先可能并未明文为危机裁量规定事实要件，而且一般来说也不规定可选择的裁量效果。换言之，常态裁量是在法律给定的具体条件和给定的行为类型的约束下选择，而危机裁量则没有那么多条件性限制，它更多的是行政机关根据自我对法律原则等条理法的理解（以及在政策、应急预案、惯例等软法约束下）进行相对自由的决断。② 其二，从裁量程序来看，常态裁量的程序性强于危机裁量。法律对两者的程序要求是不同的。现行法对常态裁量大多明文规定了程序规则，而对危机裁量则未必有明文的程序规则，故法院对后者的程序性审查只能以行政程序法的基本原则（如正当程序原则）为准据，并需要展开充分的说理论证——这两种程序规制可分别称为规则式程序规制和原则式程序规制。综合上述分析可知，危机裁量的界限比常态裁量宽松许多。这种界限宽松的裁量权既必要，又易滥用，虽应向行政机关充分授权，但行政机关又容易滥用这种权力。显然，人们有理由担心“一放就乱”和“一收就死”的两类极端问题。那么，如何控制这种界限宽松的裁量权、防止其被滥用呢？笔者认为，一是要设计好有针对性的控权机制；二是要设置

---

① 王锡锌：《“参与式治理”构建“一体多元”社会》，载《民主与法制时报》2011年12月19日，第B03版。

② 尽管常态裁量中的要件可能也包含了不确定的法律概念，但其对应的效果却可能是确定的，例如，在这个规则中：“公安机关为了公共安全，可以暂时封锁道路”，“公共安全”是一个价值性概念，具有不确定性，因而此处存在要件裁量，但其对应的可选择手段（效果裁量）“暂时封锁道路”却是确定的。相比之下，由于立法上既不规定裁量要件，也不规定可选择哪些裁量效果，危机裁量可能自始至终都处于不确定状态。

好判断危机裁量合法性的司法审查标准。

关于控权机制,应当从危机管理的全过程进行设计。笔者有以下建议。其一,立法控制。立法机关在对行政机关进行法律授权时,应当确立若干法律原则(条理法),指导行政机关行使危机裁量权。从现有的《突发事件应对法》来看,这方面还有提升空间。其二,行政自我控制。立法机关、司法机关作为外部规制力量,有其局限之处,行政自我规制一直是推进行政法治的重要力量。[①] 行政自我控制的方式主要有法的精神、法的基本原则、正当法律程序、行政惯例、行政政策、裁量基准等。[②] 其三,司法控制。完善司法审查机制的关键是根据突发社会安全事件的特点确立审查强度。鉴于突发社会安全事件中行政裁量空间的广泛性和裁量程序的高度灵活性,笔者建议将审查强度确立为最小司法审查。这种审查强度的特点如下。其一,主要审查效果裁量的合法性。其原因在于,在有的情况下是因为立法上未规定裁量的要件(立法上未规定裁量要件则往往是因为客观上难以规定);在有的情况下,尽管立法规定了裁量要件,但法院要尊重行政机关对要件事实的专业判断。其二,对效果裁量的审查内容主要是超越或滥用裁量权以及行为程序方面。[③]

关于裁量合法性判断的司法审查标准,可以确定的是,通过法律规则难以解决这一问题。因为规则只能提供一个行权的边界,但难以解决界限内的权力滥用问题,甚至用规则来划定危机裁量的界限似乎也不太可行。因此,主要应当从危机裁量是否合理入手考察。也就是说,将合法性问题转变为合理性问题,判断危机裁量是否严重的不合理,以至于这种严重的不合理达到了违法的程度。合理性判断的标准与审查强度是相关的,依据最小审查强度,这种合理性判断的标准包括两个方面:一是实体方面是否超越或滥用职权,这又包括事实依据是否准确、是否违背法律目的、从一般社会观念来看是否严重不合理;二是程序方面是否违背正当行政程序原则。

---

① 参见沈岿:《行政自我规制与行政法治:一个初步考察》,载《行政法学研究》2011 年第 3 期。

② 参见姜明安:《论行政裁量的自我规制》,载《行政法学研究》2012 年第 1 期。

③ 关于行政裁量的司法审查强度的概念体系,参见王贵松:《论行政裁量的司法审查强度》,载《法商研究》2012 年第 4 期。但笔者所建议的最小司法审查与该文对最小司法审查的界定不尽一致。

结　语　社会稳健：中国特色社会安全法治保障愿景

在中国，社会和谐、秩序稳定是在文明衍变进程中不断形成的政治目标和生活目标。对于政府组织及其公务人员来说，寻求社会稳健是具有政治性的职责所在，一个不能实现辖区内和谐稳定的行政长官，不能被称为好官。就社会公众而言，寻求和谐舒适是具有依赖性的生活追求，一个人如果不能生活在和谐安稳的环境下就无法保障其幸福快乐地生活。可以看到，行政主体和行政相对人作为行政法律关系的双方主体之间，具有矛盾性，也应当有一致性。这种一致性应当体现在我国社会追求稳健发展的全过程中。

中国特色社会安全法治应当秉持对社会稳健的追求，并同时实现行政主体和行政相对人在社会安全保障中的利害一致性。这种一致性应该通过3个方面进行构建：其一，通过法律规范赋予行政机关在突发社会安全事件下的应急权限，同时，通过明确应急权限的范围、程序、救济来规制其行使，在应急权的强大力量面前保障公民的各项权益；其二，不仅要提高各类行政机关的应急能力和加强各类应急能力的联合机制，而且要提高整个社会的风险意识、安全知识和防护能力，为了人民、依靠人民来应对突发社会安全事件危机；其三，要致力于形成一个行政机关、社会各界组织、具有专门能力的志愿者、社会公民个体都能尽最大努力参与应对突发社会安全事件的治理体系，使社会稳健不会因为安全事件的突发而受到冲击，而是在各方的有序参与下，合力形成对社会稳健的一致性追求。这些认知可以概括为以下3句话：一是依法应对突发公共事件乃是简明易行科学有效的防控危机；二是依法应对突发公共事件要以人民为中心、以人民为依靠；三是依法应对突发公共事件亟须加强应急法治教育体系建设。

笔者在研究工作中也深深感到，在新形势下须要更深入认识和推动走向突发社会安全事件应急法律机制的完善路径，这可谓任重道远、人人有责。因此，下一步的研究重点包括但不限于：(1)社会安全事件防范、预案与预警体系和机制研究；(2)社会安全事件信息和舆情的调控体系与机制研究；(3)多层次、统分结合的社会安全治理依据体系研究；(4)社会动员、综合干预和多主体共治体系机制研究；(5)多要素、全流程、软硬结合的裁量控制模式研究；(6)各类突发公共事件互系互动体系和转化机制研究；(7)应急法治素质和能力的教育培训体系和机制研究；(8)社会安全事件依法防范应对管理的社会环境研究。

依法防范、应对、化解社会管理危机,走向以人为本、政民合作、共同治理的社会安全新模式,中国特色国家和社会安全的法治愿景才能逐步实现。这需要全国人民的共同一致努力,也需要法律人的专业贡献。

附　　录

附录1:突发社会安全事件调查问卷分析报告

内容摘要:本问卷调查针对突发社会安全事件在全国范围内的应对情况进行了专题调研。通过对409份有效问卷的深入分析,课题组对突发社会安全事件的基本状况、应急预防和准备、应急处置、恢复重建等问题获得了比较全面的了解,并根据问卷分析结果提出了完善相关应急法律机制的建议,为课题的深入研究提供实证性材料和初步分析意见。

关键词:突发社会安全事件;应急法律机制;基本情况;基本做法;对策

一、本次问卷调查的概况

(一)本次问卷调查的背景和目标

1. 本次问卷调查的背景

突发社会安全事件,是指突然发生,危害或者可能危害不特定人或多数人的生命、健康或者重大公私财物,需要及时采取应急处置措施予以应对的事件,但不包括自然灾害、事故灾难、公共卫生事件。近年来,我国相继发生了"6·28"瓮安事件、"7·5"乌鲁木齐打砸抢烧等重大突发社会安全事件,这些事件给当地的社会秩序和人民的生产生活造成了严重的负面影响。如何加强突发社会安全事件的应急管理,完善突发社会安全事件应急法律机制,是一项重大的现实课题,急需进行系统深入研究,提供更多的理论支持和政策建议。在此背景下,本课题组通过对突发社会安全事件的类型、性质、特点、要害和应对举措的系统研究,获得依法预防、处理和化解突发社会安全事件及其危害后果的清晰认识和对策思路。这有助于贯彻中央关于"完善应急管理体制机制,有效应对各种风险"的方针,保障经济、政治和社会协调发展,具有重大的现实意义。

2. 本次问卷调查的目标

开展此次问卷调查是为了更深入地了解我国突发社会安全事件应急法律机制的实

际状况,收集基层创新经验和做法,为完善突发社会安全事件应急法律机制提供实践依据。此次问卷调查具体目标在于,获得如下4个方面的数据:(1)对突发社会安全事件应急法律机制的基本认识;(2)突发社会安全事件应急法律机制的基本现状;(3)突发社会安全事件应对的经验和教训;(4)对今后完善相关法律机制的意见和建议。

(二)问卷调查的设计与收发情况

1.调查问卷的设计思路

本次调查问卷以认知性问题为主,分别针对行政公务人员和社会公众设计了不同的问卷。

针对行政公务人员的问卷共包括16个问题,主要涉及以下几个方面。一是行政公务人员的个人基本情况,包括工作单位所属部门、职务以及工作年限,来考察这些因素对其认知突发社会安全事件的应急处置有何影响。二是从各个角度进行具体考察,主要包括对突发社会安全事件的危害、类型、引发原因等基本状况的认知程度;日常工作中应急预防、保障、处置、重建等措施的现实情况;对目前工作中存在问题的意见和建议。

针对社会公众的问卷共包括14个问题,除掌握个人基本情况外,主要的考察内容包括社会公众对突发社会安全事件的类型、原因等基本状况的认知程度;社会公众自身参与突发社会事件处置的积极性及其原因;社会公众对目前政府处置社会安全事件的看法和建议。

2.调查问卷的发放和回收情况

本次问卷的发放根据以分类抽样、区域平衡为原则,分别针对行政机关公务人员和相对人这两个群体,于2012年6月下旬通过统一邮寄、实地发放这两种形式分别进行。其中,行政公务人员问卷共发出了53份,回收到有效问卷49份、无效问卷4份,调研地域涵盖了广州市、四川省、甘肃省、黑龙江省、哈尔滨市、北京市、苏州市等东中西部地区;社会公众问卷共发出了397份,回收到有效问卷356份、无效问卷41份。

3.调查数据的使用原则

(1)客观真实的原则。运用问卷调查的形式研究问题,首先要保证数据的客观真实性,以保证统计分析结论的科学性和严谨性。本次问卷调查采取了两种方法来保证数据的客观真实:一是以电子邮件或邮寄方式向行政公务人员和社会公众发放的问卷,课题组成员严格把关,将回答相互矛盾及不按要求作答的问卷予以排除,筛选出大量的无效问卷,有效避免了无效问卷的干扰;二是在走访调研中当场回收行政公务人员填涂的问卷,避免了代答或不答问卷的情况,保证了问卷的质量。

(2)交叉分析的原则。本次问卷的问题设计环环相扣,问题之间既有因果关系,又有递进关系和预设前提。因此,在对问卷进行数据统计分析时,除对单个问题进行单独统计外,还采取了分类相互交叉分析的方法,力求从多层面、多角度深入了解相关问题。

(3)对比分析的原则。本次问卷调查针对行政公务人员和社会公众分别设计了不同的问卷,但是两份问卷之间并非没有关联,课题组在突发社会安全事件的类型、引发原因、处置措施等多个方面都设计了相同或相近的问题。对比两种问卷的作答结果,可以排除特定身份等方面的影响,从而更准确地找出行政调解突发社会安全事件应急工作存在的问题及其解决方案。

(三)调查对象基本情况说明

本次问卷调查在调查对象选择上力求全面,包括不同行政区域、不同部门、不同职级的行政公务人员,以及不同行业的社会公众。

对行政公务人员的调查区域涵盖了广州市、四川省、甘肃省、黑龙江省、哈尔滨市、北京市、苏州市等东中西部地区,基本上能代表全国范围内突发社会安全事件处置的状况。被访行政公务人员的工作单位主要包括公安部门(包括交警部门、治安部门、基层派出所等)、政府、国税局、信访办、法院、检察院等部门。从所属部门上看,办公厅室占16.33%,法制部门占18.37%,职能部门占59.18%,其他部门占6.12%;从职务上看,其中单位领导占6.12%,部门领导占28.57%,一般工作人员占65.31%;从工作时间长短上看,其中3年以下的占36.73%,3~10年的占42.86%,10~20年的占16.33%,20年以上的占4.08%。

对行政公务人员的调查区域涵盖了四川省、江西省、福建省、河北省、河南省、山东省、湖南省、吉林省、新疆维吾尔自治区、浙江省、重庆市、黑龙江省、云南省、上海市、广东省、陕西省、海南省、青海省、甘肃省、辽宁省、安徽省等各省(直辖市)。所属行业包括农林牧渔业、采矿业、制造业、建筑业、交通运输业、仓储和邮政业、计算机服务和软件业、批发和零售业、住宿和餐饮业、金融业、房地产业、教育业、文体娱行业、电气水业、社会保障和社会福利业、租赁和服务业等各行业。从事业单位工作人员占30.06%、工人占24.72%、农民占5.34%、个体户占8.43%、自由职业者占8.43%、其他占23.03%。

二、问卷主体问题统计分析

(一)突发社会安全事件的基本状况

1. 突发社会安全事件的现实危害①

突发社会安全事件的现实危害是对其予以预防与处置的前提。对行政公务人员的调查设置了此问题,在被访的行政公务人员中,25.79%的人认为突发社会安全事件会危害不特定或多数人的生命或健康,23.27%的人认为此类事件会危害不特定或多数人的财产,分别有28.30%、16.98%的人认为此类事件会影响政治秩序的稳定和当地的经济发展速度,另有5.66%的人认为此类事件还可能存在其他危害。例如,加剧内部矛盾、引发不安情绪、导致政府公信力下降、破坏公共基础设施、阻断部分交通等。(见图1)

---

① 说明:为保证数据统计的科学性,该问卷分析对于多项选择题的数据统计,并非单纯以有效问卷的数量为统计基数,而是以所有选项被选次数之和为统计基数。

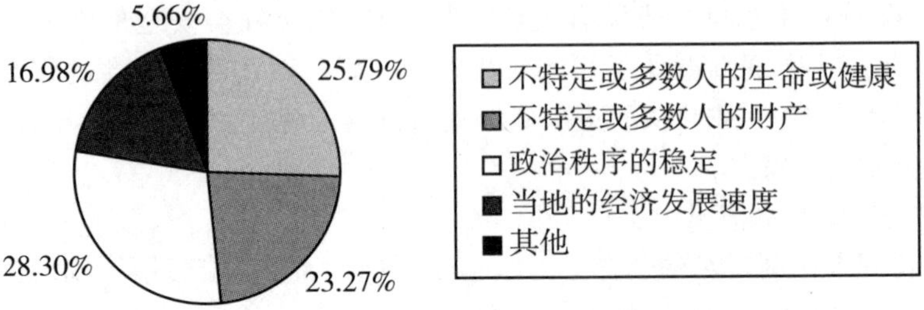

图1 突发社会安全事件的危害表现(行政公务人员卷)

2. 突发社会安全事件的常见类型

突发社会安全事件可以被大致类型化为重大刑事案件、重特大火灾事件、民族宗教突发群体事件、恐怖袭击事件、涉外突发事件、金融安全事件、规模较大的群体性事件、学校安全事件及其他。被访行政公务人员所在单位曾经处理过的上述事件比例分别为18.88%、11.89%、11.89%、2.80%、9.09%、10.49%、23.08%、11.89%、0.00%。在356份有效社会公众问卷中,有171位社会公众未亲身经历突发社会安全事件;在经历过类似事件的社会公众中,上述比例分别为7.38%、14.76%、14.76%、2.95%、2.95%、6.27%、19.56%、28.41%、2.95%。[①](见图2)

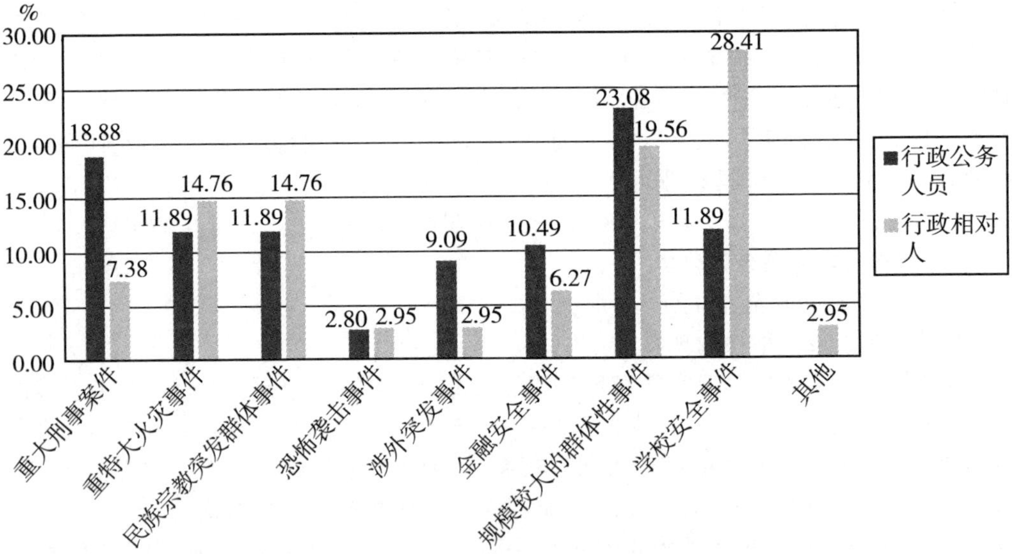

图2 突发社会安全事件的常见类型

① 有个别社会公众选择了"其他"选项,但根据其详细描述来看,包括地震、矿难、洪水灾害等并不属于社会安全事件,实际上源于社会公众对于社会安全事件的外延理解有误。

虽然略有偏差，但行政公务人员和社会公众的对比数据基本一致，根据图2可知，学校安全事件、规模较大的群体性事件、重特大火灾事件、民族宗教突发群体事件是现实生活中存在频率较高的突发社会安全事件，需要予以更多关注。

3. 突发社会安全事件的产生原因

明确突发社会安全事件的产生原因是从根源上进行预防的关键。突发社会安全事件与自然灾害的根本区别就在于其人为性或社会性。从深层次讲，其产生源于其所处的社会环境，主要原因有社会资源分配不公、贫富差距过大、社会结构与经济发展不协调、社会上的紧张心理、价值观念多元化、政府未认真做好本职工作及其他原因所导致的矛盾冲突。行政公务人员和社会公众对各原因的选择比例可参见表1。由表1可知，行政公务人员和社会公众对此问题的观点基本一致，其中，社会资源分配不公、贫富差距过大、社会结构与经济发展不协调、政府未认真做好本职工作是引发突发社会安全事件的主要原因，由此对症下药便可从根源上消弭突发社会安全事件的症结所在。

表1　突发社会安全事件的产生原因

单位：%

序号	引发原因	行政公务人员	社会公众
1	社会资源分配不公	24.44	23.67
2	贫富差距过大	27.41	25.97
3	社会结构与经济发展不协调	19.26	15.82
4	社会上的紧张心理	9.63	9.66
5	价值观念多元化	8.15	10.14
6	政府未认真做好本职工作	8.89	13.89
7	其他	2.22	0.85

4. 突发社会安全事件的扩散因素

突发社会安全事件是任何时期的国家均不可避免的正常社会现象，在其发生之初由于各种原因可能快速扩散，从而更不可控。因此，研究导致其扩散的因素，可以从根本上避免其大规模扩散，降低事件的不可控性和处置难度。其扩散因素大致可归纳为事先监测不足、政府危机管理能力不足、政府公信力不足、新闻媒体过度反应、社会心理基础及其他原因。行政公务人员和社会公众对各原因的选择比例可参见表2。由表2可知，行政公务人员和社会公众对此问题的观点基本一致，各因素所占比例也基本持平，处置机关可以据此进行事件的控制和处置。

表 2　导致突发社会安全事件扩散的因素

单位:%

序号	扩散因素	行政公务人员	社会公众
1	事先监测不足	21.05	22.03
2	政府危机管理能力不足	23.03	22.90
3	政府公信力不足	21.05	22.90
4	新闻媒体过度反应	19.08	13.86
5	社会心理基础	13.82	17.82
6	其他	1.97	0.50

(二)突发社会安全事件的应急预防、准备和保障

1. 突发社会安全事件的应急预防措施

凡事防患于未然,预防措施是否健全有力关系突发社会安全事件的前期预测和防范工作。根据被访行政公务人员的作答,目前主要采取的预防措施如下(按所占比例由大到小排序):提高领导干部的危机意识和控制处理社会矛盾的能力(24.71%)、积极构建情报信息队伍网络(23.56%)、完善决策机制(20.11%)、引导公众参与预防工作(15.52%)、参考专家意见(13.22%)、其他措施(2.87%)。由该排序可知,行政机关在突发社会安全事件的应急预防中,对于引导公众参与预防工作以及参考专家意见方面仍显薄弱,有待进一步加强。(见表3)

表 3　行政机关的预防措施(行政公务人员卷)

单位:%

序号	预防措施	比例
1	积极构建情报信息队伍网络	23.56
2	引导公众参与预防工作	15.52
3	参考专家意见	13.22
4	提高领导干部的危机意识和控制处理社会矛盾的能力	24.71
5	完善决策机制	20.11
6	其他措施	2.87

2. 突发社会安全事件的应急准备措施

由于突发社会安全事件的危害性,日常的准备工作尤显重要,充分的、常态化的准备工作对降低其致害程度、最大限度地保护社会公众生命财产安全有重要意义。从对社会公众的调查来看,目前,其所在的基层政府针对突发社会安全事件而开展的应急准备工

作主要有(按所占比例由大到小排序):应急宣传(34.38%)、应急演练(18.13%)、应急培训(16.88%)、其他措施(2.08%)。另有28.54%的社会公众选择了“未开展”这一选项。由此可知,有相当比例的社会公众未接受过相关的宣传、培训和演练,在已开展的准确措施中,也有大部分仅停留在宣传层面,对更有实效的培训和演练工作仍显欠缺,亟待加强。(见图3)

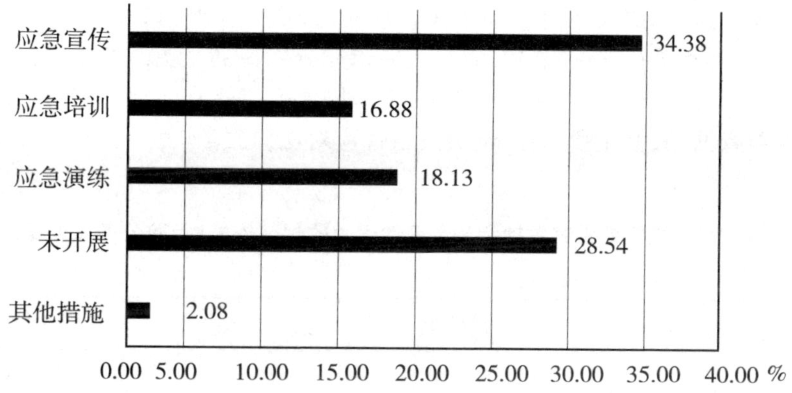

图3　突发社会安全事件应急准备工作开展情况(社会公众卷)

3. 突发社会安全事件的应急保障措施

对突发社会安全事件的处置予以物质、经费、信息等方面的保障,是确保其有效处置的基本条件。从对行政公务人员所在单位采取的保障措施来看,队伍保障、信息保障、装备保障、培训保障、经费保障及其他保障措施各占24.86%、22.70%、20.00%、16.76%、15.14%、0.54%。可见,各项保障措施比例基本持平,其中,培训保障和经费保障略显薄弱,相关机关应予以关注。(见图4)

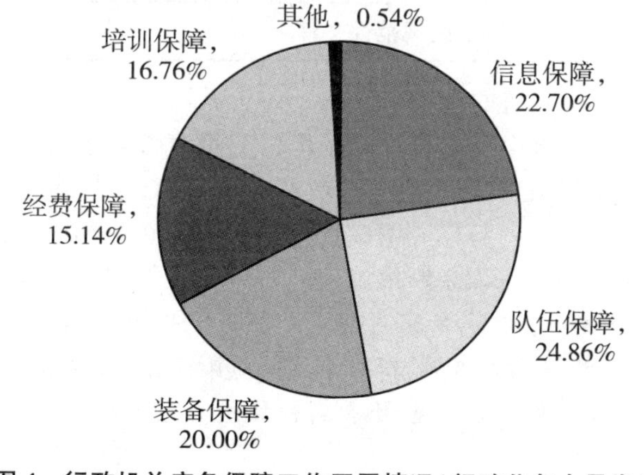

图4　行政机关应急保障工作开展情况(行政公务人员卷)

（三）突发社会安全事件的处置

1. 突发社会安全事件处置的规范依据

根据行政法治理念，行政机关对突发社会安全事件的处置（尤其是其中的损益性行政行为）需要充分的规范依据。由表4可知，各行政机关对突发社会安全事件的处置往往综合适用各级法律规范，可见突发社会安全事件的处置需要多层次、多角度、全方位的完整法律体系。其不足之处在于，《突发事件应对法》所占比例（15.24%）低于其他相关法律（18.10%）和相关行政法规（17.62%），并未充分发挥其龙头法的作用，根据行政公务人员和社会公众对开放式问题的回答（参见本报告第四部分"行政公务人员和社会公众提出的完善意见"），其中原因在于《突发事件应对法》可操作性不强且存在遗漏，需要修改完善。（见表4）

表4　行政机关处置突发社会安全事件适用的规范依据（行政公务人员卷）

单位：%

序号	规范依据	比例
1	《突发事件应对法》	15.24
2	其他相关法律	18.10
3	相关行政法规	17.62
4	国家政策	14.76
5	本省（自治区、直辖市）的地方性法规	10.95
6	本省（自治区、直辖市）的规章	10.00
7	本省、市、县的规范性文件	11.43
8	本部门规范性文件	1.90

2. 突发社会安全事件处置的对策

行政机关在处置突发社会安全事件时采取的对策直接影响行政机关的处置方式和处置效果。根据调查结果来看，行政机关采取的对策包括（按所占比例由大到小排序）：迅速控制事态（19.41%）、统一行动并明确责任（16.03%）、提出整体性方案和应对策略（14.77%）、对违法犯罪行为采取果断措施（14.77%）、把握舆论导向（13.50%）、领导直接对话和解释（10.13%）、参考专家意见（6.75%）、发动公众参与（4.22%）、其他（0.42%，如多部门协调）。由此可见，相对于其他对策而言，行政机关在很大程度上忽略了处置过程中的公众参与和专家意见，不符合行政民主化的要求。（见图5）

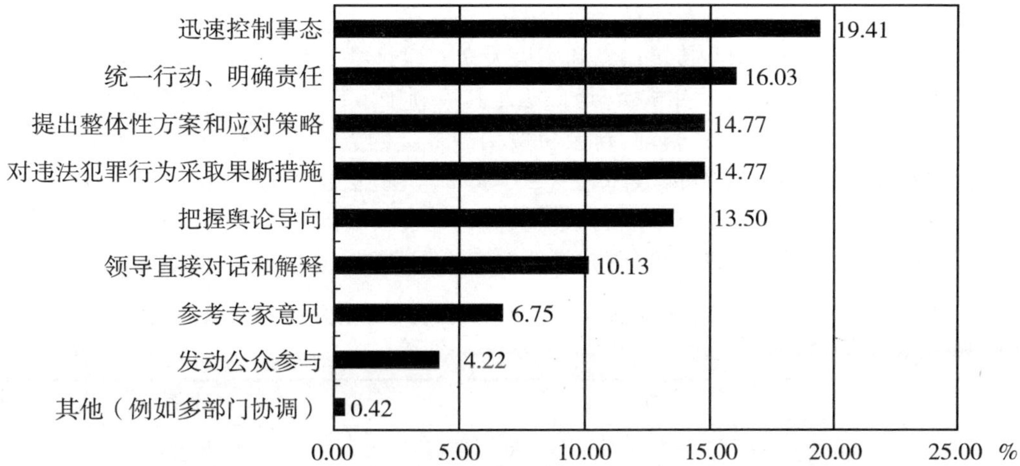

图5　行政机关处置突发社会安全事件的对策(行政公务人员卷)

3. 突发社会安全事件处置的行政行为方式

为了研究、适用和规范之便,行政机关的行为可以被具体化、类型化为各类具体的行政管理行为。通过调查可知,在突发社会安全事件处置中,行政机关通常采用的行为方式主要有行政指导(26.15%)、行政处罚(23.08%)、行政强制(22.31%)、行政奖励(13.08%)、行政资助(12.31%)、行政征收(2.31%)、其他(0.77%)。其中,运用行政指导所占比例最大,可见行政机关对柔性行政方式的认识和运用已予以重视。将行政机关的行为方式进行类型化研究,有助于进一步明确各类行政行为的适用条件和场合,进而对行政机关的行为方式进行规范和指导,故该问题的设置可为理论性和应用性的研究提供必要基础。

表5　处置突发社会安全事件采用的行政方式(行政公务人员卷)

单位:%

序号	采用的行政行为方式	比例
1	行政指导	26.15
2	行政处罚	23.08
3	行政强制	22.30
4	行政奖励	13.08
5	行政资助	12.31
6	行政征收	2.31
7	其他	0.77

4. 突发社会安全事件处置时社会舆论的引导方式

现代信息社会的舆论在传播信息和感染大众方面起着不可忽视的作用,在突发社会安全事件的处置过程中积极引导社会舆论,使其更利于事件的处置,是各行政机关的必修功课。根据调查数据可见,目前,行政机关引导社会的方式主要有:政府信息网、微博等新型平台(39.00%)、新闻发布会(26.00%)、上报上级机关(31.00%)、其他(4.00%)。该题的设置有助于了解行政机关如何通过权威信息的发布引导社会舆论,使其向着更健康积极的方向发展,以研究各种方式的利弊和注意事项。(见表6)

表6 行政机关处置突发社会安全事件时引导社会舆论的方式(行政公务人员卷)

单位:%

序号	方式	比例
1	召开新闻发布会,及时发布关键信息	26.00
2	借助政府信息网、微博等新型平台驳斥歪曲报道	39.00
3	上报上级机关,由其公开相关信息	31.00
4	其他	4.00

(四)突发社会安全事件的恢复重建

由于突发社会安全事件的危害性,事后的恢复重建对稳定情绪、秩序恢复有着重要的作用。从图6可知,行政机关在突发社会安全事件中,往往会综合运用各种恢复重建措施,包括损害评估(24.59%)、制订重建规划(23.77%)、行政补偿(13.11%)、行政赔偿(11.48%)、抚恤补助(11.48%)、心理干预(10.66%)、其他(4.92%)。由此可得出简要结论,补偿、赔偿、抚恤补助、心理干预等积极的、增益的行为方式稍显薄弱,有待加强。

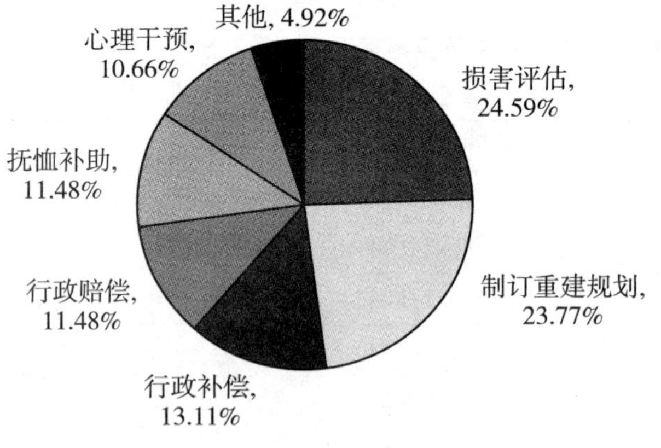

图6 行政机关恢复重建工作开展情况(行政公务人员卷)

（五）行政机关发布相关信息的情况

政府作为事件处置者，掌握着事件的第一手信息，而作为社会公众，同样希望及时地得到准确信息，这不仅有利于政民沟通，更有助于政府在公开透明下接受公众监督。然而，从被访的社会公众来看（见图 7），这一情况却不容乐观，有 40.04% 的人认为政府发布信息不及时，27.13% 的人认为政府发布信息不准确，仅有 19.17% 的人认为政府发布信息及时，13.66% 的人认为政府发布信息准确。

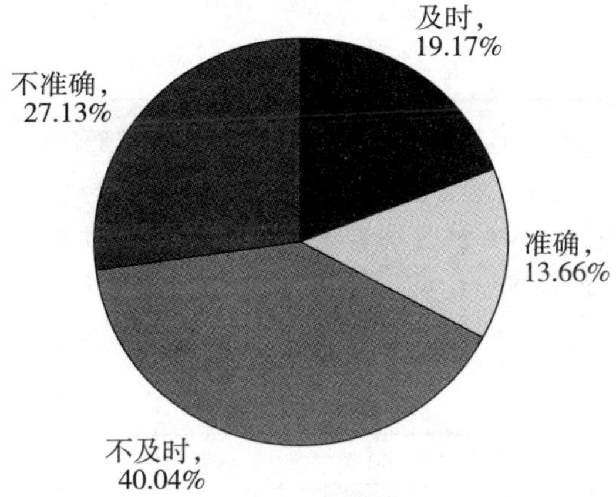

图 7　行政机关发布信息情况（社会公众卷）

三、社会公众参与相关应急工作的情况

社会公众也是突发社会安全事件处置过程中的重要力量，公众积极参与有利于突发社会安全事件的顺利处置。本部分便是对公众参与相关应急工作的调查分析。

（一）社会公众获取相关信息后的处理情况

社会公众往往能在第一时间发现突发社会事件的苗头，公众积极参与可以为行政机关及时提供信息，使事态尽快得到控制。调查数据显示，在获取相关信息后，有 37.06% 的公众表示会立即向所在地政府或有关主管部门报告，有 31.74% 的公众表示会通过手机传递信息，有 23.30% 的公众会通过互联网等媒介发布消息，有 6.06% 的公众则会置之不理，另有 1.83% 的公众选择了其他处理方式（如深入了解事件、通知亲友等）。虽然立即向所在地政府、有关主管部门报告所占相对比例较大，但绝对比例仍有限，这就需要行政机关的宣传引导。另有部分公众会通过各种媒介传递和发布信息，这说明行政机关可以通过完善的实时网络信息监控等舆情汇集处理系统来达到对事件的监控。（见表 7）

表 7　社会公众获取相关信息后的处理情况(社会公众卷)

单位:%

序号	处理方式	比例
1	立即向所在地政府、有关主管部门报告	37.06
2	通过互联网等媒介发布消息	23.30
3	通过手机传递信息	31.74
4	置之不理	6.06
5	其他	1.83

(二)社会公众参与突发社会安全事件处置的态度及其原因

在调查数据中,分别有 14.89% 和 60.96% 的受访者认为公众参与处置的态度非常不积极和不太积极,另有 2.53% 的受访者认为公众会抵制参加,仅有 21.63% 的受访者认为公众会积极参加事件处置。由此可知,公众参与突发社会安全事件处置的态度仍欠积极。(见图 8)

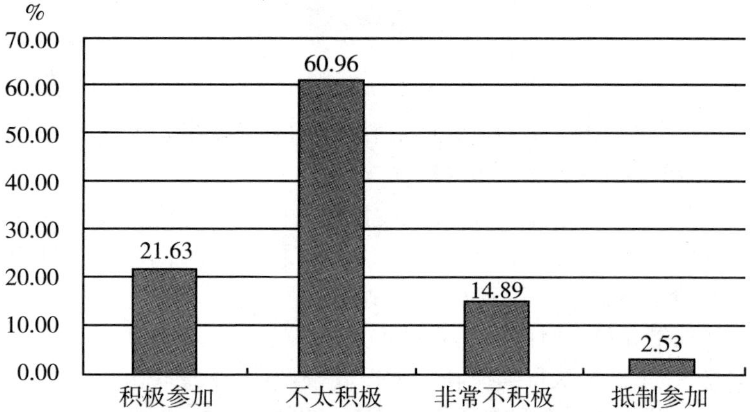

图 8　社会公众参与突发社会安全事件处置的态度

问卷进一步向社会公众调查了妨碍公民积极参加的主要原因(见图 9),其中包括(按所占比例由大至小排序):缺乏相应的知识、技能和资源(28.07%),缺乏有效的动员和组织机制(27.78%),害怕受到伤害(27.34%),政府的态度比较冷淡(15.79%),其他原因(1.02%)。为提升公众参与的积极性,行政机关需要针对相关原因采取相应的有效应对手段。例如,通过宣传和培训使其具备充足的知识和技能、通过完善动员和组织机制促进公众参与、通过完善的保护措施以及补助补偿制度消除公众后患等。

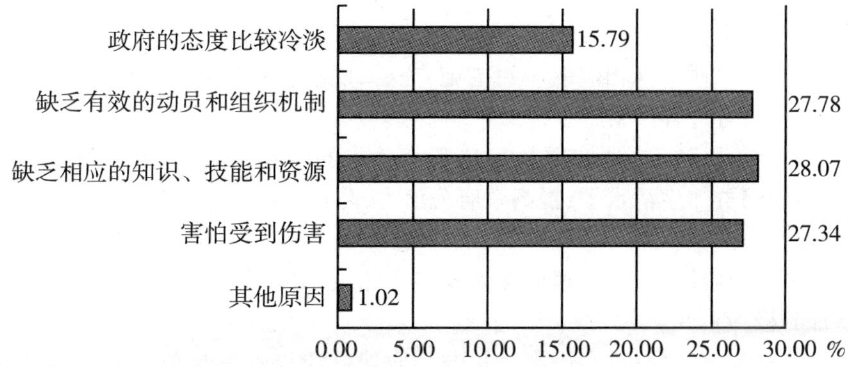

图 9　社会公众消极参与的原因(社会公众卷)

(三)政府动员社会公众参与突发社会安全事件处置的方式

社会公众参与突发社会安全事件处置需要政府大力动员,调查数据显示,当突发社会安全事件发生时,政府一般会通过人力动员(指政府体系内的各级组织进行的"层层传达、层层动员"的动员方式)、各类现代通信工具(如短信、网络等)或其他方式动员人们参与突发社会安全事件的处置,三者比例分别占 53.58%、42.52% 和 3.90%。(见图 10)

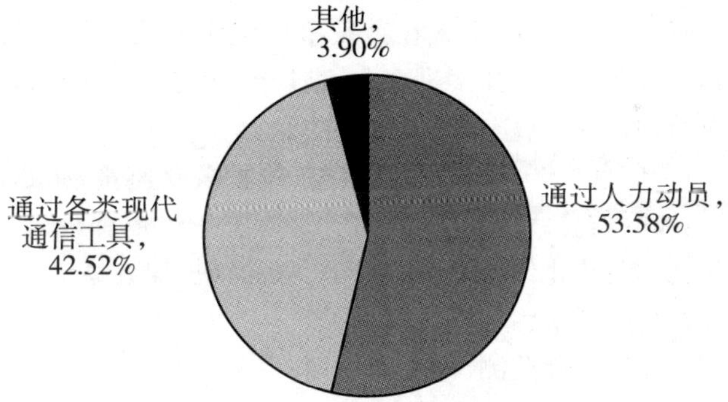

图 10　政府动员方式(社会公众卷)

四、行政公务人员和社会公众提出的完善意见

两份问卷最后分别针对行政公务人员和行政相对人设置了关于完善突发社会安全事件应急法律机制的全开放式问题,以下主要是针对此全开放式问题的归纳总结。

(一)行政公务人员对完善突发社会安全事件应急法律机制的建议

对于如何完善现有的突发社会安全事件应急法律机制,受访行政公务人员的建议主要可以归纳为以下几点。

1. 树立应急管理的法治理念,应急管理虽然是非常时期的非常态管理,但同样也要遵循法治理念。

2. 完善立法，主要包括：增强《突发事件应对法》的可操作性；完善其中对于社会安全事件的分级制度，以便选择相应的应对措施；完善处置突发社会安全事件过程中的信息公开制度；完善处置过程中警察权益保护制度；等等。

3. 从源头上予以防治，例如，及时解决群众关心的问题，防止矛盾累积；完善社会保障体系，提高弱势群体生活水平；提高政府公信力，防止因不满政府行为而导致的社会安全事件；等等。

4. 增强多部门协调，应急管理通常涉及多个相关部门，部门间充分的沟通协调在处置相关事件时极为重要。

5. 加强情报收集与分析，利用现代化的手段建立情报收集与分析系统，提高政府的反应能力和反应速度。

6. 加强培训与宣传，既包括对处置人员的培训，也包括对社会公众的培训宣传。

（二）社会公众对完善突发社会安全事件应急法律机制的意见

受访社会公众的建议主要可以归纳为以下几点。

1. 完善立法：首先，对处置方式、措施及救济、补偿、赔偿等明确规定；其次，在相关规定上，克服法律效力层次不一、责任机构各自为政的弊端，进一步整合和完善消防、防汛、抗震、公共卫生事件等各专业性的法律法规，建立统一、协调的应对紧急事件的法律法规和制度体系，理顺政府、社会、企业、个人在突发事件应对过程中的权利义务关系；最后，建立细化的应急预案，并普及应急预案进企业、进社区、进农村、进家庭，大力普及公共安全、应急救助等方面的知识，提高应对突发事件的能力。

2. 完善公众参与和信息公开。完善公众参与，维护公众监督，在处置相关事件时，保证真实、准确、及时地披露信息。

3. 完善纠纷解决机制，防止纠纷的升级扩散，从而维护社会稳定。

4. 提高政府公信力，防止贪污和社会不公。

5. 加强宣传教育，注重事前监测、演练和培训。

6. 注重心理干预，突发公共安全事件在对社会生活造成物质破坏的同时，也会严重影响公众的心理，而这种对公众心理造成的影响将会反过来恶化其不良局势。因此，建立和完善突发公共事件社会心理干预机制将是应对危机、尽快控制局势的重要手段。

7. 规范新闻媒体，注重舆论引导。

8. 发挥民间团体、社会组织以及志愿者的作用。

9. 建立和完善应急指挥体系。应急指挥机构是统一指挥应急工作的领导机关，在应急工作中处于核心地位。在现代社会特别是城市化环境中，突发公共事件波及面广、危害性强，其影响往往超出某级政府或部门的管辖范围，客观上要求多级政府或多个部门相互配合、联合行动、共同应对。因此，应急指挥体系的建设，应当在众多的行业性、专业性、部门化指挥机构的基础上，进行横向连动、纵向整合，以理顺职责、形成整体，实现各种应急队伍在组织上的统一性、行动上的协调性、资源上的共享性，从而保证在处置突发公共事件时能够做到迅速行动、相互协作、优势互补，在平时能够加强对应急物资的储备与管理、加强对应急队伍的管理与培训，促进整个应急体系的协调发展。

五、小结：完善突发社会安全事件应急法律机制的建议

根据前述对调查数据的统计分析，并综合考虑行政公务人员以及社会公众提出的完善建议，课题组在此提出完善现有的突发社会安全事件应急法律机制的几点主要建议。

（一）完善立法建制

由于我国《突发事件应对法》对突发社会安全事件这一类型的突发事件规定较粗疏，需要完善其中对突发社会安全事件的规定，对处置方式、措施及救济、补偿、赔偿等作出明确规定，从而增强该法的可操作性。

除《突发事件应对法》外，相关的应急法律体系还包括其他各层级的法规、规章、其他规范性文件等规范依据，因此，需要建立统一、协调的应对突发社会安全事件的法律法规和制度体系，克服法律规定的抵触或空白。

（二）健全防范机制

调查显示，社会资源分配不公、贫富差距过大、社会结构与经济发展不协调、政府未认真做好本职工作是引发突发社会安全事件的主要原因；而事先监测不足、政府危机管理能力不足、政府公信力不足、新闻媒体过度反应及其他原因是导致突发社会安全事件扩散的主要原因。

首先，要从源头上减少突发社会安全事件，就需要健全相应的防范机制，例如，规范政府行为、提升政府公信力；完善纠纷解决机制；关注民生，缩小贫富差距，减少社会不公；等等。其次，需要通过完善情报搜集分析系统加强事先监测能力，从而提高政府危机管理能力。最后，需要正确引导新闻媒体等舆论。

（三）完善信息公开制度

由于突发社会安全事件通常涉及社会敏感事件或纠纷，社会公众对此会予以高度关注。政府作为事件处置者，掌握着事件的第一手信息，而作为社会公众，同样希望及时准确地得到真实信息。这不仅有利于政民沟通，更有助于政府在公开透明下接受公众监督。因此，相关信息公开制度的健全是异常重要的。

（四）加强公众参与制度

社会公众同时也是突发社会安全事件处置过程中的重要力量，公众积极参与有利于突发社会安全事件的顺利处置。而调查显示，公众参与的热情不高、效果不明显。因此，需要针对妨碍公众参与的原因采取措施，加强公众参与制度。另外，专家也是重要的参与力量，在预防和处置阶段，参考专家意见，可增强决策的科学性。

(五)注重事先培训、演练和宣传

充分的、常态化的准备工作对降低其致害程度、最大限度地保护社会公众生命财产安全有重要意义。无论是处置人员,还是社会公众,事先的培训、演练和宣传对提升危机应对能力都是极为必要的。

附录 2:我国应急法治的新角色、新经验、新课题

这些年来陆续发生的非典、禽流感、瓮安事件、南方严重冰雪灾害、拉萨“3·14”打砸抢事件、手足口病的爆发性流行、山东胶济铁路火车相撞事故、“5·12”汶川大地震、甬温线动车追尾事故等一系列自然灾害、事故灾难、公共卫生事件、社会安全事件等突发事件,对我国正常的经济与社会生活造成巨大冲击,给人民群众的生命财产安全和国家安全、集体利益带来巨大损害,严重影响社会稳定。党的十七大报告指出:要强化防灾减灾工作,强化安全生产管理和监督,完善突发事件应急管理机制。党的十八大报告继续强调,要加强防灾减灾体系建设,建立健全重大决策社会稳定风险评估机制,强化公共安全体系和企业安全生产基础建设,完善立体化社会治安防控体系。如何提高政府处置突发事件、保障公共安全的能力,切实加强应急管理,妥善应对公共危机,预防和减少突发事件造成的损害,有效保障人民群众生命财产安全,这考验并锻炼着各级政府的危机管理和依法行政能力,凸显了应急法治的重要地位,人们对此应有新的认识和行动。

一、应急法治是和谐社会的重要保障因素

所谓突发事件,是指突然发生,造成或者可能造成严重社会危害,需要采取应急处置措施予以应对的自然灾害、事故灾难、公共卫生事件和社会安全事件。“天有不测风云,人有旦夕祸福。”现实社会生活中各类突发事件往往不期而至,严重影响人们的正常生活并成为社会生活的组成部分,尽管其是人们极不情愿的一个部分。

我国地域辽阔、地质气象条件非常复杂,各地、各类自然灾害不断大量发生;加之我国处于经济快速增长期和社会转型敏感期,利益冲突、制度摩擦、矛盾交织、问题积聚带来的风险很多很大,突发事件和连带问题难免不时发生,诸如 2003 年非典疫情、2004 年禽流感疫情、2005 年松花江水污染危机、2006 年瞬时风速高达 19 级的“桑美”台风灾害、2007 年太湖蓝藻暴发引起的水危机和“圣帕”“罗莎”台风造成的巨大灾害……发生了一系列重大突发事件。

公共管理理论中有一种“管理两要素说”,大意为:对一个系统的管理效果起重要作用的有两大类因素:一类是激励因素,其功能是增加系统的动力;另一类是保健因素,其功能是减少系统的阻力。突发事件一旦发生,应当正视它,积极有效地应对后,社会有机

体就能继续健康运行,这就是保健因素起了作用。实施科学有效的危机管理来应对公共危机,必须正确认识和调整政府机关在突发事件应对过程中的管理行为,提高危机管理的行政效能,实现危机管理的法治化。这是因为,在行使紧急权力、实施危机管理的过程中,易出现权力滥用行为、发生严重侵权后果,必须依法有效地约束行政权力、保护公民权利。这就需要按照宪治和行政法治的要求,通过加强应急法治予以规范和保障,这是实现科学发展、构建和谐社会的内在要求。

应急法治是一个国家和地区就突发事件应对工作而制定或认可的,处理国家权力之间、国家权力与公民权利之间、公民权利之间复杂社会关系的法律原则和规范的总和,它是常态法制的必然延伸。以《突发事件应对法》为“龙头”的应急法治是危机应对能力的基本要素。这种理念的应急法治,是和谐社会的保健因素,亟须大力加强。

古人云:“凡事预则立,不预则废。”突发事件自古就有,应对突发事件的经验也是古已有之,但突发事件应对工作相关法律制度即应急法治过去却远未受到足够重视,虽曾有过一些分散、单项的法律法规制定出来,但缺乏《突发事件应对法》作为“龙头”的分散立法模式存在很多问题和矛盾。如何完善应急法治,实现突发事件应对工作的法治化,提高政府应急管理行为的正当性、合法性与有效性,是全面推进依法行政的基本要求。

二、应急法治是我国法治发展很快的领域

我国应急法治建设相对薄弱、多有空白。2003 年的非典疫情的严峻考验成为重大转折,当时堪称脆弱的危机管理体系充分暴露了内容过于单薄、制度远不健全、权利保障不足、法律规范零散等缺陷,于是,政府的危机管理能力开始被深刻反思,如何加强应急法治成为重大而紧迫的现实问题凸现出来。党中央审时度势、高屋建瓴,将危机应对能力及其法治保障力度作为评价执政党和政府的依法执政、行政能力的重要标准,作为评价社会进步的重要尺度,力促我国应急法治建设进入快速发展时期。

2003 年 5 月,国务院以前所未有的速度制定出《突发公共卫生事件应急条例》,满足了应对非典疫情危机的急需;2004 年 4 月,国务院颁布的《全面推进依法行政实施纲要》将“建立健全各种预警和应急机制,提高政府应对突发事件和风险的能力”作为转变政府职能、深化行政管理体制改革的一项重要内容;2005 年 11 月,《重大动物疫情应急条例》颁布实施;2006 年 1 月,国务院发布《国家突发公共事件总体应急预案》;2006 年 4 月,国务院办公厅设立了国务院应急管理办公室;2006 年 10 月,《中共中央关于构建社会主义和谐社会若干重大问题的决定》将“完善应急管理体制机制,有效应对各种风险”作为建设和谐社会的目标之一……总之,这一时期我国有关应急管理的法律法规、政策规定与执法机构渐成体系,应急法治的基本架构趋于完整,并在应对频仍的突发事件过程中发挥出特殊功效。据不完全统计,我国与突发事件应对工作直接相关的现行法律已有 30 余部、行政法规已有 50 余部;此外,还有一系列有关法规、规章。而于 2007 年 11 月 1 日起施行的《突发事件应对法》则将这一进程推向新的平台。从一般应急法到专项的应急法律，再到行政法规、地方性法规、规章、实施细则，形成了应急法律规范体系。

这里必须提到应急预案体系建设的情形。2003 年非典疫情后，鉴于许多地方和部门的危机应对能力不强，中央明确要求建立健全应急管理的体制、机制和法制，首先是尽快建立健全应急预案体系。经过艰苦紧张的编制工作，很快形成 1 个国家总体应急预案，4 大类（自然灾害、事故灾难、公共卫生事件、社会安全事件）共 25 个国家专项应急预案，80 个以上的国务院部门应急预案，以及各省（自治区、直辖市）的总体应急预案，加之省和省以下的其他各级各类应急预案，形成了比较完整的应急预案体系，成为我国应急法制的基础环节。应急预案体系的建立健全，大大提高了各级政府处置突发事件、应对公共危机的能力。

简言之，从《突发公共卫生事件应急条例》到《突发事件应对法》，经过各方面的不懈努力，原本薄弱滞后的应急法治获得前所未有的快速发展，成为近些年来我国法制发展的一个亮点和新的理论与制度生长点。

三、我国应急法治快速发展若干重要启示

多年来，在党中央和国务院的坚强领导和正确指挥下，全党全国人民团结一心，应急法治快速发展，成功应对了一个个重大突发事件，保障了经济与社会生活的正常进行，维护了人民利益和国家利益。我国应急法治发展的如下启示值得重视。

第一，加强应急法治符合当今世界潮流。放眼当今世界，如何增强政府的危机管理能力、完善应急法治、正确认知和妥善应对各类突发事件，已成为国际社会的共同难题。当今许多国家应急法治建设呈现如下特点和发展趋势：一是应急法律规范的专门化、体系化（包括应对突发社会安全事件的法律规范）；二是应急机构人员的专门化、专业化；三是危机管理体系出现多元化、立体化、网络化的发展趋势；四是危机管理中的政府应急管理行为及程序的规范化、制度化、法定化；五是危机预警机制、资源储备与调动机制、危机化解机制逐步完备；六是提高危机管理效率的重要因素——民间力量的广泛参与；七是危机防范意识和能力的培养、危机防范措施的完善走向经常化、制度化、法定化。上述特点和发展趋势可为我国应急法治建设提供参考。

第二，应急法治是建设法治国家的基础工程。公共权力易对公民权利造成伤害，尽管它在常态下也容易被滥用，但多少还能受到一些限制；但在非常态下，公共权力更易被滥用，公民权利更易受伤害。这就要求完善应急法律规范体系，把应对突发事件的公共应急系统纳入法治化轨道；在政府动员社会资源应对公共危机时，稳健地维护经济社会发展和人权保障所需的法律秩序，确保公民权利（特别是基本权利）受到有效保护，公共权力（特别是行政权力）受到有效制约并能有效行使，使二者能够兼顾、协调、持续地发展。

第三，应急法治建设要贯彻以人为本的理念。由于过去忽视应急法制建设，突发事件应急指挥机构的地位、构成、职能、职权和工作制度（如各种应急预案），长期没有得到妥善安排,也没有未雨绸缪地抓紧相应的专业人才队伍建设,以至于出现重大突发事件后陷于被动。而且,关于政府机关采取的危机管理行为对相对人合法权益造成的损害如何予以救济,过去就未能完善有关的监督与救济规范。由鲜血和生命为代价的经验教训现已达成共识:科学发展观的核心是以人为本,以人为本是应急法治的核心价值,为防止滥用行政权力,现代法治对行政紧急行为提出了现实性、专属性、程序性、适当性的要求。例如,必须符合比例原则,需要相应的法律救济机制作为保障。可见,科学发展观为应急法治发展提供了广阔空间。

第四,应急法治实践须要扩大公众参与。公众参与是当今公共管理革新的世界潮流。在突发事件应对工作中,需要坚持党的领导、人民当家作主、依法治国的有机统一,不断扩大公众参与的广度、拓宽参与的渠道、丰富参与的形式。这是政治民主和行政民主的要求。历史经验证明,有效应对公共危机的力量源泉和深厚资源来自民众。尽管政府机关掌控了许多资源,但在突发事件应对工作中,也不能仅靠政府机关单打独斗、包打天下,应当调动全社会的力量来应对危机,特别是在应对突发社会安全事件的过程中要充分有效地发挥志愿者的作用。而且,民众参与突发事件应对工作既是他们的义务,也是他们参与管理国家事务的一种权利。依照我国《突发事件应对法》的规定,公民可以参加专职或者兼职应急救援队伍,可以为突发事件应对工作提供物资、资金、技术支持和捐赠,等等。

第五,通过机制创新增强应急法治实效。实践证明,机制创新、方法创新是提升应急管理能力的又一重点。一是要公开应急管理的政府信息。应急管理事务透明是突发事件应对工作的基本要求。历史经验充分证明,在现代传播手段和媒体非常发达的今天,任何遮掩真相的企图都会败露,从而失去公众信任。因此,应急管理工作和相关信息的公开化,是现代应急法制的基本要求。二是要创新和完善责任机制。一个负责任的政府应当勇于承担危机管理工作责任,一味推卸责任只会使政府公信力下降,造成政府与民众的紧张关系。我国《突发事件应对法》对此作出了全面规定。三是要注重运用柔性管理手段。即便是在危机应对工作中,也不能一味指靠政府机关发号施令,一味采用强制性手段,而需要按照《全面推进依法行政实施纲要》《关于加强法治政府建设的意见》的要求,积极采用行政指导、行政合同、行政奖励、行政资助、说服教育等柔性管理的方式方法,才能收到应急管理的特殊效果。刚柔相济的管理机制乃是现代应急法治的重要内涵。

第六,应急法治要在常态下就切入着力。“平时不烧香、临时抱佛脚”,是一种缺乏行政效能的传统管理理念和机制。应急法治的功夫应更多地花在突发事件发生之前、之初,即做好预防与应急准备工作,以及监测与预警工作。在平时的行政管理工作中,如果没有“预防为主、预防与应急相结合”的应急法治原则作指导,那么制定和调整预案、储备和更新物资、培训专业人员、实施应急演练等一系列需要花费人财物力的事项,很难名正言顺地提上政府机关的议事日程从而得到充分保障,一旦突发事件发生就难敷急用。因此,在常态下就要注重抓好应急法治的制度建设、机构建设、队伍建设、物质准备、知识储备和技能演练;应急法治实践须在常态下就切入着力,真正做到预防为主,才能事半功倍。

四、我国应急法治进一步发展的现实课题

加强应急法治建设,提升政府应对危机能力,预防和减少突发事件造成的发生,控制、减轻和消除突发事件引起的严重社会危害,规范突发事件应对活动,从而保障人民生命财产安全和国家安全,这是以人为本、执政为民、依法行政和建设服务型政府等新理念的重要体现,也是构建和谐社会的题中之义。尽管应急法治建设已取得显著成就,但仍然存在诸多薄弱环节和现实问题,需要从如下几个方面入手来进一步加强我国应急法治,实现应急管理法治化。

第一,要认真贯彻应急法治的基本原则。在突发事件的预防与应急准备、监测与预警、应急处置与救援、事后恢复与重建等应对活动中,必须切实贯彻统一领导、综合协调、分类管理、分级负责、属地管理的原则,预防为主、预防与应急相结合的原则,信息公开与信息真实的原则,社会动员与公众参与的原则,人权保障、最小损害和损害补偿的原则,在正确原则的指导下做好各项应急管理工作。上述原则是一个有机整体,构成了我国危机管理和应急法治的基本原则体系,应予高度重视。如果忽视、违背了这些基本原则,突发事件应对工作将会陷于极大的被动和违法状态中。

第二,要健全法律规范,完善应急预案。必须尽快制定出《突发事件应对法》的实施条例及其他配套法规、规章,按照现代应急法治的要求认真清理、修订现行的有关应急法律文件和制度规定,适时制定《网络安全法》《国民经济动员法》《紧急状态法》等有关应急法律等一系列有关应急法律法规,特别是要注意不断认真地修订完善各级、各类应急预案,为突发事件应对工作提供更充分的法律依据和保障手段。

第三,要提高认识、完善机构、建设队伍。要确保应急法治的有效实施,必须进一步深化认识、更新观念、创新制度,培育科学、民主、高效的新型应急法文化,通过深入、具体、扎实的工作来实现立法目的和规范要求。必须把危机管理机制健全与否作为地方政府和各类行政机关依法行政的水平高低与成效大小的一个衡量尺度,把危机处置能力作为干部素质的重要组成部分,通过多种方式加以改善提高。此外,还要认真执行《突发事件应对法》规定的应急管理责任制度,防止行政紧急权力的滥用或不作为,保障公民的知情权、参与权、表达权、监督权及其他合法权利。

第四,要将应对突发事件、实施应急法治作为全社会的共同责任。危机应对工作绝不仅仅是政府或突发事件应急指挥机构的事情,还需要全社会的理解、支持和参与,调动全社会的资源和力量,包括所有国家机关各尽其责、配合协力,社会组织和全体公民予以关心、尽责出力,各方面力量形成合力,共同应对突发事件,实现突发事件共同治理。为此，需要高度重视和认真组织危机应对所需的知识培训和能力演练，依法经常性地开展突发事件应对知识和应急法治的宣传、教育、培训和演练，大力提高全体公务人员和广大民众对于依法、有效应对突发事件的认识和能力，切实做到夯实基础、藏力于民。

立法难，实施更难，困难更多、阻力更大、成本更高，需要高度重视、认真抓好应急法制实施工作，真正实现突发事件应对工作的法治化。应当坚信，在党中央和国务院的坚强正确领导下，通过全国人民的共同顽强努力，我国应急法治建设，包括突发社会安全事件应急机制建设这项宏大的系统工程将会获得更快、更稳健的发展。

（附录2是2008年6月在汶川大地震后的抗震救灾、恢复重建之际，本书主编受有关机构特约撰写的报告，此前没有公开发表过，这里略加补充，予以刊发。）

附录3：社会安全法治视野中的新冠肺炎疫情防控

一、应急法治原则是重大疫情依法应对的理念基础①

新型冠状病毒疫情防控是全民参与的社会治理工程，全国人民在中国共产党领导下众志成城奋力阻击，赢得了这场人民战争的最终胜利。而在疫情防控的社会治理和司法应对中，中国特色的应急法律制度体系需要发挥特殊的调整和保障功能，而且需要以应急法治原则为观念基础的现代法治理念作指导。

此前，某些地方、部门在疫情应对决策和管理中，频现一些非科学、反理智、追求畸形政绩、广受诟病引发争议的错误做法，某些行政公务人员不依法办事、不信任民众、不积极履责的表现，其实质乃是缺乏对生命、对法治、对人权、对人民的尊重和敬畏，法治思维和法治能力严重不足，特别是应急法治理念缺乏。必须认真吸取深刻教训，推动应急法治原则成为全社会高度共识，作为中国特色应急法治建设的指导方针，真正做到依法应对、科学应对和高效应对疫情危机。

在行政管理活动和行政法制体系中，应急法治原则也常称为行政应急性原则，它是现代行政法的基本原则之一。行政法的基本原则是贯穿行政领域法律关系的始终，调整和决定行政法主体的行为，指导行政法实践全过程的原理和准则，其具有普遍性、基础性、特殊性、不可替代性等特点，是国家行政管理活动中必须遵循的共同准则，起着保证行政法制统一、协调和稳定的重要作用；其指导构建行政法律规范体系的过程，在法律规范阙如或冲突的情况下发挥特殊的规范功能，故被称为行政法制的灵魂。中国特色行政法的基本原则体系包括行政合法性原则、行政合理性原则、行政应急性原则、行政公开性

① 此节主要内容以《治疫防疫：秉持应急法治原则》（作者：莫于川）为题发表在《检察日报》2020年2月13日，第3版。

原则、行政信赖性原则、行政效率性原则等一系列原理和准则,其中容易被忽视的就是行政应急性原则也即应急法治原则。其深层次原因在于人们的观念滞后、认识不足和体制约束,而直接原因在于既往的法治教育培训发生严重偏差,针对大学生、公务人员和社会大众编写的行政法教材中往往没有应急法治原则和制度论述,可谓缺教材、缺教师、缺课时、缺演练。“平时不烧香,临时抱不了佛脚。”缺少了应急法治理念,常态下就不会制度化地投入做好应急防范准备,突发事件发生后也无能力及时有效应对危机,从常态向非常态的转化难以顺畅衔接。

行政应急性原则,是指行政主体为保障重大公共利益和行政相对人根本利益,维护经济与社会秩序,保障社会稳定协调发展,在面临突发事件导致公共管理危机等紧急情况下特别是进入紧急状态下,可实施行政应急措施;其中,既包括具有行政行为法上已有具体规定的行为,也可包括一些没有具体法律规范,甚至停止某些宪法权利和法律权利、中断某些宪法和法律条款实施或突破一般行政程序规范的行为,同时也为常态下的各种应急准备工作(如应急工作机构的建设、应急队伍的日常建设、应急物资的储备更替等)提供指导和依据。

必须指出,行政机关在公共危机管理中需要运用行政紧急权力,采取一系列紧急措施(包括大量的行政强制措施),必要时,还可中断某些法律规范的实施,甚至暂停或限制公民的部分宪法权利(但底线是不得限制和剥夺生命权、健康权、人格尊严、宗教信仰自由等最基本的人权),具有极大的优先性、紧急性、强制性和权威性,因而也具有恣意和滥用的特殊条件和极大可能,必须对其加以有效监督和约束;而紧急情况下的特别行政程序、司法程序、救济程序等程序约束乃是最有效的约束机制之一,这也是现代法治的基本要求。

表面上看,在面临突发事件等紧急情况下实施行政应急措施,其中包括一些没有具体法律依据,甚至暂停某些宪法权利和法律权利、中断某些法律规范实施的行为,似乎违背了形式法治主义;但实际上,这是政府为了国家、社会和全体公民的长远和根本利益而作出的理性选择,是符合实质法治主义要求的、利大于弊的危机管理举措,其最终目的是通过化解危机因素,恢复和维持公共权力与公民权利之间的良性互动关系,从根本上维护公民权利。

因此,在实施依法治国方略、深入推进依法行政、加快建设法治政府的新形势下,应当按照现代行政法治的要求,加强公共应急法制建设,完善应急法律规范体系,把应对突发事件的公共应急系统纳入法治化轨道;同时,在突发事件导致公共危机政府动员社会资源应对危机时,应贯彻行政应急性原则,及时采取公共危机管理所需的各种行政应急措施,予以及时和充分的权利救济,更稳健地维护我国经济社会发展和人权保障所需的法律秩序,确保公民权利(特别是基本权利)获得更有效的保护,公共权力(特别是行政权力)能够有效行使并受到有效制约,使二者能够兼顾、协调、持续地发展。

二、从新冠肺炎疫情应对经验看行政应急性原则的功用①

疫情进展至今,局势日益严峻,沉痛教训甚多,此前某些地方机关工作人员不依法办事、不信任民众、不敬畏生命或是主因。从行政法治角度看,后续依法应对、科学应对和高效应对新冠肺炎疫情的工作中,仍须强调和认真坚持4项应急法治原则或曰工作方针,这是应急管理领域的行政法治基本原则。

1. 依法应对原则。依法行政、依法办事本身也是科学性的原则要求。2003年抗击非典、2008年汶川大地震救灾重建以来,我国已逐步建立健全了较完整的应对突发事件的法律规范体系,从"龙头"性的《突发事件应对法》到《传染病防治法》和《食品安全法》再到《突发公共卫生事件应急条例》《政府信息公开条例》,包括各位阶、各领域、各地方的专门法律规范和应急预案以及工作机制,使我国应急法治建设水平大幅提升,它们是用无数生命为代价换来的科学方法和制度文明结晶。例如,防范为主、常备急需、先行处置、尊重程序、及时报告、专业处置、比例协调、严格问责、注重宣教等法治原则和法律制度。我国《突发事件应对法》第5条规定:"突发事件应对工作实行预防为主、预防与应急相结合的原则。"我国《突发公共卫生事件应急条例》第5条规定:"突发事件应急工作,应当遵循预防为主、常备不懈的方针,贯彻统一领导、分级负责、反应及时、措施果断、依靠科学、加强合作的原则。"依法应对乃是最基本、最简明、最稳当的科学应对。作为现代行政法基本原则之一的行政应急性原则应当成为全社会高度共识,作为法治建设指导方针。有关地方、机构和人员如能坚持严格地依法行政、依法办事,本身也是尊重科学和科学管理的要求和体现,最终效果也会更好。前一段时间某些地方机关、工作人员的非科学、反理智、受诟病、畸形政绩观的疫情应对做法,其实质乃是缺乏对生命、法治、人权、人民的尊重和敬畏,法治思维和法治能力严重不足,表现为不依法行政、不依法办事。此深刻教训在后续应对新冠肺炎疫情工程中必须认真吸取和彻底转变,必须采取多种方式特别是通过典型案例加强对行政公务人员及广大民众的应急法治教育,"亡羊补牢,未为晚也"。

2. 公开透明原则。这是一项低成本、高效率但最基础性的法治原则。这也是当今世界公认的应急法治的一项基本原则。在政府信息公开原则方面,我国《突发事件应对法》第44条第4项、第5项规定:"发布三级、四级警报,宣布进入预警期后,县级以上地方各级人民政府应当根据即将发生的突发事件的特点和可能造成的危害,定时向社会发布与公众有关的突发事件预测信息和分析评估结果,并对相关信息的报道工作进行管理";"及时按照有关规定向社会发布可能受到突发事件危害的警告,宣传避免、减轻危害的常识,公布咨询电话"。我国《政府信息公开条例》第6条规定:"行政机关应当及时、准确

① 此节主要内容以《应对新型冠状病毒肺炎疫情的应急法治原则》(作者:莫于川)为题发表在《法制日报》2020年2月5日,第9版。

地公开政府信息。行政机关发现影响或者可能影响社会稳定、扰乱社会和经济管理秩序的虚假或者不完整信息的,应当发布准确的政府信息予以澄清。”该条例第 18 条规定:“行政机关应当建立健全政府信息管理动态调整机制,对本行政机关不予公开的政府信息进行定期评估审查,对因情势变化可以公开的政府信息应当公开。”该条例第 19 条规定:“对涉及公众利益调整、需要公众广泛知晓或者需要公众参与决策的政府信息,行政机关应当主动公开。”该条例第 20 条第 12 项规定,行政机关应当依照本条例第 19 条的规定,主动公开本行政机关的诸多政府信息,包括“突发公共事件的应急预案、预警信息及应对情况”。概言之,政府信息公开法律规范和工作要求是明晰的,需严格遵行,但恰恰在此方面,前段时间某些地方机关、工作人员的系列错误做法广受诟病,后续工作中必须坚决纠正。

3. 共同治理原则。这是实行中国式民主、坚持群众路线的原则要求。在应对突发事件时,政府主管部门具有不容消极推卸的工作职责,但这不意味着可以仅凭一己之力单打独斗。既往的突发事件应对法治实践证明,政府机关须充分信任和依靠人民群众包括专家队伍。例如,组织动员具有专业性的应急志愿者开展配合工作,也即践行群众路线、依靠民主力量,以助于新冠肺炎疫情应对工作最后胜利。我国《突发事件应对法》第 6 条规定:“国家建立有效的社会动员机制,增强全民的公共安全和防范风险的意识,提高全社会的避险救助能力。”该法第 26 条第 2 款、第 3 款规定:“县级以上人民政府及其有关部门可以建立由成年志愿者组成的应急救援队伍。单位应当建立由本单位职工组成的专职或者兼职应急救援队伍。县级以上人民政府应当加强专业应急救援队伍与非专业应急救援队伍的合作,联合培训、联合演练,提高合成应急、协同应急的能力。”我国《志愿服务条例》第 24 条规定:“发生重大自然灾害、事故灾难和公共卫生事件等突发事件,需要迅速开展救助的,有关人民政府应当建立协调机制,提供需求信息,引导志愿服务组织和志愿者及时有序开展志愿服务活动。志愿服务组织、志愿者开展应对突发事件的志愿服务活动,应当接受有关人民政府设立的应急指挥机构的统一指挥、协调。”在后续应对新冠肺炎疫情工作中,应当积极和严格地履行政府协调职责,依法组织发挥应急救援志愿服务组织、志愿者的作用,依靠广大民众包括专家队伍实现政民合作、共同治理,齐心协力坚决打胜这场应对突发公共卫生事件的人民战争。

4. 服务指导原则。以人为本是践行人民政府的初心、使命的原则要求。这就要求按照服务型政府的要求提供应对突发公共卫生事件所需的行政服务,其要义之一就是对急需专业帮助的个人和组织及时给予专业和适当的行政指导,最大效用地动员社会主体力量、激发社会治理能力,以保护人民生命财产安全。我国《突发事件应对法》第 1 条规定的五大立法目的之一就是“保护人民生命财产安全”而制定该法。该法第 45 条第 5 项规定:发布一级、二级警报,宣布进入预警期后,县级以上地方各级人民政府除采取本法第 44 条规定的措施外,还应当针对即将发生的突发事件的特点和可能造成的危害,“及时向社会发布有关采取特定措施避免或者减轻危害的建议、劝告”。我国《突发公共卫生事件应急条例》第13条第2款规定：“县级以上各级人民政府卫生行政主管部门和其他有关部门，应当对公众开展突发事件应急知识的专门教育，增强全社会对突发事件的防范意识和应对能力。”前段时间许多地方的疫情应对工作经验和典型案例也证明了，积极履行服务型政府的行政服务、行政指导职责，认真做好专业性、服务型的行政指导工作，可使社会成员切实增强防范意识和应对能力，使新冠肺炎疫情应对工作效用能够放大，这是众望的善政、德政、法政。

三、新冠肺炎疫情防控须坚持依法行政原则①

2020年2月5日下午，习近平总书记在中央全面依法治国委员会第三次会议上强调，疫情防控越是到最吃劲时，越要坚持依法防控，在法治轨道上统筹推进防控工作。我国疫情防控所依据的应急法律规范和应急预案，是既往以生命为代价提炼形成的，符合科学规律和国情实际，因此，依法防控实际上也是简捷规范的科学防控、有序防控和有效防控。政府机关和公务人员在新冠肺炎疫情防控过程中必须全面依法履行职责，依法实施疫情防控和应急处置措施，提高依法行政水平。

由此前暴露出的如下突出问题看，首先是行政公务人员须深刻反思吸取教训，依循应急法治原则有效规范行政权力行使过程。这也是提升国家治理、政府治理和社会治理水平的一个关键。

一是市场监管等政府部门未坚持“谁许可，谁负责”的法治原则。根据中国疾病预防控制中心（Chinese Center for Disease Control and Prevetion，CCDC）披露的信息，此次新冠病毒与华南海鲜市场销售的野生动物存在密切关联。而华南海鲜市场销售野生动物的商户可分为两类：一类是持有野生动物经营利用许可证的商户；另一类是没有上述许可证进行非法售卖的商户。对于第一类商户，根据《野生动物保护法》及其实施条例的规定，若已由武汉市园林和林业局颁发许可证，则武汉市园林和林业局应对其所颁发的许可证负责，对被许可人进行监督检查，检查其是否存在经营范围超出许可范围等问题；对于第二类商户，由于其位于华南海鲜市场，而武汉华南海鲜市场有限公司本身在武汉市江汉区市场监管局进行工商登记，市场监管部门应对所颁发的工商经营许可证负责。根据我国《行政许可法》第62条的规定，武汉市市场监管部门可以对被许可人生产经营的产品依法进行抽样检查、检验、检测，对其生产经营场所依法进行实地检查，查处其违规超限经营行为。由于有关部门没能严格依法履行职责，仅作事前审批许可，不注重事中、事后监管查处贩卖野生动物的违法行为，为此次疫情埋下伏笔，造成难以估量的损失。

二是瞒报、延报、虚报信息，不按政务公开法治要求办事。此次疫情早期，“是否人传

① 此节主要内容以《疫情防控须依法行政》（作者：莫于川、任肖容）为题发表在《法制日报》2020年2月13日，第5版。

人”“是否有医护人员感染”等关键问题上，有关地方政府主管部门未能依法、及时、准确地向社会公布信息，导致严重后果。根据我国《突发事件应对法》《传染病防治法》《政府信息公开条例》等法律法规，有关政府、机构、人员应当依法依规报告、报送、通报公共卫生事件和应对处置信息，有关行政机关应当及时、准确地公开信息，报送、报告信息应当做到及时、客观、真实，不得迟报、谎报、瞒报、漏报；发现有影响社会治理风险的虚假或不完整信息时，应当发布准确的政府信息予以澄清。设若湖北省、武汉市有关部门当时能够做到公开透明准确地报告疫情、披露实情、及时预警，依法采取措施减少、取消人员密集活动，则能在一定程度上增强民众的警觉性，减缓疫情扩散，减少感染人数。令人十分遗憾的是，此次疫情前期在信息工作方面留下太多、太大、太沉痛的教训。在党中央统一部署下举国展开抗击新冠肺炎疫情的斗争后，信息披露工作误区迅速得到纠正并逐步改进完善，得到人民群众和国际社会的高度评价，抑制了谣言传播扩散，也有利于民众自我防护和取得疫情防控实效。

三是违背行政民主原则，未依法充分发挥应急志愿者的作用。在此次新冠肺炎疫情防控中，湖北省、武汉市及许多地方的应急志愿者响应政府号召，积极参加疫情防控工作，发挥了重要作用。例如，志愿者配合慈善机构接收保管发放应急救济捐助物资，志愿者在居住社区、小区协助管理出入口和帮助被隔离群众购买生活用品，志愿者去医护用品（口罩、护目镜、防护服、消毒液等）紧急开工生产企业代工，志愿服务车队主动接送医护人员往返等。简言之，应急志愿者在各地疫情防控工作中发挥了生力军作用。但是，其对于应急志愿服务工作的思想认识和组织开展远远不够平衡、不够充分。一些急需应急志愿服务的机构由于认识滞后、顾虑重重、体制掣肘，没能主动和有效使用志愿者，使各类应急志愿者的特殊作用远未发挥出来。例如，某些地方红十字会在应急救援物资接收管理分发过程中的人手严重不足（武汉市红十字会仅有10多人、湖北省红十字会仅有20多人），有些没有主动地组织开展，有些虽然招募了志愿者做搬运物资等简单工作，但没能有效地组织、信任地放手其发挥作用，故在紧迫、巨量的应急救援物资接收管理分发工作压力下，有关红十字会的工作效率、质量、透明度和公正性一再受到公众质疑。我国《突发事件应对法》《传染病防治法》均规定了志愿者是应急救援的重要力量，国家鼓励、引导志愿者参加应急救援工作。我国《志愿服务条例》第24条规定：“发生重大自然灾害、事故灾难和公共卫生事件等突发事件，需要迅速开展救助的，有关人民政府应当建立协调机制，提供需求信息，引导志愿服务组织和志愿者及时有序开展志愿服务活动。志愿服务组织、志愿者开展应对突发事件的志愿服务活动，应当接受有关人民政府设立的应急指挥机构的统一指挥、协调。”在后续应对新冠肺炎疫情工作中，应当积极和严格地履行政府协调职责，依法组织发挥应急救援志愿服务组织、志愿者的作用。特别要注重在疫情防控工作比较薄弱的农村社区组织开展应急志愿服务，还要注重发挥各类专业志愿者的作用，依靠广大民众包括专家队伍实现政民合作、共同治理，践行群众路线、民主原则，齐心协力坚决打胜这一场应对突发公共卫生事件的人民战争。

四是某些疫情防控工作人员以人为本、尊重人权的观念淡漠。在前一段的疫情防控中，湖北省黄冈市一名17岁脑瘫患儿因父亲和弟弟疑似新冠肺炎被隔离，其独自在家6天后去世，此事引发强烈的社会批评。此外，武汉返乡人员信息被泄露、滞留在外的武汉人受歧视、外地务工人员返回租住小区受阻等消息不时出现。这些典型事例和现象，引发了极大的社会争议和不满情绪，妨碍了疫情防控工作的稳健推进。《法治政府建设实施纲要(2015—2020年)》要求依法全面履行政府职能，不仅要做好社会管理，也要做好公共服务，建设法治政府和服务型政府。在此次疫情防控中，地方政府扮演了公共秩序监管者和公共服务提供者的双重角色，应按照我国《传染病防治法》《社会救助暂行办法》等相关法律规定，高度关注此次疫情防控中的弱势群体，尽可能为其提供社会救助和急需帮助；同时，不得泄露防控工作中获得的个人信息和隐私，特别要依法尊重和保障公民的生命健康、人格尊严、个人隐私等基本权利，避免工作疏忽产生二次伤害。此外，各地、各级政府不能各自为政，应及时沟通协商，做好统筹协调，形成工作合力，做到法制统一，全力做好疫情防控工作，

五是一些应急处置措施欠缺适当性、平衡性，未遵循比例原则。在此次疫情防控中，不少地方采取了“硬核”的管制措施，包括封路、封村、封小区等。尽管这些举措的出发点是为了减少人员流通、阻却病毒传播渠道，但是，目的正当性不能直接推论出手段正当性。目前，这些做法多由自治组织的村委会或居委会采取，且相当一些并无地方人大和政府授权或委托；但根据《道路交通安全法》的相关规定，村委会或居委会并非可以决定交通管制的机关，个别地方政府“默许”此种简单粗暴做法存在“懒政”的嫌疑，特别是一些公务人员从早期的不作为转而变为乱作为，社会观感很差，广受人们诟病，严重损害了当地政府形象。所以，应当学习浙江省、上海市、北京市等地的做法，通过地方人大立法或行政立法、行政命令的方式作出专门规定或授权，并及时加以专业指导和有效监督，授权或委托基层单位规范和适当地采取应急处置措施，可减少违法侵权伤害的风险。在后续的疫情防控工作中，地方政府和公务人员应当探索实施对公民权利影响最小、对市场机制干预最小、危机应对效果较好的管制措施，注重管制行为主体、依据、程序、效果的合法性，避免“一刀切”封路、封村等管制措施带来疫情防控物资运送不畅而对生产经营产生的负面冲击。

六是违背正当程序原则，一些应急行政决策管理民主性不足。在此次疫情防控工作中，云南省大理市卫生健康局以加强防疫工作为由将从云南省发往重庆市的防疫物资紧急征用，受到广泛谴责。该事件除了存在违反《突发事件应对法》《传染病防治法》有关规定，在征用行为主体、权限、依据和动机等方面不合法嫌疑外，其是否符合正当程序法治要求也存有疑问。此后，还出现了青岛市与沈阳市发生海关相互暂扣、征用疫情防控物资争议嫌疑等行政权限争议事件，引发了广泛的社会关注。从疫情防控物资征用的正

当程序来说,包括调查、协商、审议、决定、公告、补偿等,如不属于本地储备物资则更需要与其他地方政府进行协调请求帮助,违背了这些正当程序则易于产生违法侵权后果。尽管疫情应对需要快速处理,但不能成为违反法律程序规范的借口。正当、必要的法律程序不仅可以使决策正当化、规范化,也起到意见沟通作用,保障被征用主体的知情权。为更及时规范地解决疫情防控措施权限争议,我国可尝试建立行政行为权限争议快速协调裁决机制。它类似于外商投资法建立的投诉机制,可以在突发公共事件应对过程中发生应急处置措施权限争议时,争议各方可以通过该机制寻求快速协调裁决来规范化地解决争议,当下,则可利用各地普遍建立和运行的疫情联防联控机制发挥此协调裁决功能。

七是一些行政公务人员的应急法治素质和能力明显不足。在此次疫情防控中,时任黄冈市卫健委主任唐某红在接受督导组问询时一问三不知,湖北省省长王某东在新闻发布会对口罩数量的数次口误,一些地方的应急救援储备物资和设备、专业救援队伍非常缺乏,一些地方任性的交通管制举措等,都反映出公务人员应急法治素质和能力亟待提升。实际上,此前党中央、国务院对此早已提出明确要求。《法治政府建设实施纲要(2015—2020年)》强调,政府工作人员,特别是领导干部须要牢固树立基本法治理念,恪守依法行政基本要求,做到法治思维和依法行政能力明显提高,包括应急法治素质和能力也必须着力提高,在法治轨道上全面推进政府各项工作。党的十八届五中全会公报提出,政府机关和公务人员要牢固树立安全发展观念,坚持人民利益至上,健全公共安全体系,完善和落实安全生产责任和管理制度,切实维护人民生命财产安全。现在看来,这方面的问题非常突出。作为现代行政法基本原则之一的应急法治原则应当成为全社会高度共识,作为行政法治建设指导方针。为此,公法学界也应反思之前对应急法治原则和制度重视不够的误区,在后续应对新冠肺炎疫情工作中必须认真吸取教训,采取多种方式,特别是通过典型案例加强对行政公务人员及广大民众的应急法治教育。

本文主要分析讨论了行政机关和公务人员不依法行政、不依法办事的问题表现和改进思路,那么作为社会主体和市场主体的公民和社会组织、企业和个体商户,在举国防控疫情的伟大斗争中,如何依法行使权利、履行义务,配合疫情防控措施,参加疫情防控工作,政民合作、共同治理,形成疫情防控工作更大合力,则是法律规范和道德约束的社会责任问题,当另文加以分析讨论。非典疫情后,我国开启了突发公共卫生事件应急法治建设,基本建成了较完整的应急法治体系,包括应急预案和直报平台,在疫情防控工作中不能以法律规定有所不足或时间紧迫为由,将此视为绊脚石而弃之不用。在前一阶段疫情防控过程中出现的各种乱象和暴露出的应急法治观念滞后的问题,须要全社会深入反思认真矫正。若是有关地方、机构和人员能坚持严格地依法行政、依法办事,最终的疫情防控效果也会更好,这本身也是尊重科学和科学管理的要求和体现。按照中央全面依法治国委员会第三次会议的要求,各级党委和政府要全面依法履行职责,坚持运用法治思维和法治方式开展疫情防控工作,在处置重大突发事件中推进法治政府建设,提高依法执政、依法行政水平。

四、疫情防控志愿服务中应当关注解决的应急法律问题①

众所周知,随着新冠病毒(2019 - nCoV)的蔓延,疫情防控早已超越单个疫区和单一卫生专业领域的处理能力限度,成为具有全国性的突发重大公共卫生事件。无论在武汉市、湖北省,还是在湖北省以外的其他地方,为支持各级党委和政府主导开展的疫情防控工作,广大应急志愿者和志愿服务组织通过捐赠转运防疫物资、接送医护人员往返、社区和隔离点值班站岗服务、宣传引导辅导隔离人员和人民群众、防护用品复产企业顶岗加班生产、组织专业救援队伍等方式,在疫情防控的不同流程、不同区域,特别是基层社区疫情防控工作中做出了特殊贡献,有的应急志愿者甚至付出了生命代价,获得了全社会高度评价和崇高敬意。

人们在观察思考和总结改进疫情防控经验教训之际,还应关注广大志愿者、应急志愿服务过程中面临的诸多困难和法律难题,通过对已经暴露和潜在的难题进行深入分析,提供具有针对性、合法性与可行性的完善建议,以保障应急志愿者的合法权益,完善应急志愿服务法治,促进突发公共卫生事件和次生、衍生事件及时、有序和妥善处理,以凝心聚力、共度时艰。这里谨就疫情防控工作中易被忽视的 3 个疑难问题略作分析,提出依法解决的对策建议。

1. 疫情防控应急预案不完备、不及时公开会影响应急志愿服务开展

根据我国《突发事件应对法》《传染病防治法》《突发公共卫生事件应急条例》等专门法律文本的规定,应急预案是应对突发公共事件的专业性、系统性准备,是启动和采取应急防控处理措施的基础,必须在常态下夯实此基础。一般来说,专项应急预案应当是“一事一案”,是针对某个类型突发公共事件在实施应急措施前的准备方案和转入应对过程的处置方案,它描述了突发公共事件的客观事实,明确了各部门的职能分工,规划了不同层级、程度情况下的应急措施,能够全面呈现人们对此类突发公共事件的专业性、时空性的认知。而且,应急预案一般都有关于应急志愿服务有关组织和行动的具体规定。从公共卫生管理和法制领域的实际情况看,各部门、各地区往往根据“上位法”出台了有关的突发公共卫生事件应急预案,虽然许多应急预案制定颁行的时间较早,具体内容往往“概念化”“公式化”而导致可操作性不足,有些还没有根据上级所提要求和实际情况变化及时加以修订,但它们毕竟在应急管理实践中扮演着启动突发公共卫生事件应急响应依据的吹号角色。

遗憾的是,一些公务人员包括领导干部甚至不知晓、不熟悉、不运用本地区、本系统、本单位的突发公共卫生应急预案,相关职能部门和专业单位在客观上不重视应急训练,

① 此节主要内容以《妥善解决应急志愿服务相关法律问题》(作者:莫于川、杨震)为题发表在《法制日报》2020 年 3 月 4 日,第 5 版。

在主观上不积极评估突发事件的潜在概率，以至于在疫情初期持侥幸心理，采取封锁消息的不合理措施，导致应急预案被束之高阁未及时发挥作用。在这次新冠肺炎疫情防控斗争中，由于专项应急预案不同程度"被忽视""被缺失""玩失踪"，导致后续疫情防控措施缺乏一定的专业性、系统性、连续性；而且，专项应急预案（假使存在的话）的不公开或不及时公开或束之高阁，导致社会公众无法确切获悉和跟进认知新型冠状病毒及其疫情。这就不难理解在疫情初期一些个人配合防控积极性不高的问题。

不仅如此，专项应急预案的不足、不公开、不运行，也直接影响了应急志愿服务召集。志愿服务组织和志愿者个人无法及时、具体了解疫情的实际情况和疫区的防控规划，无法根据疫情判断自己是否愿意参加，无法判断什么时间、什么区域需要提供什么专业能力的志愿服务。此外，伴随负面信息和不实信息的增加，无论是救援队，还是一般志愿者都无法作出具体的志愿服务方案；无论是普通个人，还是慈善组织都无法精准确定向哪里捐赠以及捐赠何种物资。应急志愿服务组织无法及时组建和"到岗"，应急救援物资的筹备和管理效率低下。

专项应急预案"缺岗"导致的严重后果是，公共卫生秩序从常态工作情形向非常态应急情形的转换出现不顺畅、不衔接，这是应急法治原则没有真正树立和应急法治思维没有真正被接纳的直接表现。因此，应当通过修改有关应急法律规范来真正明确应急法治原则，其中一个重要的路径就是明确应急预案对启动应急方案和行使应急职权的基础性、科学性、合法性的支撑作用。作此改进，必然能够对包括应急志愿服务在内的全方位工作、全社会群体，产生积极作用。

2. 应急指挥机构如何依法协调、指挥和指导开展疫情应急志愿服务

在疫情防控工作中，不同层级、地域的地方党政机关和主管部门成立相应的应急指挥部，以及高度权威性的联防联控机制，统一协调、指挥防控工作，应急指挥成效非常突出，受到全社会高度关注。应急志愿组织（者）开展志愿服务应当接受其统一协调和指挥，但应急指挥机构如何协调、指挥应急志愿服务，应急指挥机构介入应急志愿组织的界限在哪里，仍是需要认真讨论和解决的问题。比如，应急指挥机构能否直接越过应急志愿组织的内部管理机制直接指挥应急志愿者？应急指挥机构能否接管、调配应急志愿组织和应急志愿者募集和使用的应急救援物资？等等。

突发事件预警的分级制度为解决此问题提供了一些线索。根据我国《突发事件应对法》的规定，突发事件分为四级，突发事件预警制度也实行四级分类，不同级别的预警将产生不同的法律效果。根据该法的规定，县级以上人民政府只有在一级、二级预警情况下才有权：责令应急救援队伍、负有特定职责的人员进入待命状态，并动员后备人员做好参加应急救援和处置工作的准备；调集应急救援所需物资、设备、工具，准备应急设施和避难场所，并确保其处于良好状态、随时可以投入正常使用。也就是说，在一级、二级预警的情况下，县级以上人民政府可以实施动员志愿者和调集物资的职能；而在三级、四级

预警的情况下，由于突发事件的危害性不高，县级以上人民政府采取统一协调的方式即可。而对于应急志愿服务的专业性管理，县级以上人民政府或应急指挥部宜少干预，尽可能保障应急志愿服务的专业性、系统性，为其提供更有利的志愿服务环境。

就政府统一协调、指挥应急志愿服务而言，可以构建“动员号召—接洽引导—居中协调—物资分配”的四级制度。首先，在应急预案发布后，政府应当及时公布应急事件的事实情况和区域应急需求，动员号召应急志愿组织（者）的援助；其次，在应急志愿组织（者）到达具有需求的地区后，做好应急志愿组织（者）的安置工作，并及时、全面介绍突发事件的进展；再次，应当根据突发事件地区的实际需求和不同应急志愿组织（者）的专业能力，协调不同应急志愿组织（者）的工作分配；最后，如果当突发事件进入一级、二级响应且出现物资匮乏的紧急状况，应当统一调配救援物资，规划救援物资的使用，尽量保证最需要的地区和人员得到适合的志愿服务和物资救助。

在这方面，过去发生的非典、禽流感、汶川大地震、玉树地震、南方冰冻灾害等突发公共事件应对救援过程中的应急志愿服务工作经验教训及其后续建立健全起来的社会动员、公共防治的制度规范，值得重新梳理和认真践行。这有助于在发挥政府主导作用的同时，充分调动起全社会力量特别是亿万志愿者的积极性，形成政民合作共同抗击疫情的伟大力量。

3. 秉持应急法治原则推动应急志愿服务的专业化、透明化和人性化

应急法治原则是指管理主体为保障重大公共利益和人民群众根本利益、维护经济与社会秩序、保障社会稳定协调发展，在常态下为防范公共事件发生而做出机构、人员、物质、技术和制度等方面的系列准备，在面临突发事件导致公共管理危机等危急情形下实施预警和应急处置措施的指导原则。这项原则既为常态下的各种应急准备工作，如应急工作机构的建设、应急队伍的日常建设、应急物资的储备更替等提供指导和依据；也为非常态下防止行政恣意和滥用公共权力，对管理主体采取应急处置措施提出了现实性、专属性、适当性和特殊程序性的要求；还对公民、企事业单位、社会组织等社会成员提出了依法依规合理忍受、配合与支持行政应急处置措施的要求。不言而喻，在突发公共卫生事件可能发生、可能导致公共危机、政府机关需要动员社会资源应对危急情形时，应当贯彻应急法治原则，及时依法采取公共危机管理所需应急处置措施，确保公民权利能够获得有效保护，公共权力能够有效行使和制约，二者关系能够协调发展。

应急志愿服务不同于普通志愿服务的地方在于更高的专业性标准。突发事件造成的社会危害以迅猛方式处于不断扩张中，需要具有专业、科学、系统的应对能力的志愿服务组织（者）。但是，由谁来判断应急志愿组织（者）的专业性？当应急志愿服务组织（者）的能力不足时，如何进行调配？这些是应急志愿服务中容易被忽视的问题。

其实，专业性要求越高的应急事项，其对应的应急志愿服务组织（者）的专业性就越容易判断。比如，新型冠状肺炎疫情防控的医护事项，只适宜由各医疗单位派出的救助

队来承担。但是,对于专业性要求比较低的应急事项,往往易被人们忽视。比如,在疫情防控亟须物资的关键时期,如果参与调配医疗物资的志愿服务(性)组织不具有充足的工作人员、通畅的物资渠道、系统的分配网络,则将影响疫情防控的全局。如果存在这样的问题,应急指挥部作为统一协调和指挥部门,应当及时检查、评估该组织的工作,迅速作出调配的判断,指导工作交接,让具有专业能力且其本职工作、延伸工作与物资分配无利害关系的组织承担。

与此同时,应急志愿服务还应当注意透明性问题,尤其是涉及应急救援物资的接手或者处理事项,应当及时、详细地公布具有透明性要求的服务信息。比如,疫情防控工作中的应急救援物资调配信息:一方面,应当主动、及时通过网络平台发布,接受物资援助者和社会各界的监督;另一方面,应当及时向应急指挥部报备,并作为防控工作的信息数据,在职权部门召开新闻发布会或者公开疫情工作信息时一并公开。这样的经验和教训一直在发生,需要高度重视、认真解决,为后续的新冠肺炎疫情防控工作,提供更专业、有力和高效的应急志愿服务。

五、重大疫情防控中的志愿者:充分发挥作用与依法保障权益①

新冠肺炎疫情来势猛、传播快、传染性强、危害性大,举国之力抗击疫情,这场人民战争在党中央的领导下紧张有序推进中,除政府机关和卫生机构的专业防控力量发挥主力军作用外,组织动员起来的各种社会力量特别是志愿者队伍作为重要的社会治理力量,在疫情防控中发挥了重要的生力军作用。各地志愿者响应政府号召自愿奔走在疫情防控一线,他们牺牲个人时间、冒着染病风险,有组织地加入接送医护人员往返,帮助被隔离群众购买生活用品,协助小区管理出入口,配合慈善机构接收保管发放应急救济捐助物资,到急需复工生产疫情防护用品但暂缺员工的企业顶岗助力,协助城市管理和市容卫生机构参加城乡社区治理和卫生消杀工作等,成为联防联控抗击疫情的重要力量。但是,我们在为志愿者点赞的同时,也时闻某些地方出现防疫志愿者遭受服务对象或基层单位的刁难、侮辱甚至殴打,武汉市交通志愿服务车队的何辉同志在防疫志愿服务过程中感染新冠肺炎不幸离世,等等。鉴于这次重大疫情的特殊性,各地政府部门和有关组织,应当按照我国《突发事件应对法》《传染病防治法》《慈善法》《志愿服务条例》及当地的志愿服务地方立法和政策规定,在充分发挥应急志愿者的专业作用的同时,还要为参加防疫工作的志愿者依法提供保障,尽可能降低其风险、保障其权益、彰显其贡献,不能让应急志愿者流汗、流血后还要伤情、伤心。因此,对下面5点须正确认识和妥善解决。

第一,志愿者招募应依法进行、公开透明并说明相关风险。志愿者招募信息是志愿者获取服务需求的重要途径,志愿者可以比照招募信息确认自己是否有意愿、有能力参

① 此节主要内容以《为疫情防控志愿者提供良好权益保障——建议我国志愿服务法早日出台》(作者:莫于川、任肖容)为题发表在《检察日报》2020年2月21日,第3版。

与所招募的志愿服务活动。招募单位在招募志愿者时应按照《志愿服务条例》第12条的规定，真实、准确、完整地说明相关信息。这些招募信息包括志愿者报名条件、招募人数、志愿服务内容、志愿服务活动时间地点、工作保障条件、报名方式等。招募单位应在招募信息中对可能发生的风险特别予以说明，不能因顾虑降低志愿者参与积极性而选择性地不在志愿者招募中写明。在志愿者被招募后，志愿服务组织应按照招募发布的活动方式进行志愿服务，不得在未征求志愿者意愿的情况下要求其提供超出范围的志愿服务，避免在这种情况下徒增风险和争议。

第二，线上线下结合，志愿者上岗须经过必要的专业培训。应急志愿服务与一般的志愿服务不同，具有更强的专业性和风险性。所谓的专业性是指部分志愿者所在的岗位需要特定的专业知识和技能，如防护用品的生产加工、医院的预检分诊、疫情防治人员转运等。所谓的风险性，是指应急救援活动较之常态下的志愿服务活动具有更大的人身危险，若防护不当不仅使自身易受感染，也会导致病毒扩大危及服务对象的人身安全。部分省市的地方性法规，如《武汉市志愿服务条例》《北京市志愿服务促进条例》，明确规定接受志愿服务培训是志愿者的重要权利。各地志愿服务组织单位应通过志愿服务培训增强志愿者的专业素质能力，降低志愿服务特殊风险：一方面，不能以时间紧急为借口省去培训步骤不予培训；另一方面，也不得以培训需要时间就干脆不招募志愿者。志愿者上岗培训，可以通过线上线下相结合的方式来进行，尽可能减少线下接触，提高培训效率。例如，共青团北京市委、北京市志愿服务联合会结合共性的问题，就如何进行手部消毒、如何正确佩戴口罩等问题，统一制作疫情防控志愿者上岗培训视频，获得了良好的培训实效和社会评价。

第三，志愿服务组织要为志愿者提供必要的物质和安全保障。《志愿服务条例》第17条规定："志愿服务组织应当为志愿者参与志愿服务活动提供必要条件。志愿服务组织安排志愿者参与可能发生人身危险的志愿服务活动前，应当为志愿者购买相应的人身意外伤害保险"。具体而言，一是要为志愿者提供必要的防护用品，如口罩、防护服、消毒用品等。要根据志愿服务活动风险的高低提供不同等级、规格的防护措施和用品。在极特殊的情况下，志愿服务组织方由于防护用品短缺无法及时提供的，也要提前告知志愿者，志愿者个人有能力解决防护用品问题的，才可以继续开展志愿服务活动。二是要为志愿者提供必要的饮食、交通等保障，如在交通管制区域进行志愿服务活动时，应当组织车辆进行接送，以确保应急志愿者长时间工作过程中还能够保持体力、保证健康。三是要为志愿者购买相关保险。此次疫情防控风险高、危险大、困难多，志愿服务组织单位应当按照《志愿服务条例》及当地志愿服务地方性法规的要求为志愿者购买人身意外伤害保险。有条件的地方，应积极同保险公司合作为疫情防控志愿者量身打造保险产品和项目，解除志愿者的后顾之忧。目前，上海市、杭州市、厦门市、深圳市等地均推出了疫情防控志愿者保险，切实保障了志愿者的人身安全。四是要签署志愿服务协议。尽管《志愿服务条例》中未对志愿服务协议的签署与否进行强制规定，但部分省市的地方性法规已经对志愿服务协议的签署事项作出了具体规定。例如，《武汉市志愿服务条例》第21条规定，应当签订书面志愿服务协议的情形包括：对志愿者人身安全、身心健康等有较高风险及志愿者、志愿服务组织和志愿服务对象任何一方要求签订书面协议的情形。这次新冠肺炎疫情防控工作具有相当的人身危险性，志愿服务组织应尽可能组织签署协议明确服务内容、方式，为日后志愿者权益受损后提供便利有力救济的书面材料。为此，当地政府机关也要积极给予行政指导、行政资助和行政奖励。特别是建议应当依据立法精神和政策方针，给予有组织地参加疫情防控志愿服务工作中不幸感染新冠肺炎的志愿者可认定为工伤，因此，殉职者可评定为烈士。

第四，应尊重志愿者人格尊严，保护志愿者隐私及相关权益。众多的志愿者挺身而出，为疫情防控提供了重要力量，可谓是雪中送炭。首先，志愿服务组织单位、志愿服务使用单位及服务对象应尊重志愿者的人格尊严。协助购买生活用品的志愿者并非"快递员"，照顾居家隔离群众的志愿者并非"保姆"，协助小区物业进行体温测量的志愿者也并非"保安"，他们凭着一腔热诚积极投身志愿服务，各单位人员应尊重、理解和支持他们。志愿服务组织、使用单位的指手画脚强行指派志愿者，以及服务对象的颐指气使，不仅违反了《志愿服务条例》第20条的规定，而且若造成志愿者身体伤残还会触犯《刑法》受到制裁。近日，上海发生的社区居民辱骂、殴打志愿者涉刑事件，就是不尊重志愿者的沉痛教训。其次，志愿服务组织单位在招募时获取的志愿者信息应严格保密，未经志愿者同意不得违反规定将其个人信息外泄造成侵权伤害。

第五，应保障志愿者对志愿服务组织的知情权和批评建议权。长时间在疫情防控一线的志愿者深度参加志愿服务活动，最了解如何改进工作、提升服务质量、保障自己和服务对象的人身和财产安全。《湖北省志愿服务条例》《河南省志愿服务条例》《浙江省志愿服务条例》等诸多地方性法规，均规定志愿者有对志愿服务组织的工作提出建议、批评和进行监督的权利。据媒体报道，一些地方的志愿服务组织对应急志愿服务工作的思想认识滞后、顾虑重重，甚至把提出建议的志愿者踢出聊天群，不仅不信任志愿者，反而害怕志愿者的监督。透明公开是慈善活动和社会动员、社会治理、社会事业的生命，志愿服务活动接受志愿者的监督是提高其可信度、透明度的重要手段。志愿服务组织及使用单位应从善如流，认真听取志愿者反馈的意见，保障志愿者监督权。

此外，志愿服务组织也应该按照规定记录志愿服务时长，出具志愿服务证明。各级政府应当通过多种媒体开展积极和适当的宣传活动，为志愿者营造良好的社会氛围，也应对表现突出的志愿服务组织、志愿者给予表彰和奖励。

为众人抱薪者，不可使其冻毙于风雪。应急志愿者奉献自己的时间、体力、专业技能和爱心感情，为社会大众提供志愿服务，并配合政府的行政服务，能够形成专业防控和社会防控相结合的高效率的政民合作共治局面，这也是中国式民主的生动和具体表现。因此，政府、社区、单位、慈善组织等志愿服务组织使用单位，也应依法依规依德为应急志愿者提供暖心和有效的权益保护。

保护好志愿者就是保护好社会良心。在我国志愿服务组织管理体制发生重大调整，志愿者、志愿服务组织的角色和作用被赋予更大的社会期盼、社会责任的当下，早日颁布《志愿服务法》作为志愿服务领域的“龙头”法，以提供更强有力的法律保障，推动志愿服务成为亮丽的中国名片，提高我国社会发展水平和社会治理现代化水平，这也是中国特色社会主义法治建设的重要任务。

六、依法防控疫情须化解应急志愿者特殊风险①

关于新冠肺炎疫情防控过程中的应急志愿者和志愿服务的巨大贡献和特殊风险，已经作了诸多讨论，在此主要从4个方面来检讨特殊风险问题。

（一）应急志愿者特殊风险的社会背景

这次新冠肺炎疫情，是中华人民共和国成立以来在我国发生的传播速度最快、感染范围最广、防控难度最大的一次重大突发公共卫生事件。对执政党和人民政府以及全国人民来说，这是一次危机，也是一次大考，是对国家治理体系特别是危机管控体系的一次检验，也可以说，是通过全面深刻反思改进今后可能获得更稳健持续发展的机会。面对这样的特殊大考，很多地方的党委和政府在党中央统一领导下，带领人民群众和各类组织齐心协力积极开展防控工作，一步步取得抗疫成效，为举国抗击疫情斗争做出了应有贡献；但也有一些地方和部门面对突如其来的疫情进退失措，一些明显违法不当，甚至奇葩的应急决策和管制措施，每每推出就引发社会争议造成工作被动，教训不可谓不沉痛、不深刻，而其中一个重要教训就是某些公务人员的依法管控危机能力不足。因此，习近平总书记在近期召开的多个部署疫情防控工作和经济社会稳健发展会议上发表重要讲话时都谈到，必须依法防控疫情，疫情防控越是到最吃劲的时候，越要坚持依法防控，在法治轨道上统筹推进各项防控工作，全面提高依法防控、依法治理能力，保障疫情防控工作顺利开展，维护社会大局稳定。

依法防控的要义之一，是要依法保障应急志愿者的合法权益，积极发挥应急志愿服务的作用。事实上，在这次新冠肺炎疫情猛然袭来，对人民群众生命安全和身体健康构成极大威胁、对政府主导的公共危机管理带来严重挑战之际，许多地方、领域和系统的志愿者投身于应急志愿服务，展现出特别感人的奉献精神和专业态度，发挥出独特的重要作用。在此背景下，党中央、国务院以及许多党政机关和社会组织都予以关注，积极出台制度规范予以社会动员和指导帮助。例如，中国青年志愿者协会于1月26日发布《关于青年志愿者组织和志愿者开展疫情防控应急志愿服务的工作指引》，中央文明办于2月

① 此节主要内容以《应急志愿者，特别关爱给特别的你》（作者：莫于川、梅帅）为题发表在《光明日报》2020年3月7日，第11版。

初发出《关于在打赢疫情防控阻击战中有针对性地开展精神文明教育的通知》,中宣部、中央文明办随即提出在武汉市开展疫情防控"志愿服务关爱行动"等。

习近平总书记于2019年7月24日在致中国志愿服务联合会第二届会员代表大会的贺信中就特别提出,各级党委和政府要为志愿服务搭建更多平台,给予更多支持,推进志愿服务制度化常态化,2020年2月23日的重要讲话实际上再次强调了各级党委、政府和全社会都要积极支持应急志愿服务。可见,在新冠肺炎疫情防控工作中,应急志愿者面临的特殊风险及化解之策,必须高度重视和妥善解决。

(二)应急志愿者的界定与风险特征

与常态下的志愿者有所不同,应急志愿者,是指在突发事件发生地应急管理机构统一指挥、安排和管理下开展(以及自发开展)应急志愿服务活动的人员。根据身份特征的不同,可分为党员、团员、青年、企业职工等类型的志愿者;根据所在组织机构的不同,可分为政府部门、专业援助机构、民间组织等类型的志愿者;根据其发挥功能的不同,可分为医疗辅助、应急物流、交通协理、社区治理、心理辅导等类型的志愿者。

应急志愿者和志愿服务具有紧急性、特殊性和风险性等特征。紧急性,是指应急志愿者参与处理突发事件的紧急、迫切、立见分晓;特殊性,是指应急志愿者参与志愿服务或需特殊知识和能力;风险性,是指应急志愿者参与志愿服务发生危险、受到伤害的可能性。应急志愿者是在突发事件应对中形成的特殊形态,是国家应急管理体系中与政府职业应急救援队伍并肩前行的同盟军、生力军。

(三)各类应急志愿者的特殊风险

在这次新冠肺炎疫情防控斗争中,各类应急志愿者在疫情防控的各地方、各领域、各环节中发挥着重要作用。他们或在街头流动、穿梭不息、劳累不堪,或在固定岗位默默付出、精心工作、承受压力,为新冠肺炎疫情防控应对工作提供了无私帮助和支援。根据其行为特点、身处环境和社会关系,应急志愿者面临的特殊风险或承责压力同样不可忽视、须加辨析。

1. 医疗救助类志愿者。此类应急志愿者的人数比例虽然不高,但在医院、隔离点等地方直接参与病人、疑似病人、密切接触者等治理或隔离对象的医疗护理、临床辅助、卫生防疫、清洁卫生等工作,他们的特殊风险主要来自病人、疑似病人、密切接触者的直接接触、近距离接触。新冠肺炎疫情发生后,医疗救助类志愿者大多在政府主管部门组织安排下组织化地开展工作,他们"全副武装""争分夺秒",迅速深入专门医院、方舱医院、卫生院、福利院、社区集中隔离点等抗疫一线,开展各类病人诊断、治疗、康复过程的协助工作和防疫卫生工作。他们为疫情防控提供了形式多样的医治辅助工作,堪称疫情防控专业救援力量的可靠辅助力量。

2. 应急物流类志愿者。此类应急志愿者参与应急物资的接收、暂存、储运和发放等工作,他们的特殊风险来自应急物流过程,每天大量收发处理那些广泛暴露和经过无数人员接触过的转运物品。新冠肺炎疫情发生后,应急物流类志愿者奋力工作在应急物资匮乏地区,尽快使应急物资抵达一线,实现应急物资有序调取、运送和分发。他们是疫情防控的物资运输者,是保障应急物资快速运输的重要力量。

3. 交通协理类志愿者。此类应急志愿者参与道路交通疏导、交通秩序维护、安全宣传提示等工作。他们的特殊风险源于交通秩序维护过程中的许多不确定因素,如规避、逃避疫情和安全检查的车辆、人员。新冠肺炎疫情发生后,交通协理类志愿者多通过在主要路口站岗执勤的方式,协助交通警察和交通行政管理人员做好车辆疏通、停靠体温检测、可疑车辆人员核实等工作,引导车辆文明有序依规出行。他们是新冠肺炎疫情防控中的交通守护者,是疫情防控公共秩序维护的重要力量。

4. 社区治理类志愿者。此类应急志愿者参与社区秩序维护、便民服务提供、老幼孤残照顾、疾病知识宣传等工作。他们的特殊风险来自社区秩序维护过程中的许多不确定因素。新冠肺炎疫情发生后,社区治理类志愿者配合基层政府机关和社区组织走街串巷、排查人员,深入小区、楼栋、家庭进行安全检疫和综合防控,包括为居民送口罩、量体温等便民服务,为居民的特殊需求提供帮助,开展社会安全风险因素的捕捉化解工作。他们是社区治理秩序的维护者,是基层联防联控的主要力量,也是国家治理、政府治理、社会治理三大体系互联互动发挥作用的基础因素。

5. 心理辅导类志愿者。此类应急志愿者参与疫情相关人群的心理危机干预、心理辅导帮助工作,其特殊风险来自病人、疑似病人、密切接触者及其家属的心理疏导过程中的不确定因素。例如,上述人员的抑郁苦闷情绪突然迸发或对自身际遇和社会问题不满的转移倾泻。新冠肺炎疫情发生后,至今队伍弱小的心理辅导类志愿者,大多是通过热线电话、在线沟通等方式提供心理辅导服务,有时也需要到现场与辅导对象近距离接触提供心理辅导服务,他们对心理辅导过程中发现的潜在或露头的心理危机因素提出化解建议。他们是处于特殊疫情防控环境下的病人、疑似病人、密切接触者身边的“倾听者”,是心理辅助对象在疫情防控期心理恢复过程中的“知心者”,是职业心理治理师(这支队伍也非常弱小)大量急需的专业帮手的“助力者”,也是心理辅助对象今后生活幸福指数得到保障的“福音者”。

除以上应急志愿者外,还有关爱帮扶类、行政综合类、物资供给类、顶岗工作类等志愿者,他们也奋战在新冠肺炎疫情防控斗争中,贡献他们的爱心热忱和专业技能,为疫情防控救援工作人员和受困人员提供各种帮助,他们自身在疫情防控应急志愿服务中的特殊风险如何辨识预防化解也应受到足够重视。

(四)应急志愿者特殊风险的化解之策

从新冠疫情防控斗争开始,个别地方和单位在招募和使用应急志愿者的过程中,未能按照应急救援法制和志愿服务法制及有关政策规定办事,造成一些应急志愿者平添风险、权益受损或遭遇歧视,个别志愿者还因过度劳累、遭遇不测等导致伤亡,这些沉痛教训必须引起高度重视和妥善解决。简言之,加强应急志愿者特殊风险的防控化解措施已刻不容缓。

1. 完善志愿者的招募机制。志愿者招募是应急志愿者从事志愿服务的起始环节,应从志愿服务的“入口”进行认真把关。一是对于不同类型应急志愿者的招募,应明确相应的招募条件。具体包括设计出简明完善的招募登记表格,明晰志愿服务的报名条件,对志愿者的专业技能及身体健康状况作出门槛规定等。二是应当遵循已有的程序法治要求。对于招募的应急志愿者,应通过签订志愿者招募协议等书面形式,明确双方权利义务,为维护志愿者以及服务对象和需求单位的合法权益提供法律保障。由于应急志愿服务活动较常态下的志愿服务活动具有更多、更大的活动风险,因此,招募志愿者开展应急志愿服务时,原则上都要签订或适时补签志愿服务协议,这也是简明易行且稳妥可靠的法律保障机制。

2. 完善志愿者的培训机制。人员培训是应急志愿者充分发挥专业技能的前提基础。可借鉴一些先进国家的经验,分为专业类培训和一般类培训。一是专业应急志愿的救援培训,包括抓好技能培训课程和教材,严格培训时间、培训师资和培训演练,完善专业应急救援能力认定;二是一般应急志愿的救援培训,结合不同类型应急志愿的风险特点,形成一般性、通用性培训内容,包括对应急志愿服务中的交通协理、治安防控等应急处置能力培训,同时,也能提升应急志愿者自身的风险防范意识和能力。

3. 完善市场分担风险机制。运用市场机制分解和转移风险,是应急志愿者特殊风险防控的重要方式。一是建立健全志愿者保护专项基金。根据不同类型应急志愿者特殊风险保障要求,设立专门的志愿者保护基金或专门账户,以分担各类型应急志愿者的特殊风险,减少其从事应急活动的风险隐忧。二是完善应急志愿服务保险机制。对于从事特定活动的应急志愿者,应完善相应的志愿服务保险机制,通过商业保险、社会专项捐助等市场机制(同时,伴以政策补贴、政府购买、政府兜底等行政机制),分担、转移和降低志愿者从事应急活动中的特殊风险与损失。

4. 完善特别激励保障机制。奖励保障是增强对应急志愿者认可和肯定的必要方式。一是完善应急志愿奖励机制。通过对先进志愿者进行表彰,如对其授予荣誉奖章,以宣传弘扬其先进事迹,凝聚更多社会共识。二是完善应急志愿事后保障机制。对因疫受伤、因服务受害的应急志愿者,可考虑按照国家伤残相关规定,保障其工伤认定、医疗救助、伤残补助等相应待遇;对因疫死亡的应急志愿者,可考虑给予烈士待遇,授予荣誉称号,保障其家庭成员如未成年子女同等条件优先入学等保障待遇。

5. 完善应急法律保障机制。法律机制是应急管理活动开展的重要保障。一是健全应急志愿服务相关立法。从既往的教训和呼声看,应当在《志愿服务条例》的基础上尽快颁布《志愿服务法》作为我国志愿服务法律规范体系的“龙头”法,通过“立改废释并举”的方式补充完善各位阶、各领域、集中或分散的志愿服务法律规范以及应急预案体系,明确各类型应急志愿者的法律地位和权利义务,形成保障和规范应急志愿服务的完整法律规范体系。二是完善应急志愿政府柔性指导机制。政府和主管部门应当积极运用行政指导、专业辅导、示范引导等柔性方式,通过完善和运用软法和软法机制,增强对志愿者和志愿服务组织的引导帮助力度。三是完善应急志愿司法保障机制。司法是维护公平正义最后防线,应发挥司法在化解应急志愿服务风险中的特殊保障功能,降低应急志愿者从事志愿服务活动的法律风险。

主要参考文献

一、著作类

[1]陈福今、唐铁汉主编:《公共危机管理》,人民出版社、党建读物出版社2006年版。

[2]周晓虹:《西方社会学历史与体系:经典贡献》,上海人民出版社2002年版。

[3]张慧元:《大众传播理论解读》,苏州大学出版社2005年版。

[4]李金荣主编:《国际法》,法律出版社2010年版。

[5][美]奥尔波特等:《谣言心理学》,刘水平、梁元元、黄鹏译,辽宁教育出版社2003年版。

[6]傅思明主编:《突发事件应对法与政府危机管理》,知识产权出版社2008年版。

[7]郭春明:《紧急状态法律制度研究》,中国检察出版社2004年版。

[8]韩大元、莫于川:《应急法制论——突发事件应对机制的法律问题研究》,法律出版社2005年版。

[9]汝信、陆学艺、李培林主编:《2005年:中国社会形势分析与预测》,社会科学文献出版社2004年版。

[10][德]卡尔·施密特:《政治的神学》,载刘小枫编:《政治的概念》,上海人民出版社2003年版。

[11]《马克思恩格斯选集》(第1卷),人民出版社1995年版。

[12]陈新民:《法治国公法学原理与实践》(上),中国政法大学出版社2007年版。

[13]侯晓蕾:《行政应急权研究》,法律出版社2012年版。

[14]胡康大:《欧盟主要国家中央与地方的关系》,中国社会科学出版社2000年版。

[15]季卫东:《正义思考的轨迹》,法律出版社2007年版。

[16]营强主编:《中国突发事件报告》,中国时代经济出版社2009年版。

[17]姜平:《突发事件应急管理》,国家行政学院出版社2011年版。

[18][苏]И. С. 科恩主编:《19世纪至20世纪初资产阶级社会学史》,梁逸译,上海译文出版社1982年版。

[19][美]科塞:《社会冲突的功能》,孙立平等译,华夏出版社1989年版。

[20][法]勒庞·古斯塔夫:《乌合之众:大众心理研究》,冯克利译,广西师范大学出版社2007年版。

[21]李飞主编,全国人大常委会法制工作委员会国家法室编著:《中华人民共和国突发事件应对法释义及实用指南》,中国民主法制出版社2007年版。

[22]李明:《国外应急体制经验和教训》,载巴忠倓主编:《社会管理创新与国家安全(第十届中国国家安全论坛论文集)》,时事出版社2012年版。

[23]林鸿潮:《公共应急管理机制的法治化》,华中科技大学出版社2009年版。

[24]马怀德编:《应急反应的法学思考——"非典"法律问题研究》,中国政法大学出版社2004年版。

[25]石平主编:《地方公共危机应对管理研究》,西南师范大学出版社2010年版。

[26]宋英华编著:《突发事件应急管理导论》,中国经济出版社2009年版。

[27][美]特纳:《社会学理论的结构》,吴曲辉等译,浙江人民出版社1987年版。

[28]汪永清主编:《中华人民共和国突发事件应对法解读》,中国法制出版社2007年版。

[29]王逸舟主编:《恐怖主义溯源》,社会科学文献出版社2002年版。

[30]吴庚:《政法理论与法学方法》,中国人民大学出版社2007年版。

[31]余凌云:《行政法讲义》,清华大学出版社2010年版。

[32]战俊江、张晓辉编著:《中国公共安全管理概论》,当代中国出版社2007年版。

[33]张千帆:《西方宪政体系》(下册:欧洲宪法),中国政法大学出版社2000年版。

[34]张晓君等:《国家经济安全法律保障制度研究》,重庆出版社2007年版。

[35]赵成根主编:《国外大城市危机管理模式研究》,北京大学出版社2006年版。

[36]周定平:《社会安全事件应对研究》,中国人民公安大学出版社2008年版。

[37]朱力:《当代中国社会问题》,社会科学文献出版社2008年版。

[38][美]赵鼎新:《社会与政治运动讲义》,社会科学文献出版社2006年版。

[39][德]康拉德·黑塞:《联邦德国宪法纲要》,李辉译,商务印书馆2007年版。

[40][德]盖奥尔格·西美尔:《社会学:关于社会化形式的研究》,林荣远译,华夏出版社2002年版。

[41][法]卢梭:《社会契约论》,何兆武译,商务印书馆1997年版。

[42][古希腊]亚里士多德:《政治学》,吴寿彭译,商务印书馆1965年版。

[43][美]D. P. 约翰逊:《社会学理论》,国际文化出版公司1988年版。

[44][美]埃莉诺·奥斯特罗姆:《公共事务的治理之道》,余逊达等译,上海三联书店2000年版。

[45][美]米尔斯:《权力精英》,王崑等译,南京大学出版社2004年版。

[46][英]戴雪:《英宪精义》,雷宾南译,中国法制出版社2001年版。

[47][法]古斯塔夫·勒庞:《乌合之众:大众心理研究》(第2版),戴光年译,新世界出版社2011年版。

[48][法]孟德斯鸠:《论法的精神》(上卷),张雁深译,商务印书馆1961年版。

[49][美]查尔斯·蒂利:《集体暴力的政治》,谢岳译,上海世纪出版集团2011年版。

[50][美]查尔斯·蒂利:《社会运动(1768—2004)》,胡位钧译,上海人民出版社2009年版。

[51][美]理查德·波斯纳:《并非自杀契约:国家紧急状态时期的宪法》,苏力译,北京大学出版社2010年版。

[52][美]斯沃茨:《文化与权力:布尔迪厄的社会学》,陶东风译,上海译文出版社2006年版。

[53][英]霍布斯:《利维坦》,黎思复、黎廷弼译,商务印书馆1996年版。

二、论文类

[1]陈成文、蒋勇、黄娟:《应急管理:国外模式及其启示》,载《甘肃社会科学》2010年第5期。

[2]方星、霍良安、黄培清:《突发事件后的官方信息与不实信息传播的交互模型》,载《系统管理学报》2018年第4期。

[3]高小平:《综合化:政府应急管理体制改革的方向》,载《行政论坛》2007年第2期。

[4]古力:《国外应急管理的做法》,载《安全与健康》2010年第1期。

[5]郭太生:《美国公共安全危机事件应急管理研究》,载《中国公安大学学报》2003年第6期。

[6]何颖:《中德应急管理体制比较》,载《攀登》2010年第1期。

[7]贺红梅、周定平:《论突发事件应对的信息公开原则》,载《政学法刊》2009年第2期。

[8]贺璇、王冰:《中国突发事件应急治理的变迁与成长——构建政府—社会—市场三维互动框架》,载《学习与实践》2014年第11期。

[9]胡联合、胡鞍钢、王磊:《影响社会稳定的社会矛盾变化态势的实证分析》,载《社会科学战线》2006年第4期。

[10]姜胜洪:《广东潮州、增城事件的特点、原因及应对策略》,载《社科纵横》2012年第1期。

[11]黎昕、王晓雯:《国外突发事件应急管理模式的比较与启示——以美、日、俄三国为例》,载《福建行政学院学报》2010年第5期。

[12]李珂:《构建中国应急管理中政府间协调与合作机制:基于加拿大的经验分析》,载《科技风》2010年第22期。

[13]李路路:《社会变迁:风险与社会控制》,载《中国人民大学学报》2004年第2期。

[14]李培林:《社会冲突与阶级意识:当代中国社会矛盾研究》,载《社会》2005 年第 1 期。

[15]李全生:《布尔迪厄场域理论简析》,载《烟台大学学报》(哲学社会科学版)2012 年第 2 期。

[16]李雪峰:《美国国家应急预案体系建构及其启示》,载《中国应急管理》2012 年第 7 期。

[17]李艳培:《布尔迪厄场域理论研究综述》,载《决策与信息(财经观察)》2008 年第 6 期。

[18]李域:《从政府购险看政府应对突发事件——保险机制与灾害预报的紧密结合》,载《中国管理信息化》2016 年第 13 期。

[19]林涛、林毓铭:《美国应急教育的借鉴与启示》,载《中国应急管理》2012 年第 2 期。

[20]凌学武:《联邦制下的德国应急管理体系特点》,载《福州党校学报》2009 年第 5 期。

[21]刘冰:《日本警察处置游行集会的措施》,载《公安研究》2004 年第 4 期。

[22]刘菲:《大型群众性活动安全管理研究——以上海外滩踩踏事件为视角》,载《湖北警官学院学报》2015 年第 5 期。

[23]刘能:《当代中国的群体性事件:形象地位变迁和分类框架再构》,载《江苏行政学院学报》2011 年第 2 期。

[24]刘彦超:《公安现役部队处置突发信息事件传播策略》,载《青年记者》2014 年第 24 期。

[25]刘玉雁、刘冲:《从"非常态管理"到"常态化治理":社会安全事件治理范式的革新》,载《山东警察学院学报》2016 年第 6 期。

[26]罗豪才、宋功德:《认真对待软法——公域软法的一般理论及其中国实践》,载《中国法学》2006 年第 2 期。

[27]马庆钰:《基于实操的加拿大应急培训》,载《中国应急管理》2011 年第 10 期。

[28]马悦:《加拿大集会游行示威处置警务机制分析及其启示》,载《湖北警官学院学报》2010 年第 3 期。

[29]蒙常胜、赵静、张议:《抢盐事件应对与政府危机公关探讨》,载《现代商贸工业》2011 年第 6 期。

[30]民政部应急管理平台项目考察团:《美国、加拿大应急管理工作及其启示》,载《中国民政》2008 年第 6 期。

[31]莫于川、雷振:《我国〈行政诉讼法〉的修改路向、修改要点和修改方案——关于修改〈行政诉讼法〉的中国人民大学专家建议稿》,载《河南财经政法大学学报》2012 年第

3 期。

[32]莫于川、田文利:《行政指导的六种功能解读》,载《北京行政学院学报》2004 年第 5 期。

[33]莫于川:《行政民主化与行政指导制度发展(上)——以建设服务型政府背景下的行政指导实践作为故事线索》,载《河南财经政法大学学报》2013 年第 3 期。

[34]莫于川:《行政指导救济制度研究》,载《法学家》2004 年第 5 期。

[35]莫于川:《市场经济发展引起的法律价值观变化与行政法回应——从行政法制民主化和注重运用条理法的视角》,载《河南财经政法大学学报》2012 年第 3 期。

[36]庞宇:《美国高校应急管理教育培训现状及启示》,载《中国应急管理》2012 年第 10 期。

[37]戚建刚:《两大法系国家紧急权力体制之演进》,载《法学家》2004 年第 6 期。

[38]任进:《突发公共事件应急机制:美国经验及其对我国的启示》,载《社会经济体制比较》2003 年第 6 期。

[39]申振东、郭勇、张罗娜:《关于我国公共危机管理的思考——基于近三年 60 起典型突发事件的分析》,载《贵州社会科学》2016 年第 6 期。

[40]陶世祥:《突发事件应急管理的国际经验与借鉴》,载《改革》2011 年第 4 期。

[41]童文莹:《中国巨灾灾后救助动员模式比较》,载《江海学刊》2010 年第 5 期。

[42]童星、陶鹏:《论我国应急管理机制的创新——基于源头治理、动态管理、应急处置相结合的理念》,载《江海学刊》2013 年第 2 期。

[43]王赐江:《群体性事件类型化及发展趋向》,载《长江论坛》2010 年第 4 期。

[44]王建华、张勇军:《新媒体时代突发事件中政府信息公开的实证与进路分析》,载《西南政法大学学报》2018 年第 6 期。

[45]王卡拉:《北大发布 2011 年度公民社会十大事件》,载《新京报》2012 年 2 月 18 日,第 A14 版。

[46]王萌萌:《上海外滩踩踏事件的反思及启示》,载《重庆行政(公共论坛)》2016 年第 3 期。

[47]王锡锌:《"参与式治理"构建"一体多元"社会》,载《民主与法制时报》2011 年 12 月 19 日,第 B03 版。

[48]夏保成:《美国突发事件管理系统对我国公共安全管理体制建设的启示》,载《河南理工大学学报》(社会科学版)2008 年第 2 期。

[49]笑蜀:《新塘镇之乱是未来社会危机的预警》,载《东方早报》2011 年 6 月 17 日,第 A39 版。

[50]谢建社:《建构"新广州人"的"接纳机制"》,载《南方日报》2011 年 8 月 1 日,第 F02 版。

[51]徐乃龙、朱弋青:《公安机关在处置群体性事件中的新定位——试议公安机关引导集会游行示威》,载《公安研究》2011 年第 12 期。

[52]杨海坤、马迅:《总体国家安全观下的应急法治新视野——以社会安全事件为视角》,载《行政法学研究》2014 年第 4 期。

[53]杨燮蛟:《中国式多元化纠纷解决机制的建构——在涉法群体性突发事件视角下的探索》,载《行政与法》2010 年第 5 期。

[54]姚国章:《典型国家突发公共事件应急管理体系及其借鉴》,载《南京审计学院学报》2006 年第 2 期。

[55]殷坤:《公共突发事件管理中的政府应急能力研究——以天津滨海新区爆炸事故为例》,载《才智》2018 年第 15 期。

[56]应星:《"气场"与群体性事件的发生机制——两个个案的比较》,载《社会学研究》2009 年第 6 期。

[57]游志斌、魏晓欣:《美国应急管理体系的特点及启示》,载《中国应急管理》2011 年第 12 期。

[58]于建嵘:《当前我国群体性事件的主要类型及其基本特征》,载《中国政法大学学报》2009 年第 6 期。

[59]于建嵘:《中国的社会泄愤事件与管治困境》,载《当代世界与社会主义》2008 年第 1 期。

[60]喻国明:《当前中国舆情的启示》,载《中关村》2010 年第 3 期。

[61]苑国华:《简论齐美尔的社会冲突思想及其现实意义》,载《陕西理工学院学报》(社会科学版)2011 年第 1 期。

[62]张扆:《基于突发公共安全事件的民法制度探析》,载《长春教育学院学报》2015 年第 1 期。

[63]张广宁:《增城事件源于社会管理滞后》,载《法制日报》2011 年 6 月 24 日,第 7 版。

[64]张荆红:《价值主导型群体事件中参与主体的行动逻辑》,载《社会》2011 年第 2 期。

[65]张玉亮、杨英甲:《社会组织参与突发事件网络舆情治理的角色、功能及制度实现》,载《现代情报》2018 年第 12 期。

[66]赵鼎新:《集体行动、搭便车理论与形式社会学方法》,载《社会学研究》2006 年第 1 期。

[67]赵鹏、刘文国、王丽、周芙蓉、杨琳:《"典型群体性事件"的警号》,载《瞭望》2008 年第 36 期。

[68]钟玉明、郭奔胜:《社会矛盾发警号:无直接利益冲突苗头出现》,载《瞭望新闻

周刊》2006 年第 42 期。

[69]朱力:《中国社会风险解析——群体性事件的社会冲突性质》,载《学海》2009 年第 1 期。

[70]朱正威、张莹:《发达国家公共安全理念述论》,载《深圳大学学报》(人文社会科学版)2006 年第 1 期。

[71]安健:《美国戒严制度的法律特点》,载《法学杂志》1992 年第 6 期。

[72]北京市市政市容委赴德国城市运行管理与保障培训团:《德国城市运行管理经验》,载《城市管理与科技》2010 年第 3 期。

[73]本刊编辑部、钟开斌:《应急管理:跟德国学什么》,载《决策》2009 年第 9 期。

[74]范明:《中外"群体性事件"问题比较研究》,载《中国人民公安大学学报》2003 年第 1 期。

[75]曾海若:《群体性事件:从政治概念到法律概念》,载《中国人民公安大学学报》(社会科学版)2010 年第 6 期。

[76]敞涛:《治理群体性事件与加强基层政府应对能力建设》,载《中国行政管理》2009 年第 6 期。

[77]陈承新:《德国行政区划与层级的现状与启示》,载《政治学研究》2011 年第 1 期。

[78]陈丽:《德国应急管理的体制、特点及启示》,载《西藏发展论坛》2010 年第 1 期。

[79]陈跃、刘林飞、张越:《淮安市突发公共卫生事件应急响应技术支持网络平台建设思考》,载《现代预防医学》2008 年第 6 期。

[80]程惠霞:《"科层式"应急管理体系及其优化:基于"治理能力现代化"的视角》,载《中国行政管理》2016 年第 3 期。

[81]单光鼐:《尽快开启越来越逼近的制度出口——2009 年群体事件全解析》,载《南方周末》2010 年 2 月 4 日,第 F31 版。

[82]董泽宇:《德国应急救援体系及其启示》,载《中国应急管理》2011 年第 11 期。

[83]顾桂兰:《国外应急管理注重完善机制健全法律》,载《中国减灾》2010 年第 15 期。

[84]顾林生、刘静坤:《国外紧急状态立法的经验》,载《法学》2004 年第 8 期。

[85]顾林生、刘静坤:《英国紧急权立法解析及借鉴》,载《北京政法职业学院学报》2004 年第 1 期。

[86]郭春明、郭兴之:《紧急状态下人权保障的比较研究——国内法和国际人权法的视角》,载《比较法研究》2004 年第 2 期。

[87]郭殊:《论行政紧急权力的宪政基础及其规制——从"巴黎骚乱事件"说起》,载《现代法学》2006 年第 4 期。

[88]国家行政学院课题组等:《英国、德国、瑞典应急管理教育培训的主要做法及启示》,载《中国浦东干部学院学报》2009 年第 3 期。

[89]国务院办公厅应急管理赴德国培训团:《德国应急管理纵览》,载《中国行政管理》2005 年第 9 期。

[90]何颖:《中德应急管理体制比较》,载《攀登》2010 年第 1 期。

[91]何赞国:《〈韩国灾难和安全管理法〉的历史沿革及现行规定》,载《行政法学研究》2008 年第 1 期。

[92]洪凯、陈绮桦:《美国应急演练体系的发展与启示》,载《中国应急管理》2011 年第 9 期。

[93]姜明安:《论行政裁量的自我规制》,载《行政法学研究》2012 年第 1 期。

[94]黎广:《乌坎事件调查》,载《中国新闻周刊》2012 年第 1 期。

[95]李卫海:《探求危机因应之道——施米特紧急状态理论生成与演进的脉络分析》,载《理论探索》2005 年第 6 期。

[96]李雪峰:《英国应急管理的特征与启示》,载《行政管理改革》2010 年第 3 期。

[97]李娅、张梅玲:《群体性事件处置机制的国外模式》,载《党政论坛》2010 年第 10 期。

[98]李志刚:《古代是怎么处理"突发事件"的》,载《时代青年(悦读)》2011 年第 10 期。

[99]廖恳、黄晓伟、王锐:《英国应急志愿服务的经验及对我国的启示》,载《行政管理改革》2012 年第 2 期。

[100]林来梵、郑琪:《有神论的政治宪法学——对施密特的解读之一》,载《同济大学学报》(社会科学版)2006 年第 2 期。

[101]凌学武、庄汉武:《德国应急管理培训的特点及对我国的启示》,载《行政与法》2010 年第 2 期。

[102]刘建锋:《乌坎密码》,载《经济观察报》2012 年 6 月 11 日,第 34 版。

[103]刘文俭、井敏:《法国应急管理的特点与启示》,载《行政论坛》2011 年第 3 期。

[104]刘艳、刘新:《试析韩国危机管理机制及其对中国的启示》,载《中国人民公安大学学报》2005 年第 2 期。

[105]龙飞:《多元化纠纷解决机制立法的定位与路径思考——以四个地方条例的比较为视角》,载《华东政法大学学报》2018 年第 3 期。

[106]马振超:《当前维护国家政治安全问题的思考》,载《江南社会学院学报》2009 年第 1 期。

[107]孟涛:《紧急权力法及其理论的演变》,载《法学研究》2012 年第 1 期。

[108]莫于川:《公众参与潮流和参与式行政法制模式——从中国行政法民主化发

展趋势的视角分析》,载《国家检察官学院学报》2011 年第 4 期。

[109]强恩芳:《韩国灾难管理体系及其对我国的启示》,载《行政与法》2010 年第 11 期。

[110]谯华平、李程:《关于加强油气田公司应急平台建设的思考——以中国石油西南油气田公司为例》,载《天然气工业》2012 年第 9 期。

[111]人民日报评论部:《以包容心对待"异质思维"》,载《人民日报》2011 年 4 月 28 日,第 14 版。

[112]任腾飞:《中外群体性事件处置比较研究》,载《云南警官学院学报》2009 年第 4 期。

[113]闪淳昌:《构建和谐社会中的中国应急管理》,载《行政管理改革》2010 年第 8 期。

[114]沈岿:《行政自我规制与行政法治:一个初步考察》,载《行政法学研究》2011 年第 3 期。

[115]宋劲松:《欧洲国家志愿者参与应急管理的经验研究》,载《四川行政学院学报》2011 年第 1 期。

[116]唐中明、刘书平:《国外突发公共事件应急管理的经验及其借鉴》,载《学理论》2010 年第 33 期。

[117]王贵松:《论行政裁量的司法审查强度》,载《法商研究》2012 年第 4 期。

[118]王宏伟:《韩国应急管理的转型与发展》,载《北京航空航天大学学报》(社会科学版)2012 年第 2 期。

[119]翁垒:《美国突发事件应急反应概况及启示》,载《交通建设与管理》2010 年第 Z1 期。

[120]吴丽玮:《乌坎村土地纠纷与宗族之争》,载《三联生活周刊》2011 年第 49 期。

[121]吴婷婷、韦明:《新塘的淡季》,载《经济观察报》2011 年 6 月 20 日,第 10 版。

[122]徐剑眉:《英国政府与媒体在突发事件中的协作》,载《中国记者》2004 年第 10 期。

[123]杨骏:《法国人应对突发事件不浪漫》,载《人民安保》2004 年 3 月 3 日,第 4 版。

[124]杨小敏:《国家紧急权宪法条款设计之若干核心问题探讨——以德国法为经验》,载《当代法学》2005 年第 5 期。

[125]于安:《制定〈突发事件应对法〉的理论框架》,载《法学杂志》2006 年第 4 期。

[126]喻国明:《社会话语能量的释放需要"安全阀"——从"全景监狱"到"共景监狱"的社会场域的转换说起》,载《新闻与写作》2009 年第 9 期。

[127]詹承豫、顾林生:《转危为安:应急预案的作用逻辑》,载《中国行政管理》2007

年第 5 期。

[128]张维平:《美国、加拿大、意大利应急管理现状和对中国的启示》,载《中国公共安全》(综合版)2006 年第 11 期。

[129]郑杭生、洪大用:《中国转型期的社会安全隐患与对策》,载《中国人民大学学报》2004 年第 2 期。

[130]中国行政管理学会课题组:《我国转型期群体性突发事件主要特点、原因及政府对策研究》,载《中国行政管理》2002 年第 5 期。

[131]周定平:《社会安全事件的本质分析——兼论当前我国社会安全事件的引发因素》,载《湖南省社会主义学院学报》2008 年第 2 期。

[132]周忠伟:《2008—2009 年中国群体性事件分析》,载《中国人民公安大学学报》(社会科学版)2010 年第 3 期。

三、网页类

[1]《四川泸州群体事件 7 辆警车被点燃警方带离 20 人》,载腾讯网:http://news.qq.com/a/20121018/000706.htm,2020 年 3 月 23 日最后访问。

[2]《各地处置反日游行打砸抢情况一览表》,载财新网:http://china.caixin.com/2012-09-28/100443261.html,2020 年 3 月 23 日最后访问。

[3]《确诊病例超过 2000!为何海外疫情的爆发点是韩国,而不是日本与新加坡》,载上观新闻:https://www.shobserver.com/news/detail?id=217314,2020 年 3 月 23 日最后访问。

[4]《日本人下船后就地解散:专家慌了,官员还不急》,载搜狐网:https://www.sohu.com/a/374636645_419342,2020 年 3 月 23 日最后访问。

[5]《十多年前抢购板蓝根,现在轮到双黄连,中药抗病毒到底靠不靠谱?》,载腾讯网:https://new.qq.com/omn/20200205/20200205A04KLF00.html,2020 年 3 月 23 日最后访问。

[6]《天津港"8·12"瑞海公司危险品仓库特别重大火灾爆炸事故调查报告》,载中央政府网:http://www.gov.cn/foot/2016-02/05/content_5039788.htm,2020 年 3 月 23 日最后访问。

[7]《西安市公安局关于坚决制止非法集会游行示威活动的通告》,载陕西省人民政府门户网:http://www.shaanxi.gov.cn/0/1/9/39/130025.htm,2020 年 3 月 23 日最后访问。

[8]百度百科:http://baike.baidu.com/view/9782253.htm,2020 年 3 月 23 日最后访问。

[9]奇点大数据:http://www.022net.com/2011/2-28/422940382383874-2.html,2020 年 3 月 23 日最后访问。

[10]天津经济技术开发区管理委员会政务服务平台:http://www.teda.gov.cn/html/teda_index2011/MTKTD/index_02.html,2020 年 3 月 23 日最后访问。

[11]百度百科:https://baike.baidu.com/item/12·31 外滩拥挤踩踏事件调查报告/16621697? fr = aladdin,2020 年 3 月 23 日最后访问。

[12]百度百科:https://baike.baidu.com/item/8·12 天津滨海新区爆炸事故/18370029? fr = aladdin,2020 年 3 月 23 日最后访问。

[13]八点健闻:《超 1200 例确诊、总统身边有感染者,韩国为何突成第二大疫情国》,载凤凰网资讯:http://news.ifeng.com/c/7uOna6H4kqz,2020 年 3 月 23 日最后访问。

[14]鲍志恒:《首例行政诉讼案原告被砸重伤车主撤回警方不作为起诉》,载新华网:http://news.xinhuanet.com/legal/2012-10/17/c_123832494.htm,2020 年 3 月 23 日最后访问。

[15]国务院办公厅:《关于在政务公开工作中进一步做好政务舆情回应的通知》,载 http://www.gov.cn/zhengce/content/2016-08/12/content_5099138.htm,2020 年 3 月 23 日最后访问。

[16]红星新闻:《钻石公主号疫情扩大日“背锅”? 日媒:邮轮该英国负责》,载网易新闻:http://news.163.com/20/0220/04/F5Q7MQ3L00018990.html,2020 年 3 月 23 日最后访问。

[17]金融五道口:《原形毕露! 果然,钻石公主号是一面照妖镜》,载凤凰网资讯:http://news.ifeng.com/c/7uFuOUuT59b,2020 年 3 月 23 日最后访问。

[18]梁鹏:《专家谈“抢盐风波”称政府部门应对得当》,载新浪网:http://news.sina.com.cn/c/2011-03-26/024922183230.shtml,2020 年 3 月 23 日最后访问。

[19]每日经济新闻:《621 人被感染! 日本专家探访“钻石公主号”:完全的混乱,感到害怕……》,载东方资讯,2020 年 3 月 23 日最后访问。

[20]上游新闻:《钻石公主号的危险漂流记:近千名乘客下船后去哪儿了?》,载百家号:https://baijiahao.baidu.com/s? id = 1659060751822500440&wfr = spider&for = pc,2020 年 3 月 23 日最后访问。

[21]《北京“西城大妈”提供破案线索有功 4 个月领 56 万元》,载搜狐网:https://www.sohu.com/a/22384672_148781,2020 年 3 月 23 日最后访问。

[22]吴林静:《韩国疫情爆发 青岛为何紧张?》,载新浪财经:http://finance.sina.com.cn/china/gncj/2020-02-25/doc-iimxyqvz5753220.shtml,2020 年 3 月 23 日最后访问。

[23]谢昱航:《市民和警察在游行中尚显稚嫩》,载中国青年报:http://zqb.cyol.com/html/2012-10/12/nw.D110000zgqnb_20121012_4-02.htm,2020 年 3 月 23 日最后访问。

[24]佚名:《四川什邡通报市民聚集上访反对钼铜项目事件》,载360搜索:http://so. 360. cn/url? u = a7b9d23408ece277350d65c7ae3a770fe207f65dffbe3503a14ed7c80d4a990f39eb210b519c615d0d5af4991c5abfba958ecda430b964ffa01cb7bb16388c49&m = 2a9c5be41259996d12f85224a9d73421,2020年3月23日最后访问。

[25]广州市应急办网:http://www. gzemo. gov. cn/publicfiles//business/htmlfiles/gzsyjb/yjflcx/index. html,2020年6月15日最后访问。

[26]财新网:http://china. caixin. com/2012 - 09 - 28/100443261. html,2020年3月23日最后访问。

[27]《"9·16涉日打砸"案五被告被公诉》,载深圳新闻网:http://wb. sznews. com/html/2013 - 01/10/content_2343654. htm,2020年3月23日最后访问。

[28]《2019香港暴力冲突事件真正的原因》,载一点资讯:http://www. yidianzixun. com/article/0OLR0Mrq/amp,2020年3月23日最后访问。

[29]《2019香港暴力事件起因发生了什么事、暴力冲突始末》,载闽南网:http://www. mnw. cn/news/view/2185643. html,2020年3月23日最后访问。

[30]《各地政务微博纷纷就涉日游行发声　青岛西安保持沉默》,载人民网:http://fujian. people. com. cn/n/2012/0917/c234825 - 17487075. html,2020年3月23日最后访问。

[31]《韩国疫情爆发,青岛人民急了:疫情要回流?》,载搜狐网:https://www. sohu. com/a/375973676_190834,2020年3月23日最后访问。

[32]《绝不允许暴力绑架香港未来》,载人民网:http://paper. people. com. cn/rmrb/html/2019 - 08/31/nw. D110000renmrb_20190831_2 - 04. htm,2020年3月23日最后访问。

[33]《两市民申请公开"9·15"信息》,载北青网:http://bjyouth. ynet. com/3. 1/1210/09/7509652. html,2020年3月23日最后访问。

[34]《全国医护人员在请战,香港医护今日却大罢工对抗新型肺炎?!》,载和讯网:https://m. hexun. com/news/2020 - 02 - 03/200167432. html,2020年3月23日最后访问。

[35]《上海外滩踩踏事件调查:国际化大都市因何发生重大惨剧》,载新华网:http://www. xinhuanet. com/politics/2015 - 01/01/c_1113850706. htm,2020年3月23日最后访问。

[36]"钻石公主号",载百度百科:https://baike. baidu. com/item/钻石公主号/8892193? fr = aladdin,2020年3月23日最后访问。

[37]共产党员网:http://www. dygbjy. gov. cn:8008/zxcyhd/zxcyhdhdjb/201106/t20110608_80978. htm,2020年3月23日最后访问。

[38]法制日报:http://www. legaldaily. com. cn/dfjzz/content/2011 - 06/17/content_

2749300. htm? node = 8396,2020 年 3 月 23 日最后访问。

[39] 百度百科：https://baike. baidu. com/item/10 · 14 晋宁施工冲突事件/15890846? fr = aladdin,2020 年 3 月 23 日最后访问。

[40] 环球网：《这群香港"医护人员"的可耻表现载入历史》，载百家号：https://baijiahao. baidu. com/s? id = 1657568030879448003&wfr = spider&for = pc,2020 年 3 月 23 日最后访问。

[41] 刘虹桥：《报告称新生代农民工抗争行动频发 呼吁落实"工业公民"身份》，载财新网：http://china. caixin. com/2012 - 07 - 14/100411024. html,2020 年 3 月 23 日最后访问。

[42] 罗华：《贵州瓮安事件已查清涉案人员 355 人 刑拘 100 人》，载新华网：http://news. xinhuanet. com/politics/2008 - 07/14/content_8540893. htm,2020 年 3 月 23 日最后访问。

[43] 每日经济新闻：《韩国预警升至最高级！一医院精神科 102 人就有 99 人确诊，"超级传播者"曾到此》，载新浪网：http://news. sina. com. cn/w/2020 - 02 - 24/doc - iimxyqvz5272195. shtml,2020 年 3 月 23 日最后访问。

[44] 新华社：《国外如何预防突发事件》，载陕西传媒网：http://www. sxdaily. com. cn/data/gjxw/01/20040305_8724992_6. htm,2020 年 3 月 23 日最后访问。

[45]《美国洛杉矶警察局推出新型反恐预警系统》，载新华网：http://news. xinhuanet. com/world/2010 - 06/04/c_12181959. htm,2020 年 3 月 23 日最后访问。

[46] 佚名：《新疆乌鲁木齐"7 · 5 事件"始末》，载新浪网：http://news. sina. com. cn/o/2009 - 10 - 16/023616444515s. shtml,2020 年 3 月 23 日最后访问。

后　　记

目前,我国正处于全面深化改革开放发展时期,深层次社会矛盾正在逐步显现,社会风险因素明显增多,一般工业社会的传统风险和转型社会特有的风险并存。这种局面对我国的社会安全形成严峻挑战。突发社会安全事件是一类发生频率高、极特殊的现实社会问题,它虽然包括群体性事件,但又比群体性事件的含义更广。但目前对这类问题的立法规定得比较粗略,理论研究也非常薄弱,亟待形成科学高效的突发社会安全事件应急法律机制。特别是在新冠肺炎疫情防控工作推进过程中,各种社会不稳定因素的负面影响日益显现出来,存在突发社会安全事件以及出现次生、衍生、复合性突发事件的巨大风险,必须未雨绸缪地做好防范工作、健全应对机制、增强调控能力、完善保障制度,必须健全突发社会安全事件应急法律机制,本书就是回应此类应急管理及其法治理论和制度建设需要的研究成果。

本书的基础是我主持完成的国家社会科学基金一般项目“突发社会安全事件应急法律机制研究”(项目批准号为10BFX030)的研究报告。那时,我带着学术团队,针对我国传统风险和转型社会特有风险并存的局面,进行了系统深入的专门研究。我们对国内外社会安全应急法治的理论、机制、实践进行了考察和梳理,选择多地进行了实地调研,对突发社会安全事件在全国范围内的应对情况进行了问卷调查和分析,对突发社会安全事件的类型、特点、历史、现状、应对机制有了较深入的理论认识,对突发社会安全事件应急法律机制的现实运作情况进行了问卷调查与统计分析,获得了依法预防和处置突发社会安全事件的对策思路,提出了富有决策参考价值的研究结论和改进建议,还对我国应急法治的新角色、新经验、新课题进行了理论探索,形成的学术论文和研究报告为政府部门科学应对突发社会安全事件提供了理论支撑和实证资料。

时间来到2019年年末、2020年年初,新冠肺炎疫情袭来,威胁亿万人民生命健康安全,局势极为严峻,沉痛教训甚多。一些地方和部门在疫情应对决策和管理中,频现一些非科学、反理智、追求畸形政绩、广受诟病引发争议的错误做法。可以说,某些行政公务人员不依法办事、不信任民众、不积极履责的荒唐表现,其实质乃是缺乏对生命、对法治、对人权、对人民的尊重和敬畏,法治思维和法治能力不足,特别是应急法治理念缺乏。

鉴于在新冠肺炎疫情防控过程中暴露出诸多严重问题,包括从常态向非常态的转化不畅,疫情信息披露和应急预案启动受阻,疫情应对措施不当矛盾导致次生、衍生社会安全事件发生风险，公共卫生主管部门和医疗机构与应急管理、民政管理、司法行政、公安行政、市场监管等其他相关应急管理部门和组织机构之间的协调协助协作矛盾，有关疫情防控行政决策和管理人员的应急法治素质能力不足，特别是涉及体制、机制、具体制度及重大决策和政策体系、方法体系不够科学、不够合理、效果欠佳等弊端，我带领学术团队以非常规方式抓紧开展补充调查研究，深化了专业认识，获得了新的研究成果。我们反思的结论是，在新冠肺炎疫情应对工作中，一切行使公权力的机构和公务人员，必须认真吸取以生命健康为代价换来的深刻教训，促使应急法治原则成为全社会高度共识，作为中国特色应急法治建设的指导方针，真正做到依法应对、科学应对和高效应对疫情危机。基于上述认知，我们对原有研究报告进行了系统修改，补充撰写了新内容，形成了面前这本一引言、六章、三附录、40万字的学术专著。

参加本课题调研和报告撰写以及本书撰稿、修改和统稿的人员很多，初稿撰写分工如下。引言：莫于川、杨震；第一章：禹竹蕊、雷振、康枫翔、金华丽、蒙武、鲍律帆；第二章：王敬波、林鸿潮、禹竹蕊、唐璨、曹飞、宗婷婷、杨震；第三章：高文英、栗燕杰、乔亚南、刘继萍、许莲丽、曹鎏、肖彤、舒颖、蒙武、武帅；第四章：雷振、王敬波、昌永岗、唐璨、田文利、康枫翔、乔亚南、蒙武、禹竹蕊、舒颖、肖彤、韩春琴、陆伟明、曹海青、康良辉、梁妍、李思琪；第五章：鲍律帆、杨震；第六章：莫于川、禹竹蕊、郭庆珠、康枫翔、刘东辉、雷振、曹飞、金华丽、蒙武；结语：莫于川、杨震；附录：莫于川、金华丽、宗婷婷、任肖容、杨震、梅帅。本书由主编统稿、定稿。协助统稿的学子是雷振、刘东辉、金华丽、杨震、鲍律帆、李思琪、梁妍。

感谢各位参加调研、撰稿、校对和协助统稿工作的年轻学子们！感谢给予我和学术团队巨大支持帮助的组织机构和有识人士！感谢一直厚爱扶持晚辈并欣然亲笔作序的应松年老师！感谢一直给予我巨大支持帮助的法律出版社领导和沈小英分社长以及单洁责任编辑及其他各位编辑！感谢抗击新冠肺炎疫情各条战线的专业人士和志愿者朋友给予我和学术团队的巨大精神激励！

祈愿这项学术成果能够促进完善科学高效的突发社会安全事件应急法律机制，有助于新冠肺炎疫情人民战争、总体战、阻击战的依法有效推进并取得最终胜利，有助于中国特色社会安全法治体系更完善，有效防范社会安全事件发生并化解其风险及危害，切实发挥出依法保障社会稳健发展的特殊功用！

莫于川

2020年初夏于北京市海淀区世纪城绿园

图书在版编目(CIP)数据

社会安全法治论：突发社会安全事件应急法律机制研究/莫于川主编. -- 北京：法律出版社，2020
ISBN 978-7-5197-4390-1

Ⅰ. ①社… Ⅱ. ①莫… Ⅲ. ①社会治安－突发事件－治安管理－行政法－研究－中国 Ⅳ. ①D922.144

中国版本图书馆CIP数据核字(2020)第063417号

社会安全法治论
——突发社会安全事件应急法律机制研究
SHEHUI ANQUAN FAZHILUN
—TUFA SHEHUI ANQUAN SHIJIAN YINGJI FALU JIZHI YANJIU

莫于川 主编

策划编辑 沈小英
责任编辑 沈小英 单 洁
装帧设计 李 瞻

出版 法律出版社
总发行 中国法律图书有限公司
经销 新华书店
印刷 固安华明印业有限公司
责任校对 王沁陶 王 皓
责任印制 吕亚莉
编辑统筹 法治与经济出版分社
开本 710毫米×1000毫米 1/16
印张 19
字数 402千
版本 2020年8月第1版
印次 2020年8月第1次印刷

法律出版社/北京市丰台区莲花池西里7号(100073)
网址/www.lawpress.com.cn
投稿邮箱/info@lawpress.com.cn
举报维权邮箱/jbwq@lawpress.com.cn
销售热线/400-660-8393
咨询电话/010-63939796

中国法律图书有限公司/北京市丰台区莲花池西里7号(100073)
全国各地中法图分、子公司销售电话：
统一销售客服/400-660-8393/6393
第一法律书店/010-83938432/8433 西安分公司/029-85330678 重庆分公司/023-67453036
上海分公司/021-62071639/1636 深圳分公司/0755-83072995

书号:ISBN 978-7-5197-4390-1 **定价**:98.00元
(如有缺页或倒装,中国法律图书有限公司负责退换)